그리스도 중심의 설교

Christ-Centered Preaching, 2nd edition

그리스도 중심의 설교(개정증보판)

초판 발행	1999년 3월
개정증보판	2016년 2월
제3쇄	2025년 3월 8일
지은이	브라이언 채펠
옮긴이	엄성옥
발행처	은성출판사
등록	1974년 12월 9일 제9-66호

ⓒ 1999년, 2013년, 2025년 은성출판사

주소	서울시 강동구 성내로3길 16
전화	031-774-2102
전자우편	esp4404@hotmail.com
홈페이지	www.eunsungpub.co.kr

Printed in Korea
ISBN 979-11-92914-52-7 93230

출판 및 판매에 관한 모든 권한은 본 출판사가 소유하고 있습니다. 출판사의 사전 서면 허락없이 번역, 재제작, 인용, 촬영, 녹음 등을 할 수 없음을 알려드립니다.

Originally published in English under the title of Christ-Centered Preaching by Bryan Chapell by Baker Book House in 1994, 2005. All rights to this book, not specially asigned herein, are reserved by the copyrights owner. All non-English rights are contracted exclusively through Baker Book House, P.O.Box 6287, Grand Rapids, MI 49516-6287, U. S. A.

Redeeming The Expository Sermon

Christ Centered Preaching

by

Bryan Chapell

translated by

Eum Sung ok

차 례

도표 목록   6
개정증보판 서문   9
초판 서문   15
감사의 글   19

제1편 강해설교의 원리

제1장 말씀과 증언_   23
제2장 설교의 의무_   51
제3장 설교의 본문 선택_   75
제4장 강해의 구성 요소_   111

제2편 강해설교의 준비

제5장 설명의 과정_   139
제6장 개요 작성과 구조_   179
제7장 예화의 형태_   249
제8장 적용의 실제_   299
제9장 서론, 결론, 이행부_   341

제3편 그리스도 중심 메시지의 신학
제10장 구속적인 설교 방법_ **391**
제11장 구속적 설교의 전개_ **435**

참고문헌 483
색인 492

도표 목록

1.1 복음적 메시지의 구성 요소 _39
4.1 정보 우선의 메시지 _113
4.2 강해 우선의 메시지 _114
4.3 균형 잡힌 이중나선 구조 _123
4.4 강해 구성 요소들의 변형 _124
5.1 문법적 개요의 예 _150
5.2 딤후 4:1-2의 전통적인 역학적 분석 _151
5.3 딤후 4:2의 역학적 분석 대안 _152
6.1 의사소통의 이동 _233
6.2 전통적인 설교와 방송 설교의 비교 _241
7.1 이중나선 예화 투시도 _250
8.1 적용 중심의 설교 _302
8.2 강해의 목표가 되는 적용 _303
8.3 대지의 적용 과정 _321
8.4 적용 부분의 확대 _322
8.5 구체적인 상황을 가지고 적용을 제시하기 _324
8.6 적용의 한계점 _328
9.1 도입 사슬 _348
9.2 설교를 효과적으로 시작하기 위한 일반적인 형식 _362
9.3 설교의 강도 그래프 _367
9.4 이중 나선형 이행부 투시도 _380
11.1 상상을 통해 그리스도에게로 도약하기 _442
11.2 그리스도 중심의 강해 _446
11.3 "세 가지 대지뒤에십자가를덧붙이는" 설교의 문제점 _455
11.4 은혜 지향의 설교 _456

표

4.1 구약의 핵심 용어 _129
4.2 신약의 핵심 용어 _129
9.1 설교의 도입부 _352
9.2 성경 도입의 예 _361

개정증보판 서문

『그리스도 중심의 설교』제2판은 공동협력 작품이라고 생각한다. 나는 이 책 초판이 출판되고 나서 10년 동안 많은 목회자들과 학생들과 동료들이 제공한 격려와 제안과 설명을 이 책에 반영했다.

나는 특히 이 제2판이 다음 세대의 설교자들에게 보다 훌륭하게 기여하도록 만드는 조언에 대한 요청에 사려 깊게 응답해준 동료 설교학 교수들의 도움에 감사한다. 많은 설교학 동료들이 응답해주었는데, 특히 다음의 인물들에게 감사를 표하고 싶다: 많은 설교 전통들을 세심하게 조사한 로널드 앨런, 성경의 신비를 드러내준 존경받는 사제인 에드문드 클라우니, 타협을 모르는 목회자요 교사인 스티브 브라운, 하나님의 말씀을 뜨겁게 사랑하는 나의 동료 잭 에스윈, 구속적 설교자요 그에 대한 가장 훌륭한 학자인 시드니 그레이다누스, 개혁주의 목회자 세대의 선두주자인 빌 호건, 위대한 역사가요 충실한 성경주석 주창자인 데이비드 라슨, 탁월한 작가요 상상력의 대변인인 칼빈 밀러, 해던 로빈슨, 래리 로프, 로버트 스미스, 티모시 워렌, 폴 스코스 윌슨.

또 나의 제자들에게도 감사를 표한다. 20년이 넘도록 학생들에게 설교를 가르치고 학생들의 설교를 경청하며 하나님께서 학생들을 통해 역사하시는 방법들을 보면서 느낀 황홀함은 나의 생각을 정제해주었고, 하나님의 말씀에 대해 더 깊이 감사하게 만들었으며, 나를 더 훌륭한 설교자로 만들어주었다. 특히 2003년과 2004년에 이 책의 원고를 검토하고 교정하는 일을 도와준 학생들에게 감사를 표한다. 그들의 부지런함과 배려가 나에게 도움을 주었으며 앞으로 이 책이 출판된 후에도 도움이 될 것이다.

이 제2판은 초판의 내용을 설명하고 추가하고 잘못된 곳을 바로잡을 기회를 제공한다. 초판 출판 후 10년 동안 나는 어떤 것들을 재고했고 어떤 것들을 새로 알게 되었으며, 항상 나의 구주를 전파하는 설교에 더욱 헌신하게 되었다. 이 모든 것들을 제2판에 표현했다.

보완하여 설명한 것들

나는 성경이 타락 상태에 초점 두기FCF: The Fallen Condition Focus를 하고 있는 이유가 하나님의 영광을 확대하기 위해서 하나님의 백성을 위한 하나님의 구속적 목적을 드러내기 위한 것임을 지적하는 데 더 큰 노력을 기울여왔다. 비록 초판에 하나님의 영광의 탁월한 목표가 표현되었지만, 최근의 욕구 중심need-based 설교에 대한 논의들로 말미암아 어떤 사람들은 FCF를 인간이 느낀 욕구felt needs에 대해 완곡하게 언급하는 방법으로 여기게 되었다. 성령이 성경 본문을 감화하신 이유를 묻는 주된 이유는 하나님의 영광이 적절히 인식되고 찬미되기 위해서 인간 상태의 어떤 타락한 측면을 언급해야 하는지 드러내려는 데 있다. 타락 상태에 초점 맞추기FCF는 인간적 딜레마에 대한 신적 해결의 필요성을 드러내 주며, 필연적으로 하나님을 자기 백성을 위한 구속적 섭리를 나타내시는 본문의 영웅으로 만든다. 하나님은 자기 백성이 하나님의 선하심을 경험하고 그 영광을 표현하도록 하기 위해서 오로지 은혜에 의해서 그들을 그 상한 본성과 세계로부터 구하신다.

기독교적 순종을 이끄는 알맞는 동기에 대한 오늘날의 논의들로 말미암아 설교가 지닌 이 중요한 측면에 대한 나의 논의를 개선하게 되었다. "감사"는 교회사에서 하나님의 구속의 모든 측면들―과거와 현재와 미래―에 대한 고마움을 표현하는 데 널리 사용되어온 개념이다. 그러나 오늘날 일부 교회의 상황에서 감사라는 용어가 잘못 사용되어 신자들이 그리스도의 과거의 구속 사역에 대한 권리를 주장하기 위해 갚아야 할 빚을 암시한다. 설교자들은 "예수께서 당신을 위해 이처럼 많은 일을 행하셨는데, 당신은 그 보답으로 이 작은 순종의 행동을 하지 못합니까?"라고 호소한다. 하나님의 자비에 보답하는 방법으로 신자들의 순종을 요구하는 "채무자 윤리"debtor's ethic는 하나님의 은혜의 무조건적인 본질 및 우리의 행위로 하나님의 측량할 수 없는 은사에 보상할 수 없음을 인식하지 못한다. 따라서 나는 감사라는 용어의 역사적 의미를 분명히 하며, 성령이 신자들을 자극하여 하나님이 주시는 탁월한 은사의 모든 차원에서의 기쁨 때문에 하나님을 찬미하도록 하는 데 사용하시는 바 값없이 주어지는 강권적 사랑의 유일한 표현으로 그 용어를 사용하려 한다.

나는 이 책 여러 곳에서 애매한 어법, 부자연스러운 표현, 오해의 소지가 있는 강조법 등을 제거하려 했다. 나는 성경의 인물이나 관습의 모방을 장려하는 메시지의 그릇된 점들뿐만 아니라 좋은 점들을 보다 분명한 용어로 지적하려 했다. 만일 구속적 맥락이 포함되지 않는다면, 신자들에게 성경의 인물처럼 되거나 선한 사람이 되거나 보다 절제있는 사람이 되라고 권면하는 메시지인 "The Deadly Be's"는 완전한 메시지가 될 수 없다.

나는 "그리스도 중심"Christ-centered 메시지의 구속적 맥락을 두 가지 방식으로 명백하게 설명하려 했다. 첫째 방식은 그 용어 자체가 제유(提喩: 사물의 한 부분으로써 그 사물 전체를 가리키거나, 그 반대로 전체로써 부분을 가리켜 비유하는 것)임을 지적한 것이다. 즉 그리스도의 성육신이나 십자가 상의 죽음뿐만 아니라 그리스도의 위격과 사역 안에서 완전히 표현된 하나님의 구속사역의 전체를 언급한다는 것을 지적한 것이다. 둘째는 예수의 생애와 죽음의 한 가지 측면을 독창적으로 묘사하는 것이 아니라 그리스도 안에서 궁극적으로 이해되고 성취되는 하나님의 구속의 본질적인 측면을 드러내주는 메시지가 그리스도 중심의 메시지임을 지적한 것이다. 그리스도가 우리를 위하여 자신을 제물로 주셨기 때문에 대속에 관한 메시지들은 분명히 그리스도 중심의 메시지이다. 그러나 구약의 왕국과 새 창조의 왕국 설립에 관한 메시지들 역시 아들 안에서 영광받기 위해 행하신 바 자기 백성을 위한 하나님의 은혜의 섭리라는 점을 증명한다는 점에서 그리스도 중심의 메시지이다. 하나님의 백성들이 스스로 공급할 수 없었던 것이나 행할 수 없는 것을 하나님이 공급해주신다는 점을 설교자가 분명히 할 때 구약성경이나 새언약에 등장하는 은혜는 항상 그리스도 중심이다.

추가된 것

나는 많은 사람들의 제안과 요청에 따라 더 많은 예를 이 책에 추가했다: 샘플 개요, 구조적으로 따라야 할 규칙들, 그리고 표본 설교. 또 주해적 개요에서 강론적 개요로 이동하는 방법에 관해 더 많은 정보를 추가했다. 강해설교에 대한 정의가 제1장에 제공되며, 제6장에서 보다 자세한 정의가 제공된다.

10년 전 『그리스도 중심의 설교』 초판이 출판된 후 서술적이고 귀납적인 설교 방법이 크게 주목받아왔다. 과학기술과 매스컴의 영향은 설교자들로 하여금 전통적인 설교준비 방법에 의심을 품게 만들었다. 이 책에서는 이러한 동향들과 더 교류하여 어떤 측면을 지지하고 어떤 측면들은 비판한다. 나는 강해설교가 강단사역의 중심으로서 가장 효과적인 방법이라고 확신하지만(그리고 최근에 이 성경적인 설교 방법을 지지하는 서적들의 범람을 기쁘게 여긴다), 우리는 언제나 다른 소통 분야로부터 사람들이 경청하는 방식 및 그들에게 하나님의 말씀을 전하는 보다 좋은 방법에 대해 배울 수 있다. 바른 성경 문체가 하나뿐이 아니듯, 바른 설교 방식도 하나뿐인 것이 아니다. 하나님의 말씀은 논지, 시, 서신, 이야기 등으로 우리에게 주어진다. 하나님이 말씀하시는 것을 보다 훌륭하게 전하는 방법, 즉 궁극적인 강해설교 방법을 배우려는 사람들에게 있어서 오늘날 이와 같이 상이한 하나님의 진리의 표현들을 하나님의 백성에게 가장 훌륭하게 전하는 방식을 분별하는 것은 놀라움과 즐거움이 가득한 역동적인 과업이다.

내가 하나님의 구속적 계획의 역사적인 범위 안에서 각 구절이 차지하는 위치를 분별해야 한다는 것을 강조하는 글을 저술했음을 깨닫지만, 내 설교는 특정 구절 안에 분명히 드러난 은혜에 초점을 두어왔다. 하나님의 계시의 대속적 특징이 성경의 미시적 차원과 거시적 차원에서 존재한다는 것을 의식할수록 그만큼 더 기꺼이 성경의 구절을 본문으로 그분의 대속하시는 특징을 설교해왔다. 결과적으로 나는 성경 전체의 "교리적 진술들"과 "관계적 상호작용" 안에 하나님의 은혜가 분명히 존재한다는 것을 묘사하는 내용을 이 책 마지막 부분에 추가했다. 나는 교수들이 구속적-역사적 방법들에 대해 더 많이 저술하지만 강단에서 활동하는 사람들은 보다 직접적인 토대 위에서 본문에 접근한다고 생각한다. 따라서 나는 성경적 문헌들이 저술된 상이한 시대와 유형들을 사용함으로써 구속적 주제들이 다양하게 발달된 경위를 보다 충실히 탐구했다.

각각의 성경 구절에서 은혜라는 금을 캘 수 있는 방법을 묘사함에 있어서 나의 목표는 모든 설교에서 창세기에서부터 요한계시록까지 설교해야 하는지에 대한 학생들의 걱정을 덜어주며, 성경신학이라는 학문에 알맞은 중요한 비유를 가진 사람이 누구인지에 대한 학자들의 논의를 감소시키는 데 있다. 그럼으로써 더 많은 사람들이 하나님이 자신의 구속을 알리시는 무수히 많은 방법들을 전하는 기쁨을 경험하며, 각각의 본문이 장려하고 가능하게 해주는 바 그분과의 교제에 접하게 될 것이다. 하나의 본문의 인식적 차원을 무시할 수도 없고 무시해서도 안 되지만, 그 본문의 목적인 상호관계적 목적을 기억해야 한다. 설교자는 그리스도 안에 나타난 하나님의 자비를 끊임없이 크게 찬양함으로써 하나님의 백성이 평생 구주를 영화롭게 하는 가장 큰 동기와 동력인 바 구주를 향한 사랑의 연료를 공급한다.

그리스도 중심 설교의 궁극적 목표는 설교자들에게 해석이라는 새로운 학문의 짐을 지우려는 것이 아니라 그들을 풀어주어 구주와의 관계를 확보하고 가능하게 해주는 성경의 은혜를 설교하게 하는 데 있다. 즉 설교하는 것이 우리 마음에 기쁨이 되며 하나님 백성에게 힘이 되도록 만드는 데 있다. 설교의 궁극적 목적이 그리스도와의 연합의 증진인바, 그것이 우리의 기쁨과 힘과 소망과 평안이다. 하나님은 본문의 진리들을 통하여 우리로 하여금 하나님의 영광을 위한 하나님과의 연합 및 서로의 연합이라는 열매를 맺게 하려 하신다. 나는 단지 개인적인 조건에서의 연합을 생각하지 않도록 하기 위해서 신자들과 세상의 구세주를 연합하게 해주는 설교의 공동체적 차원을 강조하려 했다.

바로잡은 부분

책을 편집하고 수정하는 데는 끝이 없다. 나는 오자를 찾아내고 도표를 수정하고 각주를 정정하려 했지만, 이 개정판에 수록된 갱신된 자료 역시 장차 수정되어야 할 작은 문제점들과 오류들이 있을 것이다. 우리 세상은 타락한 상태에 머물고 있으며, 주님이 오셔서 만물을 완전하게 만드실 큰날이 될 때까지 내 저서의 잘못을 수정하는 일이 계속될 것이다. 그날이 될 때까지 내가 나의 즐거움을 위해 의도된 바 주님의 책의 온갖 자비의 필요성을 알도록 내가 하나님의 말씀의 교정 아래서 알게 되기를 기도한다. 그 기쁨에 대한 이해가 내 안에서, 그리고 이 책을 읽는 사람들 안에서 축복의 샘이 되어 우리가 담대하게 죄를 고백하며 하나님의 말씀의 권위를 가지고 은혜를 확인해주는 것을 선포하게 되기를 기도한다.

초판 서문

이 책 전체를 대표할 수 있는 두 개의 단어는 권위authority와 구속redemption이다. 오늘날 하나님의 말씀에 대한 효과적인 해석에 도전하는 두 가지 요소가 있다. 제반 사실을 참고로 하여 복음을 대적하는 첫째 요소는 권위의 붕괴이다. 주관주의 철학들은 초월적 진리를 의심하는 회의주의자들과 손을 잡고서 권위를 용납하지 않는 문화적 풍토를 만들어왔다. 그러나 오래 전에 사도 바울이 주장했듯이 이와 같은 성경적 표준으로부터의 해방으로 말미암아 필연적으로 사람들은 정욕의 노예가 될 뿐만 아니라 서로의 이기심의 희생물이 될 것이다(롬 6:19–22).

우리의 문화와 교회는 권위의 상실로 말미암아 더욱 극심해진 세상의 상처를 말해주는 진리를 절실하게 요구하고 있다. 교회가 설교자들을 통해서 제공하는 해답이라고 해서 모두 복음을 전하는 것은 아니다. 영원한 진리의 원천을 발견하거나 그 진리를 다양한 세상에 전할 수 있다는 희망을 포기한 설교자들이 있다. 가치와 행동을 결합하는 분명한 해답들을 가지고 있다고 주장하는 모든 사람들에 대한 우리 문화의 반감을 감지하는 사람들은 권위 없이 설교하는 편을 선택해왔다. 그러한 목회자들은 종종 치유하려는 갈망을 지니고 있지만, 상담 이론이나 경영 이론을 종교적 표현으로 재포장하는 데 만족한다. 이러한 설교자들은 베스트셀러의 변화에 따라 변화하는 인간적인 해답이 주는 위로를 제공함으로써 영혼의 아픔을 치료하기보다 일시적으로 덮어 감춘다(고전 2:4–5; 딤전

6:20; 딤후 4:3).

오늘날의 쟁점들, 삶의 관심사들, 그리고 영혼의 운명 등에 대해 하나님의 말씀이 말하는 것을 설명해주는 강해설교가 대안을 제시해줄 수 있다. 이런 설교는 성경의 명령들을 따르면서 문화가 변화하면 무용지물이 되는 인간적인 대답이 아닌 권위 있는 소리를 제공한다(사 40:8; 살전 2:13; 딛 2:15). 이처럼 강해설교가 분명한 해결책인 듯이 보이지만, 이것이 널리 채택되는 것을 방해하는 큰 도전들이 있다. 과거 두 세대 동안 강해설교는 시시한 성경적 정보를 재인용하거나 일상생활과 동떨어진 교리적 차이점들에 대한 교외적 옹호로 퇴보하는 설교 양식이라는 비난을 받아왔는데, 이것이 항상 부당한 비난은 아니다. 모든 설교 형태들이 현대 과학 기술의 혁신적인 신기술들과 지원에 익숙해진 문화의 취향과 욕구를 언급하지 못하는 시대에 뒤진 소통 도구라는 비난을 받게 되면서 이 도전은 한층 더 심각해졌다.

이제 강해설교를 보완해야 할 때가 되었다. 우리 시대를 위한 성경적 권위에 속한 음성을 되찾을 뿐만 아니라, 문화적 요인들과 의사전달 요건들 및 성경적 원리를 알지 못하거나 관심을 갖지 않음으로써 하나님의 능력 및 사람들로부터 단절되게 만드는 설교자들로부터 강해설교를 구해야 한다. 이 책에서는 이러한 보완과 구출을 위한 하나의 접근 방법을 제공하려 한다. 본래 이 책은 강해설교를 전통의 속박을 받는 태도들 및 쓸데없이 설교자와 신자들에게서 하나님의 말씀에서 접근 가능한 메시지를 접할 능력과 희망을 빼앗을 수 있는 바 순수히 의사전달 중심의 관습들로부터 강해설교를 구하는 한편, 강해설교를 성경의 진리와 결합해주는 실질적인 가르침을 제공한다.

이 책에서는 실질적인 가르침뿐만 아니라 효과적인 복음 전달을 방해하는 두 번째 요소를 대면하려 한다. 이 요소는 선의의 권위 추구의 인식되지 않은 부작용으로 발생하는 경우가 많다. 문화와 교회의 세속화에 반발하는 복음주의 설교자들이 도덕적 교훈이나 사회 개혁을 메시지의 주된 초점으로 삼는 잘못을 범할 수 있다. 누구도 이러한 설교자들이 시대의 폐해에 도전하기를 원하고 있다고 비난할 수 없다. 죄가 더 심화될 때 신실한 설교자들은 그것을 저지하는 발언을 하고픈 갈망과 권리와 책임을 지닌다.

그러나 이 설교자들이 인간 행동의 변화를 죄라는 질병의 실질적인 치료법으로 인식하거나 제시한다면, 그들은 무심코 복음에 반대되는 메시지를 전하는 셈이 될 것이다. 성경은 우리에게 하나님의 용납을 획득하거나 세상을 개혁하는 데 능통할 수 있는 방법을 말해주지 않는다(갈 2:15-20). 근본적으로 성경은 순수한 인간의 노력으로 하나님의 목적이나 용납을 획득할 수 없음을 넘치도록 가르친다. 우리가 주님이 원하시는 존재가 되고 주님이 요구하시는 것을 행하려면 주님을 통해서 주어지는 자비와 능력을 의지해야 한다. 은혜는 기독교인들의 순종의 유일하게 참된 수단이요 가장 강력한 동기로 작용한다.

만일 설교자의 메시지가 예수 그리스도의 구속사역에 대한 적절한 이해 안에 내재하는 동기부여와 능력부여를 포함하지 않는다면, 비록 설교가 주는 교훈의 의도가 선하고 성경에 뿌리를 두고 있다 해도 설교자는 바리새주의를 선포하는 데 불과할 것이다. 성경 전체에 충실한 설교는 하나님이 요구하시는 것들을 확고히 할 뿐만 아니라 거룩함을 가능하게 해주는 구속의 진리들을 강조한다. 이 일이 불가능한 것처럼 보일 수도 있다. 성경에서 그리스도를 언급하지 않는 부분이 무척 많은데 어떻게 성경 전체의 초점을 그리스도의 사역에 두게 할 수 있겠는가? 하나님의 말씀 전체를 인간의 욕구와 하나님의 섭리에 대한 통일된 메시지로 이해해야 한다는 것을 깨달을 때 그 해답을 찾을 수 있다(눅 24:27; 롬 15:4).

이 책에서는 구속의 복음이 성경 전체에 가득함을 탐구함으로써 복음적 설교의 특징인 바 선하지만 제대로 인식되지 못한 율법주의로부터 강해설교를 구해내기 위한 신학적 원리들을 분명히 한다. 그리스도 중심의 설교는 인간적인 노력을 강조하는 무익한 장광설 대신에 예수 그리스도의 구속 사역에 대한 사랑의 응답 및 성령의 능력 주심을 감사함으로 의존하면서 하나님께 복종하라고 권면한다. 이 정교하고 강력한 성경 주석에서 참된 거룩, 사랑의 순종, 영적 능력, 그리고 지속적인 기쁨이 흘러나온다(딤전 2:1; 딛 2:11-15).

감사의 글

이 책을 저술하면서, 나의 사상을 형성하는 데 도움을 주고 나의 삶에 의미를 던져준 모든 분에게 깊이 감사한다.

특히 나의 설교학 교수였던 레이번Robert G. Rayburn 박사에게 감사한다. 그는 설교자가 지향해야 할 유일한 초점이 하나님의 영광이라고 일관되게 가르쳤다. 또한 성경신학 교수인 샌더슨John Sanderson 박사는 강해설교에서 그리스도에 초점을 두는 일이 무엇보다도 중요하다는 사실을 일깨워 주었다.

나는 레이번 교수의 가족들에게 큰 은혜를 입었다. 레이번 교수 사모님과 아들이 레이번 박사의 노트와 미출간된 저술들을 참고할 수 있도록 도와 주었다. 무엇보다도 레이번 박사의 식견을 함께 나눌 수 있었다는 것이 가장 큰 혜택이었다.

이 책을 저술하면서 참고한 사상이나 연구서들은 20년에 걸쳐 수집한 것이지만, 대부분의 자료들은 커버넌트 신학교Covenant Theological Seminary에서 준 안식년 기간에 수집한 것들이다. 또 나에게 이 책을 저술할 수 있는 기회를 주신 분들에게 감사한다. 신실한 사람들이 함께 모여 일하는 기관에서 함께 일할 수 있다는 것은 말할 수 없는 축복이므로 나는 매일 감사할 수밖에 없었다.

또 커버넌트 신학교의 총장 폴 쿠이스트라Paul Kooistra에게 감사한다. 그는 나에게 용기를 주고, 자신의 목회 체험담을 들려주었다. 조깅을 함께 하면서 설교에서의 은혜의 역할에 대해서 많은 대화를 나누었는데, 이 대화를 통해서 내 사상을 강화하고 가다듬을 수 있었다.

또한 제임스 믹크James Meek 목사의 우정에도 감사한다. 그는 내가 안식년을 보내는 동안 커버넌트 신학교의 교무처장직을 맡아 주었고, 내가 안심하고 이 저술에 몰두할 수 있도록 도와주었다.

나는 준 데어June Dare에게 말로 표현할 수 없을 정도의 빚을 졌다. 그녀는 항상 끈기를 가지고 기쁜 마음으로 나를 도와 주었다. 비서로서의 그녀의 능력은 항상 내가 기대했던 것보다 더 정확하게 모든 것을 볼 수 있게 해주었다.

제1편

강해설교의 원리

제1장

말씀과 증언

1. 설교의 고귀함

"우리도 듣던 날부터 너희를 위하여 기도하기를 그치지 아니하고 구하노니 너희로 하여금 모든 신령한 지혜와 총명에 하나님의 뜻을 아는 것으로 채우게 하시고 주께 합당하게 행하여 범사에 기쁘시게 하고 모든 선한 일에 열매를 맺게 하시며 하나님을 아는 것에 자라게 하시고"(골 1:9-10). 하나님의 말씀과 하나님의 백성을 사랑하는 설교자들의 기도는 사도 바울이 골로새 교회를 위해 드린 이 기도를 반향한다. 우리는 하나님의 뜻에 대한 지식을 만들어내어 사람들이 하나님을 기쁘시게 하며 영적 열매를 맺으며 하나님을 아는 것에 자라게 되기 위해 하나님께 우리의 설교를 이용해 달라고 기도한다. 이것은 설교의 목표가 단지 정보를 전하는 데 있는 것이 아니라 설교자의 영적 돌봄에 위탁된 영혼들의 삶과 운명에 영향을 미치게 될 것인바 하나님이 주권적으로 정하신 변화의 방편을 제공하는 데 있음을 지적해준다.

영국인 이안 타이트Ian Tait 목사는 오직 지식을 얻기 위해서 성경을 연구하는 사람들은 자신의 머리에 지식이 가득 차면 마음도 넓어질 것으로 믿고 있다고 조롱했다. 그러나 지식만을 위한 지식은 사람을 "교만하게"(고전 8:1) 만들 뿐이다. 하나님의 말씀이라는 보화는 개인의 소유가 될 수 없으며, 그 풍요함을 함께 나눌 때 말씀이 지닌 고귀한 목적도 달성할 수 있다. 신학교나 성경학교에서 공부하든지 개인적으로 공부하든지, 이 각각의 요소들이 사람들을 은혜 안에서 성장하도록 하기 위해 권위있고 정확하게 설교할 수 있도록 준비시켜 준다는 것을 깨달을 때 더 보람있게 연구에 임할 수 있다. 성경연구의 목적은 그것을 통해서 자신을 성장시킬 뿐만 아니라, 그 말씀을 증언함으로써 복음의 영역을 확장하는 데 있다. 로버트 레이번Robert G. Rayburn 교수가 25여 년 동안 신학생들에게 "여러분이 연구하는 학문의 왕은 오직 한 분 그리스도이며, 설교학은 여왕이다"[1]라고 가르친 것도 이 때문이었다.

설교가 이렇게 고귀하다는 사실을 깨닫게 되면 성경연구에 몰두하는 학생들도 두려움을 느끼지 않을 수 없을 것이다. 성실한 설교자라면 이 고귀한 임무가 강단에 서는 종보다 더 중요하다는 사실에 이의를 제기하지 않을 것이다. 또한 불멸의 영혼을 가진 사람들이 천국과 지옥 사이에 놓여 있는 모습을 볼 때, 우리는 설교의 고귀함에 경외심을 느낄 뿐만 아니라 자신이 설교에 부적합하다는 사실을 절감하게 된다(고전 2:3 참조). 우리는 영혼을 천국이나 지옥으로 인도하는 중요한 일을 하기에 능력이 부족하다는 사실을 깨닫게 된다. 또 우리의 마음도 다른 사람을 거룩하게 만들 만큼 순수하지 못하다. 즉 자신의 능력을 정직하게 평가해 볼 때, 우리는 사람을 사망에서 영생으로 이끌 수 있는 지혜나 설득력을 갖고 있지 않다는 결론에 이른다. 이 때문에 젊은 설교자들이 처음 설교할 때부터 망설이게 되고, 노련한 목사들이 강단에서 절망한다.

---

1) Robert G. Rayburn은 Covenant Theological Seminary의 초대 총장이었으며, 1956년부터 1984년까지 설교학 교수로 재직했다. 위의 글은 미 출간된 수업 노트에서 발췌, 인용한 것이다.

2. 말씀의 능력

설교자로서의 능력의 한계에 직면하고 설교의 효력[2]에 대한 의심이 증가하는 시대에 설교자는 영적 변화를 위한 하나님의 계획을 상기해야 한다. 이런 하나님의 계획은 설교를 통해서 성취된다. 궁극적으로 설교자의 기술이나 지혜 때문이 아니라 성경의 능력 때문에 설교의 영적 목적이 성취된다(고전 2:4-5). 설교자들은 하나님이 자신에게서 영적 훼방꾼을 제거해주셨음을 깨달을 때 더 자신감을 가지고 열심히 자유로이 사역한다. 우리의 솜씨나 성품에 따라서 하나님의 목적이 이루어지는 것이 아니다(고후 3:5). 하나님은 능변을 사용하실 수 있으며 우리가 다루는 주제의 거룩함에 적합한 삶을 원하시지만, 하나님의 영은 구원하시고 성화하시는 목적을 이루기 위해 말씀 자체를 사용하신다. 가장 위대한 설교자들의 인간적인 노력은 매우 약하고 죄에 물들어 있기 때문에 사람들의 영원한 운명을 책임질 수 없다. 이런 까닭에 하나님은 자신의 말씀에 영적 능력을 주입하신다. 메시지를 전하는 사람의 덕보다 하나님의 메시지 안에 있는 진리의 능력이 사람들의 마음을 변화시킨다.

1) 말씀 안에 내재된 하나님의 능력

우리는 성령께서 영혼과 삶을 어떻게 변화시키는지 설명할 수 없지만 우리가 하나님의 말씀을 전할 때 우리에게 희망을 주는 원동력을 감지해야 한다. 성경은 말씀이 단순한 능력이 아니라 비길 데 없는 특별한 능력임을 분명히 해준다. 하나님의 말씀은 다음과 같은 능력을 가지고 있다:

---

[2] David L. Larson, *The Anatomy of Preaching:Identifying the Issues in Preaching Today*(Grand Rapids: Baker, 1989), 11-12; Byron Val Johnson, "A Media Selection Model for Use with a Homiletical Taxonomy"(Ph.D. diss., Southern Illinois University at Carbondale), 215.

창조하는 능력: "하나님이 이르시되 빛이 있으라 하시니 빛이 있었고"(창 1:3). "그가 말씀하시매 이루어졌으며 명령하시매 견고히 섰도다"(시 33:9).

통제하는 능력: "그의 명령을 땅에 보내시니 그의 말씀이 속히 달리는도다 눈을 양털 같이 내리시며 서리를 재 같이 흩으시며 우박을 떡 부스러기 같이 뿌리시나니 누가 능히 그의 추위를 감당하리요 그의 말씀을 보내사 그것들을 녹이시고"(시 147:15-18).

유죄 판결하는 능력: "여호와의 말씀이니라…내 말을 받은 자는 성실함으로 내 말을 말할 것이라… 여호와의 말씀이니라 내 말이 불 같지 아니하냐 바위를 쳐서 부스러뜨리는 방망이 같지 아니하냐"(렘 23:28-29).

자체의 목적을 성취하는 능력: "비와 눈이 하늘로부터 내려서 그리로 되돌아가지 아니하고 땅을 적셔서 소출이 나게 하며…내 입에서 나가는 말도 이와 같이 헛되이 내게로 되돌아오지 아니하고 나의 기뻐하는 뜻을 이루며 내가 보낸 일에 형통하리라"(사 55:10-11).

인간의 약함을 무효화하는 능력: 바울은 감옥에 있을 때에도 기뻐하였는데, 이는 "겉치레로 하나 참으로 하나 무슨 방도로 하든지 전파되는 것은 그리스도"이기 때문이었다(빌 1:18).

우리는 성경이 지닌 능력을 묘사하는 구절을 대할 때마다 설교에 의해서가 아니라 전파되는 말씀에 의해 천국의 목적이 성취됨을 기억하게 된다. 성경에 충실한 설교는 사람들의 영혼을 회심시키고 죄를 깨닫게 하고 영원히 변화시킨다. 이는 (비록 인간의 능력으로 천국의 산물로 가장하는 것들을 포함하여 온갖 종류의 세상적 변화를 가져올 수 있지만) 설교자에게 경건한 변화를 불러일으킬 능력이 있기 때문이 아니라 하나님의 말씀이 신적 강권의 도구이기 때문이다.

2) 그리스도 안에 나타난 말씀의 능력

하나님은 신약성경에서 자기 아들을 로고스, 즉 말씀이라고 선포한 곳(요 1:1)에서 말씀의 역동적인 능력을 나타내셨다. 하나님은 예수를 자기의 말씀이라고 확인하심으로써 그분의 위격과 말씀이 분리될 수 없음을 지적하셨다. 말씀이 하나님을 구현한다. 이것은 성경책의 글자와 종이가 거룩하다는 의미가 아니라 성경에 담긴 진리들이 하나님의 위격과 임재를 하나님의 백성들에게 알리는 수단이라는 뜻이다.

하나님이 말씀을 통해서 능력을 발휘하시며 말씀 안에 현존하시기 때문에 하나님의 말씀에는 능력이 있다. 하나님은 말씀으로 세상을 지으셨고(창 1장), 예수는 "만물이 그로 말미암아 지은 바 되었으며"(요 1:1-3; 골 1:16), "능력의 말씀으로 만물을 붙드시는"(히 1:3) 하나님의 말씀이시다. 하나님의 말씀이신 예수님은 말씀으로 자신의 위격을 드러내고 목적을 성취하셨다.

신약성경에서 그리스도의 구속의 능력과 말씀의 능력이 로고스(Logos: 성육하신 하나님) 및 로고스(logos: 하나님에 대한 말씀)와 연합하여 개념적인 실체를 형성하게 되었다. 최초의 창조가 하나님의 말씀을 통해서 이루어진 것처럼 새로운 창조사역(즉 구속)도 살아 있는 하나님의 말씀을 통해서 이루어진다. 야고보는 "그(아버지)가 진리의 말씀으로 우리를 낳으셨느니라"(약 1:18)고 말한다. "진리의 말씀"이라는 표현은 구원 및 새로운 탄생을 주시는 분에 대한 메시지를 나타낸다. 베드로도 이 단어를 같은 의미로 사용하였다: "너희가 거듭난 것은 썩어질 씨로 된 것이 아니요 썩지 아니할 씨로 된 것이니 살아 있고 항상 있는 하나님의 말씀으로 되었느니라"(벧전 1:23). 이 구절들에서 예수에 대한 메시지와 그리스도가 통합되어 있다. 이 둘은 모두 "살아 있고 항상 있는 말씀"이며, 이 말씀을 통해서 우리가 거듭났다는 것이다.

그러므로 성실한 설교자가 성경 본문을 제공해야 한다는 주장을 가볍게 받아들여서는 안 된다.[3] 말씀이 그리스도의 중보적 임재이므로, 말씀을 제공해야 마땅하다. 바울은 젊은 디모데에게 "하나님의 말씀은 살아 있고 활력이"(히 4:12) 있으므로 "진리의 말씀을 옳게 분별하는"(딤후 2:15) 일꾼이 되라고 가르쳤다. 성경의 진리는 우리가 조사하고 검토해서 발표하는 피동적인 연구 대상이 아니다. 오히려 말씀이 우리들을 조사하고 검토하신다. 말씀이 "마음의 생각과 뜻을 판단" 하신다(히 4:12). 말씀을 제시하는 사람이 개인적으로 취할 수도 없고 권리도 없는 거룩한 일을 그리스도는 말씀 안에 살아 역사하시면서 행하신다.

하나님의 말씀에 관한 이러한 관점들이 사도 바울의 사역에서 완벽하게 나타난다. 바울은 유명한 전문 설교자이기보다 학구적인 선교사로서 "내가 복음을 부끄러워하지 아니하노니 이 복음은 모든 믿는 자에게 구원을 주시는 하나님의 능력이 됨이라"(롬 1:16)고 기록했다. 이 구절에서 '능력'이라는 단어는 헬라어로 *dunamis*인데, 이 단어에서 영어의 '역동적' *dynamic*이라는 단어가 파생되었다. 복음의 힘은 설교자의 능력 안에 있는 것이 아니라 그 너머에 있다. 바울은 하나님의 성령께서 무대 기법이나 철학적 생각으로 이룰 수 없는 방법으로 설교하여 인간의 굳은 마음을 깨뜨리게 하기 위해 말씀을 사용하여 바울로 하여금 복음을 선포하게 하실 것을 믿었기 때문에 자신의 전달 기술을 부끄러워하지 않고 설교한다.

어떤 면에서 이 과정은 우스꽝스럽게 보인다. 우리가 옛글에 기록된 사상을 전한다고 해서 영원한 운명이 바뀔 것이라는 주장은 상식에 어긋난다. 바울은 "미련한 전도"가 아닌 "전도의 미련한 것"을 칭찬하면서 과거에 십자가에 달려 죽은 랍비에 대한 말로써 태도와 생활방식과 철학적 관점과 신앙의 헌신 등을

---

3) Herbert H. Farmer, *The Servant of the Word*(New York:Scribner, 1942), 16-17.

변화시키려는 것이 무의미한 일임을 인정한다(고전 1:21 참조). 그러나 성령이 보잘 것없는 인간의 노력을 말씀의 능력을 전하는 도관으로 사용하시기 때문에 설교가 지속되고 복음이 전파된다. 하나님의 성령의 축복에 의해 말씀은 변화시킨다(즉 우리의 마음으로 하나님을 사랑하며 우리의 의지로 하나님의 뜻을 구하게 만든다).

나는 매년 신학교 신입생들에게 말씀의 능력을 강력하게 경험했던 일을 대해 말해준다. 내가 우리 교회 새신자반에 들어갔을 때 주님의 역사가 나를 압도했다. 제일 앞줄에 세 명의 젊은 여자들이 앉아 있었는데, 그들은 사촌간이었다. 그들이 이미 새신자반에 참석하겠다고 약속했지만, 실제로 그곳에 참석한 것을 보고서 나는 감격했다.

이 세 여인은 각기 일년 전에 심각한 문제를 가지고 도움을 얻기 위해 교회에 왔었다. 첫째 여인은 알코올중독자인 남편과 이혼한 후에 나를 찾아왔다. 그녀의 남편은 부활절에만 예배에 참석하곤 했으며 종교가 소용없다고 말했었지만, 아내가 떠난 후에 도움을 얻기 위해 나를 찾아왔다. 그는 아내를 되찾기 위해서라면 무슨 일이라도 하겠다고 말했다. 이 부부는 함께 와서 상담을 받았다. 남편은 술을 끊었다. 이 부부는 재결합했고, 아내는 우리 교회의 믿음의 가족이 되기를 원했다.

두 번째 여성 역시 이혼하였으며, 사촌인 첫째 여인의 권유로 도움을 구하러 왔다. 남편에게서 학대받던 그 여인은 남편이 아닌 다른 남자에게서 위로를 받으려 했다. 두 남자 모두 하나님을 찾지 않았지만, 우리의 사역으로 말미암아 이 여인의 마음이 하나님을 향하게 되었다. 그녀는 남편이 다른 여자들에게로 떠난 후 연인을 떠나 자신의 삶을 하나님의 뜻에 맡겼다.

세 번째 여성은 결혼했지만 외판원으로 일하고 있었으며 여러 남자와 부부처럼 살고 있었다. 이 여인은 어린 조카가 사고로 다쳤기 때문에 우리 교회에 오게 되었다. 그녀는 처음에 우리를 적대시했지만 기독교인들이 자신을 비롯하여 어린 조카를 보살펴주는 것을 목격하면서 성적 경험에서 얻지 못했던 사랑을 발견했다. 이제 그녀도 하나님의 가족이 되려고 교회에 온 것이다.

사촌지간인 이 세 여인이 새신자반에 참석한 것은 기적이었다. 나의 몇 마디 말이 그들의 결정의 원인이라고 생각했다면, 그것은 어리석은 생각이었을 것이다. 사람이 아무리 설득력 있게 말해도 그들로 하여금 스스로의 멸망을 초래하는 쾌락 추구의 이기적인 생활방식을 버리고 예수 그리스도에게 영원히 헌신하게 만들 수 없었을 것이다. 기독교인들이 사랑을 가지고 신실하게 기독교의 진리를 표현했기 때문에 하나님의 말씀을 대적했던 사람들이 예수 그리스도와 교제하기를 원하게 되었다.

하나님은 말씀에 의해서 지옥같이 혼란스러운 가정과 바람을 피우는 배우자와 개인적인 죄에서 이 세 사람의 영혼을 건져내셨다. 이 사건들은 보기와는 달리 쉽게 설명된다. 주님은 이들을 변화시키기 위해 말씀의 진리를 사용하셨다. 성경적 용어로 표현하자면 이 사촌들은 "우상을 버리고 하나님께로 돌아와서 살아 계시고 참되신 하나님을 섬기며 그의 아들이 하늘로부터 강림하실 것"을 기다리게 되었다(살전 1:9-10).

설교자들이 말씀의 능력을 깨달을 때 자신의 소명에 대한 확신이 증가하는 반면, 자신의 실적에 대한 자부심이 약해진다. 하나님이 자기의 목적을 이루기 위해 권한을 주신 진리를 말할 때 우리의 무력함을 두려워할 필요가 없다. 동시에 우리의 능력 때문에 영적 변화가 이루어지는 것처럼 행동하는 것은 마치 사신이 자신이 평화조약 문서를 전달했기 때문에 전쟁이 끝났다고 주장하는 것과 같다. 사신에게는 고귀한 임무가 주어졌지만, 종전을 자신의 개인적인 업적이라고 주장하는 것은 자신의 사명을 위태롭게 하며 진정한 승리자를 비하하는 것이다. 그리스도의 말씀만이 구원하고 변화시킬 수 있으므로, 설교의 결과로 생기는 명성과 영예와 영광은 그리스도의 것이다.

3) 설교에 적용된 말씀의 능력

(1) 강해설교는 말씀의 능력을 나타낸다.

하나님의 말씀 안에 영혼을 변화시키는 능력이 있다는 사실은 강해설교의 정당성을 입증해준다. 강해설교는 특정 성경 구절의 진리를 제시하고 적용하려는 시도이다.[4] 물론 성경의 진리를 선포하는 다른 설교 유형들도 분명히 정당하고 소중하지만 초보 설교자에게나 정규 예배 모임에서 강해설교는 가장 중요한 설교 형식이다.

성경주석은 설교자와 사람들을 참된 영적 변화의 유일한 근원에 묶어준다. 사람들이 하나님의 말씀을 대면할 때에 그들의 마음이 변화되므로, 강해설교자들은 하나님이 말씀하시는 것을 전하는 일에 몰두한다.[5] 강해설교자는 하나님의 백성들 앞에 성경을 제시하고 "이 구절의 의미를 여러분에게 설명하겠습니다"라고 말한다. 이 말은 설교자 자신의 권위를 전하겠다는 의미가 아니라 설교자에게 하나님의 말씀보다 더 좋은 말이 없음을 겸손히 고백하는 것이다. 따라서 설교자의 소명과 사명은 성경이 의미하는 바를 하나님의 백성에게 설명하는 것이다.

성경의 의미를 설명하는 데 있어서 가장 믿을 수 있는 방법은 기도하면서 성경 본문을 선택하여 그 중요한 사상들과 특징에 따라 구분하여 나눈 후에 각 부분의 본질과 함축된 의미를 설명하는 것이다. 저자의 의도에 따라서 본문을 설명하려면, 그 본문의 각각의 부분을 생략하고 뛰어넘거나 가르치는 원리들을

---

4) Haddon Robinson, *Biblical Preaching: The Development and Delivery of Expository Messages*(Grand Rapids:Baker, 1980), 20.
5) Sidney Greidanus, *The Modern Preacher and the Ancient Text: Interpreting and Preaching Biblical Literature*(Grand Rapids:Eerdmans, 1988), 15.

파악하기 위해 이해되어야 하는 문맥의 특징들을 간과하지 말아야 한다. 강해설교란 성경 본문에서 끌어내어진 구조와 사상을 가진 메시지, 본문의 영역을 포함하는 메시지, 본문을 감화하신 성령이 의도하신 충실한 생각과 삶과 예배를 위한 영속적인 원리들을 드러내기 위해 본문의 특징들과 문맥을 설명하는 메시지라고 정의할 수 있을 것이다. 강해설교에서는 성경 본문이 의미하는 바를 설명하기 위해 본문의 특징들과 문맥을 사용한다.

강해설교자의 궁극적 목표는 자신의 견해나 다른 사람들의 철학이나 사변적 생각 등을 전달하는 데 있는 것이 아니라 아들을 통해서 하나님과 연합된 사람들을 위해 하나님의 말씀이 하나님의 뜻을 어떻게 드러내는지 보여주는 데 있다. 사람들로 하여금 성경에서 파생된 개념들이 삶에 적용된다는 것을 깨닫게 만드는 방식으로 선포된 하나님의 진리가 강해설교자의 노력을 사로잡는다. 그러한 설교는 청취자들로 하여금 말씀의 능력에 직접 접촉할 수 있게 해준다.

(2) 강해설교는 말씀의 권위를 나타낸다.

설교는 권위와 의미를 향한 인간의 영속적인 추구를 다룬다. 비록 우리가 권위를 대적하는 시대에 살고 있지만, 의미와 안전과 용납을 얻으려는 매일의 갈등 때문에 각 사람은 "나에게 해야 할 일을 말해줄 권리를 가진 사람이 누구인가?"라고 묻는다. 이 질문은 일종의 도전처럼 들리지만 실제로는 도움을 청하는 호소이다. 진리를 옹호하는 궁극적인 권위가 없는 한 인간의 노력은 궁극적으로 무가치하며 삶이 헛된 것이 된다. 지적 세련됨이라는 명분 하에 말씀의 권위[6]를 부인하는 현대 설교의 경향은 사람들이 자신의 소견에 옳은 일을 행하는 절망적인 주관주의로 이어진다. 성경은 이 상태의 무익함을 분명히 밝힌다(삿

---

6) David Buttrick, *Homiletic: Moves and Structures*(Philadelphia:Fortress, 1987), 408.

21:25).

우리 문화의 근본적인 상대주의 및 그에 수반되는 불확실성의 해결책은 성경의 권위 주장이다. 바울은 데살로니가 교인들이 자신의 메시지를 "사람의 말로 받지 아니하고 하나님의 말씀으로 받음이니 진실로 그러하도다 이 말씀이 또한 너희 믿는 자 가운데에서 역사하느니라"(살전 2:13)고 칭찬했다.

성경의 주장과 강해설교의 전제는 하나님이 말씀 안에서 말씀하셨다는 것이다. 오래 전 어거스틴은 "성경이 말할 때 하나님이 말씀하신다"라고 요약했다. 따라서 강해설교란 하나님 백성들에게 그 시대를 위한 진리를 주고자 성경에 위탁하신 것을 전달하는 일이다. 이러한 시도는 맹목적으로 근본주의 교의를 신봉하는 것이 아니라 하나의 근원에 전념하는 것이기 때문에 신앙과 이성이 확인해주는 것이 인간의 희망의 유일한 기초가 된다. 초월적이고 확실한 근원이 없으면 사회와 정체성과 분별의 기초가 모두 사라진다.

말씀의 권위를 갖지 못한 설교는 사람들로부터 인정받거나 받아들여지거나 원인을 제시하거나 근심을 달래줄 주제와 치료법과 기술적인 방법을 끝없이 찾게 된다. "성경이 말하는 것은 하나님이 말씀하시는 것이라는 역사적 확신"이 결여된 설교에서는 인간 이성, 사회적 의제, 일반적인 합의, 개인적이고 도덕적인 신념 등을 자료로 삼게 된다. 성경적 권위가 결여된 설교의 내용을 진술하는 견해와 감정들은 문화와 세대의 변화나 저항적인 사람에 의해 그 정당성이 부인될 수 있다. 강해설교에서 설교자는 하나님의 말씀에 기초를 둠으로써 이 이동사(shifting sand, 移動砂)를 피한다.

하나님은 설교자의 설교를 경청하신다. 우리가 하나님의 말씀의 진리를 말할 때 하나님이 들으신다는 확신은 참된 것일 뿐만 아니라 우리를 겸손하고 담대하게 해준다(눅 10:16 참조). 제2 스위스 신앙고백The Second Helvetic Confession은 "하나님의 말씀 전파가 곧 하나님의 말씀이다"라고 말한다. 우리의 입에서 나오는 것이 하나님의 말씀이라는 사상은 하나님을 모독하거나 오만한 말처럼 보인다. 그러나 그러한 신앙고백에는 우리에게 하나님이 말씀하는 것에 비교할 만한 것을 말할 권위나 공덕이나 중요함이 없다는 겸손함이 내포되어 있다. 그러므로 교회가 마틴 루터가 묘사한 하나님의 "입의 집"(mouth house)가 되도록 하기 위해서 우리는 말할 때에 영원한 말씀의 진리들을 표현하도록 메시지를 작성한다.

설교자가 성경을 하나님의 말씀으로 여겨 접근할 때 우리에게 말씀을 전할 권리가 있는가에 대한 질문들이 사라진다. 하나님은 자기 백성들에게 믿어야 할 것과 행해야 할 것, 그리고 하나님이 가지고 계신 것을 말씀하신다. 성경은 설교자들에게 하나님이 말씀하시는 것을 사람들에게 이해시켜야 할 의무를 지운다. 설교자에게는 다른 것을 말할 성경적 권위가 주어지지 않았다. 설교자의 표현은 문화의 영향을 받지만, 하나님의 진리의 초월성과 인간 본성이 지닌 바 하나님의 형상을 가지고 있다는 특권 때문에 우리는 하나님의 말씀을 받아 전해줄 수 있다.

하나님이 말씀하시는 것을 선포하는 데 헌신하는 설교자들만이 자신이 설교하는 것에 대한 성경의 승인을 소유한다. 따라서 강해설교란 말씀의 정확한 의미를 발견하여 전달하려는 시도이다. 강해설교자들은 성경이 말하는 것을 밝히기 때문에 성경이 그들의 설교 내용을 결정한다. 성경 본문의 의미가 설교의 메시지이다. 성경 본문이 설교자를 지배한다. 강해설교자들은 사람들이 자신의 견해를 존중해주기를 기대하지 않는다. 그들은 성경의 진리를 고수하며 청중들도 성경의 진리에 주의를 기울여주기를 기대한다.

(3) 강해설교는 성령의 역사를 나타낸다.

강해설교자는 자신의 설교가 성경의 진리에 기초해 있기를 바란다. 웅변이나 능변으로 영적 변화를 이룰 수 없다면, 어떻게 사람들의 마음을 변화시킬 수 있겠는가? 종교개혁 지도자들은 "성령이 우리 마음속에서 말씀과 함께, 말씀에 의해 역사하신다"라고 대답하였다.[7] 하나님의 말씀이 성령의 검이다(엡 6:17; cf. 행 10:44, 엡 1:13). 하나님은 말씀이라는 특별하면서도 자연스러운 수단에 의해 인간의 삶을 변화시키시는데, 그것은 성령의 거듭나게 하고 죄를 깨닫게 하고 능력 주시는 힘을 동반한다.

설교자는 말씀을 선포할 때 성령의 사역이 사람들의 삶에 영향을 미치게 한다. 이 사실은 설교자로 하여금 설교하도록 하는 가장 큰 격려이며 자신의 노력에서 보다 많은 결과를 기대하게 만든다. 전구에서 발산되는 빛과 열처럼 성령의 역사와 설교도 뗄 수 없이 연결되어 있다. 우리가 하나님의 말씀의 빛을 제시할 때 성령이 사람들의 마음을 뜨겁게 하고 녹이고 그의 뜻에 순응하게 만드는 목적을 행하신다.

성령은 우리의 말을 사용하시지만 우리의 사역이 아닌 성령의 사역이 인간 의지의 은밀하게 감추어진 곳에 영향을 미친다. 바울은 "하나님께서 예수 그리스도의 얼굴에 있는 하나님의 영광을 아는 빛을 우리 마음에 비추셨느니라 우리가 이 보배를 질그릇에 가졌으니 이는 심히 큰 능력은 하나님께 있고 우리에게 있지 아니함을 알게 하려 함이라"(고후 4:6-7)고 말한다. 하나님이 설교를 통해서 뜻을 이루시기 때문에 설교가 영광을 누리지만, 설교자는 하나님이 설교자의 인간적 제약들을 초월하여 역사하신다는 것을 알고 항상 겸손하며 위로를 받는다. 먼저 말씀을 주시고 듣는 사람들의 마음속에서 그것을 활성화시키시는 성령의 설교가 처음이요 마지막이며, 설교자의 설교는 그 다음이다.

그렇기 때문에 설교자들은 전적으로 성령을 의존하면서 자신의 직무를 행한다. 하나님의 목적에 충실한 대중 사역에는 헌신적인 개인 기도가 필요하다. 설

---

7) *Westminster Confession of Faith*, 1.5.

교자가 성령을 만나지 못했다면, 설교자의 말을 통해 사람들이 성령의 능력을 경험하리라고 기대할 수 없다. 충실한 설교자들은 정확하고 충실하고 기술적으로 하나님의 말씀을 전파할 뿐만 아니라 하나님이 역사해 주실 것을 위해 기도한다. 설교의 성공은 설교자로 하여금 성령을 의존하게 만드는 요인이 될 수 있다. 훌륭한 설교에 대한 교인들의 칭찬은 설교자로 하여금 자신의 개인적인 재능이나 기술이나 특별한 설교 방법을 과신하게 만들 수 있다. 그러한 유혹에 굴복했음이 신앙의 변화가 아닌 실천의 변화에서 입증된다. 비록 성공의 다른 표식들이 감소되지 않았다 해도 기도를 태만히 하는 것은 설교자의 사역에 심각한 결점들이 있음을 암시해준다. 설교자는 대중의 칭찬이 영적 효력을 의미하는 것이 아님을 기억해야 한다.

독자들이 이 책을 통해서 믿고 싶은 것, 곧 만일 훌륭하게 말하는 법을 배운다면 위대한 설교자가 될 수 있다는 신념은 설교의 영적 차원에 의해 약화된다. 이 책에서 강조하는 것들, 사람들의 평가, 독자 자신의 욕망 등에 미혹되지 말아야 한다. 재능이 있다고 해서 훌륭한 설교를 할 수 있는 것은 아니다. 메시지의 기술적 탁월함은 설교자의 솜씨에 의존할 수 있겠지만 그것의 영적 효험은 하나님에게 달려 있다.

3. 증언의 효과

하나님의 말씀과 성령이 역사한다고 해서 설교자에게 책임이 없는 것이 아니다. 미국인 존 쇼John Shaw 목사는 언젠가 목사 안수식 설교에서 다음과 같이 말했다:

하나님은 자기의 뜻을 나타내는 것에 의해서, 비방하고 군림하려 하는 이 기적인 설교자를 통해서 역사하실 수 있지만 그것은 일상적인 방법이 아닙니다. 여우와 늑대는 양을 생산하는 자연의 도구가 아닙니다. 분명하고 확실한 빛에 의해서 일하며 사랑의 능력 안에 살면서 설교하고 거룩하고 진지하게 행하는 목사들만이 영혼들에게 큰 유익을 줍니다. 불을 붙이려면 불씨를 가져와야 합니다.[8]

주제넘게 하나님의 선하심을 시험해 볼 필요는 없다. 비록 우리의 약함에도 불구하고 말씀 안에 내재해 있는 능력이 역사할 수 있지만, 의도적으로 그것을 방해할 이유가 없다. 어떤 의미에서 좋은 설교에는 하나님의 말씀이 역사할 수 있도록 비켜서는 것이 포함된다. 쇼 목사는 길을 터준다는 것이 우리가 하나님의 말씀을 명백하고 믿을 만한 것으로 만들기 위해 설교하고 살아야 한다는 의미임을 상기시켜 준다.

1) 고전적 구분

사도 바울은 말씀의 내재적 능력에 대해서 가르치면서도 다른 사람의 길에 복음을 가로막는 장애물(고후 6:3)을 놓지 않겠다는 결심을 표명했다. 아리스토텔레스의 수사학적 구분은 성령의 영감을 받아 이루어진 것이 아니지만 설교 방법이나 내용 때문에 사람들이 걸려 넘어지지 않도록 하기 위해 설교자들이 전하는 메시지의 기본 구성 요소들을 이해하는 데 도움을 줄 수 있다.

고대 수사학에서 설득력 있는 메시지는 다음과 같은 세 가지 요소로 이루어진다:

---

[8] John Shaw, "The Character of a Pastor according to God's Heart"(Ligonier, Pa.: Soli Deo Gloria Publications, 1992), 3-4.

- **로고스**(logos): 메시지의 언어적 내용을 말하며 논리와 말하는 기술이 포함된다.
- **파토스**(pathos): 메시지의 감정적인 특성들을 의미하며, 화자가 전달하고 청중이 경험하는 열정과 갈망과 느낌 등이 포함된다.
- **에토스**(ethos): 청중의 복지를 위한 관심 표현에 의해 결정되는 바 인식되어진 화자의 성품을 말한다. 아리스토텔레스는 연설을 가장 설득력 있게 만드는 요소가 에토스라고 여겼다.

청중은 설교자가 제시하는 진리를 따져보기 위해 설교 안에 나타난 이 세 가지 설득의 요소를 평가한다. 이러한 인식은 말씀에 분명히 접근하기를 원하는 설교자들로 하여금 자신이 전하는 메시지의 모든 부분을 장애물이 아닌 문으로 만들기 위해 노력하게 만든다. 예를 들어 존 웨인, 덴젤 워싱턴Denzel Washington, 아라고른Aragorn 등이 활동하는 오늘날의 문화에서는 설교자들이 설교하면서 감정을 표현하기가 어렵다. 그러나 영원한 진리에 대하여 자신의 주제와 인격에 알맞은 확신을 가지고 말하지 못하는 것, 즉 구원의 기쁨과 버림받은 자들의 재앙에 영향을 받지 않는 것처럼 보이는 것은 성경의 의미를 제대로 전하는 것이 아니다.

바울은 데살로니가전서에서 이 설득의 요소들이 중요하다는 사실을 설명하였다(그림 1.1을 보라). 비록 아리스토텔레스가 사용한 용어와는 다르지만, 바울이 사용한 용어들도 고전적 연설의 범주들이 지닌 특징들을 반영하며 설교자의 마음과 성품이 메시지의 진리를 정당화해주지 못하는 한 그 기술로는 메시지가 설득력을 갖지 못한다는 사실을 상기시켜 준다. 바울은 성령이 복음의 길을 만들지만, 설교자가 메시지를 통해서 문을 열어 주어야만 청중이 하나님의 말씀을 대면할 수 있음을 분명히 한다. 바울은 사람들이 메시지를 잘 받아들이게 하기 위해서 자신의 삶을 인용하였고, 일반적인 영적 설득 과정에서 에토스가 강력한 요인이 된다는 관념에 성경적 신빙성을 부여했다.

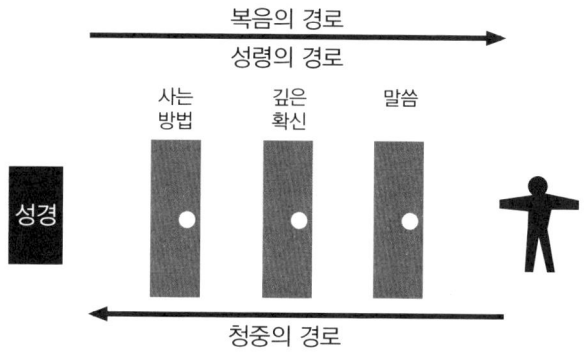

그림 1.1 복음메시지의 요소

바울은 자신의 "큰 확신"의 증거요 그의 메시지가 지닌 능력의 필수적 원천으로 자신의 행동과 동정심을 든다. 설교방법에 대한 책에서는 어쩔 수 없이 설교에서 로고스와 파토스라는 요소에 초점을 두지만, 성경의 강조점들은 목회적 특성이 사역의 기초임을 상기시켜준다. 설교의 세상적 아름다움이 능변일 수도 있지만 설교의 영원한 심장박동은 신실함이다.

필립스 브룩스Phillips Brooks는 설교를 "사람을 통해서 쏟아지는 진리"라고 정의했는데, 이것은 성경적 원리일 뿐만 아니라 상식이기도 하다. 우리의 교부들은 "네 말을 들을 수 없을 때 네 행동이 큰 소리로 말해준다"라고 가르쳤다. 오늘날 젊은이들은 "실제 행동으로 보여 주지 못하면서 말을 번지르르하게 잘 하지 말라"고 말한다. 이 각각의 금언은 기독교 지도자들에게 "복음에 합당하게 생활하라"(빌 1:27 참조)고 요구하는 고귀한 지혜를 반영한다. 설교는 설교자의 독특한 개성을 나타내야 하지만 그리스도의 말씀이 방해받지 않고 전파되려면 우리의 삶이 그리스도를 반영해야 한다.

2) 성경적 증거

효과적인 말씀 전파에서 에토스의 중요성을 확인해주는 성경 구절이 많다. 목회신학과 관련된 구절부터 시작하여 다음의 본문들은 설교의 질을 설교자의 성품이나 행동의 질과 연결한다.

(1) 데살로니가전서 2장 3-8절과 11-12절

"우리의 권면은 간사함이나 부정에서 난 것이 아니요 속임수로 하는 것도 아니라 오직 하나님께 옳게 여기심을 입어 복음을 위탁 받았으니 우리가 이와 같이 말함은 사람을 기쁘게 하려 함이 아니요 오직 우리 마음을 감찰하시는 하나님을 기쁘시게 하려 함이라 너희도 알거니와 우리가 아무 때에도 아첨하는 말이나 탐심의 탈을 쓰지 아니한 것을 하나님이 증언하시느니라 또한 우리는 너희에게서든지 다른 이에게서든지 사람에게서는 영광을 구하지 아니하였노라 우리는 그리스도의 사도로서 마땅히 권위를 주장할 수 있으나 도리어 너희 가운데서 유순한 자가 되어 유모가 자기 자녀를 기름과 같이 하였으니 우리가 이같이 너희를 사모하여 하나님의 복음뿐 아니라 우리의 목숨까지도 너희에게 주기를 기뻐함은 너희가 우리의 사랑하는 자 됨이라."

"너희도 아는 바와 같이 우리가 너희 각 사람에게 아버지가 자기 자녀에게 하듯 권면하고 위로하고 경계하노니 이는 너희를 부르사 자기 나라와 영광에 이르게 하시는 하나님께 합당히 행하게 하려 함이라."

(2) 디모데후서 2장 15-16절과 22-24절

"너는 진리의 말씀을 옳게 분별하며 부끄러울 것이 없는 일꾼으로 인정된 자로 자신을 하나님 앞에 드리기를 힘쓰라 망령되고 헛된 말을 버리라 그들은 경건하지 아니함에 점점 나아가나니"

"또한 너는 청년의 정욕을 피하고 주를 깨끗한 마음으로 부르는 자들과 함께 의와 믿음과 사랑과 화평을 따르라 어리석고 무식한 변론을 버리라 이에서 다툼이 나는 줄 앎이라 주의 종은 마땅히 다투지 아니하고 모든 사람에 대하여 온유하며 가르치기를 잘하며 참으며"

(3) 디도서 2장 7-8절

"범사에 네 자신이 선한 일의 본을 보이며 교훈에 부패하지 아니함과 단정함과 책망할 것이 없는 바른 말을 하게 하라 이는 대적하는 자로 하여금 부끄러워 우리를 악하다 할 것이 없게 하려 함이라."

(4) 고린도후서 6장 3-4절

"우리가 이 직분이 비방을 받지 않게 하려고 무엇에든지 아무에게도 거리끼지 않게 하고 오직 모든 일에 하나님의 일꾼으로 자천하여…."

(5) 야고보서 1장 26-27절

"누구든지 스스로 경건하다 생각하며 자기 혀를 재갈 물리지 아니하고 자기 마음을 속이면 이 사람의 경건은 헛것이라 하나님 아버지 앞에서 정결하고 더러움이 없는 경건은 곧 고아와 과부를 그 환난중에 돌보고 또 자기를 지켜 세속에 물들지 아니하는 그것이니라."

(6) 야고보서 3장 13절

"너희 중에 지혜와 총명이 있는 자가 누구냐 그는 선행으로 말미암아 지혜의 온유함으로 그 행함을 보일지니라."

3) 에토스를 암시하는 증언들

(1) 자신의 성품을 경계하라.

설교자의 증언은 설교가 받아들여지는 데 영향을 미치므로 설교자는 성경 말씀에 따라 살아야 한다. 솔직하고 정직했던 존 웨슬리는 분투하고 있는 후배의 사역에 능력이 부족한 이유를 다음과 같이 설명해 주었다: "당신의 성질이 한결같지 않고, 이웃을 향한 사랑도 부족합니다. 당신은 쉽게 화를 내고, 당신의 말은 너무 신랄합니다. 그래서 사람들은 당신의 말에 귀를 기울이지 않을 것입니다."[9] 웨슬리의 이 솔직한 충고는 우리가 효과적으로 말씀을 전하기를 원한다면 자신의 성품을 경계하여 지켜야 한다는 성경의 권면과 도전을 반영하고 있다.

사람의 원래 성품은 일시적으로 가릴 수 있지만 완전히 감추어지지 않는다. 우리의 성품은 우리의 메시지 안에서 스며나온다. 사람들이 대화를 할 때 독특한 말투나 버릇을 통해서 자신을 드러내는 것처럼 우리는 설교를 통해서 자신을 끊임없이 드러낸다. 대중에게 드러내지 않도록 통제해도 시간이 지나면서 우리가 선택한 단어나 음색, 제목, 예 등을 통해서 우리의 마음이 드러난다. 즉 우리의 속마음은 항상 대중 앞에 공개되어 있다. 우리가 무의식 중에 자신을 드러내는 방법 때문에 사람들은 증명할 수 있는 것 이상의 것을 감지한다.

---

9) James L. Golden, Goodwin F. Berquist, and William Coleman, *The Rhetoric of Western Thought*, 3d ed.(Dubuque:Kendall-Hunt, 1978), 297에서 인용하였다.

오랜 설교 경험이 있는 해돈 로빈슨Haddon Robinson은 자신의 견해를 다음과 같이 요약하였다.

> 우리가 바라는 것과는 달리 설교자는 메시지와 분리될 수 없다. 설교를 시작하기 전에 신실한 형제자매들이 "우리가 목사님을 보지 않고 예수님만 바라볼 수 있도록 목사님을 십자가 뒤로 숨겨 주십시오"라고 기도하는 소리를 듣지 못한 사람은 없을 것이다. 우리는 이런 기도를 권한다.…그러나 설교자가 숨을 수 있는 곳은 어디에도 없다. 높은 강단도 사람들로부터 그를 숨겨주지 못한다.…설교자는 자신의 설교에 영향을 미친다. 설교자가 성경적인 생각을 전해도 그 말이 자동응답기처럼 비감정적이거나 라디오 광고처럼 피상적으로 들릴 수 있고, 사기꾼의 속임수처럼 느껴질 수도 있다. 사람들은 설교만 듣는 것이 아니라, 설교자의 모든 것을 듣고 느낀다.[10]

설교자의 성품이 설교를 설득력 있게 한다는 사실은 목회자들의 거룩함을 요구하는 진리이다.

내가 목회했던 교회들의 성도들은 내 설교들의 구체적인 내용을 기억하지 못할 것이다. 그들은 특별히 생생한 예화, 삶의 위기에 처했을 때 강력한 영향을 준 구절, 또는 특별한 메시지가 마음에 남긴 감명 등을 기억할 것이다. 그러나 내가 여러 해 동안 했던 많은 말 중에서 열두 개의 단어를 기억하는 교인은 한 사람도 되지 않을 것이다. 사람들은 우리가 말하는 것을 기억하지 못하겠지만, 우리를 기억할 것이며 우리의 삶이 성경의 메시지에 신빙성을 부여했는지를 기억할 것이다. 우리의 삶에 대해 사람들이 가지고 있는 인상들은 우리가 전파하는 복음의 진리들이 우리에게 참된 것인지, 그렇기 때문에 그들에게 참된 것이 될 수 있는지의 여부를 마음속으로 분별할 때에 재생하는 비디오들이다.

---

10) Robinson, *Biblical Preaching*, 24.

효과적인 사역이 목회자의 성품에 의존하기 때문에 신학자 존 샌더슨John Sanderson은 목사를 면접할 때 소프트볼을 함께 해보라고 조언했다. 샌더슨은 "경기가 끝날 무렵 2루에서 세이프가 확실한 상황에서 그를 아웃시킨 후에 어떤 일이 일어나는지 살펴보라"[11]고 말했다.

물론 자신이 원하는 만큼 순수하게 그리스도의 성품을 반영할 수 있는 사람은 없다. 그렇기 때문에 하나님은 말씀이 우리의 행동에 의해 영향을 받지 않게 만드셨다. 18세기의 목사 조지 켐벨George Campbell은 "우리의 이론과 행동이 일치할 때, 그 효과는 세 배가 될 것이다"[12]라고 말했다. 이것은 하나님의 말씀 안에 내재하는 특별한 능력을 거부하는 것이 아니라 성령이 우리 삶의 증언에 의해 말씀의 목적을 확인하고 증진하시는 일반적인 양식을 확인하는 말이다. 이런 식으로 하나님을 섬기는 것이 기독교 사역자의 기쁨이다. 또 성령께서 말씀의 능력으로 사람들의 마음을 감화하기 위해 인간적인 약함을 뛰어넘어야 한다면 분명 그리하실 수 있다는 것을 깨닫는 것이 사역자에게 위로가 된다.

대부분의 사람들은 자기 교회 목사의 "놀라운 메시지"를 들어보라는 친구의 부탁을 받고 어느 교회를 방문했으나 평범한 설교를 들으면서 목회자의 성품이 설교에 어떤 영향을 미치는지 경험해보았을 것이다. 이는 목회자에 대한 우리 친구의 사랑과 신뢰가 설교에 대한 존경심을 만들어내고 그 약점들을 가리게 만들기 때문이다. 선포되는 메시지의 특징들보다는 사역자의 성품과 사랑이 청취되는 메시지의 질을 결정한다.

(2) 은혜를 사모하라.

하나님의 뜻에 따라 설교자의 성품과 메시지를 형성하도록 해주는 은혜를 강

---

11) 1978년 Covenant 신학교 강의 노트에서 발췌됨.
12) Golden, Berquist, and Coleman, *Rhetoric of Western Thought*, 295.

조하지 않은 채 설교자의 성품을 강조하는 것은 무익하고 잘못된 것이다. 거룩한 삶에 인간의 노력이 작용되지만 인간의 노력 자체가 거룩함을 만들어내는 것이 아니다. 이타적인 의와 희생적 사랑은 저절로 생기는 것이 아니다. 자신의 행동을 통해서 하나님이 원하시는 성품을 가지려고 노력하는 것은 마치 자신의 능력으로 영혼을 구원하려고 노력하는 것과 같다. 능력 있는 설교자는 자신의 성품이 요구하는 은혜가 무엇인지 알아야 한다.

하나님의 자비를 의지하지 않은 채 에토스의 힘만 강조하는 설교자는 오만해지거나 낙심하게 될 것이다. 죄를 회개하지 않고 감추는 삶은 복음 전파의 도구가 될 수 없지만, 자신의 도덕적 우월성을 자랑하는 것 역시 그리스도에 대한 신앙을 전하는 데 피해를 준다. 대조적으로 어떤 설교자들은 허물없이 살지 못한다는 사실 때문에 양심의 가책을 받아 자책自責하면서 강단에 선다. 영적인 열심으로 가장하여 영혼 안에 들어오는 지나치게 양심적인 태도 때문에 많은 설교자들이 실질적으로 설교자 자신 및 듣는 사람들로 하여금 그리스도의 보혈의 능력과 효력을 깊이 있고 진정하게 이해하지 못하게 만든다.

은혜를 전하려면 은혜를 알아야 한다. 아무리 설교 기술이 좋고 많은 칭찬을 받는다 해도, 만일 설교자의 마음이 자신의 삶에서 계속되는 구세주의 사역을 반영하지 않는다면 그는 사람들을 그리스도 가까이 인도할 수 없을 것이다. 복음의 메시지를 강화하는 증언은 단순히 공적 행동과 관련되는 것이 아니다. 그것은 날마다 성품이 요구하는 바 복음에 대한 개인적이고 지속적인 묵상의 산물이다.

은혜를 중시하는 목회자들은 개인적인 기도에 포함되어야 하는 매일의 회개를 인정하며, 결단의 힘을 부여해주시는 하나님의 도우심을 사람들에게 고백하고, 그리스도께서 주실 용서와 미래에 대해 감사하는 마음으로 하나님께 순종하고, 죄인으로서 겸손하게 행하며, 구세주의 섭리를 확신하는 자로서 권위를 가지고 담대하게 행하며, 오직 믿음으로 구원받음을 기뻐하고, 사랑을 나타내며, 자신의 공로를 주장하지 않은 채 섬긴다.[13)]

은혜를 강조하지 않는 설교는 하나님의 용납을 획득하는 수단, 개인적 의의 증거들, 그리고 덜 거룩한 것들과의 차이점 등에 집중한다. 은혜에 초점을 둔 설교는 하나님의 자비에 감사함으로 응답하는 것, 기쁜 예배, 겸손한 섬김, 구세주의 사랑에 대한 사려 깊은 증언 등에 집중한다.

균형 잡힌 설교에 은혜가 필요하다는 말은 설교의 진정한 중심이 그리스도의 사역이라는 뜻이다. 그리스도 중심의 설교는 단순히 복음주의적 설교가 아니며, 복음의 몇 가지 기사에 한정되지도 않는다. 그리스도 중심의 설교는 성경 전체를 하나님의 구속의 계획을 나타내는 것으로 인식하며, 모든 성경 구절을 성경에 소개된 예수를 본받는다는 맥락에서 이해한다(눅 24:27). 이 점에 대해서는 나중에 더 자세하게 언급하겠다. 설교의 구성 요소를 살펴보기 시작하는 이 시점에서 중요한 것은 우리가 그리스도와 연합하는 것이 성경적 순종의 목적이요 수단이라는 점을 이해하는 것이다(롬 6:1-14; 빌 2:1-5). 따라서 성경은 모든 본문의 궁극적인 기초요, 궁극적으로 모든 가르침을 가능하게 해주는 요소요, 참 거룩의 유일한 원천인 은혜를 나타낼 수 있도록 메시지를 작성할 것을 요구한다.

우리가 매일 하나님의 은혜를 필요로 한다는 사실을 깨닫지 못한다면, 우리는 자신의 설교의 완전함을 보증해주는 성품을 반영할 수 있다고 기대할 수 없다. 성경에서 구원의 상황을 발견할 수 있다면, 우리는 사람들을 인도하여 그리스도와 더 친밀하게 교제하도록 하기 위해 설교하거나 생활하는 데 필요한 은혜를 찾아 내기 위해서 성경 전체를 이용할 수 있다. 우드로우 윌슨Woodrow Wilson의 아버지요 19세기 장로교 목사였던 조셉 러글즈 윌슨Joseph Ruggles Wilson

---

13) Michael Fabraze, *Preaching That Change Lives* (Nashville: Thomas Nelson, 2002), 130-35.

은 "먼저 자신의 설교 내용을 직접 체험해 보라. 그후에 자신 안에 있는 그리스도를 설교하라"[14]고 충고했다. 이 말은 우리가 설교할 때에 자신의 메시지를 보증하기 위해서 우리를 자신과 연합하게 하시고 일치시키시는 바 거룩하게 하시는 구속자를 무시해서는 안 된다는 뜻이다. 그리스도의 복음에 합당한 설교 안에는 말씀과 증언이 뗄 수 없이 연결되어 있다.

구속에 초점을 두지 않는 설교자는 성경의 각 부분이 하나님의 영원한 계획 안에서 차지하는 역할을 언급하지 않은 채 단순히 성경의 일부를 번역하고 분석했음에도 불구하고 자신이 성경을 완벽하게 해석했다고 생각할 수 있다. 존 칼빈은 "하나님은 말씀을 자신의 모든 은혜들과 예수 그리스도를 우리에게 베풀어주시는 도구로 삼으셨다"[15]라고 말했다. 말씀을 구속적인 상황에서 이해하지 않고 도덕적인 모범이나 행동 지침으로 간주할 때에는 이러한 과정이 이루어지지 않는다. 은혜는 우리의 성품을 하나님께 충실하게 해주고, 우리의 메시지를 성경에 충실하게 해주고, 그리고 우리로 하여금 그리스도의 뜻에 충실하게 노력할 수 있게 해준다. 이 은혜를 의지할 때 (비록 우리가 자신의 죄와 부족함을 알고 있음에도 불구하고) 우리의 설교는 하나님의 능력을 부여받게 된다. 왜냐하면 하나님만이 설교에 영적 힘을 부여해주는 거룩함과 진리를 주실 수 있기 때문이다.

(3) 위대한 설교자가 되라.

하나님이 능력을 주신다는 사실을 의식하는 설교자(초보자를 포함해서)는 자신의 소명에 전적으로 헌신한다. 설교자들의 설교 기술이 각기 다르겠지만, 하

---

14) Joseph Ruggles Wilson, "In What Sense Are Preachers to Preach Themselves," *Southern Presbyterian Review* 25(1874):360.

15) Larsen, *The Anatomy of Preaching*에서 인용하였다. John Calvin's Institutes of the Christian Religion, 2.9.1;4.1.6.과 비교해 보라.

나님은 성실하게 하나님의 진리를 선포하는 모든 설교자들을 통해서 자신의 목적을 이루시겠다고 약속하신다. 비록 설교자의 말이 유창하지 못해도, 하나님의 말씀과 하나님의 백성들에 대한 사랑이 효과적인 영적 사역을 보증해준다. 세상에서 칭찬을 받지 못하며 수천 명이 모이는 큰 교회의 목사가 아니더라도 구원하고 성화시켜주는 성경의 은혜에 대한 분명한 설명과 결합된 경건한 생활에는 하나님의 영광을 위한 성령의 능력이 주어질 것이다.

그리스도의 영광을 나타내는 것을 목표로 삼는 사람은 그리스도 및 그분의 메시지에 충실함으로써 위대한 설교자가 될 수 있다. 바울이 디모데를 격려하면서 한 약속이 우리에게 적용될 수 있다:

> "누구든지 네 연소함을 업신여기지 못하게 하고 오직 말과 행실과 사랑과 믿음과 정절에 있어서 믿는 자에게 본이 되어 내가 이를 때까지 읽는 것과 권하는 것과 가르치는 것에 전념하라…이 모든 일에 전심 전력하여 너의 성숙함을 모든 사람에게 나타나게 하라 네가 네 자신과 가르침을 살펴 이 일을 계속하라 이것을 행함으로 네 자신과 네게 듣는 자를 구원하리라"(딤전 4:12-13, 15-16).

: 복습과 토론을 위한 질문 :

1. 강해설교자는 왜 성경 본문을 설교의 메시지로 만들기 위해서 전력을 다해야 하는가?
2. 궁극적으로 인간의 마음을 변화시키는 능력을 가진 분은 누구인가?
3. 로고스, 파토스, 에토스는 각각 무엇인가? 이것들 중 메시지를 가장 설득력 있게 해주는 요소는 무엇인가?
4. 왜 설교는 구속에 초점을 두어야 하는가?
5. 훌륭한 설교를 하기 위해서 설교자가 가장 많이 의존해야 하는 것은 무엇인가?

: 연습 문제 :

1. 말씀 안에 내재하는 하나님의 능력을 확인해주는 성경 구절을 찾고 논평하라.
2. 설교자의 성품과 설교의 결과를 연결하는 성경 구절을 찾고 논평하라.

제2장

설교의 의무

1. 진리가 설교는 아니다

아래에 제시한 진술들을 중심으로 작성된 설교를 훌륭한 설교라고 할 수 없다. 그 이유는 무엇이겠는가?

1. 바벨론 성벽의 높이는 약 107미터이고 너비는 24미터였다.
2. 골로새의 영지주의는 극단적인 쾌락주의와 금욕주의의 요소를 가지고 있었다.
3. 빌립보서 2장 7절의 "비우다"라는 개념을 나타내는 헬라어는 "케노시스"*kenosis*이다.

위의 진술들은 명백하고 사실적이며 성경적이다. 이런 것들이 설교의 내용이 되지 못하는 이유는 무엇인가? 첫째, 이 진술들에는 통일성이 없다. 이 진술들을 이어주는 분명한 연결고리가 없다. 통일된 주제가 없을 경우 청취자들은 그 설교에 포함된 많은 사상들을 파악할 수 있는 수단을 소유하지 못한다.

둘째, 이 진술들에 목적이 없는 듯하다. 그것들은 단지 자체의 원인과 중요성을 전달하는 성경적 계류장치들로부터 캐낸 이질적인 사실들에 불과하다. 분명한 목적이 없는 한 청취자들이 설교를 들을 이유가 없다.

마지막으로 이 진술들은 적용할 만한 지침을 제시해 주지 않는다. 이것들은 듣는 사람들의 삶과 관련이 없다. 실제로 적용할 수 없는 설교자는 청취자들에게 주의를 기울이게 만들 동기를 제공하지 못한다. 대부분의 합리적인 사람들은 설교자 자신도 자신의 삶에 적용할 수 없는 것처럼 보이는 메시지를 듣는 데 시간을 허비해야 하는 이유를 물을 것이다.

진리에 대한 진술들, 심지어 성경적 진리에 대한 진술들이 자동적으로 설교의 메시지가 되는 것은 아니다. 훌륭한 설교에는 통일성, 목적, 그리고 적용이 필요하다.

2. 통일성

핵심개념: 설교는 오로지 한 가지를 다루어야 한다.

설교에는 신학적인 개념들, 예화들, 그리고 증거자료들이 포함된다. 그러나 이렇게 많은 요소들이 포함된다는 것이 설교가 많은 것들을 다룬다는 의미는 아니다. 제대로 작성된 메시지의 각 부분은 하나의 중심 사상을 반영하고 발전시킨다. 이 중심 사상 혹은 주제가 메시지를 결집시키며, 각 부분을 청취자의 마음에 주입해준다. 설교의 각 부분은 전체를 통일시켜주는 개념을 뒷받침해야 한다.

1) 통일성이 필요한 이유

설교의 모든 부분이 하나의 중심 사상을 뒷받침하도록 메시지를 작성하려면 훈련이 필요하다. 많은 설교자들이 주제와 관련이 없는 사상들을 제거하고 발상들을 구체화하여 메시지 전체가 하나의 단위로서 작용하도록 만들기 위해 힘들게 노력해왔다. 어떤 설교자는 그러한 부담에 굴복하여 분별없이 쉽게 머리에 떠오르는 구조와 순서와 강조점을 사용하여 자신의 생각들을 개진한다. 또 어떤 설교자들은 세부 내용들을 하나의 주제와 연결해야 한다면 하나의 본문에 대해 자신이 말하고자 하는 것을 모두 전할 수 없다고 주장한다. 그렇다면 설교에 통일성이 필요한 이유는 무엇인가?

(1) 설교자에게 초점이 필요하기 때문이다.

종종 옛 찬송가 가사가 우리의 영적 생활뿐만 아니라 설교에도 적용된다. 즉 우리는 "방황하기 쉽다." 통일성이 없는 설교는 설교자로 하여금 초점에서 벗어나서 여러 사상 사이를 헤매게 만든다. 그러한 메시지들은 제대로 소통되지 않는다. 청중은 설교자가 지향하는 것을 발견하기 위해 신학적 요소들 속에서 주제와 일화들을 추적하다가 쉽게 지쳐버린다.

다양한 성경해석을 청중이 이해하기 쉬운 하나의 메시지에 포함시키려면 통일성이 필요하다. 실제로 하나의 성경 본문에 대해서 방대한 분량의 주석과 문법적인 분석이 가능하다. 말씀의 깊이는 설교자에게 설교를 지속할 수 있는 영감을 주며, 또 설교자 및 청중이 설교의 복잡한 내용에 빠져 헤매지 않게 해줄 수단을 발견할 것을 요구한다. 설교의 통일성은 처음에는 설교자를 속박하는 것처럼 보일 수 있지만 실제로는 설교자가 가능한 언어와 설명들의 끝없는 미로에 갇히지 않게 해준다. 통일성과 관련된 우선 사항들은 설교자가 선한 양심으로 기도하면서 말해야 할 것과 말하지 말아야 할 것을 고찰하는 것을 허용한다.

(2) 청중에게 초점이 필요하기 때문이다.

설교는 읽는 것이 아니라 듣는 것이다. 이처럼 청취 중심의 환경에서 청취자에게는 수필이나 소설에서 가능한 세부 묘사나 부연 설명이 불가능하다. 즉 설교를 듣는 청중은 앞 페이지로 되돌아갈 수 없고, 문단을 다시 읽어볼 수도 없으며, 천천히 읽어내려갈 수도 없고, 그 문장을 완전히 이해할 때까지 기다려 달라고 요구할 수도 없다. 교과서나 설명서를 읽을 때와 달리 설교 중에 청중은 그 내용을 철저히 파악하려 하지 않으며 그렇게 할 수 있는 기회가 적다. 만일 설교의 각 부분이 주제와 명백하게 연결되어 있지 않으면, 청중은 오랜 시간 그 내용에 주의를 집중할 수 없다.

설교가 제대로 전달되려면 주제가 있어야 한다. 설교자의 메시지에 통일된 개념이 없으면, 청중은 직접 그 주제를 찾아 나서게 된다. 청중은 본능적으로 설교자의 메시지와 관련이 있는 사상적 고정쇠를 찾으려고 하는데, 이는 그렇게 하지 않으면 자신에게 유익이 없다는 것을 알기 때문이다. 그러나 주제가 무엇인지 찾아가는 과정에서 청중은 설교자가 이미 제시한 사상들을 잊게 된다. 또 청중이 선택한 사상적 고정쇠들이 설교자가 제공하고자 하는 사상들을 뒷받침해줄 것이라는 보장이 없다. 주일 오후에 아내가 남편에게 아침 설교에 대해서 묻는다면, 그는 설교가 너무 포괄적이어서 실생활에 도움이 되지 않는다고 대답할 것이다. 결과적으로 그런 설교에 대한 반응은 설교자나 교인들이 기대하는 것보다 훨씬 못할 것이다.

여러 가지 사상이 하나의 주제를 중심으로 잘 조합되어 있을 때 청중이 보다 쉽게 이해할 수 있다. 한 줌의 모래와 야구공의 무게가 비슷하지만 야구공을 잡기가 더 쉽다. 설교자의 어조가 아무리 무게가 있어도, 그가 자신의 사상들을 알맞게 조합하지 못한다면 청중은 감동을 느끼지 못한다. 바울이 "마땅히 할 말"(골 4:4)을 하겠다고 기도했으므로, 설교의 표현을 작성하는 방법을 고찰하거나 훌륭하게 설교를 작성하는 방법을 가르쳐 줄 수 있는 사람에게서 배우는 것은 잘못된 일이 아니다.

2) 통일성의 본질

앞에서 살펴본 것처럼 강해설교에서는 성경 본문의 의미가 설교가 전하려는 메시지를 공급한다. 이것은 성경 본문에서 설교를 통합시켜주는 개념을 찾아야 한다는 의미이다. 해돈 로빈슨Haddon Robinson은 설교의 의도나 목적을 결정할 때 다음과 같은 두 가지 질문을 하라고 제안한다. 먼저 "성경 본문의 저자가 무엇에 대해서 말하고 있는가?"라고 질문한 다음에 "그가 자신이 말하고 있는 것에 대해 무엇을 말하고 있는가?"[1]라고 묻는 것이다. 이것들이 강해설교의 기본 질문들이다. 설교자는 이 질문들을 통해서 성경 본문의 다양한 부분들을 살펴볼 수 있고, 성경 저자가 자신의 목적을 위해서 그 부분들을 어떻게 활용하는지 식별한다.[2] 이 방법에 의해서 저자의 관점과 우선순위에 따라 성경 본문의 세부 내용들을 통합하는 방법을 알게 될 것이다.

강해설교에서 성경 본문을 구성하는 요소들이 설교의 주제 역할을 하는 하나의 주된 사상을 뒷받침한다는 것을 설교자가 증명할 때 통일성이 이루어진다. 이때 설교자는 이 주제가 성경적 주제이기를 원한다. 이것은 성경 본문의 대 주제만 강해설교의 주제가 될 수 있다는 의미가 아니다. 그리 중요하지 않은 소주제라도 본문 안에 그것을 뒷받침해주는 해석 자료가 존재하며 그 주제가 본문의 진리를 정확하게 반영한다면, 그 것도 강해설교의 주제가 될 수 있다. 누가복음 15장에 포함된 비유들은 주로 형의 태도들을 반영하는 사람들을 대상으로 하지만 그 본문에서 탕자를 향한 하나님의 사랑에 관한 설교를 끌어낼 수도 있다(눅 15:1-2, 28-32 참조). 만일 소 주제들이 설교의 정당한 초점이 되지 못한다

---

1) Haddon Robinson, *Biblical Preaching: the Development and Delivery of Expository Messages*, 2nd ed. (Grand Rapids: Baker, 2001), 43-46.

2) Jay E. Adams, Preaching with Purpose: A Comprehensive Textbook on Biblical Preaching (Grand Rapids: Baker, 1982), 31-33.

면, 설교자는 한 번에 책 전체에 관해 설교해야 할 것이다.

설교는 성경 저자의 주제나 목적이나 초점을 정확히 포착해야 하며, 그곳에 의해 하나님의 진리를 전달하려고 노력해야 한다. 오로지 성경의 능력을 전한다는 것은 성경이 말하는 것을 전해야 한다는 것을 의미한다. 설교의 각 부분이 성경 본문에서 끌어낸 주제에 기여해야 한다. 성경의 저자들은 주제와 관련이 없는 사항을 잡다하게 늘어놓지 않았다. 하지만 그렇게 보이는 경우가 있는데, 그것은 해석자가 미처 발견하지 못한 더 큰 목적이 있기 때문이다. 성경 본문의 구성 요소들은 성경의 저자가 의도하는 중심사상을 나타내는 데 기여한다. 설교도 이런 식으로 작용해야 한다. 즉 설교가 여러 부분으로 이루어지며 여러 가지 사상을 포함하지만, 그것들 모두가 한 가지 주제를 부각시키기 위해서 사용되어야 한다. 하나의 설교는 한 가지 주제를 다루어야 한다.

3) 통일성을 이루는 과정

통일성이 중요하다는 사실을 인정한 후에 일어나는 질문은 "어떻게 통일성을 획득할 것인가"이다. 이 과정은 복잡하지 않지만 어려울 수 있다. 그러나 노력의 결과로서 설교자는 더 큰 노력에서 벗어날 것이요, 청중은 혼동을 피할 수 있게 된다. 다음에 제시한 몇 단계를 통해서 설교에 통일성을 부여할 수 있다:

(1) 아래의 두 가지를 결정하기 위해 본문을 읽고 완전히 이해하라:
   1. 저자가 본문의 여러 요소를 통해서 전달하고자 하는 중심사상은 무엇인가(즉 본문의 양상들이 지지하거나 전개하는 큰 개념이 무엇인가)?[3]
   2. 본문 자료의 지지를 받으며 메시지의 주제로 발달될 수 있는 사상은 무

---

[3] Daniel M. Doriani, *Getting the Message: A Plan for Interpreting and Applying the Bible* (Phillipburg, N. J.: Presbyterian & Reformed, 1996), 155-67.

엇인가?

(2) 이 사상을 하나의 간결한 진술로 축약해보라.

성경 본문의 요소들이 설교의 주제를 지지한다는 것을 증명하며 그 주제를 '새벽 3시 테스트'를 통과할 수 있을 정도로 간략하게 진술할 수 있을 때 설교자는 자신이 통일성을 갖추었다고 확신할 수 있다. '새벽 3시 테스트'란 당신이 깊이 잠들어 있을 때 배우자나 친구나 교인이 당신을 깨워 "목사님, 오늘 설교의 주제는 무엇입니까?"라고 묻는다고 가정하는 것이다. 만약 이 질문에 시원스럽게 대답하지 못한다면, 그것은 설교가 완성되지 못했다는 뜻이다. 설교자가 새벽 3시에 자기의 것으로 만들지 못한 사상이라면, 오전 11시에 모인 청중도 자신의 것으로 소화하지 못할 것이다.

새벽 3시 테스트를 통해서 다음과 같은 글이 설교의 주제로 적당하지 않음을 알게 된다:

> 이스라엘 백성이 바벨론에서 포로생활을 할 때 메시아에 대한 희망과 비전이 약화되었다. 에스라와 느헤미야 이전 시대, 바벨론의 압제와 투옥을 당하면서 그 백성을 위한 하나님의 계획과 목적, 의도가 불분명해졌기 때문이다. 그들이 페르시아로부터 해방되고 구속사의 전개 과정에서 하나님과의 언약적인 계시가 나타날 때까지 바벨론의 압제가 계속되었다.

위의 설교자가 제시하려는 설교의 주제는 다음과 같을 것이다:

> 이스라엘 백성이 하나님께 불성실했지만, 하나님은 변함없이 신실하셨다.

우리가 본문의 사상을 구체화할 수 있을 때, 설교자와 청중 모두가 메시지에 초점을 두고 조직하며 적용할 수 있다. 주제를 압축하여 정확하게 진술할 수 있는 설교자는 상세하게 설명하면서도 청중을 설교의 중심에서 벗어나게 만들지 않을 것이다. 서방 설교 문화에서 전통적으로 이 주제가 설교의 출발에 근접한 하나의 논지로 진술되며, 메시지가 진행됨에 따라 연역적 논증에 의해 전개된다. 다른 전통들(그리고 일부 새로운 설교 방법들)은 결론에서 청중을 귀납적으로 설교의 주제로 이끌거나 옳지 않은 대안들을 제시하거나 점진적으로 표적에 근접하는 사상들이나 이야기들을 제시함으로써 주된 사상을 정의한다. 핵심 사상을 정의하는 방법들이 변해도, 설교의 통합적 사상을 분명하고 간결하게 진술해야 할 필요성은 변하지 않는다.

4) 통일성의 목표

통일성의 목표는 단순히 성경 진리를 찾아내고 진술하는 데 있는 것이 아니라 전달하는 데 있다. 통일성은 동떨어진 사상들을 쏟아붓는 것이 아니라 한 가지 주제를 나타낼 수 있도록 메시지를 체계화해준다. 한 차례 설교하면서 삼손의 힘의 근원, 하나님의 뜻을 아는 방법, 그리고 알맞은 세례 방법 등을 다룰 수 없다. 종종 신학도들은 한 번 설교하면서 자신이 배운 것을 모두 이야기하려는 실수를 범한다. 그러나 노련한 설교자들은 금주에만 아니라 다음 주, 그리고 그 다음주에도 하나님의 진리를 전달할 수 있음을 알고 있다. 이해할 수 없는 여러 가지 사상보다는 이해할 수 있는 한 가지 사상을 전하는 편이 낫다.

설교에 통일성이 있을 때 설교자가 하나의 주제에 초점을 둘 수 있다. 성경의 진리들이 통일성 없이 해체되면 그것들의 변화시키는 힘이 분산된다. 특히 설교자는 메시지의 주요 요점들을 설명하는 동안 부수적인 사실을 나열하거나 별로 관계가 없는 생각을 따르기 쉽다. 이는 설교의 전개와 관련된 부분들보다 전체 개요가 더 체계화되기 때문이다. 설교의 부차적인 사상들이 전체적인 주제을 나타내는 데 기여해야 하는데, 이는 그것들이 뒷받침하는 주요 요점들이 공동으로 작용하여 메시지의 요지를 형성하기 때문이다.

잘 작성된 설교는 세 가지(혹은 그 이상이나 이하)의 요점을 지니지만, 이것은 요점이 세 가지라는 뜻이지 주제가 세 개라는 뜻은 아니다. "(1) 하나님은 사랑이시다, (2) 하나님은 의로우시다, (3) 하나님은 최고의 주권자시다"라는 사실을 설교의 대지로 정했다고 하자. 이때 설교자는 이 세 가지 사실을 설교의 주제로 생각하지 않고 "하나님의 본성"이라는 하나의 주제를 설명하고 있는 세 가지 요소로 인식해야 한다. 한 가지 중심 사상이 여러 사상을 포함하며 그것들의 목적을 조명함으로써 영향력을 심화시킬 것이다.

"중요한 것을 언제나 중요한 것으로 유지시키는 것이 중요하다"라는 격언이 생각난다. 가장 영향력 있는 설교를 한 설교자들은 이 말을 마음에 간직하고 있었다.

3. 목적

핵심 개념: 타락 상태에 초점 두기 FCF: The Fallen Condition Focus가 성경 본문과 설교의 목적을 드러내준다.

1) FCF에 대한 고찰

성경 저자가 말하고 있는 것이 무엇인지 식별해냈다고 해서 설교 주제가 정해지는 것이 아니며, 아직 절반의 과정이 남아 있다. 즉 우리가 설교의 목적을 결정하지 못했다면 주제를 완벽하게 이해한 것이 아니다. 설교자가 삶의 일상적인 갈등 안에 사는 사람들이 본문으로부터 느끼는 영적인 부담을 고려하지 않은 채 교리적인 주제나 해석적 통찰에 관해 설교하기가 쉽다. 그렇게 행할 때 설교자들은 인간 실존의 고통과 혼란을 다루는 데서 벗어난다. 그보다 더 지적이요 영적인 임무는 하나님의 백성이 제대로 하나님을 영화롭게 하기 위해서 성경의 이 측면을 성령으로 하여금 감화하시게 만드는 인간적 관심사를 분별하는 것이다. 성경 구절의 목적을 고찰하기 위해서 궁극적으로 다음과 같이 질문해야 한다: 이러한 관심사들을 언급한 이유가 무엇인가? 무엇이 이 이야기, 이러한 사실들, 또는 이러한 사상들을 기록하게 만들었는가? 저자의 의도는 무엇이었는가? 성령이 이 말을 성경에 포함시킨 목적은 무엇인가? 무엇 때문에 이런 설명을 하는가? 왜 그런 사실을 기록했는가? 이러한 질문들은 설교자로 하여금 그 구절의 내용뿐만 아니라 그것이 기록된 이유를 해석하게 만들며, 또 진리로 양육하도록 우리에게 맡겨진 백성들의 삶에 그것들을 연결하게 만든다.

비록 성경 본문에 대하여 많은 참된 사실들을 알고 있다 해도 그 본문의 목적을 파악해야만 비로소 그 진리를 전파할 준비를 갖추었다고 할 수 있다. 그러나 분명한 조언이 빈번하게 무시되곤 한다. 설교자들은 종종 자신이 본문의 특수한 목적을 파악하지 못하고 있으면서도 본문에 반영된 교리적 주제를 파악하게 되면 설교할 준비를 갖추었다고 생각한다. 예를 들어 성경 본문이 오직 이신칭의의 교리를 지지하는 구분들을 담고 있음을 깨닫는다고 해서 설교자가 설교할 준비를 제대로 갖추는 것이 아니다. 설교는 단순한 조직신학 강의가 아니다. 성경 기자가 이 시점에서 칭의라는 주제를 제기한 이유가 무엇인가? 그 본문이 원래 지향한 대상이었던 사람들이 지녔던 약점이나 갈등이나 관심사가 무엇이었던가? 그들은 구원이 자신이 성취한 업적에 기초를 둔다고 주장하고 있었는가, 은혜만으로 충분하다는 것을 의심하고 있었는가, 아니면 어떤 죄 때문에 하나님으로부터 버림받을 것을 두려워하고 있었는가? 설교자는 설교의 주제를

알기 전에 먼저 본문의 목적을 파악해야 한다.[4]

특정 본문이 나름의 목적을 가지고 있는지의 여부를 추측할 필요가 없다. 성경은 모든 본문에는 목적이 있다고 확언해주며, 이 목적의 기본 본직을 분명히 말해준다. 사도 바울은 "모든 성경은 하나님의 감동으로 된 것으로 교훈과 책망과 바르게 함과 의로 교육하기에 유익하니 이는 하나님의 사람으로 온전하게 하며 모든 선한 일을 행할 능력을 갖추게 하려 함이라"(딤후 3:16-17)고 말한다. 바울이 능력을 갖추어야 할 필요성을 표현하기 위해 사용한 헬라어는 "온전하게 하다"라는 사상을 전달한다. 하나님은 우리가 하나님의 선하신 목적들에 이바지할 수 있게 하기 위해서 우리를 온전하게 하는 일에 말씀이 사용되기를 원하신다.[5] 그렇기 때문에 흠정역 성경(KJV) 번역자들은 17절을 "하나님의 사람으로 온전하게 하며"라고 번역했다. 하나님은 말씀의 모든 부분(즉 모든 성경)이 우리로 하여금 하나님을 더욱 닮게 하여 우리 안에 하나님의 영광이 반영되기를 원하신다.[6]

하나님이 자기 영광을 위해 우리를 온전하게 하도록 성경을 주셨다는 것은 어떤 의미에서 우리가 불완전하다는 의미를 함축한다. 우리에게는 모든 선한 일을 행하는 데 필요한 능력이 부족하다. 우리가 온전하지 못한 것은 타락의 결과이다. 우리의 사악함과 상한 세상 안에 반영되어 있는 이 타락의 양상들 때문

---

4) Adams, *Preaching with Purpose*, 27.
5) 17절에 사용된 헬라어 *artios*를 보라.
6) 어떤 주석자들은 디모데후서 3장 16절의 "하나님의 사람"이 기독교 사역자를 언급한다고 이해한다. 그 경우에 말씀이 능력을 갖게 해주는 "일"은 신자들의 성화가 아닌 사역을 언급한다. 이 해석은 하나님이 모든 성경이 신자들을 온전하게 하도록 의도하신다는 결론을 해치지 않는다. 이는 가르치고 책망하고 잘못을 고쳐주고 의롭게 해주는 사역자의 의무는 성경적 진리의 범위에 대한 청취자의 내재적 욕구에 관한 하나님의 관점을 전달하기 때문이다.

에 성경의 교훈과 해석이 필요하다.[7] 바울은 "무엇이든지 전에 기록된 바는 우리의 교훈을 위하여 기록된 것이니 우리로 하여금 인내로 또는 성경의 위로로 소망을 가지게 함이니라"(롬 15:4)고 기록한다.

세상과 우리의 타락한 상태 때문에 하나님의 도우심이 필요하다. 하나님은 성경의 진리들을 가지고 응답하시며 말씀의 모든 부분에서 우리의 타락한 상태의 양상에 은혜를 집중시킴으로써 우리에게 희망을 주신다. 성경은 과거에 살았던 사람들만을 위해 기록된 것이 아니다. 하나님은 모든 성경 구절이 오늘 우리에게 필요한 "인내와 격려"를 주도록 의도하신다(고전 10:13 참조). 이러한 목적들에 충실한 설교는 성경 본문을 기록할 필요성을 제공한 타락한 상태에 초점을 두며, 또 성령이 과거에나 지금 그러한 관심사를 다루시는 방법을 설명하기 위해 본문의 각 부분을 사용한다. 타락상태초점FCF이란 오늘날 신자들이 성경 본문이 기록될 당시 그 대상이었던 사람들과 함께 하나님의 백성들이 하나님을 영화롭게 하기 위해 필요한 은혜를 공유하는 공동의 인간적 관심사이다.

모든 성경이 타락 상태에 초점을 두고 있다고 확인함으로써 하나님은 자신의 영속적인 돌보심을 지적하시며 설교에서의 탁월한 위치를 강조하신다. 모든 성경 본문 안에 존재하는 타락상태초점FCF은 하나님이 악하고 연약한 자녀들을 영적 건강에 적대적인 세상에 안내자나 방어 장치 없이 내버려 두지 않으심을 증명해준다. 그러나 FCF는 어떤 구절을 설명하는 데 필요한 인간적 문맥을 제공해줄 뿐만 아니라 성경적 해결책들이 단순히 인간적이 아닌 신적인 것이어야 함을 지적해준다. 타락한 피조물들이 자신의 타락성을 바로잡거나 제거할 수 없으므로, 하나의 FCF를 확인한 설교자는 단순히 인간적인 해결책이나 행위를 촉진하는 것이 아니라 유일한 희망의 근원이신 하나님을 찬미하는 설교를 하게

---

[7] "The Heresy of Application," *Leadership Journal* 18, no. 4(Fall 1977): 34에서 해든 로빈슨은 이것을 "부패 요인"이라고 언급한다.

된다. 전문적인 용어로 타락 상태라는 초점은 본문의 인간적 관심사를 직접적으로 정직하게 다루는 설교를 요구하지만 이 초점은 동시에 설교가 인간 중심이 되지 않게 해준다. 본문의 설명과 설교의 전개를 뒷받침하는 바 인간의 타락을 인정하려면 설교자는 인간적 노력의 파산을 인정하며 하나님의 섭리의 경이로움을 찬양해야 한다.

타락 상태라는 초점이 성경 본문의 특수한 측면에서 언급되는 인간적 문제 혹은 짐이기 때문에 정통한 설교자는 각각의 본문을 제대로 설명하기 위해 이 목적을 밝히려 노력한다. 성경 기자가 자신의 목적을 진술하는 다양한 방법이 있었으므로 하나의 본문이 지닌 목적을 진술하는 방법도 다양할 것이다. 또 특정 본문 안에 다양한 목적이 있을 수 있다. 그러나 설교의 통일성은 설교자로 하여금 성경 본문의 주 목적을 선택하고 그것에 초점을 둘 것을 요구한다. FCF는 어느 구절을 감화하시는 성령의 목적을 드러냄으로써 메시지의 진정한 주제를 결정한다.[8] 궁극적으로 설교란 오늘날 기독교인들이 FCF를 대처해 나가는 방법을 성경 본문에서 어떻게 이야기하고 있는지 말해 주는 것이다. 즉 우리에게서 하나님의 영광에 대한 완전한 경험과 표현을 박탈해가는 인간적인 파산 상태를 다루기 위해 하나님이 공급해주시는 은혜로운 수단을 확인하는 것이다.

설교가 진행됨에 따라 FCF의 다양한 구분들과 차원들이 전개되겠지만, 중심 주제가 분명히 유지되어야 한다. 본문의 내용들이 우리의 타락 상태에 대한 하나님의 반응이요 섭리임을 기억할 때 이것이 이해될 것이다. FCF는 이러한 하나님의 섭리를 드러내며 그에 대한 우리의 반응을 지시하기 위해서 설교의 어조를 정하고 접근방법을 결정해주며 내용을 구성한다.

---

8) Sidney Greidanus, *The Modern Preacher and the Ancient Text: Interpreting and Preaching Biblical Literature* (Grand Rapids: Eerdmans, 1988), 128-29.

2) FCF 파악하기

　성경 본문을 완전히 이해하고 설교문을 작성하려면 FCF를 분명하게 이해해야 한다. 성경 본문에 관련된 사실을 많이 알고 있어도 그 구절의 FCF를 알아내지 못했다면, 그 구절이 무엇에 대해 말하고 있는지 제대로 알고 있다고 할 수 없다.[9] FCF는 그 구절과 관련하여 성령의 목적을 드러내준다. 말씀 안에 나타난 성령의 뜻을 확인하지 못한 채 설교를 행해서는 안 될 것이다. 본문을 기록하게 만든 FCF가 무엇인지 알아낸 후에 비로소 본문의 의미를 정확하게 설명할 수 있다. 이 FCF가 우리로 하여금 본문을 제대로 해석하고 그 내용을 전달하며 청중에게 성령의 목적을 제시할 수 있게 해줄 것이다.

　설교 첫머리에서 FCF를 보다 상세하게 진술할수록 메시지가 강력하고 예리해질 것이다. "하나님에게 신실하지 않음"이라는 FCF는 "사장이 신실하지 못할 때 내가 어떻게 신실함을 유지할 수 있을까?"라는 질문만큼 청중의 관심을 사로잡지 못할 것이다. 기도하지 않는 사회를 대상으로 하는 메시지는 "가정 문제 때문에 기도가 절실히 필요할 때 기도하기 위해 노력하는 이유"에 관한 설교만큼 효과적으로 양심을 찌르거나 결심하게 만들지 못할 것이다. FCF에 대한 포괄적인 진술들은 설교 작성의 지침이 되지 못하며 청중이 경청할 이유를 제공하지 못한다. FCF를 구체적으로 제기하는 것은 성경이 각 사람의 삶의 진정한 관심사들에 대해 언급한다는 사실을 증명함으로써 효과적인 설교를 할 수 있으며 청중의 관심도 불러일으킬 수 있다.

　용서하지 않음, 거짓말, 인종차별행위 등 구체적인 죄들이 어느 구절의 FCF로 빈번하게 등장하지만 죄가 항상 설교의 FCF가 되어야 하는 것은 아니다. 슬픔, 질병, 주님의 재림을 기다림, 복음을 전하는 방법을 알려는 욕구, 훌륭한 부

---

9) Ibid., 173.

모가 되려는 갈망 등은 죄가 아니지만 타락 상태 때문에 도입되었고 성경이 언급하는 욕구들이다. 탐욕, 반항, 욕정, 무책임, 청지기의식 결여, 교만 등이 설교의 주제가 될 수 있다. 또 자녀들을 경건하게 양육하는 것, 하나님의 뜻을 알아내는 것, 자신의 재능을 이해하는 것 등도 설교의 주제가 될 수 있다. 우리의 죄나 과실만이 FCF가 되는 것이 아니다. 성경의 가르침과 권면, 또는 위로를 필요로 하는 인간 상태의 측면이나 문제가 FCF가 될 수 있다. 따라서 FCF는 항상 부정적인 용어로 표현된다.

설교자의 성품과 청중이 처해 있는 상황, 그리고 설교의 강조점에 따라서 FCF가 크게 달라질 수 있다. 하나님의 섭리에 대한 신뢰를 학습하는 것에 초점을 둔 구절에서 어려울 때 하나님을 의지해야 할 필요성, 하나님의 영원한 돌보심에 대해 가르쳐야 할 책임, 하나님의 섭리를 의심하는 죄 등에 대해 언급할 수 있다. 설교에서 성경 본문의 FCF를 진술하고 표현하는 방법은 여러 가지이다. 그렇기 때문에 설교자들은 동일한 성경 본문에 대해서 본문에 충실하면서도 매우 다른 내용의 설교를 할 수 있다. 설교자는 자신이 선택한 FCF가 성경 본문에서 이끌어낼 수 있는 유일한 FCF는 아니지만 그 본문에 포함되어 있는 여러 가지 FCF 중에 하나라는 사실을 증명할 수 있어야 한다. 본문의 진리는 변하지 않지만, 상황에 따라 그 진리의 중요성이 매우 달라지며 여러 가지 상이한 방법으로 진술될 수 있다.

성경 본문에 따라, 그리고 동일한 본문에 관해 행해지는 상이한 설교에 따라 FCF가 크게 변할 수 있으므로, 설교자는 자신의 설교의 목적이 본문에 충실한 것이 되도록 노력해야 한다. 설교자가 FCF를 전개하기 위해 다음의 세 가지 질문에 대답해 본다면, FCF가 성경 본문에 충실하면서도 설교의 목적에 부합하게 될 것이다.

1. 본문에서 말하고 있는 것은 무엇인가?
2. (그 상황에서) 본문이 다루고 있는 영적 관심사는 무엇인가?
3. 본문이 기록될 때에 염두에 두었던 대상들과 이 설교를 듣게 될 청중이 공유하는 영적 관심사는 무엇인가?

설교자는 성경을 기록한 사람과 대상 및 주제와 그 설교를 들을 사람들의 공통된 상태를 확인함으로써 성경이 기록된 시대뿐만 아니라 오늘 우리 시대를 위해 그 본문이 기록된 이유를 알아낸다. 그러나 설교자는 단지 우리에게 어떤 문제를 알려주기 위해 성령이 FCF를 소개하시는 것이 아님을 깨달아야 한다. 바울은 디모데에게 하나님께서 선한 일을 온전하게 하기 위해서 성경을 주셨다고 말했다(딤후 3:16-17을 보라). 하나님은 우리가 성령이 밝힌 문제들에 입각하여 행동하기를 원하신다.

4. 적용

핵심 개념: 설교자는 "누가 상관이나 한대?"라는 태도를 취하는 사람들에게 "그래서 어떻다는 것이냐?"라는 태도를 취하지 않고 설교한다.

성경에 우리의 타락에 관해 중립적으로 언급하는 구절이 없다. 오로지 정보만 제공할 목적으로 사실들을 전하는 구절도 없다. 성경 스스로 메시지가 우리를 교훈하고 책망하며 바르게 하기 위한 것이라고 그 목적을 밝히고 있다(딤후 3:16; 4:2을 보라). 하나님은 영적 진리를 통해서 백성들을 변화시키려 하신다. 성경에 충실한 설교도 동일한 일을 할 수 있다. 성경 본문에서 청중을 위한 FCF를 확인하는 설교자는 자동적으로 사람들로 하여금 현재의 삶을 위한 성경의 해결책과 가르침을 깊이 생각하게 만든다. 그러므로 FCF를 표면화시키는 성경적 설교에도 적용이 필요하다.

내가 받은 설교학 수업 중에서 기억에 남는 것은 전에 공군 대령이었던 교수님의 수업이다. 그분은 학생들에게 장차 어느 곳에서 설교하든지 강단 뒤에 자신이 앉아 있다고 상상하라고 말씀하셨다. 교수님은 온화하지만 단호한 표정으로 "여러분이 설교를 끝내는 말을 할 때마다 마음의 눈으로 나를 쳐다보세요. 나는 팔짱을 끼고 얼굴을 찌푸리면서 다음과 같이 질문할 것입니다. '그래서 어쩌란 말이요? 내가 어떤 행동을 하기를 원하시오?' 만약 이 물음에 대답하지 못한다면, 여러분은 설교를 하지 않은 것과 같습니다."

사람들에게는 "당신은 왜 내게 그런 말을 했습니까? 그 말을 듣고 내가 무엇을 해야 합니까? 나는 당신의 말이 진실이라고 이해합니다. 그러나 그래서 어쩌란 말입니까?"라고 물어볼 권리가 있다. 사람들에게 유익한 설교를 하기 위해서는 청중이 하나님의 진리를 자신의 삶에 적용하는 방법을 자동적으로 터득할 것이라고 생각해서는 안 되며, 사람들이 필요로 하는 적용 방법을 제시해 주어야 한다.[10] 만약 설교자가 설교의 진리를 삶에 적용하는 방법을 말하지 못한다면(혹은 적용 방법을 알아내는 것을 귀찮게 여긴다면), 청중은 그것을 삶과 연결하지 않을 뿐만 아니라 설교를 끝까지 들을 필요가 없다고 생각할 것이다.

1) 적용의 필요성

성경의 교훈과 모범은 설교에서 적용이 중요하다는 사실을 말해준다. 바울이 디도에게 "오직 너는 바른 교훈에 합당한 것을 말하여"(딛 2:1)라고 말했을 때 당시 제자들은 오늘날 신학생들처럼 열광적으로 "아멘"이라고 외쳤을 것이

---

10) 설교에서의 적용에 대한 논의를 위해서 이책 제8장을 보라.

다. 그러나 바울의 이 말은 단순히 신학적인 논지들을 가르치라는 뜻이 아니었다.[11] 바울은 그 다음 문장에서 "바른 교훈에 합당하게" 가르쳐야 하는 것이 구체적으로 어떤 것인지 이야기하기 시작했다:

> "늙은 남자로는 절제하며 경건하며 신중하며 믿음과 사랑과 인내함에 온전하게 하고 늙은 여자로는 이와 같이 행실이 거룩하며 모함하지 말며 많은 술의 종이 되지 아니하며 선한 것을 가르치는 자들이 되고 그들로 젊은 여자들을 교훈하되 그 남편과 자녀를 사랑하며 신중하며 순전하며 집안일을 하며 선하며 자기 남편에게 복종하게 하라 이는 하나님의 말씀이 비방을 받지 않게 하려 함이라 너는 이와 같이 젊은 남자들을 신중하도록 권면하되"(딛 2:2-6).

바울은 디도가 사람들에게 일상생활을 위한 구체적인 지침이 되는 "바른 교훈"을 제시해 주기를 원했다. 이런 권면은 이 구절에서만 아니라 바울 서신 전체에 나타난다(롬 1~15장; 엡 1~6장 참조). 바울은 편지를 쓸 때 일반적으로 인사말로 시작해서 교리적인 교훈을 주고, 다음에 그 교리를 다양한 상황에 적용한다. 바울은 성경의 진리를 추상적인 신학적 개념으로 내버려두려 하지 않았다. 그는 자신의 메시지를 사람들의 관심사와 연결하려 했다.[12] 성경에 충실한 설교도 이와 동일해야 한다.

성경적 설교는 해석적 주석과 교리 설명에서 끝나는 것이 아니라 삶의 교훈

---

11) 마이클 파바레즈는 다음과 같이 말한다: "오늘날 교리라는 단어가 성경적 용법에서보다 더 좁은 의미로 사용되고 있다. 교리라고 번역되는바 구약성경에 사용된 *lequach, shedu'ah, mucar*, 신약성경에서 사용된 *didaskalia, didache* 등은 추상적인 논지들과 실질적인 명령들을 기술한다"(*Preaching That Changes Lives* [Nashville: Thomas Nelson, 2002], 215-26).

12) John R. W. Stott, *Between two Worlds: The Art of Preaching in the Twentieth Century* (Grand Rapids: Eerdmans, 1988), 140.

을 준다. 성경의 목표가 단순히 하나님에 관한 정보를 주는 데 그치는 것이 아니라 하나님의 백성들로 하여금 예수 그리스도를 닮게 하는 데 있음을 알기 때문에 성경적 설교는 설명할 뿐만 아니라 권면도 한다. 적용이 없는 설교는 지식에 기여하지만 적용이 있는 설교는 그리스도에 대한 섬김을 낳는다. 적용은 예수를 설명의 초점으로 삼을 뿐만 아니라 권면의 원천이요 목적으로 삼는다.

설교자는 FCF를 분명하게 제시함으로써 자신의 설교를 적용하며 그리스도 중심이 되게 한다. FCF는 설교의 각 부분들을 특수한 목적을 향해 결집시키며, 설교자가 성경 본문의 정보를 적용하는 방법을 알 수 있도록 도와준다. 동시에 인간의 타락 상태에 초점을 두는 설교는 극단적으로 단순하거나 인간 중심적인 해결책을 제시하지 않는다. 만약 우리가 자신의 노력과 힘으로 어떤 문제를 해결하려 한다면, 철저히 실패할 것이다. 성경 본문의 상황에 기초를 둔 FCF를 고려한 적용은 구세주를 찾는 사람들로 하여금 구세주 앞에 나아가 그 분의 능력을 구하게 만든다.

설교의 서두에서 FCF를 진술함으로써 여러 가지 방식으로 적용을 제시할 수 있다. 설교자는 성경적인 치유를 제공하기 위해서 영적·감정적 상처를 언급할 수 있다. 혹은 하나님의 위로를 제공하기 위해서 슬픔을 언급할 수 있고, 성경의 명령에 대한 정당성을 제시하기 위해서 위험을 제시할 수 있으며, 죄인에게 죄사함을 주기 위해서 죄를 정한다. 이런 경우에 FCF를 진술하는 것은 본문에서 다루는 성경적 요구들을 확인함으로써 청중으로 하여금 말씀을 갈망하게 하며 그 해결책을 제공한다.[13] 이런 요구들을 전면에 내세우게 되면, 설교자들은

---

13) "성경적 요구"가 느낀 욕구일 수도 있고 아닐 수도 있다. 최근 복음을 흥미롭게 만들기 위해 느낀 욕구를 강조하는 설교에 대해 많은 비판이 가해지고 있다(Terry Muck, "The Danger of Preaching to Needs," cassette[Jackson, Miss.:Reformed Theological Seminary, 1986], responding toe such works as Charles H. Craft's *Communicating the Gospel God's Way* [Passadena: William Carey Library, 1979]를 보라).

어쩔 수 없이 그것들에 관해서 무엇인가를 해야 하는 이유와 방법을 말해야 한다는 충동을 느낀다. 이 충동이 강력한 영적 명령으로 나타나며, 이로 인해 설교자는 성경 본문에 제시된 해결책과 교훈들을 파악하게 된다. 이 과정이 확고해지면, 성경 본문의 목적과 중심과 문맥에 충실한 적용이 발달된다.

2) 비적용의 결과

내용을 잘 선택했어도 본문에 충실하고 사려 깊게 적용하지 못한 설교는 날것과 같다. 복음적 설교에 이처럼 내용이 적용되지 못한 설교를 흔히 발견할 수 있다. 월터 리펠트Walter Liefeld는 다음과 같이 말한다:

> 과거에 나는 하나님의 말씀을 가르치고 싶은 심오한 갈망 때문에 종종 강해설교를 하곤 했다. 그런데 결국 설교자가 말씀을 가르칠 수 있지만 먹이거나 감화할 수 없음을 깨달았다. 나는 요즈음 내 설교가 정보를 제공하는 것 이상의 도움을 준다고 생각하며, 그렇게 되기를 바란다.
>
> 강해설교란 단순히 연속적인 주석이 아니다. 즉 여러 가지 사상들이 느슨하게 연결되어 있어서 어쩌다가 가끔씩 성경 구절과 연결되는 설교, 다시 말해서 설교로서 적절한 구조를 갖추지 못했거나 적절한 적용을 제시해 주지 않는 연속적인 주석은 강해설교가 아니다….
>
> 또 강해설교는 성경 구절에 대해 다음과 같은 방식으로 표제들을 붙인 개설이 아니다: "1. 사울의 논쟁; 2. 사울의 회심, 3. 사울의 임무"(행 9:1-19). 나는 주위에서 이런 형태의 설교를 가장 많이 들은 것 같다. 이런 설교 형태는 성경 본문에 근거를 두고 있기 때문에 매우 성경적이라고 생각할 수 있다. 그러나 이런 설교가 갖고 있는 근본적인 잘못은 성도들로 하여

금 말씀을 자기 것으로 소화할 수 있게 해 주기보다는 말씀을 설명하는 데 그친다는 점이다. 이런 설교에는 분명한 목표나 실질적인 적용이 결여되어 있다. 이때 청중은 성경 본문이 무엇에 관한 것인지 알지 못하며, 하나님이나 그들 자신에 대해서 분명한 가르침을 받지 못한다.[14]

설교는 문법 수업이 아니다. 설교는 본문 주석이 아니고, 조직신학 강론이 아니고 역사 강의도 아니다. 단순한 강의들은 그리스도에 대한 청중들의 의무 및 자기들을 향한 주님의 사역을 이해하도록 도와주는 바 본문과 관련된 적용을 제공함이 없이 본문에 대한 정보를 제공하기 때문에 일종의 사전 설교 pre sermon에 불과하다.[15]

설교자가 하나의 주된 FCF에 적용하기 위해 본문의 각 부분과 사상을 체계화하지 않는 한 메시지는 사전 설교에 불과하다. 그 개념을 다음과 같이 표현할 수 있을 것이다:

성경 본문의 정보(사전설교 자료) → 본문에 근거하여 FCF 말하기 + 적절한 적용 = 설교

단순히 "하나님은 선하시다"라고 밝히는 메시지는 설교가 아니다. 그러나 같은 내용이라도 우리가 시련을 당할 때 하나님이 선하신지에 대해 우리가 품을 수 있는 의심을 다루며, 하나님의 선하심과 관련된 진리들에 대한 의심을 다루는 방법을 성경 본문을 근거하여 증명한다면, 그것은 설교가 된다. 설교가 되기

---

14) Walter L. Liefeld, *New Testament Exposition: From Text to Sermon* (Grand Rapids: Zondervan, 1984), 20-21.

15) Adams, *Preaching with Purposes*, 51; Adams, *Truth Applied Application in Preaching* (Grand Rapids: Zondervan, 1990), 33-39. Jonathan Edwards, *Religious Affections, in The Works of Jonathan Edwards*, ed. Perry Miller, vol 2, ed. John E. Smith (New Haven: Yale University Press, 1959), 115-16.

전(사전 설교)의 메시지는 단순히 본문 설명에 불과하다. 이런 메시지는 성경에 근거하여 정확하고 박식한 "연설"이 될 수는 있지만, 청중은 (설교자는 깨닫지 못하더라도) 이런 메시지가 설교로서는 부족하다는 사실을 알게 될 것이다.

과거에 나의 제자였던 학생이 나에게 전화를 걸어 조언을 구했다. 성도들이 성장하지 못하고 자신의 설교에 반응을 잘 보이지 않는다는 것이었다. 그는 "지난 주일 설교 시간에 성도들은 마치 돌덩어리처럼 무표정하게 나를 쳐다보았습니다. 반응이 전혀 없어요. 내가 무엇을 잘못하고 있는 겁니까?"라고 물었다.

나는 그에게 설교 내용을 말해 보라고 했다. 그는 설교의 주요 요점을 말했다:

"노아는 현명했다."
"노아는 두려워하지 않았다."
"노아는 신실했다."

나는 "좋군. 그런데 그들에게 그런 요점의 설교를 한 이유가 무엇인가?"라고 물었다. 그는 한참 동안 침묵하다가 "그렇군요. 그걸 잊어버렸군요!"라고 괴로워하며 말했다.

"적용이 없는 정보 제공은 반드시 실패한다"라는 옛말은 성도들뿐만 아니라 설교자들에게도 진실의 경종이 될 것이다. "그래서 어떻게 하란 말인가?" so what?라는 질문에 대답하지 못하는 설교자의 설교는 "누가 관심을 갖겠는가?" Who cares?라는 반문으로 종결될 수밖에 없다. 즉 성경의 진리가 어떤 목적을 가지고 쓰였다는 사실을 증명할 수 있을 때, 그리고 성도들의 삶에 적용할 수 있는 실질적인 교훈을 제시할 수 있을 때에만 설교는 사람들의 주목을 받을 수 있다. 이것은 간단한 일이 아니다. 왜냐하면 사람들은 자신의 생활과 관련없는 설교를 들으려 하지 않기 때문이다. 성경이 쓰인 목적대로 그 본문의 취지와 적용 방법을 명쾌하게 설명하지 못한다면, 그 설교는 사람들에게 성경을 주신 하나님의 뜻을 성취할 수 없다.

우리는 단순히 지식을 전달하기 위해서 세움을 받은 것이 아니라 변화시키시는 그리스도의 능력을 전달하도록 부름 받은 성직자들이다. 그리스도는 말씀으로 성도들을 변화시키려 하신다. 성경이 요구하는 변화를 식별하지 못하거나 성경이 제공하는 수단을 전하지 못하는 설교자는 그리스도의 사역에 도움을 줄 수 없다. 뒷 장에서 설교자가 성경에 충실할 수 있는 방법을 논의할 것이며, 이런 성경 해석과 그 전달 방법에 대해서도 배우게 될 것이다. 이 장에서 가장 중요한 결론은 설교자가 설교의 통일성과 목적, 적용을 잘 지켜 나간다면 하나님의 소명에도 충실할 수 있으며, 하나님께서 말씀을 주신 목적에도 잘 부합할 수 있다는 사실이다.

: 복습과 토론을 위한 질문 :

1. 설교는 얼마나 많은 것들에 대해서 이야기해야 하는가? 그 이유는 무엇인가?
2. 설교에서 타락 상태에 초점 맞추기, 즉 FCF는 무엇인가?
3. 궁극적으로 설교는 무엇에 대해 말하는가?
4. 설교의 FCF를 결정하는 데 필요한 세 단계는 무엇인가?
5. "사전 설교" pre-sermon 인 메시지는 어떤 특징을 갖고 있는가?

: 연습 문제 :

1. 아래에 제시한 대지들을 모두 포함할 수 있는 통일성 있는 주제는 무엇인가?

   하나님은 선하시다.   부모는 벌을 주어야 한다.

   하나님은 신실하시다.   부모는 희생해야 한다.

   하나님은 주권자이시다.   부모는 사랑해야 한다.

   죄는 항상 하나님의 뜻과 상반된다.

   죄는 때때로 하나님의 뜻을 감춘다.

   죄는 결코 하나님의 뜻을 방해하지 못한다.

2. 설교에서 FCF로 삼을 수 있는 죄를 구체적으로 다섯 가지만 써보라. 죄는 아니지만 설교의 FCF로 삼을 수 있는 행동이나 상황을 구체적으로 다섯 가지만 써보라.

제3장

설교의 본문 선택

1. 출발점

우리 가족이 즐겨 찾는 숲속 오솔길은 개울을 따라 있다. 그 길은 호수를 둘러싸고 있는데, 그곳에 있는 나무와 바위에는 각자 자신의 특징을 설명하는 푯말이 달려 있다. 우리는 그 설명을 통해서 이 숲이 갖고 있는 아름다운 풍경을 깊이 이해하고 즐길 수 있다. 이 푯말들이 흥미롭지만, 주차장에서 숲속으로 들어가는 길이 모두 비슷하게 보이는 장소에서 산책을 시작하는 사람들에게는 길을 안내하는 표지판이 매우 중요하다. 표지판에는 화살표가 그려져 있고 출발점이라는 말이 쓰여 있다. 출발점을 알면, 우리가 필요로 하는 설명을 쉽게 얻을 수 있다.

 이것은 설교에도 적용된다. 좋은 설교의 특징을 나타내는 지표를 안다고 해서 자동적으로 탁월한 설교를 할 수 있는 것이 아니다. 먼저 올바른 길에서 출발해야 한다. 강해설교는 설교자들에게 성경 본문을 가리키면서 그것을 출발점으로 삼으라고 한다. 이 말은 설교자가 전에는 그 길에 대해서 생각해본 적이 없다거나 자신이 무엇을 보고 싶어하는지 생각하지 않았다는 뜻이 아니다. 우리는 종종 특별한 관심사나 주제에 대해 성경이 말하려는 것을 찾음으로써 설교 준비를 시작한다. 하지만 우리가 제시하고자 하는 진리의 궁극적인 원천은 성경 본문이다. 강단에서 설교자는 해설자일 뿐이지 결코 작가가 될 수 없다. 즉 설교란 성경이 말하는 것을 설명하는 것이다. 이 말의 뜻은 설교자의 첫 번째 임무는 성경에서 설교할 본문을 선택해야 한다는 뜻이다.

2. 본문 선택을 위한 고찰

1) 본문의 분량

설교자가 성경 본문을 선택하는 데 있어서 정해진 설교 시간에 다룰 수 있는 것이 무엇인지는 우선적으로 고려해야 할 것이 아닐 수 있지만 본문 선택에 영향을 미친다. 내가 설교학 강의를 들을 때 교수들은 강해설교에서 다루는 성경 본문을 지칭하기 위해 강해단위expository unit라는 용어를 사용했다.[1] 이 용어는 장점과 약점을 동시에 갖고 있다.

이 용어의 장점은 '단위'라는 개념을 통해서 설교자들이 성경 구절들을 일관성이 없는 구절들의 나열이 아닌 통일성이 있는 사상들의 모음으로 볼 수 있게 해준다는 점이다.[2] 특히 한 단락씩 분석할 수 있는 교훈적인 구절(서신서, 성경 속의 설교문들, 예언서 등)을 본문으로 삼아 설교할 때 이 개념이 작용한다. 이런 구절에서 하나의 사상 단락은 5-10개의 절로 이루어지며 중심 사상 및 이것을 뒷받침하는 개념들이 포함되는데, 이것으로도 충분히 강해설교의 내용을 전개할 수 있다.

---

1) Andrew Blackwood, *The Fine Art of Preaching* (New York: Macmillan, 1943), 34-35; Robert G. Rayburn, *Expository Preaching*을 보라.

2) Jay E. Adams, *Preaching with Purpose: A Comprehensive Textbook on Biblical Preaching* (Grand Rapids: Baker, 1982), 26.

강해설교가 종종 한 단락보다 훨씬 더 길거나 짧은 구절들을 본문으로 다룰 수 있기 때문에 강해단위라는 개념은 성경에서 구분해 놓은 단락에 따라서 설교하는 것보다 유리한 점을 가지고 있다. 긴 구절에서 핵심만 추려내어 짧게 설명하거나, 한 구절에 함축된 의미들을 끄집어 내어 길게 설명하는 것은 모두 정당한 설교법이라고 할 수 있다.

강해단위라는 개념은 설교자로 하여금 특정한 번역본의 단락이나 절의 구분에 구애를 받지 않게 해준다. 현대 성경책들에는 본문의 단락이 구분되어 있는데, 이것은 단순히 읽기 쉽게 하기 위해서 첨가된 것이다. 따라서 설교자의 생각이 번역본의 구분과 완전히 일치하지 않는다면, 편집자의 방식대로 성경 본문을 맞추려고 노력할 필요는 없다. 물론 신중하고 조심스러운 설교자라면 성경에서 구분하고 있는 절과 단락을 완전히 무시하지는 않는다. 보통 학자들은 본문에서 관찰된 사상의 변이에 기초를 두고 단락을 나누어왔다. 그러나 이 구분은 하나님이 명하신 구분이 아니며, 설교자들에게 이 구분을 정확하게 따라야 한다고 강요해서도 안 된다.

부정적인 면에서 보면 강해단위라는 용어가 "사상의 한 단락"과 동의어로 받아들여질 때 설교자의 통찰이 제한될 수 있다. 몇 년 전 나는 신학교 동창생이 시무하는 교회에서 설교를 했다. 그 때 나는 복음서 이야기를 본문으로 삼았는데, 그 본문은 몇 개의 긴 단락으로 이루어져 있었다. 나중에 그 친구는 우리가 강해단위들을 토대로 설교하라고 배웠기 때문에 자신은 그렇게 긴 이야기를 본문으로 삼아 설교하지 않는다고 털어놓았다. 그는 항상 한 번에 한 단락이나 두 단락 정도의 본문을 선택하여 설교했었다. 그는 강해단위라는 용어의 뉘앙스를 이해하지 못했던 것이다. 강해단위란 설교자가 본문 내에서 발견되는 적절한 사실들이나 개념들을 가지고 하나의 영적 진리를 증명할 수 있게 해주는 성경 구절로서 그 분량이 많을 수도 있고 적을 수도 있다.

노아의 홍수 이야기나 탕자 이야기 등의 경우에 설교자가 그 이야기 전체를 다루지 않는다면 그 이야기가 지니고 있는 중요한 진리를 전달하기 어렵다.[3] 시편 구절을 설교 본문으로 선택할 경우에는 때때로 여러 줄 떨어진 곳에서 그 구절의 주제가 다시 나타나기도 한다. 성경의 저자가 하나의 주제를 다루면서 다른 내용을 논하다가 몇 개의 문장이나 장이 지나간 후에 다시 원래의 사상을 다루는 경우도 있을 수 있다. 설교하면서 하나의 성경적 개념을 이야기 하기 위해 여러 장을 다루어야 할 경우도 있고, 한 권 전체의 의미를 파악해야 할 때도 있으며(예를 들어 욥기나 룻기 같은 경우), 같은 계열의 책들 속에 흐르고 있는 영적 진리(예를 들어 남은 자들이나 왕국)를 추출해야 할 때도 있다. 설교 초보자들이 강해 기술을 배우기 위해서는 한 번에 한 단락이나 두 단락 정도의 성경 본문을 가지고 설교하는 것이 좋은 방법이라고 말하지만 다양한 길이의 본문을 가지고 강해설교를 하는 방법을 숙고해 보는 것도 도움이 될 것이다. 왜냐하면 성경의 진리들이 다양한 문학적 수단과 분량을 통해서 표현되고 있기 때문이다.[4]

2) 설교의 길이

설교자가 설교에 배정한 시간도 성경 본문 선택에 영향을 미친다. 나는 주일 아침 9시에 설교를 시작하여 점심 식사 시간에 잠시 중단했다가 오후까지 계속하는 전통 안에서 성장했다. 두말할 필요도 없이 이런 경우에 설교자가 본문을 선택하고 설명할 수 있는 범위가 매우 넓다. 오늘날 대부분의 북아메리카 기독교인들이 이처럼 긴 설교를 인내하며 이해한다는 것은 거의 불가능하다. 오늘날 사람들은 텔레비전을 보면서 잠시도 지루함을 느끼지 않으려고 리모컨으로

---

3) Gordon D. Fee and Douglas Stuart, *How to read the Bible for All Its Worth* (Grand Rapids: Zondervan, 1982), 77.
4) David L. Larsen, *The Anatomy of Preaching: Identifying the Issues in Preaching Today* (Grand Rapids: Baker, 1989), 90-91.

여러 채널을 옮겨 다니기 때문에 여러 시간 설교를 듣는다는 것은 생각할 수도 없다.

문화, 교회, 그리고 성도들에 따라서 설교의 길이도 다양해진다. 카리브해와 아프리카의 어느 지역에서는 설교자가 설교를 한 시간도 채우지 못하는 것은 청중을 속인 것으로 간주된다. 영국과 미국의 교회들처럼 말씀의 권위가 약화된 곳에서는 "주가 말씀하신다"라는 피상적인 말 대신에 문화적인 주제에 대해서 10분 정도 설교한다. 동시에 미국의 교회성장 운동 지지자들은 빠르게 변화하는 문화 속에서 교회 신자가 아닌 사람들도 들을 수 있도록 18-20분 정도의 설교가 적당하다고 주장한다. 설교의 길이가 정통성을 가늠하는 잣대가 될 수는 없다. 그러나 설교가 성경 본문의 의미를 충분히 설명할 수 있을 만큼 길고 성도들이 흥미를 가지고 들을 수 있을 만큼 짧다면, 그것은 목사가 지혜롭고 성도들은 지구력이 있다는 사실을 말해준다.

내가 어른이 되어 출석했던 여러 교회의 설교 시간은 대략 25-30분 정도였다.[5] 예외가 있겠지만 이것이 북아메리카 복음주의 교회의 일반적인 설교 시간인 것 같다. 고학력에 성경 지식이 많은 신자들은 다른 사람들보다 더 오랫동안 말씀을 들을 수 있을 것이다. 그러나 이때 과식할 가능성이 항상 있으며, 미숙하고 둔한 설교자의 경우 강제로 먹이는 결과를 초래할 수도 있다. 존 스토트 John R. Stott는 "설교는 긴 설교라도 20분짜리 설교로 느껴질 수 있어야 한다"[6]라

---

5) George Sweazey는 이것을 다음과 같이 말한다: "내가 잘 알고 있는 교회들에서 설교는 15분이면 아주 짧고 20분이면 짧고, 25분이면 보통이고, 30분이면 길다" (*Preaching the Good News* [Englewood Cliffs, N.J.: Prentice-Hall, 1976], 145). 그러나 그의 시대 이후 주류 교회에서 설교 시간이 계속 단축되어왔다. John R. Stott는 Sweazey의 분석에 대해 논하지 않고 다음과 같이 기록한다: "설교 시간의 길이에 10분은 너무 짧고 40분은 너무 길다는 것 외에 다른 규칙을 정할 수 없다"(*Between Two Worlds: The Art of Preaching in the Twentieth Century* [Grand Rapids: Eerdmans, 1988], 294).

6) Stott, *Between Two Worlds*, 294. Lori Carrell, *The Great Americam Sermon Survey*

고 말함으로써 설교의 길이에 대한 문제를 교묘하게 회피했다.

그러나 설교자는 신자들의 수준과 상관없이 정해진 시간 내에 충분히 설명할 수 있는 요지와 길이의 본문을 선택해야 한다. 특별한 시기, 신자들의 성향, 교회의 사역 및 선교 목표, 예배의 매개변수, 교회가 겪어온 변화, 교육 수준, 그리고 영적 성숙도 등이 성경 본문을 선택하고 설교의 길이를 결정하는 데 큰 영향을 미친다. 목사는 위에서 제시한 여러 가지 요인 중 몇 가지를 고려하면서 설교 시간을 결정해야 하며, 신중하게 인내심을 가지고 자신이 바라는 설교를 이끌어내야 한다.

항상 다루어야 할 구절이 더 있고 해야 할 말도 더 있지만, 성도들이 흥미를 잃기 전에 설교자가 먼저 멈출 수 있는 본문을 선택해야 한다. 준비를 많이 한 목사들은 항상 배정된 시간을 초과할 만큼 하고 싶은 말이 많을 것이다. 설교를 준비하면서 힘든 일 중 하나는 하고 싶은 말이 있지만 시간 부족 때문에 다음 기회로 미루어야 한다는 것이다. 설교자가 자신이 알고 있는 것을 모두 말하지 않아도, 청중이 받아들일 수 있는 분량을 초과하게 될 것이다. 강단에서 말을 자제하고 덜하는 것이 말을 많이 한 것보다 더 큰 효과를 볼 때가 종종 있다. 그러나 설교자는 교인들이 소화시킬 수 있게 하기 위해 생략해야 하는 부분 때문에 낙심하지 말아야 한다. 충실한 설교 준비는 설교하는 순간보다 오래 살아남아 장차 온전한 말씀 사역을 이루는 설교, 성격 형성, 상담 등에 있어서 설교자와 회중 모두에게 기여할 것이다.

설교자가 설교의 궁극적인 목적-성도들로 하여금 그리스도에게 영광을 돌리게 하는 것-을 염두에 둘 때 본문 및 그에 상응하는 설교의 길이를 가장 잘 결정할 수 있을 것이다. 설교의 길이가 너무 짧아서 하나님의 말씀이 중요하지

(Wheaton: Mainstay Church Resources, 2000), 111-15, 135-36을 보라.

않은 것처럼 보이게 해서도 안 되며, 너무 길어서 예배를 짐처럼 느끼게 해서도 안 된다. 이렇게 극단적인 두 경우는 그리스도에게 돌려야 할 영광을 빼앗는 것이며, 그분의 말씀이 인간의 양심에게 주는 달콤한 가책을 빼앗는 것이다.

3) 관심사

평소에 관심을 가지고 있거나 자신에게 특별한 의미가 있는 성경 구절을 본문으로 삼아 설교하는 것은 본문을 해석하는 훈련을 하는 좋은 방법이다. 설교자가 먼저 성경 본문을 통해서 자극과 감동을 받았다면, 열정적으로 설교하여 사람들을 자극하고 감동시킬 수 있을 것이다. 경험이 많은 강해설교자들은 개인적으로 특별하게 관심을 가지고 있는 성경 본문을 선택하는 경우가 종종 있다.[7] 설교자가 확신을 가지고 작성하는 메시지는 그의 열정뿐만 아니라 회중의 관심도 불러일으킨다.

그러나 설교자가 개인적인 관심사를 표명하기 위해서 본문을 선택했다면, 최소한 두 가지 점에서 조심해야 한다. 첫째, 자신의 관심을 성경 본문에 강제로 적용하지 말아야 한다. 즉 설교자가 다루고 싶은 관심사가 성경 본문에 포함되어 있어야 하며, 특별한 주제에 대해서 말하고 싶은 열정 때문에 성경 저자의 의도를 오용해서는 안 된다. 둘째, 설교자의 개인적인 관심사만을 이야기하는 설교는 무엇인가를 필요로 하는 성도들의 입장에서 보면 매우 제한적일 수 있다는 사실을 인식해야 한다. 즉 설교자가 자신의 기호에 따라 설교하거나 무의식 중에 개인적인 문제에만 초점을 두는 결과를 초래하게 되며, 그럼으로써 성도들의 영적 지식을 넓히고 그들을 성숙시키기 위해서 필요한 다른 진리들이

---

[7] Haddon Robinson은 이것을 "주해강해"(topical exposition)라고 부른다(*Biblical Preaching: The Development and Dilivery of Expository Messages*, 2nd ed. [Grand Rapids: Baker, 2001], 56-57).

무시될 수 있다.

목사는 설교 본문을 선택할 때 성도들의 관심사도 고려해야 한다. 만약 목사가 공동체가 직면해 있는 고용 문제, 교회의 주요 인물의 죽음, 지역적 재난, 건축 계획, 한 청년이 선교 현장에 들어가려고 결심하는 것, 젊은이들이 직면하는 도덕적인 문제, 노인들의 건강 문제, 교회 생활에 있어서 중요한 여러 가지 문제 등을 무시한 채 설교 계획을 세운다면, 그 목사는 둔감하고 세상과 교류가 안 되는 사람으로 간주될 것이다. 물론 세상의 변화에 따라서 설교 일정을 결정해서는 안 되지만, 성도들이 직면하고 있는 세상을 무시한 채 행하는 목회 사역은 거룩한 체하는 속임수에 불과하다.

경험이 많은 설교자는 매년 뒤를 돌아다보고 앞을 내다보는 시간을 갖는다. 즉 자신이 어떤 설교를 해왔으며 성도들에게 어떤 일이 있었는지 되돌아보고, 성도들이 알아야 할 것이 무엇이며 경험하게 될 일이 무엇인지 생각해 보고 그 관점에서 어떤 내용의 설교를 해야 할지 계획한다. 성도들이 살면서 부딪히는 영적 문제들을 잘 해결하도록 교육하고 준비시키려고 노력하는 목사는 다양한 주제를 다룰 수 있을 뿐만 아니라 상투적인 설교에서도 벗어날 수 있다.

많은 설교자들이 설교할 본문과 주제를 미리 파악하고 있으면 각각의 설교의 질이 향상된다는 사실을 알고 있기 때문에 여름철을 이용해서 다음해의 설교 계획을 세우려고 노력한다. 설교자는 계획을 세움으로써 설교 준비 파일pre-sermon file을 작성하게 되므로 금요일 저녁의 혼란이나 토요일 밤의 열병 같은 난리를 겪지 않고 설교 준비를 할 수 있다. 이렇게 금요일 오후나 토요일 밤에 급하게 작성한 설교는 설교자 자신이나 성도들 모두에게 비참한 결과를 초래할 뿐이다.

설교 계획을 작성해놓은 파일은 자석 같은 힘이 있어서 설교자가 읽는 책이나 매일의 경험에서 설교와 관련된 생각을 끌어내준다. 순간적으로 떠오르는 통찰이나 설교 주제와 관련 있는 인용문, 신문 기사 스크랩, 성경 본문에 대한 새로운 해석, 예화, 설교 개요 등이 몇 주간에 걸쳐 설교 계획 파일에 첨가되고, 결국 해당 주일의 설교를 준비할 때쯤 되면 방대한 자료를 손에 넣게 된다.[8] 준비된 파일 안의 정보를 다 사용하지 않더라도, 자료 파일의 존재로 말미암아 매주 설교 준비를 해야 하는 스트레스를 크게 덜 수 있다. 즉 설교에 적절한 자료를 몇 달 전에 잘 기억이 나지 않아서 책이나 잡지, 주석서를 뒤지는 데 귀중한 시간을 허비하지 않아도 된다. 설교 준비 파일을 작성하지 않는 목사들은 진부한 설교밖에 할 수가 없다. 왜냐하면 매주 설교 준비에 사용할 수 있는 몇 시간 동안에 기억될 만한 통찰들을 발견한다는 것은 어려운 일이기 때문이다.

젊은 목사들은 몇 달 후면 설교 주제가 고갈될까 두려워한다. 그러나 성도들을 파악하여 그들이 지닌 욕구와 의심, 슬픔, 죄악, 도전 등의 깊이와 내용을 깨닫는다면, 정해진 설교 시간 안에 그들의 많은 관심사들을 어떻게 언급해야 할지에 관심을 두게 될 것이다. 그들에게 다양한 문제들을 다루는 데 필요한 관점을 부여해줄 교리적 원리들을 설교해야 한다. 또 성경에서 취한 특정의 가르침들을 가지고 특별한 관심거리들에 대해 언급해야 한다. 동시에 성도들의 요구에 끌려 다니지 않도록 조심해야 한다. 왜냐하면 설교자가 자신이 바라는 점에만 중점을 두고 행할 수 있듯이(딤후 4:3), 성도들이 듣고 싶어하는 것에 너무 귀를 기울이게 되는 경우도 있기 때문이다.

상이한 전통의 교회들이 지역적 배경에서 설교의 강조점을 표현하기 위해서 여러 가지 방법을 사용해왔다. 가톨릭교회, 정교회, 루터교회, 그리고 미국의 주요 교회에서는 전례력과 연결될 성구집을 사용하는데, 이것을 통해서 목사들은 매년 미리 선택된 다양한 본문을 접할 수 있다. 그러나 개혁주의 교회에서는

---

8) Cf. Bryan Chapell, *Using Illustrations to Preach with Power*, rev. ed. (Wheaton: Crossway, 2001), 169-70.

다음과 같은 여러 가지 이유 때문에 성구집 사용을 반대하고 있다: (1) "오직 성경"*sola scriptura*이라는 원칙, 즉 성경만이 무엇을 설교해야 할지 결정할 수 있다는 것이다; (2) "선택적 읽기"*lectio selecta*를 반대하여 "연속적 읽기"*lectio continua*를 실천하기 위해서이다. 매주 상이한 본문을 선택할 경우 부적절한 인간적 강조점으로 이어지기 때문에 연속적 순서로 본문들로부터 교훈을 제시하는 편이 좋다 (예를 들어 "연속 설교"*consecutive preaching*라고 알려진 것처럼 성경 중 한 권을 선택해서 연속적으로 설교하는 것)[9]; (3) 가톨릭교회의 성례중심주의*sacramentalism*에서 필수적 요소로 간주된 바 성일을 지키는 관습에 반하여 특별히 더 거룩한 날이 없으며 모든 날이 다 거룩하다는 사실을 전통으로 확립시키기 위한 것이다; (4) 성령이 지방의 목사에게 당면한 임무를 행할 영적 능력과 통찰을 주실 것이라는 가정 하에 지방 강단에게 부여한 자율성에 대한 배려이다.

종교개혁 정신이 약화되고 문화에 대해서 직접적으로 언급할 필요가 있다는 의식이 성장함에 따라 개혁주의 교회는 전례력의 지시를 따르기보다는 계절에 따라 다른 문제들을 주제로 삼아 설교하게 되었다. 침례교와 은사주의 교회, 그리고 많은 독립 교회들이 최근 수십 년 동안 이러한 과정을 거쳐왔다. 이 교회들은 성도들이 영적으로 건강하려면 목사들이 "하나님의 뜻을 다"(행 20:20, 27) 설교하는 데 헌신한다고 믿었다. 설교 본문을 선택하는 데 있어서 성구집을 이용하든지, 개인적으로 설교 계획을 세우든지, 예배 위원회를 구성하든지, 성경 중 한 권을 선택하여 연속 설교를 하든지, 성도들의 요구를 수용하든지 설교자는 성도들이 듣고 싶어 하는 것뿐만 아니라 듣고 싶어 하지 않는 것도 가르쳐야 한다. 초콜릿 케익만을 고집하는 사람 때문에 다른 사람들이 영양실조에 걸리지 않게 하려면 성도들이나 목사 한 쪽만의 고집을 내세우지 말고 서로 조화를

---

[9] John A. Broadus는 이것을 연속 강해라고 언급한다(*On the Preparation and Delivery of Sermons*, ed. J. B. Weatherspoon [New York: Harper & Row, 1944], 146-47).

이루는 일이 필요하다.

4) 촉매제

(1) 연속 설교

설교자가 본문을 조화롭게 선택할 수 있도록 도와줄 수 있는 것은 무엇일까? 유서깊은 방법들과 새로운 방법들이 있다. 유서깊은 방법들 중 하나가 연속 설교이다. 연속 설교 consecutive preaching 는 성경 중 한 권이나 한 장을 선택해서 연속적으로 설교하는 방법으로서, 다음과 같은 여러 가지 중요한 유익을 제공한다:

- 설교자는 본문의 사건들을 통해서 자신이 생각해낼 수 있는 것보다 더 많은 문제들에 대해서 이야기할 수 있다.
- 교회 내의 문제나 특정 인물들을 지적하지 않으면서 민감한 문제에 대해서 언급할 수 있다(그러한 문제들이 다음 설교 본문에 등장할 것이며, 그것들을 회피한다면 오히려 그 문제를 더욱 악화시키게 될 것이다).
- 매주 설교 본문을 선택하기 위해서 오랫동안 생각하고 망설일 필요가 없다. 지난 주에 설교한 본문의 다음 부분을 선택하는 것이 당연하기 때문이다.
- 조사 시간을 절약할 수 있다(특히 젊은 목사에게 있어서). 왜냐하면 매주 설교 준비할 때마다 본문에 대한 조사, 즉 본문의 저자와 배경, 상황, 그리고 원인에 대해서 새롭게 조사하지 않아도 되기 때문이다.
- 성도들은 격언이나 도덕적인 교훈, 이야기 등을 두서없이 뒤범벅으로 인식하는 것이 아니라 성경의 주제와 개요를 체계적으로 보는 방법을 배울 수 있다.
- 목사와 성도들 모두 중요한 교리적·성경적 주제를 얼마나 배웠으며 한 권의 책을 얼마나 공부했는지 그 상태를 점검할 수 있다. 이런 점검은 특히 목사에게 중요한 일이 될 것이며, 성도들도 앞으로 어떤 설교가 이어질 것

인지 직감할 수 있다.[10]

　연속 설교는 설교자가 그 과정을 적절하게 진척시키지 못할 때 가장 큰 부담이 된다. 마틴 로이드 존스 목사가 14년 동안 로마서를 설교한 것은 그에게 탁월한 능력이 있었기 때문에 가능했을 것이다. 이런 설교는 성도들의 흥미와 열정을 죽일 가능성이 많다. 사람들은 주일학교 학기를 12주로 규정해온 오랜 관습의 변화가 필요하다고 말한다. 요즘 출판업자들이 7-8주간 실시하는 귀납적 성경공부를 상품화하고 있는데, 이는 판에 박힌 지루한 것에 대한 저항을 보여준다. 예외가 있을 수 있지만 연속 설교는 아무리 길어도 몇 달 미만으로 행하는 것이 좋다. 사람들은 성경을 깊이 있게 공부하기를 원하지만 관광객들이 그랜드캐년의 한 부분만 아니라 여러 모양을 보기 원하는 것처럼 성도들도 변화를 원한다. 설교자가 5주 동안 계속 "이번 주에도 지난 주와 똑같이 전도서 2장 15절을 펴십시오"라고 말한다면, 코 고는 소리는 아니더라도 투덜대는 소리는 들을 수 있을 것이다.

　연속 설교에서 문제가 되는 것은 설교자가 매주 설교를 이전 설교와 연관시키는 경우이다. 연속 설교에서 하나의 주제나 본문을 더 잘 다룰 수 있는 경우가 많지만, 이전 설교의 내용을 다시 언급하지 말아야 한다. 즉 "지난 주에 깨달았던 것처럼…" 혹은 "몇 주 전에 살펴본…"이라는 말을 자주 언급할 경우 전에 설교를 들은 사람들이 그 내용을 기억하지 못한다면 그 설교를 이해할 수 없을 것이다. 그리고 그 설교를 듣지 못한 사람들은 자신이 이 설교를 완벽하게

---

10) Stott는 무엇을 어떻게 다루어야 할지 결정하는 데 있어서 목사와 교인들 사이의 협력이 있어야 한다고 조언한다(*Between Two Worlds*, 198-200). 이것은 설교자들이 자신의 거룩한 소명을 거부하는 것을 옹호하는 말이 아니라 처방해야 할 성경적 약의 유형과 용법을 분명히 하기 위해 교회내의 지도자들을 비롯한 여러 사람들과의 대화 및 위원회를 사용해야 한다는 의미이다.

이해할 수 없을 것이라고 생각하게 된다. 목사가 설교할 때마다 이전 설교를 언급하면서 그 내용에 덧붙여서 설교한다면, 그 날 처음 교회에 온 사람들은 과거 6개월 동안의 설교뿐만 아니라 앞으로 3개월 동안 계속될 설교도 이해할 수 없다고 생각하게 될 것이다.

연속 설교는 목사들이 설교 준비나 주제의 범위를 정하는 데 큰 도움이 된다. 그러나 연속 설교는 그 주제를 몇 주 동안 계속 설교할 이유가 충분할 때, 연속적이긴 하지만 각각의 설교가 서로 의존하지 않고 독립적일 때, 혹은 그 주제나 접근 방법이 최근에 했던 연속 설교와 뚜렷한 차이가 날 때 가장 큰 효과를 볼 수 있다. 빌립보서에 대한 연속 설교는 좋은 강해설교가 될 것이다. 하지만 기독교 가정이나 건강한 교회의 특징 등에 대해 연속 설교를 하려면, 설교자는 성경의 한 구절뿐만 아니라 주제와 관련된 여러 구절을 본문으로 삼아야 한다.

(2) 상황

연속 설교의 배열이 본문 선택에 도움이 되지 않는다면, 설교자의 생활, 교회, 문화 등에 대한 고찰이 설교 주제를 결정하는 데 도움을 줄 수 있을 것이다.

개인적인 능력. 지식과 기술이 성장하기를 원하지만 에스겔서나 계시록의 내용을 정확하게 다룰 능력을 갖추지 못했다면, 에스겔서나 계시록을 연속적으로 강해설교하는 것이 좋은 결정이라고 할 수 없다. 자신의 설교 기술을 향상시키기를 원한다면, 먼저 자신이 가장 잘 아는 본문을 선택하라. 그러면 좀 더 어려운 본문을 다룰 수 있을 것이다.

연간 주요 행사표. 대부분의 교회에서 아버지의 날에 아버지에 대해서 이야기하지 않고 지나갈 수 있지만 어머니의 날에 어머니를 언급하지 않으면 큰 혼란이 초래될 것이다. 또 부활절에 빈 무덤에 대한 설교보다 더 위대하고 신비로운 설교는 없을 것이다. 성탄절에 아기 예수를 언급하지 않는다면 사람들을 기만

하는 일이 될 것이다. 개혁주의 전통에 속한 일부 설교자들은 모든 날이 동등하다고 간주하며, 성경의 사건들을 우리 시대와 연결하는 것이 성경과 설교자로 하여금 당면한 관심사들을 민감하게 의식하는 것처럼 보이게 한다고 여긴다.

상황. 성경을 읽어가면 우리의 일상생활이라는 상황에 대해 언급한다고 여겨지는 문제들을 확인할 수 있다. 그래서 우리가 특별한 상황에 처했을 때 그 상황에서 필요한 교훈이나 지혜를 얻기 위해서 성경 속으로 여행을 떠날 때도 있다. 그러나 하나의 본문이 우리의 상황에 대해 어떻게 말하는지를 숙고하든지 특별한 관심사를 언급하는 본문을 찾는 것은 우리가 처한 상황에 비추어 다루어야 할 것을 고찰하는 것이다. 설교자는 성도들의 관심사, 즉 지방 고등학교에서의 약물 남용, 동맹 파업, 비극적인 사건, 모든 사람들을 흥분시킨 성공담 같은 실질적인 사건과 관련이 있는 성경 본문을 찾아봐야 한다. 또 성도들이 의원 선출, 공공 기물 파손, 지역 봉사활동 등 여러 가지 쟁점에 관심을 가지고 있다는 사실도 목사들이 성경 본문을 선택하는 데 자극이 될 수 있다.

무엇보다도 성도들의 일상생활과 관련이 있는 주제가 설교에서 자주 언급되어야 한다. 성도들과 함께 생활하는 목사라면 성도들이 처해 있는 상황, 즉 가혹한 상사와의 갈등, 방탕한 아들, 죄의식, 우울증, 믿지 않는 친척들과의 갈등, 너그럽지 못한 사돈, 까다로운 배우자, 무책임한 야망, 절제할 수 없는 욕정 등 많은 어려운 상황을 알 수 있을 것이다. 이런 상황들과 관련된 주제가 설교의 FCF가 되어야 하며, 설교 본문을 선택하는 데 있어서 지침이 될 것이다. 삶의 상황과 관련된 주제와 본문은 사람들이 일상생활에서 성실하게 살아가는 방법을 배움으로써 특별한 상황에서 성실하게 행동할 준비를 갖추는 데 도움을 준다.

시사 문제. 기독교인들이 직면하고 있거나 대처해야 하는 사회적 문제, 즉 가난, 낙태, 재난, 반대, 군사적 위기, 정치적 쟁점, 전염병, 경제, 건강 등의 관심사를 다루려면 성경적인 인도를 필요로 한다. 복음주의자들은 한 편에는 성경을, 또 한 편에는 신문을 가지고 설교를 준비하라는 충고가 현대의 사회적 문제를 반영한다고 여길 것이다.[11] 그러나 찰스 스펄전과 같은 위대한 설교자들도 관습을 강조한 바 이 관습은 설교자와 교인들로 하여금 성경의 영원한 진리를 자신의 삶과 생각의 일상적 패턴과 통합시키게 만든다.[12]

특수한 정치 문제나 후보자, 혹은 정치 프로그램을 지지하면서 설교를 시작할 때 이런 시사 문제 때문에 목사가 곤란에 처하게 된다. 예외가 있지만 설교자는 기독교인들이 하나님의 말씀을 자신의 전문적인 소명과 윤리적 판단과 연결하면서 채택할 수 있는 성경적인 원리들을 언급하는 데 그쳐야 한다. 물론 어떤 문제에 대해서 성경이 그 기준을 확실하게 말해주고 있다면, 설교자는 담대하고 분명하게 말해야 한다. 그러나 정치적 동물이라고 인식되는 목사는 영적 권위를 상실한다.

찬송가. 찬송가는 본문 선택의 장이 되는 익은 곡식판과 같은 교회의 전통과 회중에게 소중한 것을 보여 준다.

신앙고백, 교리문답, 신조. 교회의 교리가 단순히 전통적인 견해에 그치는 것이 아니라 교회의 신앙이라는 사실을 성도들에게 알리기 위해서, 교리 또한 성경적으로 설명해야 한다. 목사들은 세례나 영적 훈련, 지옥, 삼위일체, 성경의 영감 등에 대한 교회의 접근법을 설교한다는 것이 쉽지 않다는 사실을 깨달을 것이다. 하지만 이런 주제를 담고 있는 성경 본문도 강해해야 할 필요가 있다. 그래서 성도들을 완벽하게 교육시키고 준비시켜서 앞으로 직면하게 될 영적 도전에 맞설 수 있게 해야 한다.

---

11) Arthur Micahel Ramsey and Leon-Joseph Suenens, *The Future of the Christian Church* (London: SCM, 1971), 13-14.

12) Charles Haddon Spurgeon, *Lecture to My Students* (Grand Rapids: Zondervan, 1980), 54.

다른 사람의 설교나 글. 자신이 직접 듣거나 읽은 메시지 또한 설교의 촉매 역할을 할 수 있다. 과거나 현재의 위인들이 남긴 교훈을 배우고, 책에서 정보도 수집하며, 다른 사람들의 사상을 이용해서 자신의 청중에게 전하라. 다른 사람의 글이나 사상을 인용했다면, 그 출처를 분명히 밝혀야 한다. 좋은 설교자는 항상 복음의 동역자들로부터 그들의 사상과 인용문, 예화, 요점, 성경 해석의 통찰력, 귀감이 되는 말, 그리고 화젯거리 등을 수집하기 위해서 눈과 귀를 열어 두고 있다는 것을 인정해야 한다.[13] 성도들에게 전하는 진리가 설교자 자신이 직접 창작한 것이어야 할 필요는 없다. 앞으로의 설교를 위해서 다른 사람들의 사상이나 관심사에 대한 자료를 모아서 파일로 만들어 두는 것은 모든 설교자들에게 필요한 일이다.

성령. 성경 본문을 선택하는 데 있어서 성령의 인도하심을 느끼는 것보다 더 중요한 촉매는 없다. 성도들에게 유익을 주고 그리스도의 영광을 나타내는 데 관심을 가지고 기도하면, 설교의 주제를 선택하는 데 도움이 되는 촉진제 중에서 꼭 필요한 것을 선택할 수 있을 것이다. 이렇게 성령의 인도를 받는 과정에서 최고의 절정은 성령의 능력 안에서 설교하는 순간이다. 말씀을 주시는 분이 성령이라는 사실을 확신하면 헌신적으로 그분의 인도하심을 구하게 되고, 성도들이나 자신의 기호에 맞는 말보다는 성령이 원하시는 말을 더 많이 할 수 있는 용기를 달라고 기도하게 된다. 성령이 우리 마음에 불을 붙이시면, 그 불이 타올라서 우리가 설교해야 할 본문이 무엇인지 알게 되고 우리의 생각을 표현하는 방법도 깨닫게 된다.

---

13) Stott, *Between Two Worlds*, 219.

5) 주의할 점

나는 사역 초기에 뜻이 분명하지 않거나 잘 알려져 있지 않은 성경 본문을 찾아 내는 것을 가치있는 것으로 여겼다. 이런 노력을 통해서 내가 성경 전체에 대해서 얼마나 진지한 태도를 갖고 있는지 보여줄 수 있고, 그런 본문을 잘 다룸으로써 내가 가진 설교자로서의 자격도 보여줄 수 있다고 믿었던 것이다. 어렵고 잘 알려지지 않은 성경 본문을 설교하는 것이 나의 자격증을 보여주는 것과 같다고 생각했다. 그러나 후일 나는 중요한 성경 구절을 설명하거나 잘 알려진 성경 본문에 새 생명을 불어넣는 설교를 좋아하게 되었다. 내가 성경의 "세세한 항목"에 중점을 두었을 때 성도들은 나 없이는 성경을 읽을 수 없다고 느꼈다. 그러한 인식은 나에게 자부심을 주었지만, 그것은 형편없는 목회였다. 그들은 성경이 문법적인 미로와 논리적인 매듭으로 가득 차 있는 이해하기 어려운 책이어서 내가 매주 설교를 통해서 이런 미로와 매듭을 해결해 주어야 한다고 생각했다. 나는 성경에서도 가장 숲이 우거진 부분(난해한 부분)을 설교 본문으로 선택함으로써 성도들이 필요로 하는 햇빛을 받지 못하게 했고 그 길에 접근하려는 마음을 품지 못하게 만들었다. 일부 성도들이 말씀을 다루는 나의 능력에 감탄했을지 모르지만 많은 성도들이 말씀을 다루는 자신의 능력에 대해서 자신감을 잃었다.

때때로 어려운 성경 구절도 다루어야 하지만 그리스도가 보여주신 설교의 모범을 기억해야 한다. 그리스도는 잘 알려진 것들에 대해 설교하셨다: 다윗과 진설병, 요나와 큰 물고기, 새와 꽃, 금언과 기도. 바울은 복잡한 주제를 다루면서도 아담과 하와, 시장, 병사의 갑옷, 심지어 씨앗이 자라는 방법까지 개의치 않고 다루었다. 말씀의 진리를 성도들이 이해하기 쉬운 용어로 전달하는 것이

중요하며, 이런 이유 때문에 설교 본문을 선택하는 데 있어서 다음과 같은 기본 지침들을 기억해야 한다:

친숙한 본문이라고 해서 피하지 말라. 친숙한 성경 본문은 대체적으로 사람들이 잘 알고 있는데, 그 이유는 교회가 오랫동안 그 본문을 가치있는 것으로 여겨왔기 때문이다. 그 본문을 설교하지 않는 것은 성도들로부터 성경의 가장 귀중한 보물을 빼앗는 것과 같다. 설교의 제왕이라고 할 수 있는 스펄전은 삭개오, 여호수아, 그리고 탕자에 대해서 자주 설교했다. 존 웨슬리도 "지혜와 의로움과 거룩함과 구원함"(고전 1:30)이 되시는 예수 그리스도에 대해서 설교하기를 좋아했다. 바울은 "유익한 것은 무엇이든지 전하여 가르치고"(행 20:20)라고 단호하게 말하였다.

의미가 분명하지 않은 본문을 찾지 말라. 많은 사람들이 오해하고 있는 성경 구절을 설명하거나 연속 설교를 하는 중에 자연스럽게 등장한 의미가 분명하지 않은 성경 구절을 명백하게 설명하는 것은 타당한 일이다. 그러나 설명을 위한 설명은 가치가 없다. 설교의 목적은 성도들을 교화시키는 것이지 학식을 과시하는 것이 아니다. 설교자가 "죽은 자들의 세례"의 의미나 "바핫모압의 아들들"의 이름을 알고 있다 하더라도, 삶에 시달리는 죄인들에게 이번 주일에 필요한 더 중요한 것들이 있는지 생각해 보아야 한다. 가끔 의미가 분명하지 않은 구절의 특이한 전개나 특징들에 의해 명백해진 문제를 강조할 수 있지만, 설교자는 성도들이 색다른 것에 대해서 단순히 흥미를 느끼는 것인지, 아니면 그들에게 정말 필요한 것인지 구별할 수 있어야 한다.

어떤 본문이든지 의도적으로 피하지 말라. 설교자는 어떤 본문을 지혜롭게 건너뛰는 것과 의도적으로 피하는 것을 구분해야 한다. 바울이 에베소 교회의 장로들에게 "내가 꺼리지 않고 하나님의 뜻을 다 여러분에게 전하였음이라"(행 20:27)고 한 말은 성실한 설교에 필요한 용기와 성실성을 드러내주었다. 설교자는 특정 회중이 받아들이기 어려운 문제를 지혜롭고 요령있게 제시해주어야 한다. 그러나 어느 교회가 자체의 과실과 약점들을 전혀 직시하지 않는다면, 그 교회의 목사는 교회가 들어야 할 것을 모두 설교하지 못했다고 보아야 한다.

정경이 아닌 구절을 본문으로 선택하지 말라. 성도들이 들어야 할 것에 관심을 갖고 있는 목사라면 성령이 감화하시지 않은 구절을 권위 있는 본문으로 선포하지 않을 것이다. 즉 일부 번역본에 포함된 필사자의 논평이나 실수[14]를 하나님의 말씀으로 선포해서는 안 된다. 또 진위가 의심이 가는 구절이 있다면, 보다 확실한 구절을 근거로 하여 동일한 진리를 전파할 수 있는지 살펴보거나 설교자가 그 본문을 사용한 이유를 제시하는 것이 현명하다(이는 최근의 번역본에 대부분 그 구절의 사실성에 문제를 제기하는 난외주가 포함되어 있기 때문이다).

성령이 말씀을 영감하실 때 자신이 어떤 일을 하고 있는지 알고 계셨다는 사실을 믿는다면, 우리는 성경의 충분함을 확신할 수 있다. 성도들에게 설교 과정에서 이런 문제가 제기되는 경우가 극히 드물다는 사실을 상기시킴으로써 그들로 하여금 성경의 권위를 확신하게 만들 수 있다. 성경을 믿는 학자들은 훌륭한 번역본 안에 있는 많은 단어들 중 한 단어의 타당성에 대해 문제를 제기하지 않는다.[15] 따라서 무엇이 원래의 필사본에 포함된 진술인지에 관해서 문제를 제기하지 않아도 될 것이다. 현대 신학과 복음주의자들은 성경이 무엇을 말하고 있는가에 대해 의견 차이가 있는 것이 아니라, 성경이 말하고 있는 것을 믿고 순종할 것인가 하는 문제에 대해 논쟁하고 있다. 성령이 성경을 영감하시고 섭리적으로 보존하신 것은 우리 영혼을 향한 하나님의 영적 돌보심과 관련되어 계속되고 있는 기적이다. 성경의 완전한 권위를 인정하는 학자들이 마련한 훌

---

14) 흠정역 성경의 요한일서 5장 7절과 마가복음 16장 18절이 그 예이다.

15) J. I. Packer, "Text Criticism and Inerrancy," *Christianity Today* 46, no. 11(October 7, 2002): 102.

륭한 주석 성경은 의심스러운 본문에 대해 경고해주며 설교자가 성령의 뜻에 따라 설교하고 있다는 확신을 줄 것이다.

3. 본문 해석을 위한 도구

설교자는 자신이 선택한 본문을 제대로 해석하고 있다고 확신하고 싶어한다. 목사들이 성령이 의도하신 것을 전파하고 있다고 확신하는 데 도움이 되는 많은 도구들이 있다. 물론 어떤 방법도 성경에서 가르치고 있는 순수한 방법을 대신할 수 없지만, 이런 연구 방법을 통해서 목사 자신의 해석을 확증할 수 있을 뿐만 아니라 깊이 있고 분명하게 만들 수 있다. 목사들이 본문을 해석할 때 도움을 받기 위해서 사용하는 일반적인 도구들은 다음과 같다(이것은 목사들이 설교를 준비할 때 사용하는 빈도에 따라 나열한 것이다).[16]

주석 성경. 좋은 주석 성경만큼 효율적이고 접근하기 쉬운 도구는 없다. 그러나 많은 설교자들은 자신이 사용하는 성경을 주석 성경으로 생각하지 않는 듯하다. 왜냐하면 그들은 주석 성경을 너무 자주 무의식적으로 사용하고 있기 때문이다. 각 구절을 상호 참조하고, 각각의 책의 개요, 용어집, 용어 색인, 주석,

---

[16] 영적 연구와 목회사역에 필요한 도구들의 유형을 결정하는 데 있어서 기본적이고 탁월한 지침서는 다음과 같다: Cyril J. Barber, *The Minister's Library*, 2 vols. (Neptune, N.J.: Loizeaux, 1974-89). 보다 최근의 안내서로는 다음을 보라: Cyril J. Barber, Best Books for Your Bible Library (Neptune, N.J.: Loizeaux, 2000). 신학 공부를 위한 참고서적을 알려면 다음을 보라: Cyril J. Barber & Robert M. Krauss Jr., *An Introduction to Theological Research* (Lanham, Md.: University Press of America, 2000); David S. Dockery, K. A. Matthews, and Robert B. Sloan, eds., "Foundations for Biblical Interpretation: A Complete Library of Tools and Resources," *The Masters Seminary Journal* 6 no. 2 (Fall 1995): 244-47; James Stitainger, "850 Books for Biblical Expositors," http//www.tms.edu/750books.asp.

지도, 성경 인물 요약, 도표, 연표 등이 수록된 주석 성경은 설교자에게 풍부한 정보의 장서를 제공해준다(부록 9의 도표 1을 보라). 이밖에도 성경을 깊이 있고 세밀하게 연구하는 데 도움을 줄 수 있는 도구들이 있지만, 주석성경이 설교자들의 해석이 바른지 신속하게 알려 주는 가장 손쉽고 믿을 수 있는 도구이다.

어휘 사전, 문법적·분석적 도구들. 원어를 통해서 본문의 정확한 의미를 찾아내려고 노력하는 설교자들은 어휘 사전을 가까이 한다. 어휘 사전은 단어가 번역되기 전의 원래 의미를 설명해준다. 완벽한 사전은 단어의 명확한 뜻이나 여러 가지 용법, 근본 의미, 용례, 문법 변화에 따른 의미의 변화 등을 알려준다(부록 9의 도표 2를 보라).

설교자는 문법적 도구를 통해서 시제와 격, 수, 어법, 문맥 등이 단어의 의미에 어떤 영향을 미치는지 알 수 있다. 각각의 문법적 특징과 광범위한 색인을 겸비하여 설명하고 예를 들어주는 것이 가장 좋은 문법서이다.

성경 해석적exegetical 도구, 즉 언어 분석은 설교자가 단어의 시제와 격, 수 등을 분석하여 문법적인 도구나 사전에서 그 단어의 문법적인 특징을 조사하고 확인하는 데 도움을 준다. 원어 성경 공부를 장려하는 학교의 학생들은 컴퓨터 소프트웨어 등 도움이 될 자료를 손쉽게 구입할 수 있을 것이다(부록 9의 도표 2와 4를 보라). 성경 원어를 공부할 기회가 없었던 목사들은 이런 도구들을 통해서 원어 공부에 접할 수 있을 것이다. 그밖에도 원어 공부와 관련된 새로운 도구들이 많이 있다. 이와 같은 전산화된 도구들이나 출판된 도구들은 각 구절의 동사들을 분석하고 모든 명사들의 수와 격을 확인하며, 단어들의 어원을 드러내준다. 자신의 목적에 어느 도구가 가장 적합한 것인지 알려면 각주 19, 26, 30에 열거된 것들을 참고할 수 있을 것이다.

용어 색인. 특정 본문을 연구하다 보면, 그 본문에서 다른 성경 본문에서 사용된 단어들을 발견하는 경우가 있을 것이다. 또 당신이 어떤 요점을 납득시키기 위해 사용했으나 출처를 기억하지 못하던 것과 비슷한 단어나 사상이 등장하는 본문을 기억하게 될 수도 있다. 용어 색인concordance은 성경에서 특정 단어가 사용된 곳을 모두 열거하기 때문에 설교자가 참조하여 도움을 받을 수 있다(부록 9의 도표 4를 보라). 최근의 용어 색인들은 원어의 의미와 성경에서의 용법까지 설명해준다. 현재 출간된 많은 색인들이 숫자 체계로 작성되어 있기 때문에 한 단어에 대한 상호 참조도 가능하다. 전산화된 용어색인들도 해석적 정보를 제공해줄 수 있다.

주제 성경. 목사들은 때때로 특정 주제와 관련된 핵심단어들을 찾아봄으로써 성경에서 그 주제가 다루어진 곳을 발견하기 위해 용어 색인을 사용한다. 그러나 이때 용어 색인보다는 주제 성경을 사용하면 그 과정을 단축할 수 있다. 왜냐하면 주제 성경에서는 특정 주제와 관련이 있는 절이나 구절을 알파벳 순서로 열거하기 때문이다.[17] 목사들이 특정 주제에 대해서 설교하고자 할 때 성경 구절들을 빨리 살펴보고 자신이 다루려는 주제를 가장 잘 다룬 구절을 찾아내기 위해서 주제 성경을 사용하는 경우가 종종 있다.

성경 번역본. 설교자들은 번역 전문가들이 같은 본문을 각자 어떻게 번역했는지 비교해봄으로써 원문의 뉘앙스를 식별할 수 있다.[18] "흠정역King James Version은 순례자 시대의 언어로 번역되었고, NIV성경New International Version은 현 시대의 언어로 번역되었으며, 새미국표준성경New American Standard Bible은 어떤 시대에도 제한되지 않는 언어로 번역되었다"라는 말이 있다. 그러나 이 말은 부당한 말이다. 왜냐하면 이 말은 각각의 번역본이 갖고 있는 장점을 제대로 지적하지

---

17) 가장 좋은 예가 *Nave's Topical Bible*이다.

18) Leland Ryken, *The Word of God in English: Criteria for Excellence in Bible Translation* (Wheaton: Crossway, 2002), 123-241. Zondervan에서 발행한 *The Layman's Parallel Bible*과 *Study Bible* 등의 책은 몇 개의 번역본을 다루고 있어 성경 구절별로 비교할 수 있다.

못하고 있기 때문이다.

우리는 아름다운 문체 때문에 흠정역을 좋아한다. 흠정역의 언어가 고어체인 듯하지만 성경적으로 건전한 번역자들의 작품으로서 신학적으로나 용어면에서 서로 같은 뜻을 가진 구절간의 관계가 명확하도록 번역하였다. 현재 다른 번역본들보다도 가장 많이 팔리는 NIV성경은 가장 정확한 번역본이다. 특히 성경 원문의 뜻을 "역동적으로 상응하는" 현재의 관용구로 번역함으로써 사람들이 쉽게 이해할 수 있도록 하려고 노력하였다. 새미국표준성경NASB은 좀 더 엄격하게 상응하는 번역을 한 대가로 읽기 어려운 번역본이 되었으며, 이런 이유 때문에 진지하게 성경을 공부하는 사람들에게 만족을 준다. 보다 최근의 표준영어성경English Standard Version은 표준영어성경ESV을 매우 통찰력 있고 믿을 만한 성경으로 만든 학자들이 편집한 것으로서 이전의 개정 표준 성경Revised Standard Version의 문체를 유지하고 있다.

리빙 바이블Living Bible을 비롯한 다른 의역본들도 본문의 요점을 파악하기 위해서 면밀히 연구할 때 도움이 될 것이다. 상세설명 성경Amplified Bible과 J. B. 필립스J. B. Phillips가 번역한 성경은 특정 진술들의 배후에 놓인 뉘앙스를 전달하는 데 중점을 두고 있다. 성경의 권위를 중시하는 대부분의 대중적인 번역본들이 장점을 가지고 있으며, 각 번역본의 목적을 식별하기만 한다면 적절하게 사용할 수 있을 것이다.

성경사전, 성경백과사전, 핸드북. 몇몇 출판사에서 성경의 주요 인물들, 용어, 개념, 장소, 관습 등에 관한 묘사, 정의, 설명, 배경, 연대표 등을 담은 참고서를 출판했다. 형태는 한 권에서부터 여러 권의 두꺼운 책들까지 다양하지만 이렇게 경쟁적으로 출판된 다양한 참고서들은 설교자들에게서 여러 시간의 고된 수고를 덜어 줄 수 있으며, 그 결과로서 질이 낮은 자료들이 사라졌다. 자신의 목적을 생각해본 뒤에 자신의 재정 형편에 맞추어 복음주의 계통의 주요 출판사에서 나온 최신판을 구입하라(부록 9의 도표 5를 보라).

주석서. 훌륭한 주석자들은 앞에서 제시한 도구들을 모두 사용해서 설교자들이 특정 본문의 의미를 파악할 수 있도록 도와줄 수 있다. 일반적으로 주석서는 성경 중 한 권에 대해서 주석을 하는 경우가 많다. 그러나 성경 전체를 한 권으로 주석한 훌륭한 주석서도 있는데, 이렇게 성경 전체를 간략하게 주석해 놓은 주석서를 통해서 설교자들은 주요 관심사들에 주의를 기울일 수 있다. 특히 목회 초기에 최근에 나온 주석서를 참고하지 않고서 설교 준비를 완벽하게 끝냈다고 말할 수 있는 설교자는 없을 것이다.

성경 주석서들은 그 양이나 질, 유형, 그리고 값에 있어서 매우 다양하다. 출판사들은 주석서를 구약성경이나 신약성경 전체를 포함하는 전집으로 출판하기도 한다. 성경 전체를 다루는 데 필요한 자료를 획득하는 데는 전집 형태가 가장 경제적이고 편리한 방법이 되기도 한다. 그러나 구매할 것을 조사할 시간적 여유가 있는 사람들은 전집에 포함된 각각의 주석서의 질을 평가해 볼 수 있다.[19] 다양한 전집들 중에서 우수한 책만 낱권으로 구입해서 가장 좋은 질의 주석 전집을 만들 수도 있다.

특정 본문과 관련하여 주석서가 제공하는 전문 지식은 가장 큰 유익인 동시에 가장 큰 위험이다. 이런 현상은 두 가지 유형의 목사에게서 분명하게 나타나는데, 이들은 결코 위대한 설교자가 될 수 없는 사람들이다: 첫째 유형은 다른 사람들의 말을 듣지 않으려는 사람이고, 둘째 유형은 자신의 말은 없고 다른 사람들의 말만 옮기는 사람이다. 재능 있는 학자들이 발견한 것에 관심을 기울이지 않는 설교자는 자신의 오만을 박식으로 착각한다. 하나님은 한 사람에게만

---

19) Cf. Tremper Longman III, *Old Testament Commentary Survey*, 3rd ed. (Grand Rapids: Baker, 2003); Donald Carson, *New Testament Commentary Survey*(Grand Rapids: Baker, 2001); Douglas Stuart, *A Guide to Selecting and Using Bible Commentaries*, 5th ed. (Dallas: Word, 1990).

통찰을 주시는 분이 아니다. 주석서의 내용을 그대로 전하는 설교자는 그 주석자의 대리인으로서 강단에 설 뿐이다.

　주석서의 내용을 적절히 해석하고 의미있게 적용하려면 성경의 내용을 철저히 숙고해야 한다. 성경 본문이 갖고 있는 의미와 통찰, 그리고 진리를 완벽하게 파악하고 주석할 수 있는 주석자는 없다. 멀리 떨어진 곳에 있는 교육자나 오래 전에 죽은 학자는 우리가 처한 상황이나 성도들의 관심사를 알지 못한다. 설교를 준비할 때 처음부터 주석서를 의지하는 것은 현명한 방법이 아니다. 왜냐하면 그렇게 할 경우 성도들에게 말해 주어야 할 것을 모르는 사람들이 작성한 것에서부터 생각을 시작하는 결과를 초래하게 되기 때문이다.[20]

　주석서를 지침으로 사용하기보다 점검을 위해 사용하는 것이 좋다.[21] 주석서를 참고하기 전에 먼저 앞에서 제시한 기본적인 교구들의 도움을 받아 본문을 나름대로 해석하고 잠정적 개요를 작성한 후에 설교 내용을 가다듬고 살을 붙이기 위해서 주석서를 참고하라. 이때 필요하다면 자신의 생각을 수정하라. 또 죽은 사람이나 자신과 관련이 없는 사람의 설교를 그대로 옮기지 않도록 주의해야 한다. 스펄전은 "골방(개인적인 묵상 장소)이 가장 훌륭한 서재이다. 주석가들이 훌륭한 교사들이지만, 스스로 설교를 작성하는 편이 훨씬 더 좋다…"[22]라고 충고했다. 하나님은 현재의 상황에서 우리를 부르셨다. 하나님은 우리가 이 순간에 이런 설교를 준비하는 사람이 되기를 원하신다. 조셉 러글즈 윌슨 Joseph Ruggles Wilson은 각 설교자의 설교가 유일무이한 설교임을 다음과 같이 설명하였다:

---

20) Edward F. Marquart, *Quest for Better Preaching* (Minneapolis: Augsburg, 1985), 101, 106.

21) Arndt L Halvorson, *Authentic Preaching* (Minneapolis: Augsburg, 1982), 52.

22) Helmut Thielicke, *Encounter with Spurgeon* (Grand Rapids: Baker, 1977), 116에서 인용함.

다시 말해서 설교는 모방이 아니다. 모든 설교자는 독창적인 출품자요 구원의 조건을 집행하는 자, 각기 특징을 지닌 은혜로운 말씀의 통로이다.

…결론은 항상 우리 앞에 있다. 설교자의 설교는 그 사람의 또 다른 모습이다. 왜냐하면 설교자는 스스로 생각하며, 실제로 느낀 감정을 나타내며, 거룩한 진리를 제시하되 정통적으로 합의된 견해들이 아니라 자신의 혈관에서 흐르는 혈액으로서 제시하며, 나름의 기독교적인 삶의 형태를 취한다. 하나님은 이처럼 살아있는 사람들, 선지자처럼 말씀을 먹어 그것을 심장 안에서 영원히 진동하게 만든 사람들을 부르신다. 그리하여 그 말씀이 다시 나올 때 그들의 내적 경험의 따뜻함을 지니고 맡은 일을 진행할 것이다. 그러한 내적 경험들 안에서 사색이 발견되는데, 그것은 계속되어 마침내 불로 배출된다. 그 불은 신속하게 다른 사람들의 영혼 안으로 옮겨붙어 그 영혼을 녹이고 새롭게 개조한다.[23]

설교를 주석자가 작성하도록 하지 말고 자신이 직접 작성하되 자신의 마음과 정신 속에서 성령이 역사하여 주석자의 승인을 받을 수 있는 설교를 작성하라. 정확성을 지나치게 의식한 나머지 하나님께서 말씀 안에서 허락해주실 통찰들을 거부하는 일이 있어서는 안 될 것이다.

4. 성경 구절 해석을 위한 원칙

성경 구절을 해석할 때 좋은 도구를 사용하려고 애쓰는 것은 성경에 충실하

---

[23] Joseph Ruggles Wilson, "In What Sense Are Preachers to Preach Themselves?" *Southern Presbyterian Review* 25 (1874): 355-57.

려는 기본 태도를 반영한다. 강해설교는 본문의 정확한 의미를 성경 저자가 의도했던 대로, 혹은 다른 영감된 자료에 의해서 밝혀진 대로 증언하는 것이다. 결국 설교의 역사는 설교의 표준이 어떻게 변해왔으며 얼마나 신중하게 지켜져 왔는지를 보여 준다. 지나치게 풍유적인allogorical 해석에 치중했던 초대 교회와 중세시대의 설교자들은 본문을 "문자적으로 해석"하는 것이 가치 없는 설교라고 여겼다.[24] 오늘날 목사들이 본문 안에서 성경 기자가 의미했던 것이나 성경 정경 안에 분명히 드러나있다고 증명할 수 있는 것과 다른 것을 성령에 의해 분별할 수 있다고 가정할 때 풍유적 방법이 부활한다.[25] 설교자가 오랫동안 인정받고 증명된 바 성경의 원 의도를 드러내는 해석 과정을 따를 때 그의 해석은 성경과 일치한다.

설교자는 어떤 본문이든지 그 문맥을 고려해야 한다. 문맥을 통해서 저자가 의도한 의미를 알 수 있다. 어떤 본문이든지 그것이 쓰인 배경을 고려하지 않고서는 그 의미를 완전하게 파악할 수 없다. 성경 해석자로서 설교자가 우선적으

---

24) Moises Silva, *Has the Church Mislead the Bible? The History of Interpretation in the Light of Current Issues*, vol. 1, Foundations of Contemporary Interpretation (Grand Rapids: Zondervan, 1987), 41; and Bernard Ramm, *Protestant Biblical Interpretation*, 3rd rev. ed. (Grand Rapids: Baker, 1970), 38.

25) '더 깊은 의미'(sensus plenior)라는 개념에 대해서 보수 진영에서는 아직도 논란이 있지만, 설교자들은 설교할 때 하나의 단어가 성경 전체에서 얼마나 자주 사용되었는가에 근거해서 해석하고 한다. 하지만 본문의 원 저자가 자신이 사용한 단어가 성경 안에서 얼마나 쓰였는지 항상 인식하고 있었다고는 할 수 없다. 때로 우리는 문맥상 원래의 의미와 별다른 관련이 없을 때에도 본문을 해석할 때 후대의 성경 저자가 이전에 쓰인 성경 구절을 어떻게 사용하였는가 하는 관점에서 해석할 것을 요구할 때가 있다. '더 깊은 의미'라는 개념이 갖고 있는 잠재적인 뜻과 한계에 대해서는 보다 많은 설명이 필요할 것이다. 다음을 보라: Richard L. Pratt Jr., *He Gave Us Stories: The Bible Student's Guide to Interpreting Old Testament Narratives* (Phillipsburg, N.J.: Presbyterian & Reformed, 1990), 109-28; Edmund Clowney, *The Unfolding Mystery: Discovering Christ in the Old Testament* (Phillipsburg, N.J.: Presbyterian & Reformed, 1988), 155-63; Dan McCartney and Charles Clayton, *Let the Reader Understand: A Guide to Interpreting and Applying the Bible* (Wheaton: Victor, 1994), 153-60; Walter C. Kaiser Jr., *The Messiah in the Old Testament* (Grand Rapids: Zondervan, 1995), 13-35.

로 해야 할 일은 성경 저자의 진술들이 그 문맥에서 의미하는 것을 결정하기 위해 가장 좋은 도구를 사용하는 것이다.[26]

1) 문법적-역사적 방법의 사용

"문자적 의미"를 밝힌다고 해서 때때로 성경 저자들이 사용하고 있는 상징적이고 시적이며 담화적이고 은유적이며 영적인 표현 방식을 무시하는 것이 아니다. 문자적 해석이란 성경 저자의 말이 본문의 문맥을 뛰어 넘어 무슨 의미를 갖는지 설명하는 것이 아니라 성경 저자가 의도한 것을 설명하는 것이다. 이런 원래의 의도를 본문의 "담화 의미"discourse meaning라 한다.[27] 우리는 "담화 의미"라는 명칭을 통해서 성경에서 언급한 일출을 문자 그대로 해석해서 지구가 궤도에서 튀어오름으로써 해가 지구 위를 지나갈 수 있다는 식으로 이해해서는 안 된다는 사실을 깨닫게 된다. 다시 말해서 마치 오늘날 누군가의 말을 듣고 있는 듯이 단어들을 그 언어 문맥 안에서 해석해야 한다. 또 성경 저자들이 그랬던 것처럼 우리도 때로는 상징적, 은유적, 담화적인 방법으로 의사전달을 한다.

설교자의 임무는 본문의 배경과 문법적 특징들을 연구함으로써 성경 저자가 의도했던 것을 분별해내는 것이다. 본문의 원뜻을 찾아 내기 위해서 문법과 역

---

26) Cf. Fee and Stuart, *How to Read the Bible for All Its Worth*; Douglas Stuart, *Old Testament Exegis: A Primer for Students and Pastors*, 2nd ed. (Philadelphia: Westminster, 1984); Gordon D. Fee, *New Testament Exegis: A Handbook for Students and Pastors* (Philadelphia: Westminster, 1983); Walter L. Liefeld, *New Testament Exposition: From Text to Sermon* (Grand Rapids: Zondervan, 1984); Donald Carson, *Exegetical Fallacies* (Grand Rapids: Baker, 1984); Pratt, *He Gave Us Stories*; William Klein, Craig Blomberg, and Robert Hubbard, *Introduction to Bible Interpretation* (Waco: Word, 1993); Daniel M. Doriani, *Getting the Message; A Plan for Interpreting and Applying the Bible* (Phillipsburg, N.J.: Presbyterian & Reformed, 1996), 14-106.

27) Peter Cotterell and Max Turner, *Linguistics and Biblical Interpretation* (Downers Grove, Ill.: InterVarsity, 1989), 69.

사를 이용하는 것을 문법적-역사적 방법이라고 한다.[28] 해석자는 이 방법을 사용함으로써 본문에 의미를 적용하는 것이 아니라 성경 스스로 이야기하게 만든다. 설교자가 신앙의 역사적 진리에 충실하면서 본문에 의미를 적용하는 것은 위험해 보이지 않는다. 즉 모세가 바위를 쳤을 때 쏟아져 나온 물이 세례의 물을 나타낸다거나 요나가 불평한 벌레는 성도들의 마음을 갉아먹는 죄를 가리킨다고 해석하는 것은 놀랄 일이 아니다. 이런 해석들은 확인해주는 성경적 진술들이 없음에도 불구하고 다른 곳에 등장하는 성경적 이미지와 진리를 반영하기 때문에 합리적인 것처럼 여겨진다.

그러나 성경이 스스로 의미를 결정하지 않고 설교자의 상상에 따라 그 의미가 결정된다면, 우리의 견해가 하나님의 말씀만큼 권위를 가지게 된다. 만약 우리가 상상력을 이용해서 성경의 의미를 해석한다면, 바위에서 나온 물이나 그리스도의 옆구리에서 나온 물, 베드로가 믿음으로 걸어간 물, 구원받은 자들이 갖게 될 수정 바다, 또는 새로운 성소로 흘러갈 샘을 모두 세례로 해석할 수도 있다. 성경이 그 의미를 스스로 결정하지 않는다면, 궁극적으로 성경은 전혀 의미가 없게 된다.

때때로 "그런 의미이다"와 "그런 의미일 것이다" 사이에 별 차이가 없는 것처럼 보이지만, 성경에 충실한 설교자라면 그 차이를 명확하게 인식해야 한다. 그리스도의 옆구리에서 흘러나온 물과 피가 신약의 세례와 성찬을 의미한다고 추측할 수 있지만, 그러한 견해에 근거하여 이 두 가지 의식을 행하는 것은 좋지 않다. 성경적인 의무를 개인적인 추측과 결합하지 말아야 한다.

---

28) 다음을 참고하라: Walter C. Kaiser, Jr. , *Towards an Exegetical Theology: Biblical Exegesis for Preaching and Teaching* (Grand Rapids: Baker, 1981), 87-88; William J. Larkin, *Culture and Biblical Hermeneutics: Interpreting and Applying the Authoritative Word in a Relativistic Age* (Grand Rapids: Baker, 1988), 115; Leland Ryken, *Words of Delight: A Literary Introduction to the Bible* (Grand Rapids: Baker, 1987), 11-27. Leland Ryken, *How to Read the Bible as Literature* (Grand Rapids: Baker, 1985)도 보라.

종교개혁자들은 성경 해석의 지침으로 "신앙의 유비"analogy of faith라는 원리를 사용하였으며(때때로 "성경의 유비"라는 말로 받아들여졌다), 이것은 우리가 따라야 할 원리이기도 하다.[29] 이 원리에 의하면 설교자들은 성경만을 권면의 기초로 사용해야 한다. 성경이 증언하는 것만이 설교의 초점이 되어야 한다. 강해설교자는 본문에서 의도하는 진리를 알아낸 후에 현재 우리가 처해 있는 상황에서 동일한 진리가 적용되어야 할 유사점들을 살펴본다. 이 말은 적용 방법은 다양하게 변할 수 있지만, 본문의 중요 사상들에 대한 해석은 변할 수 없다는 의미이다. 본문의 의미가 여러 면에서 중요할 수 있ek고 해서 분명한 의미가 없다는 뜻은 아니다. 예를 들어 빌립보서 2장 4절의 "각각 자기 일을 돌볼 뿐더러 또한 각각 다른 사람들의 일을 돌보라"는 바울의 권면을 다음과 같이 적용해볼 수 있다. 즉 다른 사람이 무엇을 필요로 하는지, 분열을 일으키는 욕심들은 무엇인지, 그리고 다른 사람들의 은사를 경멸하고 있지는 않은지 관심을 가지라는 뜻으로 적용해볼 수 있다. 그러나 그 본문의 원래 의도에 충실하게 설교하려면 "그리스도가 본을 보여주신 이타심"이라는 기본 사상을 유지해야 한다.

2) 역사적, 문화적, 그리고 문학적 문맥에 대한 고찰

해석을 정확하게 하기 위해서는 특정 단어의 의미를 밝힐 뿐만 아니라 좀 더 넓은 문맥에서 그것들이 어떤 기능을 하는지도 밝혀야 한다. "이단들은 모두 자신의 주장을 뒷받침하는 성경 구절을 가지고" 있는데, 그 이유는 성경을 문맥을 무시하고 해석하면 원뜻을 얼마든지 왜곡할 수 있기 때문이다. 본문의 역사적, 문화적 문맥에 주의를 기울이면 "십자가의 걸림돌"(갈 5:14)이 무엇인지 설명할 수 있고, 깨끗함을 받은 문둥병자들이 집으로 가기 전에 성전으로 갔다고

---

29) Ramm, *Protestant Biblical Interpretation*, 55.

해서 더 고맙게 여긴 것이 아님을 지적할 수 있다(눅 17:4). 성경적 진술들을 둘러싸고 있는 개념들을 분석하고 그 진술이 등장하는 문학적 유형을 확인함으로써 문학적 문맥을 알아낼 수 있다.

성경 저자가 특정 단어들을 통해 전하려 한 것이 무엇인지 알아보려면 그 구절 전후의 내용을 살펴보아야 한다. 만약 설교자가 로마서 14장을 읽어 보지 않았다면, 로마서 15장에 언급된 "약한 자"들이 바울이 의미했던 것과 반대되는 사람들이라고 생각할 수 있다. 요한과 야고보가 "믿는다"는 단어를 자주 사용하지만, 문맥을 보면 그들이 매우 다른 개념으로 이 용어를 사용하고 있음을 알 수 있다(요 3:16과 약 2:19 비교).

기독교 대중 문화에서 성경 구절의 원래 의도를 존중하지 않은 채 성경을 사용하는 방식에서 문맥을 무시한 채 성경 구절을 해석하는 태도가 여실히 드러난다. 20세기 초의 금주 찬송에서는 음주 행위를 정죄하기 위해서 "붙잡지도 말고 맛보지도 말고 만지지도 말라"(골 2:21)는 구절이 인용된다. 그러나 성경의 문맥을 살펴보면 바울이 오히려 허용되는 것들을 정죄하기 위해 이런 말을 사용하는 사람들을 정죄하고 있음을 알 수 있다. 또 어떤 결혼식에서는 신부가 신랑에게 "당신이 가시는 곳에 나도 가고 당신이 머무시는 곳에서 나도 머물겠나이다 당신의 백성이 나의 백성이 되고 당신의 하나님이 나의 하나님이 되시리니"(룻 1:16)라고 서약한다. 그런데 이 말은 원래 룻이 시어머니에게 한 말이다. 우정의 반지나 펜던트, 심지어 냉장고에 붙이는 자석에서도 "우리가 서로 떠나 있을 때에 여호와께서 나와 너 사이를 살피시옵소서"(창 31:49)라는 구절을 발견할 수 있다. 그러나 이것은 라반이 야곱에게 돌아오지 않으면 해를 끼치겠다고 협박하는 문맥 안에 등장한다.

하나의 성경 구절의 문맥을 연구하려면 성경적 진술이 등장한 문학 유형이나 장르를 알아보아야 한다. 이제까지 격언(속담)을 약속으로, 예언을 역사로, 우화를 사실로, 시를 과학으로 해석함으로써 많은 오류가 범해져왔다.

예를 들면 격언은 공리公理, 참일 수 있는 경향을 가지고 있기 때문에 현명한 사람들이 마음에 새기는 참된 진술들이다. 현대에 자녀 양육에 관한 "가지가 휘어지면 그 휘어진 쪽으로 나무가 자란다(될성부른 나무는 떡잎부터 알아본다)"라는 속담이 있다. 이에 상응하는 고대 격언은 "마땅히 행할 길을 아이에게 가르치라 그리하면 늙어도 그것을 떠나지 아니하리라"(잠 22:6)이다. 이 두 가지 진술 모두 진리의 경향을 가지고 있지만 항상 진리일 수는 없다. 이것이 격언의 특성이다.

격언은 규범적일 뿐 결코 예언적인 말이 아니다. 하나님은 백성들이 하나님의 격언에 주의를 기울일 것을 요구하실 뿐 장차 항상 발생하게 될 것에 대한 약속으로 해석할 것을 요구하시지 않는다. 성경은 "유순한 대답은 분노를 쉬게 하여도"(잠 15:1)라고 말하지만, 이것은 우리가 유순하게 말하면 사람들이 화를 내지 않을 것이라는 약속이 아니다. 하나님은 화평을 원하는 사람들이 이에는 이로 갚는 것이 항상 지혜로운 것이 아님을 지적하시지만, 유순한 대답이 언제나 사람들의 격분을 소멸시킬 것이라고 약속하시는 것이 아니다(마 26:62-68). 만약 설교자가 격언과 약속의 차이점을 혼동한다면 기독교인들의 양심뿐만 아니라 성경의 원 뜻까지 곡해하는 결과를 초래할 것이다.

반면에 예언은 예고적인 말이므로 이런 관점을 염두에 두고 해석해야 한다. 이사야서 40장에서 약속된 이스라엘의 "위로"가 미래에 기초를 두고 있음을 지적하지 않는다면, 그리스도의 사역을 제대로 평가할 수 없을 것이다. 또 단순한 비유(누가복음 16장의 나사로와 음부 사이의 물리적인 심연 등)를 교리 체계(천국과 지옥 사이에 물리적인 장벽이 존재한다는)로 이해한다면, 동일한 실수를 범하게 될 것이다. 하나님의 날개(시 91:4)라는 시적 표현을 하나님의 실제 모습을 표현한 것으로 받아들인다면, 신학이 급격하게 쇠퇴할 것이다. 성경에서 사용된 예언, 우화, 시 등을 비롯한 모든 양식은 각기 특유한 용도를 지니며, 각각의 장르는 저자와 문맥에 의해 의도된 특수한 본질과 목적에 따라 해석되어야 한다.

3) 구속적 문맥의 결정

설교자는 본문의 의미를 결정할 때 그 구절이나 책의 문맥에서 단어들이 어떻게 사용되었는지, 그리고 성경 전체에서 그 구절이 어떤 기능을 하고 있는지 살펴보아야 한다. 본문을 정확하게 해석하려면 "이 본문은 구원의 의미나 구속의 필요성에 대해서 무엇을 이야기하고 있는가?"라고 물어야 한다. 이렇게 질문하고 그 질문에 대답할 수 없다면, 그의 설교는 매우 도덕적이고 율법적인 설교에 지나지 않을 것이다. 왜냐하면 그 설교는 본문에서 가르치는 행동에 초점을 둘 뿐이지 그 행동이 구세주의 사역과 어떤 관련이 있는지 설명하지 않기 때문이다.[30]

문맥을 고려한다는 것은 성경 전체에 등장하는 구속적 메시지 안에 있는 목적에 비추어 본문을 숙고한다는 뜻이다. 사도 바울의 교훈이 말씀 전체에 흐르는 그리스도-중심성을 얼마나 존중하고 있는지 생각해 보라. 바울은 부부 관계, 자녀 양육, 교회 직임자들의 자격 및 책무, 화를 참는 것, 직장에서의 행동, 정부 당국에 대한 관심 등 실제적인 관심사들에 대해 설교하면서 동시에 "우리는 십자가에 못 박힌 그리스도를 전하니 유대인에게는 거리끼는 것이요 이방인에게는 미련한 것이로되…내가 너희 중에서 예수 그리스도와 그가 십자가에 못 박히신 것 외에는 아무 것도 알지 아니하기로 작정하였음이라"(고전 1:23; 2:2)고 편지했다.

바울은 일상생활의 여러 가지 문제를 이야기하면서도, 자신이 항상 예수의

---

[30] 구속적 문맥을 결정하는 이유와 방법에 대해서는 본서 제10장과 제11장에서 자세하게 설명할 것이다.

사역과 그 인격에 대해서 설교하고 있다고 믿었다. 이것이 강해설교의 목적이 되어야 한다. 즉 특정 본문의 상세한 내용들을 성경의 전체 목적과 관련지어야 한다.

본서 후반부에서는 강해설교자들이 모든 성경 구절에서 본문에서 언급하지 않은 것을 추가하지 않으면서 복음이라는 금을 캐내는 방법을 발견하기 위해서 많은 시간을 할애한다. 현재 복음주의 진영의 가장 큰 취약점이 구속적 문맥을 의식하지 않은 채 행하는 설교이기 때문에 이 논의가 매우 중요하다. 그러나 여기서는 성경 본문을 성경 전체에 비추어 해석해야 한다는 것을 지적하는 데 그칠 것이다. 우리는 자신이 선택한 성경 본문이 성경 전체의 궁극적인 메시지, 즉 그리스도 및 그의 사역을 드러내고 그에 대비하거나 재연하는 데 있어서 어떤 기능을 하고 있는지 살펴보아야 한다.

: 복습과 토론을 위한 질문 :

1. 개인적인 관심이나 성도들의 관심을 대변할 수 있는 설교 본문을 선택하는 것의 유리한 점과 불리한 점은 무엇인가?
2. 연속 설교의 유익은 무엇이며, 주의해야 할 점은 무엇인가?
3. 정경이 아닌 것을 본문으로 선택할 때 설교자가 주의해야 할 점은 무엇인가?
4. 설교자가 설교 준비를 할 때 처음부터 주석서를 참고하는 것이 조심스러운 이유는 무엇인가?
5. 풍유적인 해석 방법과 강해적인 방법의 차이점은 무엇인가?
6. 성경 본문을 해석하는 데 있어서 (문화적, 역사적, 문학적, 구속적) 문맥이 어떤 방법으로 영향을 미칠 수 있는가?

: 연습 문제 :

1. 연구 도구들을 사용하여 요한복음 3장 16절과 야고보서 2장 19절에서 요한과 야고보가 "믿음"을 지칭하기 위해 사용한 헬라어가 무엇인지 알아보라. 그들이 이 말을 사용한 다양한 방법을 설명해 보라.
2. 당신이 격언을 어떻게 이해하는지 설명하고, 그러한 이해에 비추어 잠언 15장 1절과 26장 4-5절을 설명해보라.
3. 로마서 15장의 문맥을 참조하여 "약한 자들"이 누구인지 알아보라.

제4장

강해의 구성 요소

1. 강해의 목표

　37세의 가장이 자신의 학대를 견디지 못해 집을 나간 아내와 자녀들을 돌아오게 해달라고 전화로 도움을 청해왔다. 나는 그에게 문제를 해결하기 위해서 먼저 상담을 받는다면 도와 주겠다고 약속했다. 그는 며칠 뒤에 교회 사무실로 찾아왔는데 성경책을 가지고 있었다. 그처럼 폭력적인 사람이 성경책을 들고 있다는 사실에 놀라지 않을 수 없었다. 나는 여러번 그를 만난 적이 있었다. 그는 가끔 우리 교회에 출석했지만, 그가 성경책을 들고 있는 모습은 한 번도 본 적이 없었다. 그런데 일생 중 가장 어두운 시기에 처한 그는 수천 년 전에 기록된 책에서 지혜와 도움을 발견하려는 생각을 품었다. 그는 나에게 깊은 인상을 주어야 한다고 생각한 듯하다. 그러나 그는 성경이 자신에게 무엇을 요구하는지 알아 내는 방법을 전혀 모르고 있었다. 놀랍게도 강해설교자가 모두 그런 것처럼 나 또한 이 남자와 영적인 것, 즉 성경이 우리 삶의 가장 심오한 욕구에 대해 무엇인가 말해줄 수 있고 공급해줄 수 있다는 본능적인 믿음을 공유하고 있었다.

　강해설교자 및 매주 그의 설교를 듣는 성도들은 성경에서 일상생활에 필요한 하나님의 지혜와 능력을 찾아낼 수 있다고 확신한다. 형편없는 설교가 의심을 불러일으킬 수 있으며, 성경의 의미를 알려주는 설교가 이런 확신을 수세대에 걸쳐 생생하게 유지시킬 수 있다. 강해설교자의 목표는 매주 성도들이 직면하는 일상사에 대해서 하나님이 어떤 말씀을 하시는지 증언함으로써 이런 믿음을 생생하게 유지시키는 것이다.

이 목표는 대부분의 사람들이 단순히 성경의 사실들을 이야기하는 강의를 원하지 않고 필요로 하지도 않음을 상기시켜준다. 그들이 원하고 필요로 하는 것은 성경에 수록된 정보가 자신의 삶에 어떻게 적용되는지 증명해주는 설교이다. 강해설교는 단순히 성경이 말하는 것을 설명하는 것이 아니라 오늘날 성도들의 삶에서 성경이 의미하는 것을 설명하는 것이다.[1] 온전한 강해설교가 되려면 성경말씀의 설명뿐만 아니라 적용도 필요하다. 사실 성경 본문의 진리를 자신의 삶에 적용하는 방법을 식별하지 못한다면 그 본문의 참 의미를 발견했다고 할 수 없다.[2] 이 말은 완전하게 강해하려면 성경의 정보를 소개하는 데 그쳐서는 안 된다는 뜻이다. 강해설교자는 설교가 청중들의 삶에 미치는 영향이 분명히 나타날 수 있도록 설명적 내용들을 구성해야 한다.

강해설교의 본질에 관한 이런 관점은 강해설교에 대해 잘못 이해하고 있는 사람들에게 도전이 될 것이다. 설교의 주된 목표가 단순히 성경에 대해 더 많은 정보를 알려주는 것이라고 가정하는 일부 설교자들 때문에 강해설교가 많은 비난을 받아왔다. 주로 정보를 제공하는 것을 목적으로 삼는 설교자들이 지적인 것처럼 보이지만(그리고 매우 존경 받을 수 있지만), 그의 설교는 엉뚱하고 무

---

1) John Stott, *Between Two Worlds: The Art of Preaching in the Twentieth Century* (Grand Rapids: Eerdmans, 1988), 141, 145-50.

2) D. Martyn Lloyd-Jones, *Darkness and Light: An Exposition of Ephesians 4:17-5:17* (Grand Rapids: Baker, 1982), 200-201; John Frame, *Doctrine of the Knowledge of God* (Phillipsburg, N. J. :Presbyterian and Reformed, 1987), 93-98.

감각하고 무의미하게 보일 것이다. 그러나 본문의 내용을 성도들의 관심사에 맞춰 정리해서 설명하는 설교는 성경적인 동시에 그들의 의무를 민감하게 의식하도록 만들 수 있다. 설교는 구조와 주석과 전달 등 모든 측면을 영적 양육과 권면과 치유의 잠재적 도구로 간주해야 하는 목양 행위이다.

설교의 목적을 큰 돌을 움직이는 것이라고 생각할 때, 어떤 사람들은 강해설교란 모든 자료와 모습들을 성도들의 정신 안으로 정보를 이동시키기 위한 지렛대로 사용하는 것이라고 생각한다. 이런 설교 모형을 도표로 그린다면 도표 4.1과 같을 것이다.

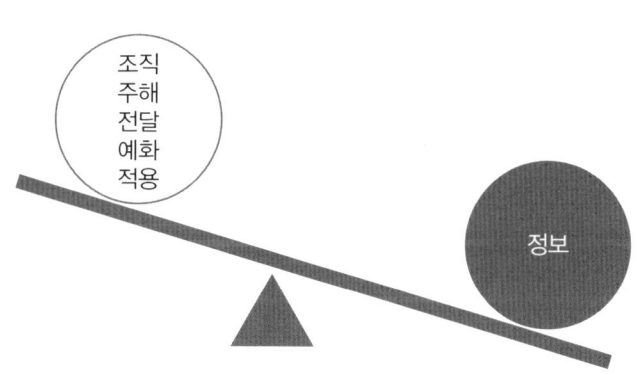

도표 4.1 정보 우선의 메시지

그러나 참된 강해설교란 설교의 모든 요소를 이용해서 사람들이 말씀의 진리를 적용하게 만드는 것이다.[3] 설교자가 설교의 각 요소를 지렛대로 사용해서 본문의 내용에 대한 온전한 강해에 기초를 두고서 성경적 지식과 활동을 성도들의 삶의 상황에 적용하도록 만드는 것이다(도표 4.2를 보라).

---

3) David L. Larsen, *The Anatomy of Preaching: Identifying the Issues in Preaching Today* (Grand Rapids: Baker, 1989), 96.

도표 4.2 강해 우선의 메시지

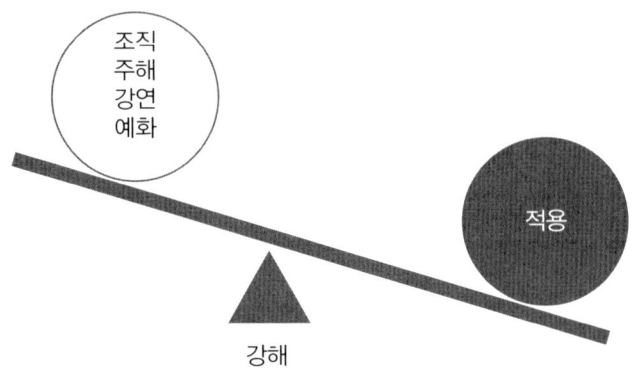

도표 4.2는 현대 강해설교의 아버지라고 할 수 있는 존 브로더스John A. Broadus 의 주장과 일치한다. 그는 자신의 저서인 『설교의 준비와 전달에 대하여』On the Preparation and Delivery of Sermons에서 강해설교의 "적용은 설교의 부수적인 부분이나 부속물이 아니라 꼭 필요한 중심 부분"이라고 결론짓는다.[4] 브로더스의 주장에 따르면 강해설교자의 주된 의무는 성경에 계시된 진리들을 적용하라고 하나님의 백성들에게 권면하는 것인데, 이는 그것이 하나님의 말씀의 의도이기 때문이다.

2. 강해의 형태

엠마오로 가는 두 제자와 동행하신 그리스도의 말씀에 대한 성경의 묘사에 설교의 임무가 지적되어 있다. 누가는 "이에 모세와 모든 선지자의 글로 시작하여 모든 성경에 쓴 바 자기에 관한 것을 자세히 설명하시니라"고 기록한다

---

4) John A. Broadus, *On the Preparation and Delivery of Sermons*, ed. J. B. Weatherspoon (New York: Harper & Row, 1944), 210.

(눅 24:27). 여기에서 "설명하다"로 번역된 단어는 "어떤 것의 의미를 밝히다" 또는 "해석하다"는 뜻을 지닌다.[5] 후에 두 제자는 그리스도의 말씀에 관해서 "길에서 우리에게 말씀하시고 우리에게 성경을 풀어주실 때에 우리 속에서 마음이 뜨겁지 아니하더냐?"(눅 24:32)라고 평했다. 여기에서 "성경을 풀어준다"는 것은 (문을 활짝 열어서 안에 있는 것을 볼 수 있게 하는 것처럼) 어떤 것의 함축적인 의미를 완벽하게 보여준다는 개념을 표현한다.[6]

그리스도가 보여주신 모범 및 고대의 성경적 전례에 기초를 두고서 하나님의 말씀의 의미를 밝히고 풀어주는 것이 강해설교자의 임무이다. 이스라엘 백성이 바벨론에서 자신의 언어와 하나님의 율법을 잊어버렸다가 해방되어 하나님의 말씀을 다시 접하게 되는 장면이 느헤미야서에 기록되어 있는데, 이것이 고대의 강해설교에 대한 가장 훌륭한 묘사일 것이다:

"에스라가 모든 백성 위에 서서 그들 목전에 책을 펴니 책을 펼 때에 모든 백성이 일어서니라 에스라가 위대하신 하나님 여호와를 송축하매 모든 백성이 손을 들고 아멘 아멘 하고 응답하고 몸을 굽혀 얼굴을 땅에 대고 여호와께 경배하니라 예수아와 바니와 세레뱌와 야민과 악굽과 사브대와 호디야와 마아세야와 그리다와 아사랴와 요사밧과 하난과 블라야와 레위 사람들은 백성이 제자리에 서 있는 동안 그들에게 율법을 깨닫게 하였는데 하나님의 율법책을 낭독하고 그 뜻을 해석하여 백성에게 그 낭독하는 것을 다 깨닫게 하니"(느 8:5-8).

---

5) 헬라어로 *diermenueo*
6) 헬라어로 *dianoigo*

여기에서 말씀의 강해가 세 가지 요소를 포함하고 있음을 알 수 있다: 말씀의 소개(낭독), 말씀의 설명(말씀의 의미를 제시하고 명료하게 함),[7] 그리고 말씀에 기초한 권면(제사장들이 백성들로 하여금 말씀을 깨닫게 함으로써 백성들이 전달된 정보를 사용할 수 있게 됨).[8] 즉 말씀의 제시, 그 내용의 설명, 그리고 선포의 형태로 이루어지는 바 그 진리에 대한 권면.

구약 성경의 말씀 선포에 등장한 이 세 가지 요소가 신약성경 선포에서도 계속 등장한다.[9] 누가는 예수님이 회당에서 처음으로 자신의 사역을 설명하실 때 먼저 성경을 읽고(4:17-19), 읽은 말씀의 의미를 설명하셨으며(4:21), 그런 다음에 함축된 의미를 분명하게 나타내셨다고 기록하였다. 비록 당시 청중의 기호에는 맞지 않는 것이었지만, 그 말씀의 명백한 적용은 예수님을 영화롭게 하는 것이었다(4:23-27). 바울이 젊은 전도자 디모데에게 행한 가르침에서도 말씀의 제시와 설명 및 훈계가 분명하게 나타난다:

---

7) *bin*(Hiph'l participle masc. plural)= "이해시키다"(7절); *parash*(plural participle masc. singular)= "명백하고 분명하게 하다"(8절).

8) *sekel* with the verb *sum*= "뜻을 전해주다"(8절); *bin*: Consecutive with *Qal*(imperfect, third person, masc. plural)= "그래서 그들이 이해하였다"(8절). C. F. Keil은 *I and II Kings, I and II Chronicles, Ezra, Nehemian, Esther*, vol. 3, trans. Sophia Taylor, from C. F. Keil and F. Delitzsch, Commentary on the Old Testament, 10 vols(Grand Rapids: Eerdmans, 1976), 230에서 다음과 같이 주석한다: "이것은 명시된 규에 따라 낭송한 것이 아니라…율법을 알기 쉽게 설명하고 적용한 것으로 이해하는 것이 타당하다."

9) (어떤 학자들은 근본 형태가 모세에게서 유래되었다고 주장하지만) 포로기 이후에 이 요소들이 일반적인 회당 설교의 형태를 이루게 되었다. 이것은 하나님의 말씀을 선포하고 지키는 데 있어서 가장 효과적인 방법으로서 하나님의 섭리를 통해서 신약 시대 교회가 이것을 제도화하였다. 다음을 참고하라. Alfred Edersheim, *The Life and Times of Jesus the Messiah*, 3rd ed. (Grand Rapids: Eerdmans, 1971), 443-46; W. White, Jr., "Synagogue," in vol. 5 of *The Zondervan Pictorial Encyclopedia of the Bible*, ed. Merril C. Tenney, 5 vols. (Grand Rapids: Zondervan, 1975), 565-66.

디모데전서 4:13

"내가 이를 때까지 읽는 것과⋯   말씀 제시
권하는 것과   말씀 권면

    (실제 용어는 *paraklesei*로서 '권면하거나 간청한다' 라는 뜻을 가지고 있다. 이것은 *Paraclete*와 같은 어원을 가지고 있는데, 예수님이 우리의 조언자이며 대변자요 위로자이신 성령을 가리켜서 이렇게 칭하였다.)

가르치는 것에 전념하라."   말씀 설명

디모데후서 4:2

"너는 말씀을 전파하라   말씀 제시

    (여기에서 "전파하다"라는 말은 *kerusso*로서 "선포하다, 공포하다"라는 뜻이 있다.)

범사에 오래 참음과 가르침으로 경책하며   말씀 설명
경계하며 권하라."   말씀 훈계

바울의 실제 선포 방식은 그의 가르침과 일치한다(행 17:1-4을 보라). 바울은 데살로니가에 이르러 회당에 들어가 유대인들에게 "성경을 가지고" 강론하였다. 바울은 먼저 사람들에게 말씀을 제시하였다. 그런 다음에 성경을 통해서 "그리스도가 해를 받고 죽은 자 가운데서 다시 살아나야 할 것"을 "뜻을 풀어 증언하였다." 비록 여기에 권면이 명백하게 나타나지는 않았지만 최소한 설명이 함축되어 있다. 다음 절에서 누가는 "그 중의 어떤 사람 곧 경건한 헬라인의 큰 무리와 적지 않은 귀부인도 권함을 받고 바울과 실라를 따르나"라고 기록한다.

  성경에 기록된 설교의 주목할 만한 형태가 이런 요소들로만 이루어져 있으며 이 요소들이 항상 분명하게 나타났다고 말할 수는 없다. 그러나 이 요소들이 일관되게 등장하므로 오늘날 설교자들은 자신의 강해설교가 성경에 나타난 이 성

경적 요소들을 반영하고 있는지 살펴보아야 한다. 즉 말씀의 특정 부분을 제시하고, 그 본문이 무엇을 의미하는지 설명하고, 그 설명이 드러내주는 진리를 기초로 해서 행동하도록 권면해야 한다. 이처럼 말씀을 풀어 그 뜻을 밝혀주는 유형의 설교는 논리적으로도 이치에 맞을 뿐만 아니라 선포에 관한 그리스도의 가르침과도 일치한다. 복음서에서 주님이 제자들과 작별하시면서 자신의 사역을 선포하라고 명하신 말씀도 강해설교의 형식을 따르고 있다는 사실은 주목할 만하다:

마태복음 28:19-20a

"그러므로 너희는 가서 모든 민족을 제자로 삼아…	
내가 너희에게 분부한 모든 것을	말씀 제시
가르쳐	말씀 설명
지키게 하라."	말씀 권면

성경에서 이 요소들이 등장하는 규범적 순서가 있는 것은 아니지만, 하나님의 진리를 해석하는 일반적인 방법으로 이 요소들이 성경에서 자주 언급된다: 말씀 제시, 말씀 설명, 그리고 말씀의 의미에 기초한 권면. 이것이 곧 강해설교이다.

3. 강해의 구성 요소

강해는 성경의 내용을 전달하는 데서 그치는 것이 아니라 하나님이 자기 백성들에게 요구하시는 믿음이나 행동의 성경적인 기초를 확립하는 데까지 나아가야 한다. 동사의 시제, 한 사람이 속한 지파, 전쟁의 역사 등을 이야기하는 것이 본문의 의미를 제대로 밝히는 것이 아니다. 하나님은 자신이 누구이며 하나님의 백성들이 하나님과 및 서로의 관계를 유지하는 방법 등을 말씀하시기 위해 이런 것들을 계시하셨다. 성도들이 본문의 진리가 자신의 삶에서 어떻게 작용하는지 알지 못한다면, 강해가 완벽하게 이루어졌다고 할 수 없다. 이런 까닭에 설명과 예증과 적용이 설교자의 권면과 하나님이 요구하시는 것에 대한 증명과 설명서 역할을 해야 한다.[10]

이렇게 강해의 내용을 완벽하게 이해하게 되면, 강해설교를 단순한 해석 보고서, 조직신학 강의, 혹은 교회사 강의로 변질시키는 위험을 줄일 수 있다. 이런 위험성에 대해서 제리 바인즈Jerry Vines는 다음과 같이 말했:

> 어떤 사람들은 강해설교가 활기 없고 무가치하며 요점이 없이 성경의 이야기를 말하는 것이라고 이해한다. 나는 아주 탁월한 사람이 요한복음 10장을 본문으로 삼아 그런 설교를 한 것을 지금도 기억한다. 그는 양의 우리에 관해서 상세한 부분까지 모든 것을 이야기하고 양의 특성에 대해서 상세하게 설명했다. 또 동양에서 양을 치는 방법에 대해서도 알려주었다. 설교가 끝났을 때 우리는 여전히 이스라엘의 양치기들이 있는 들판에 있었다. 우리는 요한복음 10장이 오늘날 우리들의 삶에 대해서 무엇을 말해 주는지 전혀 알 수 없었다. 그것은 강해설교가 아니다.[11]

강해설교의 목표는 성경을 유익하고 유용한 것으로 만드는 것이다. 설교자가 본문을 연구하고 설교를 전개하면서 FCF를 분명하게 밝히면, 설교가 실질적이면서도 성경적인 궤도에서 벗어나지 않을 수 있다. 이때 강해설교자의 목표가

---

10) Farris D. Whitesell, *Power in Expository Preaching* (Old Tappan, N.J.: Revell, 1963), xi; Jay E. Adams, *Truth Applied: Application in Preaching* (Grand Rapids: Zondervan, 1990), 42.

11) Jerry Vines, *A Practical Guide to Sermon Preparation* (Chicago: Moody, 1985), 5.

성경 저자의 의도와 동일하게 "모든 생각을 사로잡아 그리스도에게 복종하게 하는"(고후 10:5) 것이 될 것이다. 설교자는 하나님의 말씀에 대한 생각이 그리스도에 대한 복종으로 나타나기를 바란다.

과거 설교학자들은 설교를 기본적인 세 가지 요소로 나누었다: 설명(본문이 말하는 것에 대한 설명과 논증), 예증(본문의 내용에 대한 증명), 적용(본문의 의미와 관련이 있는 행동이나 태도).[12] 이것은 학생들에게 다른 사람의 설교를 상세히 분석하고 자신의 설교를 작성하는 방법을 가르칠 때 도움이 되는 구분법이다. 본서 뒷부분에서 이 구분법을 사용할 것이다.[13] 그러나 설명과 예증과 적용이 본문의 의미를 풀어 밝히는 데 있어서 모두 필요하다는 사실을 설교자가 깨닫지 못한다면, 이 전통적인 구분법이 강해설교를 손상시키는 결과를 초래할 수 있다. "본문이 무엇을 말하고 있는가?"라는 질문에 대한 대답이 설명이며, "본문이 말하고 있는 것을 보여 주시오"라는 요구에 대한 응답이 예증이다. 또 "본문이 나에게 어떤 의미가 있는가?"라는 질문에 대한 대답이 적용이다. 즉 성도들이 본문을 완벽하게 이해하는 데 있어서 각각의 구성 요소 모두가 중요한 역할을 한다.[14]

단지 강해라는 이유 때문에 설교를 기술적인 설명 행위로 제한시켜서는 안 된다. 성도들은 설교자가 예증할 수 없는 성경의 진리를 분명한 진리로 간주할 수 없고, 설교자가 적용하지 않는 성경의 내용에 순종하며 실천할 수 없다.[15]

---

12) Cf. Broadus, *Preparation and Delivery of Sermons* (144, 155); Andrew Blackwood, *The Fine Art of Preaching* (New York:Macmillan, 1943), 113.
13) 내가 말하는 "강해"는 본문의 개요나 상세한 설명에 국한된 것이 아니라 강해라는 표제 아래 설명과 예증과 적용이 포함되어 있는 것을 의미한다. 본문의 의미를 밝히는 데 있어서 이것들 모두가 필요한 열쇠가 된다.
14) Broadus, *Preparation and Delivery of Sermons*, 155.
15) Larsen, *Anatomy of Preaching*, 96, 138-43.

성경을 깊이 있게 설명한다는 것은 본문의 의미를 밝혀주어 성도들로 하여금 본문의 진리를 대면하고 이해하고 그것에 기초를 두고 행동할 수 있게 하는 것이다.16) 설교자는 설교를 하면 할수록 이처럼 성경의 진리를 밝힘으로써 강해의 구성 요소들이 서로 의존하며 때로는 서로 구분되지 않게 된다는 사실을 깨닫게 될 것이다.17) 예증이 가장 훌륭한 설명 역할을 할 때가 있고, FCF에 초점을 둔 설명이 적용처럼 들릴 때가 있으며, 적용이 예증과 설명의 기회를 제공할 때도 있다(야고보서 3:2-13을 보라). 설교자의 설교가 성숙함에 따라, 강해의 구성 요소들이 서로 섞이고 혼합되어서 말씀의 진리를 성도들의 마음속 깊은 곳에 밀어 넣게 된다.18)

전통적인 강해설교에서는 강해의 구성 요소들이 설교의 대지마다 계속 등장한다. 이는 증명하거나 적용할 수 없는 것을 설명한다는 것이 이치에 맞지 않기 때문이다.19) 그러나 이 전통적인 경우에 예외가 있을 수 있다. 종종 설교자가 나중에 더 큰 효과를 얻기 위해서 본문의 함축된 의미를 숨기거나 적용을 강화하기 위해서 일련의 설명들을 사용한다. 그러나 초보 설교자들은 본문의 진리를 규칙적으로 자주 증명하고 적용하는 설교에 성도들이 더 집중한다는 사실을 발견하게 될 것이다. 오늘날 성도들이 자신의 삶과 관련이 있는 말씀, 즉 설교 마지막 부분에 잠깐(약 5분) 언급되는 말씀을 듣기 위해서 25분 동안 앉아서 기

---

16) Sidney Greidanus, *The Modern Preacher and the Ancient Text: Interpreting and Preachers Biblical Literature* (Grand Rapids:Eerdmans, 1988), 182-84.

17) Daniel M. Doriani, *Putting the Truth to Work: The Theofy and Practice of Biblical Application* (Phillipsburg, N.J.: Presbyterian & Reformed, 2001), 20-27.

18) Broadus, *On the Preparation and Delivery of Sermons*, 155; Ian Pitt-Watson, *A Primer for Preachers* (Grand Rapids: Baker, 1986), 101; Greidanus, *Modern Preacher and the Ancient Text*, 182-184.

19) Broadus, *On the Preparation and Delivery of Sermons*, 211; Greidanus, *Modern Preacher and Ancient Text*, 182; D. Martyn Lloyd-Jones, *Preaching and Preachers* (Grand Rapids:Baker, 1971), 77; Vines, *Practical Guide to Sermon Preparation*, 133.

다릴 것이라고 생각하는 것은 잘못된 생각이다. 결국 성도들의 기대와 능력을 고려해 볼 때 설명과 예증과 적용을 설교 주요 부분에서 계속 제시하는 옛 규칙이 타당한 지침인 것 같다.

4. 강해의 균형

1) 포괄적 접근방법

훌륭한 강해설교자는 설교를 준비할 때마다 성도들이 자기 앞에 있다고 가정하면서 스스로에게 다음과 같이 질문한다고 한다: "본문의 의미를 깨닫게 된 결과로 내가 말씀의 권위를 가지고 당신에게 요구할 수 있는 것이 무엇입니까?" 성도들이 단순히 설교자의 명령이나 주장을 받아들이는 데 그치는 것이 아니라 자신의 삶과 관련된 본문의 의미를 개인적으로 식별해야 할 필요가 있음을 인정하게 되면, 설교자는 자신의 설교가 지식을 제공할 뿐만 아니라 성도들이 접근할 수 있는 것인지, 그리고 박식할 뿐만 아니라 적용 가능한 것인지평가하게 된다.

지식 전달뿐만 아니라 성도들의 욕구에 대한 관심은 강해의 구성 요소들의 균형(조화)에 영향을 미친다. 이미 살펴본 것처럼 강해의 형태는 다양하다. 그러나 이 구성 요소들이 등장하는 일반적인 순서는 설명, 예증, 그리고 적용이다.[20] 설교자가 이 순서를 따르게 되면, 먼저 진리를 제시하고 그것의 함축된 의미를 증명하고 밝힌 후에 적용한다. 만일 메시지를 전달하면서 각각의 구성 요소에 똑같은 시간을 배정한다면, 그 설교는 균형 잡힌 이중 나선 구조를 갖게

---

20) 본서 뒷부분에서 이 순서가 얼마나 다양한지, 그리고 왜 다양할 수밖에 없는지 설명할 것이다.

될 것이다(그림 4.3을 보라). 즉각 구성 요소에 거의 똑같은 비율이 배당된다.

그림 4.3 균형 잡힌
이중 나선 구조

설명
예화
적용

2) 맞춤형 접근방법

초보 설교자가 설교를 준비할 때 각각의 구성 요소에 동등하게 관심을 기울인다면 설교 도구들을 모두 사용하는 법을 배울 수 있기 때문에 도움이 된다. 그러나 성도들의 성격이 각기 다르기 때문에 설교자의 설교도 그 성격에 따라 각각의 구성 요소의 비율을 달리 해야 한다. 다음의 묘사들은 목회자가 메시지의 구성 비율을 변화시키는 방법을 증명하는 데 도움이 될 것이다.

대체로 젊은 목사들은 예증 부분을 부풀리고, 적용은 몇 개의 정선된 설명 요점들 뒤에 제시한다(도표 4.4 A를 보라). 육체 노동자들이 주류를 이루는 회중은 견실한 설명을 원하며, 그 설명의 타당성이 적용을 통해서 자세하게 제시되기를 바란다(그림 4.4 B를 보라). 그러나 회중이 주로 전문직이나 경영직에 종사하는 사람들로 구성될 때, 목사는 적용을 가볍게 다루려 할 것이다. 왜냐하면 이런 사람들은 다른 사람이 자신의 행동을 결정해 주는 것에 익숙하지 않을 뿐만 아니라 자신이 스스로 결정한 행동에 동기부여가 더욱 잘 되기 때문이다. 이런 회중에게는 일괄적으로 설명함으로써 적용이 자명하게 나타나도록 하는 것이 중요하다(그림 4.4 C를 보라).

그림 4.4 강해 구성 요소들의 변형

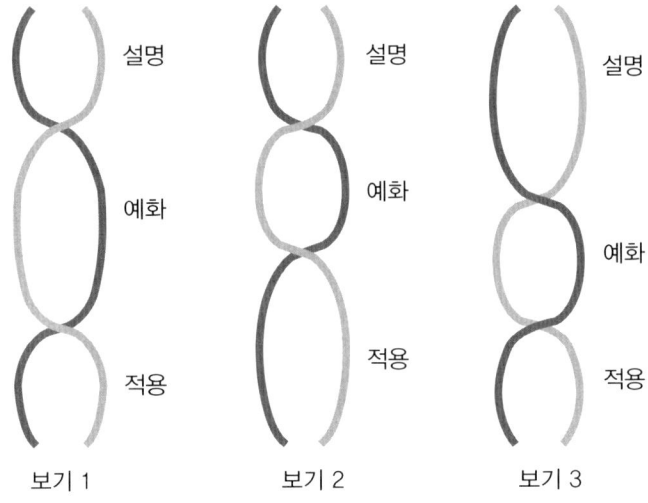

　각 회중의 특성을 유형화시키는 것은 상투적인 고정관념에 불과할 수도 있으므로 이것이 상식보다 앞서서는 안 된다. 경험에 비추어 볼 때 강해의 구성 요소들을 적절히 조합한 건전한 설교는 약간만 수정하면 어디에서 선포해도 영향력을 발휘할 수 있다. 이는 회중 안에 여러 유형의 사람들이 있기 때문이 아니라 우리 안에 여러 인격이 섞여 있기 때문이다. 즉 우리의 정신mind이 성경이 말하는 것에 대한 설명을 필요로 하므로 우리는 하나님의 표준과 생각을 이해하게 된다. 또 우리 마음heart은 예증을 필요로 한다. 예증은 우리의 감정이나 상상력을 자극하여 하나님이 냉정하고 추상적인 사상들의 집합체가 아님을 확신하게 만든다. 동시에 우리는 적용을 필요로 한다. 그래서 우리는 자신이 하나님의 뜻을 따라 행동하고 있다고 확신하거나 자신의 행동을 수정해야 한다는 사실을 확인할 수 있다.

3) 건전한 접근방법

　이러한 관계들이 서로 배타적인 것이 아니지만, 설명은 정신을 준비시켜주며, 예증은 마음을, 그리고 적용은 하나님께 복종하겠다는 의지를 마련해준다고 생각하는 것이 유익하다. 이때 설교자들은 설명과 예증과 적용을 적절히 배분해서 균형을 맞춰야 한다. 예를 들어 전체 설교의 4분의 3을 설명으로, 나머지 4분의 1을 예증으로 배정하고 적용은 단 하나의 문장으로 끝내는 설교(표준적인 신학교의 설교); 혹은 설명을 한 문장으로 줄이고, 4분의 3을 예증으로, 그리고 4분의 1을 적용으로 배정하는 설교(대중적인 방송설교)는 균형 잡힌 설교라 할 수 없다. 균형 잡힌 강해설교는 각각의 구성 요소들을 균형있게 전달해주기 때문에 한 인격체(정신, 마음, 의지)를 모두 만족시킬 수 있다. 또 모든 하나님의 가족들 앞에 차려진 강해설교라는 음식은 다양한 연령층과 학습 방식들과 참석한 사람들을 충족시키되 어떤 사람의 욕구와 가치도 경시하지 않아야 한다.[21]

　설교를 하는 데 있어서 구성 요소들의 비율을 결정하는 규칙은 없다. 설교의 본문, 주제, 목적, 설교자의 재능, 설교 대상, 상황, 회중의 구성, 그리고 한 가지 사상을 이야기하는 데 허락된 시간, 설득력이 있는 설교를 위해 각 단계에 어떤 구성 요소를 둘 것인지, 각각의 구성 요소들이 상호 강점을 가질 수 있는지 등 모든 것들이 설명과 예증, 적용을 어떻게 배분해야 하는지 결정하는 데 있어서 중요한 역할을 한다.

　이 말은 모든 설교의 구성이 유동적이어서 상황에 따라 변할 수 있다는 뜻이 아니다. 나는 말씀을 전하는 방법에 대해서 생각할 때마다 설교의 구성 요소에

---

21) Roger E. Van Harn, *Pew Rights for People Who Listen to Sermons* (Grand Rapids: Eerdmans, 1992), 23-29. Cf. William Perkins, *The Art of Prophesying* (1606; repr. Edinburgh: Banner of Truth Trust, 1996), 56-63.

대해서 합의된 견해-영적인 직관력을 가진 기독교인들이 공유하는 견해-가 있다는 사실을 깨닫는다. 즉 균형 잡힌 기독교인들은 예증이 지나쳐서 여흥 수준으로 나아가거나, 적용이 통렬한 비난으로 이어지거나, 설명이 비실용적이고 장황한 지식의 나열로 확대되는 설교를 경멸한다. 이렇게 극단적인 설교는 설교자가 회중의 건강보다는 개인적인 관심사에 빠져 있다는 사실을 말해준다. 설교자들은 다음과 같은 설교의 진행 과정을 생각해 보는 것이 좋다:

> 선포하다(preach)
> 도달하다(reach)
> 각 사람에게(each)

이 진행 과정은 매우 큰 의미를 지닌다.[22] 이것은 우리가 자신의 학문적 지식, 인기있는 설교, 혹은 인격과 이해력에 있어서 다양한 계층의 사람들 모두를 양육해줄 균형 잡힌 설교를 하지 못하게 만드는 극단주의자들을 의식하지 말라고 말해준다. 종교개혁 지도자들은 듣는 사람의 욕구와 능력에 맞추어 설교하라고 조언했다.[23] 이 지혜로운 조언은 우리 자신을 만족시키거나 명성을 드러내기 위해 설교하지 말아야 할 것을 상기시켜준다. 성도들의 영적 욕구가 중요하므로, 우리는 말씀의 도전과 권면을 효과적으로 전달해줄 도구를 사용해야 한다. 그러나 그러한 관심사들 때문에 우리 자신의 관심사보다 세련되지 못한 관심사에 영합해야 한다고 생각하지 않으려면, 인간의 일반적인 특징들을 기억해야 한다. 청중은 설교자가 들려주고 싶어 하는 것, 즉 생생하게 예증되고 강

---

22) Robert G. Rayburn의 강의 노트를 통해서 그가 Covenant Theological Seminary에서 25년 이상 단순하면서도 예리하게 이 변형 과정을 가르쳐왔음을 알 수 있다.

23) *Westeminster Larger Catechism*, 159.

력하게 적용된 견실한 설명을 들어야 한다.

5. 강해의 자세

1) 신적 권위

다음 장에서는 강해설교를 구성하는 각각의 요소를 사용하는 방법을 살펴보게 될 것이다. 그러나 먼저 강단에서 신적 권위가 어떻게 표현될 수 있는지 살펴보아야 한다. 앞에서 강해설교가 설교자에게 권위를 가지고 설교할 수 있게 해주는 이유를 살펴 보았다. 하나님의 말씀을 전할 때 우리는 하나님의 권위를 소유한다. 이런 사실 때문에 우리는 설교 중에 "이것이 이러한 뜻이라고 믿는다", "나는 이렇게 이해해야 한다고 느낀다", 혹은 "나는 이렇게 생각한다" 등의 표현을 연발하지 않도록 주의해야 한다. 솔직히 말해서 성경적으로 예리한 성도들은 지엽적인 문제를 제외하고는 설교자의 생각에 관심을 갖지 않는다. 라센Larsen은 "나는 그리스도 바깥에 있는 사람들은 모두 지옥에 간다고 생각한다' 라고 말하는 목사들이 설 수 있는 강단은 없다"[24]라고 말한다. 예배에 참석한 성도들은 하나님이 말씀 안에서 확인해주시는 것을 들으려 한다. 만약 설교자가 자신의 설교의 핵심적 진리에 대해서 "성경이…말하고 있습니다"라고 말하지 못한다면, 성도들은 철학자의 이론을 존중하지 않듯이 설교자의 결론도 존중하지 않을 것이다.

강해설교자는 성경의 명령에 복종하여 "하나님의 말씀을 하는 것같이"(벧전 4:11) 설교해야 한다. 권위가 없는 설교는 성도들로 하여금 하나님의 음성을 동

---

24) Larsen, *Anatomy of Preaching*, 81.

경하게 한다. 죄로 병들고 세상의 문화 속에서 갈등하며 비극적인 사건에 시달리는 사람들은 "불확실한 소리"를 원하지 않는다. 설교자는 이 권위가 우리 안에 있는 것이 아니라 말씀의 진리 안에 있음을 이해해야 한다. 또 권위를 가진 설교와 권위적으로 들리는 소리를 구별할 수 있어야 한다.

성경의 진리를 확신하는 목사의 설교는 힘이 있고 부드러우면서도 권위를 지닐 것이다. 권위 있는 설교는 설교자의 자세나 어조와 관련된 것이 아니라 하나님의 진리를 표현할 때에 지니는 확신과 성실함과 관련이 있다. 말씀의 권위는 설교자로 하여금 도전적인 말을 하면서 사과하지 않으며, 타협하지 않으면서 부드럽게 이야기할 수 있게 해준다. 권위 있게 설교하려면 설교 중에 특별히 강력한 것을 제시해야 한다는 생각 때문에 많은 설교자들이 실패한다. 그들은 마치 영혼을 감동시키는 말씀의 능력을 신뢰하기보다 자신의 능력에 의해 말씀의 권위를 만들어내려고 노력하는 듯하다. 단순하고 담대하게 하나님의 말씀의 능력을 신뢰하는 설교자들은 자신의 태도를 자신이 전하는 내용과 일치시킴으로써 성경의 의미가 분명해지게 하며 성령의 역사가 방해받지 않게 한다. 그리스도의 모범과 사도들의 가르침은 성령의 진리가 청중이 처해 있는 상황에 따른 다양한 태도들과 더불어 임한다는 것, 그리고 본문에서 적절하다고 지적하는 것보다 더 온유하거나 담대한 선포 방식이 이 진리를 약화시킨다는 것을 상기시켜준다(살전 5:14를 보라).

2) 성경적 태도

성경 저자의 의도를 밝혀 내는 것이 강해의 원칙이기 때문에 설교자는 본문에서 제시하고 있는 진리와 상황에 어울리는 방식으로 말해야 한다. 원어 성경을 보면 설교자 및 설교와 관련된 용어가 매우 다양한데, 이것은 우리들의 표현도 다양해야 한다는 사실을 말해 준다(표 4.1과 4.2를 보라).

표 4.1

구약의 핵심 용어

용어	의미	관련 구절
parash	분리하다	느 8:7-8
sekel	의미를 부여하다	느 8:7-8
bin	이해시키다	느 8:7-8
nabi	예언자, 선지자	신 13:1; 18:20; 렘 23:21; cf. 민 11:25-29
hozeh	선견자, 환상자	암 7:12
roeh	선견자	대상 29:29; 사 30:10
qohelet	전도자	전 1:1
qara	부르다, 소집하다	사 61:1
basar	좋은 소식을 선포하다	시 40:9; 사 61:1
nataph	새어 나오다, 떨어지다	겔 20:46; 암 7:16; 미 2:6, 11

표 4.2

신약의 핵심 용어

용어	의미	관련 구절
keruso	왕의 명령을 전하는 자	롬 10:14-15; 고전 1:21-23; 딤후 4:2(70회 이상)
enangelizo	기쁜 소식을 선포하다	눅 4:18; cf. 행 8:4(40회 이상)
diermeneuo	의미를 밝히다, 설명하다	눅 24:27-32
dianoigo	완전히 열다, 철저히 드러내다	눅 24:27-32
dialegomai	추론하다, 토론하다, 대화하다	행 17:2-3
paratithemi	나란히 놓다, 제시하다	마 13:31
logos	언어, 말	마 13:19-23
rhema	언어, 메시지	롬 10:17; 벧전 1:25
diangello	전파하다	눅 9:60
katangello	공포하다, 반포하다	행 4:2; 13:5
parresiazomai	설교하다, 담대히 말하다	행 9:27-29
elencho	꾸짖다, 책망하다, 정죄하다	딤후 4:2; 딛 1:9; 2:15

epitimao	경계하다, 책망하다	딤후 4:2
parakaleo	격려하다, 위로하다, 힘을 북돋우다	딤후 4:2; cf. 행 14:22
paramuthia	위로하다, 기분을 돋우다	고전 14:3
martureo	증언하다	행 20:21; cf. 요일 4:14
homolegeo	동의하다, 진실임을 고백하다	딤전 6:12
homileo	대화하다	행 20:11
laleo	말하다	막 2:2; cf. 고전 2:6-7
didasko	가르치다	행 5:42
epilusis	풀다, 모호하거나 이해하기 어려운 것에 대한 설명	벧후 1:20
suzeteo	토론하다, 함께 조사하다	행 9:29
apologia	변명	행 22:1; 빌 1:7, 16; 딤후 4:16; 벧전 3:15
metadidomi	복음을 나누다	살전 2:8; cf. 롬 1:11; 엡 4:28

이 목록들이 설교와 관련된 성경의 용어들을 하나도 빠짐없이 완벽하게 나열하고 있는 것은 아니며, 신실한 설교자들의 다양한 임무들을 지적해준다. 설교자가 구원 받지 못한 자들에게 복음의 기쁨을 선포해야 할 때가 있고, 거듭난 사람들을 책망해야 할 때가 있고, 마음이 상한 사람들을 위로해 주어야 할 때가 있다.

3) 겸손한 용기

성경적 설교의 여러 가지 특성을 한 마디로 표현할 수 없듯이, 한 가지 표현법으로 그것의 다양한 양상들을 반영할 수 없다.[25] 이것은 사람마다 권위를 표현하는 방법이 다르기 때문에 더욱 옳은 말인 것 같다. 어떤 사람들은 가장 자신있게 표현할 때 강렬한 시선과 차분한 목소리를 사용한다. 또 어떤 이들은 권

---

25) 문체론에 관한 자료를 알려면 부록 2를 보라.

위를 나타내기 위해 활기있고 강력한 표현을 사용한다. 대다수 사람들이 자신의 성격과 환경, 그리고 현재의 쟁점에 따라서 다양한 방법으로 권위를 표현할 것이다.

그러나 많은 강해설교자들이 이 사실을 제대로 이해하지 못하고 있는 것 같다. 그들은 자신의 어조가 성경의 진리를 나타낸다고 오해하고서 모든 경우에 권위적인 표현법을 사용한다. 안타깝게도 설교자가 계속 권위적인 태도를 취하는 것은 성경적 이해의 부족을 반영한다:

> 자신이 소유하지 못한 개인적인 권위를 주장하거나 휘두르려 하는 사람에게는 본질적으로 끔찍한 것이 있다. 특히 강단에서는 이런 태도가 부적당하다. 설교자가 별볼일 없는 선동 정치가처럼 거만하게 말하거나 바벨론의 느부갓네살 왕이 왕궁 지붕 위에서 그랬던 것처럼 자신의 권력과 영화를 자랑한다면(단 4:28, 29), 그는 그 독재자가 받았던 심판을 면할 수 없을 것이다….
>
> 설교할 때 갖는 권위는 개인적으로 설교자 안에 내재해 있는 것이 아니며, 성직자나 설교자로서의 직무에 있는 것이 아니고, 교회에 있는 것도 아니다. 이 권위는 설교자가 해석하는 하나님의 말씀 안에 있다.[26]

말씀의 능력을 강화하기 위해서 말씀 속에 설교자의 권위를 불어넣을 필요가 없다. 삶 전체에 대한 하나님의 권위를 확신하고 있다면, 언제 어떤 방법으로든 하나님의 말씀을 담대히 전할 수 있다. 이 거룩한 용기는 특별한 태도라기보다는 인류가 직면하는 모든 도전과 문제와 궁핍함에 대처할 수 있는 지혜를 공급해주신다는 말씀에 대한 확신에서 우러난 사랑 안에서 진리를 전하려는 열심이

---

26) Stott, *Between Two Worlds*, 58.

다(엡 4:15; 벧전 3:15; 벧후 1:3).

모든 경우에 적합한 설교 방법이나 태도, 또는 말투는 없다. 예를 들면 젊은 설교자에게 "모든 권위로 책망하라"(딛 2:15)고 충고했던 사도가 다른 설교자에게는 "거역하는 자를 온유함으로 훈계할지니 혹 하나님이 그들에게 회개함을 주사…"(딤후 2:25)라고 충고했다. 바울은 이 두 명의 젊은 목회자들에게 권위를 가지고 책망하라고 명하는 구절에서 그 권위를 훈계하는 데도 사용하라고 말한다(딤후 4:2; 딛 2:15). 우리는 각기 다른 상황에서 하나님의 진리를 어떻게 전해야 할지 고민하게 되는데, 이런 고민을 통해서 우리가 필요로 하는 영적 인도를 깨닫는다면 말씀을 전할 수 있는 자격을 갖출 수 있다. 허버트 파머Herbert Farmer는 다음과 같이 기록하였다:

> 지나치게 독단적이거나 소심하지 않으며 죄인의 수치나 듣는 자에 대한 배려가 부족하지 않은 확신과 신념, 그리고 올바른 권위를 부여해줄 것을 내면에 소유한 사람이 얼마나 될까? 그 비결은 우리의 영성생활의 질 및 우리가 그리스도 안에서 얼마나 겸손하게 하나님과 동행하는가에 달려 있다고 생각된다.[27]

그리스도와 우리 자신의 관계를 통해서 볼 때, 우리는 동정심을 가지고 사람들을 다루는 동시에 말씀의 권위로 그들을 대해야 한다는 사실을 깨닫게 된다. 우리가 어떤 때는 엄격한 역할을 필요로 하고 또 어떤 때는 사랑의 포옹을 필요로 하듯이, 우리의 설교를 듣는 사람들도 그렇다. 자신의 죄에 대한 의식, 하나님의 주권에 대한 깨달음, 구세주의 사랑의 기적을 절실히 느끼고 있는 영혼이 삶의 현장에서 뿐만 아니라 강단에서 말씀을 전파하기에 가장 적합한 인물이

---

27) Herbert H. Farmer, *The Servant of the Word* (Philadelphia: Fortress, 1942), 63.

다. 항상 공격적이고 투쟁적인 설교자는 마음 깊은 곳에 영적인 저항을 감추고 있는 사람이다.

삶이 복잡하고 설교의 임무가 다양하고 설교자가 전해야 할 성경의 메시지가 풍부하므로, 설교자는 한 가지 설교 방식만 고집하여 자신의 사역을 고리타분한 것으로 만들어서는 안 된다. 어떤 풍자 만화를 보면, 설교자가 슬퍼하는 가족들이나 결혼식장, 회의적인 대학생들의 모임, 위기에 처한 지역 사회, 반항적인 회중들, 지쳐 쓰러진 교회, 근심에 싸인 지도자, 혹은 뭔가를 열망하는 죄인들 앞에서 항상 똑같은 어조로 이야기하고 있는 것을 볼 수 있다. 가장 무능한 설교자는 사람들을 위로하고 정죄하고 도전하며 훈계하고 격려하며 권면하는 데 있어서 동일한 태도와 말투를 사용하려는 자이다. 성경의 권위는 우리에게 말씀을 전할 권리를 주었다. 또 성경의 지혜는 우리가 성경에서 볼 수 있는 것처럼 다양한 방법으로 신중하게 설교하라고 가르친다. 우리의 태도가 성경의 내용을 반영해야 한다. 우리가 말의 내용뿐만 아니라 말하는 방법을 통해서도 의미를 전달할 수 있으므로, 정확하게 강해하려면 본문의 용어들을 정의할 뿐만 아니라 말투나 어조도 전해 주어야 한다. 시내 산의 천둥소리를 생각나게 하는 소리로 말해야 할 때가 있고, 호렙 산에서의 작은 소리를 연상시키는 소리로 말해야 할 때도 있다.

4) 그리스도를 닮음

설교자의 어조는 다른 사람의 권위 아래서 권위 있게 말하는 사람의 겸손을 반영해야 한다(딤후 4:2). 궁극적으로 설교에 능력을 부여해주는 신적 활동에 대한 설교자의 의식에 따라 설교가 좌우된다. 하나님의 성령이 진리를 전하기 위해서 설교자의 말을 사용하실 때, 설교자가 하나님을 대변할 수 있다.[28] 우리의 표현이 실수투성이라도 성령께서 설교의 불순물을 불살라 버리고 성도들의 마음에 순수한 그리스도의 말씀만 남게 하실 것이다. 마틴 루터는 이것을 다음과 같이 생생하게 표현하였다: "나를 비롯해서 그리스도의 말씀을 전하는 모든 사람들이 '내 입이 곧 그리스도의 입이라'고 자랑하게 내버려두라. 나의 말이 내 것이 아니라 그리스도의 말씀이라는 사실을 나는 확신한다. 내 입은 곧 자신에 대해서 말씀하시는 분의 입이다."[29] 이 말은 그리스도의 권위를 위태롭게 하거나 그분의 뜻을 부인하는 어조로 말해서는 안 된다고 경고해준다. 우리는 그리스도를 대변하고 있다. 그러므로 만일 우리에게 맡겨진 진리들을 가지고 주님이 말씀하신다면 어떤 방식으로 말씀하실 것인지 생각해보아야 한다. 만일 우리가 전하는 말이 그리스도의 입에서 나오는 것이라면, 그분은 어떻게 그 말을 하셨을까? 우리의 설교가 그리스도께 충실한 것이 되려면, 우리의 말이 그분의 진리뿐만 아니라 성품까지도 반영해야 한다.

---

28) *Westminster Shorter Catechism*, 89.

29) Edward Marquart, *Quest for Better Preaching* (Minneapolis: Augsburg, 1985), 83-84 인용. 칼빈도 *Institutes* (4.1.5)에서 비슷한 주장을 하였다: "하나님이 인간에게 주신 우수한 재능이 많이 있지만, 그 중에서도 유례없는 특권은 사람들에게 자신의 목소리를 들려주기 위해서 하나님께서 스스로 사람의 입과 혀 안에 들어오셨다는 사실이다."

: 복습과 토론을 위한 질문 :

1. 신약과 구약의 설교에 일관되게 나타나는 강해의 세 가지 요소는 무엇인가? 이 요소들이 계속 나타나는 것은 강해의 특성에 대해 무엇을 말해주는가?
2. 일반적으로 대지main points 안에 등장하는 강해의 세 가지 구성 요소는 무엇인가? 이 세 가지 요소가 모두 중요한 이유는 무엇인가?
3. 강해의 구성 요소들의 비율이 청중의 특성에 따라 어떻게 달라지는가? 어떤 특성을 지닌 청중에게든지 이 세 가지 구성 요소들 모두 중요한 이유는 무엇인가?
4. 설교와 관련된 성경 용어들의 다양성은 강해설교의 방법과 어조에 대해서 무엇을 말해주는가? 궁극적으로 설교의 어조를 결정하는 것은 무엇인가?

: 연습 문제 :

1. 산상수훈(마 5~7장)과 산헤드린에서의 스데반의 설교(행 7:2-53)에서 설명, 예증, 그리고 적용이 각각 어떻게 사용되었는지 설명해 보라.
2. 마태복음 23장과 사도행전 17장 16-31절에서 복음의 어조가 어떻게, 그리고 왜 다른지 살펴보라.

제2편

강해설교의
준비

제5장

설명의 과정

1. 미로

 사람들은 오로지 말씀의 진리를 개인적으로 직면함으로써 영적으로 변화될 수 있다는 확신 때문에 설교라는 임무가 복잡해진다. 현대 문화 속에 살고 있는 대부분의 사람들은 성경을 어려운 단어들과 친숙하지 않은 역사, 발음하기 어려운 명칭들, 불가해한 신비주의 등의 끝없는 미로 속에 진리들이 감추어져 있는 이해하기 어려운 책으로 여긴다. 이런 상황과 설교자들의 소명은 강해설교자들로 하여금 성도들이 이 미로를 통과하여 자신의 삶을 위한 하나님의 말씀을 대면할 수 있도록 인도할 것을 요구한다. 성도들을 잘 인도해주는 훌륭한 설교자는 사람들로 하여금 성경을 단순한 미로로 생각하는 것이 얼마나 근거 없는 미신인지 깨닫게 할 것이다.

 복잡하게 얽힌 논리의 미로들을 통과하여 영적 엘리트의 전문지식을 요구하는 성경적 진리에 이르는 어두운 통로는 존재하지 않는다.[1] 설교자가 작은 불빛을 비춰주면 누구든지 따라갈 수 있는 오래된 길이 있을 뿐이다. 강해설교란

---

1) John A. Broadus, *On the Preparation and Delivery of Sermons*, ed. J. B. Weatherspoon (New York: Harper and Row, 1944), 157.

본문의 이해로 이어지는 길을 밝혀주는 것이다. 설교자는 개인적으로 이 빛을 비추면서 걸어가야 하지만, 동시에 다른 사람들을 인도하기 위해서 이 빛을 비출 때 그 빛이 너무 희미해지거나 눈을 뜰 수 없을 정도로 환하거나 설교자 자신의 모습만 드러낼 수도 있음을 알아야 한다. 적절한 밝기의 빛이 길을 드러내 보여줄 뿐만 아니라 장차 그 길을 가는 사람들로 하여금 자신의 길을 발견하도록 도와줄 수 있다. 여기서는 먼저 강해설교를 준비하는 데 있어서 설교자가 취해야 할 단계들을 약술한 후에, 설교하면서 그 길을 비추는 방법을 설명할 것이다. 다음 장에서는 예증과 적용에 초점을 둘 예정이며, 이 장에서는 설명에 초점을 둘 것이다.

2. 준비 과정

1) 중요한 여섯 가지 질문

설교자는 강해라는 길을 시작하기 전에 먼저 가야 할 장소를 결정해야 한다. 설교를 준비하면서 대답이 필요한 몇 가지 질문을 결정함으로써 강해 과정을 계획할 수 있다. 그러한 질문들은 강해의 조감도를 제시해준다. 궁극적으로 이 질문들을 통해서 설명이 걸어가야 할 길이 무엇인지, 다른 사람들을 그 길로 인도하기 위해서 취해야 할 단계들이 무엇인지 결정할 수 있다. 일견 이런 질문들이 매우 명백하고 직관적이기 때문에 확인할 필요가 없는 것처럼 보일 수도 있다. 그러나 안타깝게도 설교를 준비하면서 다음에 열거된 질문들이 언급되지 않는 일이 종종 발생한다.

이런 질문들의 목록을 작성한 것이 설교자들을 엄격한 틀 속에 가두려는 의도는 아니다. 열거된 질문들의 순서는 논리적인 순서일 뿐이며, 설교 준비를 하면서 여러 가지 질문들이 섞이거나 순서가 바뀔 수 있다. 세심한 설교자는 질문들이 언급되는 순서에 관심을 두기보다 언급된 질문들 모두에 대답해야 한다는 점에 관심을 두어야 한다.

처음 세 가지 질문은 본문의 의미 연구와 관련된 것이다:

1. 본문은 무엇을 의미하는가?
2. 본문의 의미를 어떻게 알 수 있는가?
3. 어떤 관심사들 때문에 본문이 기록되었는가?

첫째 질문을 해야 하는 이유는 매우 분명하다. 즉 설교자는 본문의 범위 및 세부 내용들이 의미하는 것을 파악하기 위해 본문을 충분히 연구해야 한다. 둘째 질문은 설교자의 시선을 성도들에게 두게 한다. 즉 이 질문은 설교자로 하여금 사람들이 따라올 수 있는 중요한 표지판을 확인하기 위해서 자신이 어떤 단계들을 거쳐 결론에 도달했는지 되돌아보게 만든다. 설교자가 무엇이 자신을 결론에 이르게 했는지 명시하지 못한 채 본문의 의미에 대해서 자신감을 갖는 경우가 비일비재하다. 설교자가 견실하게 설명하며 둘째 질문에 대답하려면 본문의 의미를 규명하는 것이 무엇인지 확인해야 한다. 셋째 질문은 설교자로 하여금 본문이 기록된 원인을 밝히게 한다. 이 질문은 처음 두 개의 질문과 연결되어 있지만(그리고 두 질문에 대답하기 위해서 꼭 필요한 부분이지만), 별도로 열거하였다. 이는 이 질문에 대한 대답이 설교 전개 및 나머지 질문들에 대답하는 데 있어서 필요하고 중요하기 때문이다.

설교자는 다음의 세 가지 질문을 통해서 본문의 의미를 이야기하는 방법을 결정할 수 있다:

4. 본문을 기록한 사람 및 그 대상과 우리의 공통점은 무엇인가?

5. 본문의 진리에 대해서 오늘날 사람들은 어떻게 반응해야 하는가?
6. 본문의 의미를 전달할 수 있는 가장 효과적인 방법은 무엇인가?

이 질문들에 대답하지 않은 설교자는 설교가 아니라 본문에 대한 정보를 소유한 것에 불과하다. 많은 설교자들이 본문의 의미를 파악하는 것으로 설교할 준비를 갖추었다고 여기는데, 이것은 잘못된 생각이다. 이 시점에서 그들은 강해설교라는 산에 올라가기 위해서 칙칙거리면서 "나는 설교할 수 있다. 나는 할 수 있다…"라고 중얼거리는 "작은 기관차"에 불과하다. 설교자는 나머지 세 가지 질문에 대답함으로써 본문에 대한 단순한 주석과 해석을 설교로 전환하면서 설교의 산 정상에 올라갈 수 있다.[2]

넷째 질문은 설교자를 FCF라는 개념으로 돌아가게 한다.[3] 설교자는 성경 인물들과의 공통점을 확인함으로써 본문의 진리가 현대인의 삶과 직접 접촉하게 해줄 수 있다. 그렇게 하지 않는 것은 하나님이 의도하신 효과(뜻)를 성경에서 빼앗는 것과 같다. 나는 "유대인들은 선행을 통해서 구원받을 수 있다고 믿었다"를 설교 주제로 결정한 학생에게 위의 사실을 증명하려 했다. 그것은 성도들에게 "그래서 어쩌란 말인가? 그것이 나와 어떤 관련이 있는가?"라고 반문하게 만들기 때문이다.

나는 그 학생에게 본문에 등장하는 사람들과 우리의 공통점을 다루는 방식으로 요지를 작성하라고 충고하였다. 그 학생은 "그 사람들과 나 사이에는 공통점이 전혀 없습니다. 나는 행위를 통해서 구원받을 수 있다고 믿지 않아요"라고 대답하였다. 나는 "맞아! 나는 머리로는 내가 행위에 의해 구원받을 수 있다

---

[2] Jay E. Adams, *Preaching with Purpose: A Comprehensive Textbook on Biblical Preaching* (Grand Rapids: Baker, 1982), 51-52.
[3] FCF 개념에 대해서는 본서 제2장의 설명을 참고하라.

고 믿지 않지만, 그렇게 느끼고 행동할 때가 종종 있다. 나는 선한 일을 했을 때 하나님이 나를 더 사랑해줄 것이라고 믿으려 한다"라고 말하였다. 모든 사람들이 그렇다. 이런 관점에서 본다면 우리 모두가 유대인들의 주장처럼 생활하는 때가 있다. 우리 모두는 바벨탑의 흔적을 가지고 있다―타락한 본성의 결과로 우리는 자신이 만든 사다리를 타고 천국에 올라가려고 노력하고 있으며, 자신이 구원의 은혜를 받을 자격이 있다고 주장하기도 한다. 우리는 교만 때문에 우리 안에 선한 것이 전혀 없다는 사실을 인정하려 하지 않는다. 우리는 자신의 악한 상태 때문에 하나님의 은혜에 전적으로 의존해야 한다는 사실을 인정하지 못할 것이다. 이렇게 바울의 경고를 받은 유대인들과 우리가 동일한 인간성을 가지고 있음을 확인할 수 있을 때, 우리는 바울이 왜 그 본문을 기록했으며 우리가 무엇을 설교해야 하는지 알 수 있다.

설교는 다른 사람들에게 일어난 일을 지적하는 것이 아니라 우리 자신을 가리키는 것이다. 설교자는 오늘날도 현존하는 바 성경 시대에 분명히 나타났던 영적 진리의 원리들을 확인한다.[4] 그리하여 설교자는 우리의 공통된 인간성이라는 차원에서 성경이 말하고 있는 것을 발견하기 위해 자신 및 주변 사람들의 마음속을 들여다본다. 진리가 기록되었을 때와 동일한 현재의 삶에서 그 원래 의미가 이해될 때, 그 진리는 생명력을 발휘하게 된다. 어떤 점에서 볼 때 우리는 모두 다윗처럼 죄를 범하고 도마처럼 의심하며 베드로처럼 주님을 부인하며 살고 있다(고전 10:13). 그러므로 본문을 견실하게 설명하기 위해서는 단순히 본문 안에 기록된 사실들을 이야기하거나 그것들이 하나의 교리를 어떻게 옹호했는지 살펴보는 데 그쳐서는 안 된다. 본문의 의미를 완벽하게 설명하기 위해서는 본문의 FCF가 우리의 삶과 어떤 관계가 있으며 우리 삶의 어떤 측면을 이야기

---

4) Walter C. Kaiser Jr., *Toward an Exegetical Theology: Biblical Wxegis for Preaching and Teaching* (Grand Rapids: Baker, 1981), 152.

하고 있는지 확인해야 한다.

다섯째 질문이 설명과 관련된 질문이 아닌 것처럼 보일 수도 있다. 즉 성경의 진리에 어떻게 반응해야 하는지를 결정하는 것은 설명보다는 적용에 더 가까운 것처럼 보일 수도 있다. 그러나 이 질문은 설명 과정의 일부로서 반드시 생각해 보아야 하는 질문이다. 이 질문을 다루지 않는다면 설교에서 무엇을 설명해야 할지 결정할 수 없기 때문이다. 성경의 본문을 설명하는 데는 무수히 많은 방법과 가능성이 있다. 설교가 언급하는 바 타락상태에 초점을 둔 결과로서 본문이 요구하는 것을 깨달았을 때 비로소 본문을 설명에 초점을 두고 구성하고 표현하는 방법을 알 수 있다. 설명 과정에서 본문이 성도들에게 주는 의미를 결정하는 것이 본문의 문법과 역사를 연구하는 것만큼 중요하다.

이 마지막 질문들은 설교가 단순히 본문의 내용을 개략적으로 묘사하는 것이 아님을 지적해준다. 설교란 자기들이 처한 상황에 대한 하나님의 섭리나 반응에 비추어 원래 본문의 주체나 수용자였던 사람들과 우리가 공유하는 상태에 대해 응답하는 방법을 지적해주는 바 성경 안에 있는 진리의 원리들에 대한 설명이다. 설교란 궁극적으로 "이 본문이 나에게 어떤 의미가 있는가?"라는 성도들의 질문에 대한 대답이기 때문에 성도들에게 이런 의미를 최대한 보여 주는 방식으로 설명이 이루어져야 한다. 따라서 적절한 설명은 본문과 청중에 대한 정확한 이해를 필요로 한다. 본문의 의미를 정확하고 영향력 있게 설명하는 설교를 작성하려면 본문뿐만 아니라 성도들에 대해서도 연구해야 한다. 만약 성도들이 처해 있는 배경이나 상황을 파악하지 못하고 있다면 본문에 대해서 많은 진실을 이야기하여도 성도들에게 부적절하고 잘못된 의미를 전할 수 있다.[5] 설교자는 설명을 준비할 때 무엇을 말해야 하는가 하는 점뿐만 아니라 무엇을

---

5) Ian Pitt-Watson, *A Primer for Preachers* (Grand Rapids: Baker,1986), 23-24.

들려주어야 하는가에도 주의를 기울여야 한다.

2) 필수적인 네 단계

설교를 준비할 때에 네 단계를 따름으로써 설명과 관련된 중요한 질문들에 대한 대답을 마련한다. 각각의 단계는 설교자들이 본문을 해석할 때 사용해야 하는 기술을 나타낸다. 설교자들은 본문의 의미에 대한 결론을 이끌어내고 언급하는 법뿐만 아니라 본문의 내용을 관찰하여 정보를 획득하는 방법을 배워야 한다. 이 네 단계들이 논리적인 순서대로 다루어지지만, 강해설교를 준비하는 과정에서 종종 이 순서가 변하기도 하고 각각의 단계가 서로 섞이기도 한다.

(1) 관찰하기

설교자는 본문에 무엇이 있는지 살펴보기 위해서 관찰이라는 기능을 사용한다. 이 방법은 간단하다: 본문을 반복해서 읽는 것이다. 본문의 문맥을 알 수 있을 만큼 폭넓게 읽어야 한다. 중요하거나 독특한 표현을 확인할 수 있도록 주의 깊게 읽어야 한다. 사상의 흐름을 파악할 수 있을 때까지 읽으라. 모르는 단어나 이름, 장소를 찾아보고 완전히 이해할 수 있게 하라. 본문의 의미를 완벽하게 파악하지 못하더라도 본문의 내용을 잘 알게 되어야 한다. 본문을 면밀하게 깊이 관찰하는 것은 결코 피상적인 작업이 아니다. 본문을 면밀히 읽어야 한다는 주장이 지나친 것처럼 보일 수도 있지만, 이것은 아무리 강조해도 지나치지 않은 가르침이다. 스펄전Spurgeon의 충고는 위대한 통찰을 얻을 수 있기 때문이 아니라 빈번하게 무시되기 때문에 자주 인용된다: "복음에 흠뻑 젖어들라. 본문 속에 젖어들 수 있을 때 가장 훌륭한 설교를 할 수 있다는 사실을 나는 항상 느낀다. 나는 본문을 가지고 그 의미와 취지 등을 찾아내는 것을 좋아한다. 그리고 그 안에 빠져서 목욕하고 누워 있는 것이 기쁘다. 그렇게 나 자신이 흠뻑 젖어들기를 바란다."[6]

본문에 귀를 기울이고 관찰하고 그것과 씨름하여 소화시키고 그것에 흠뻑 빠져서 하나님의 호흡처럼 그것을 호흡하며 그것에 대해 기도하라. 설교자가 직면하게 될 가장 큰 위험은 본문의 세부 내용을 무시함으로써 내용 중 일부에 너무 빨리 그리고 제한적으로 초점을 두며 본문 전체를 오역하게 되는 것이다. 나는 설교를 준비할 때에 본문 중 관심이 있는 부분에만 초점을 두었기 때문에 미처 주의를 기울이지 못했던 부분을 설교하기 몇 분 전에 발견할 때가 종종 있다. 독자들은 나와 같은 끔찍한 경험을 하지 않기를 바란다.

일반적으로 본문을 철저하게 면밀히 읽으면 본문의 의미에 대해서 훌륭한 결론을 내릴 수 있다. 그러나 본문을 세밀히 연구해서 얻은 결과를 본문에 대한 첫 느낌보다 우선시 해야 한다. 본문을 철저하게 읽고 이끌어낸 결론의 타당성이 본문 연구에 의해 입증되어야 하며, 그런 연구를 통해서 세밀한 내용을 알게 되면 우리의 통찰이 더 깊고 넓어질 것이다. 그러나 때때로 깊이 연구하다 보면 처음에 내렸던 결론을 수정해야 할 때도 있다. 결국 설명을 깊이 있고 정확하게 하려면 첫인상을 겸손하게 기꺼이 수정하려는 태도, 그리고 많은 준비가 필요하다.

(2) 질문하기

설교자는 설교를 준비하는 과정 내내 설교의 목표를 염두에 둠으로써 본문에 대해 제기해야 할 핵심 질문들을 쉽게 식별하게 될 것이다. 존 스토트는 강해설교자가 자신의 목표를 분별하는 데 도움을 주기 위해 "성경을 해석한다는 것은 본문 속에 있는 것을 꺼내어 보여 주는 것이다.…강해exposition의 반대말은 '부

---

6) Charles Haddon Spurgeon, *All Round Ministry: Addresses to Ministers and Students* (Carlisle, Pa.: Banner of Truth, 1960), 124.

과' imposition, 즉 본문에 없는 것을 덧붙여서 부과하는 것이다"라고 기록했다.[7] 강단에 선 강해설교자는 두 가지 일을 간결하고 정확하게 해야 한다: 즉 본문이 의미하는 것을 말하고, 자신이 그 의미를 어떻게 알았는지 보여주어야 한다. 이 임무를 수행하려면 설교를 준비하는 동안 다음과 같은 과정을 거쳐야 한다. 먼저 본문을 읽는 단계에서 설교자들은 "본문에 무엇이 있는가?"를 묻는다. 이 질문은 좀 더 예리한 질문으로 이어진다: "그것은 무엇을 의미하는가?", 그리고 "그것이 여기에 있는 이유는 무엇인가?" 이 질문들은 종종 본문과 관련된 추가 내용들을 발견하게 만든다. 설교자들은 자신이 본문의 정보에 의해 확립된 결론을 진술해야 할 뿐만 아니라 본문이 뒷받침하는 신앙의 원리들과 권면들을 알아내야 한다는 것을 알기 때문에 이런 식으로 본문에 대해 질문한다.

강해설교자는 본문의 의미를 알고자 하는 성도들이 제기할 질문들을 예상함으로써 본문에 대한 설명을 준비한다. 대부분의 설교학 교재들은 일반적으로 사실을 파악하는 데 사용되는 육하원칙을 언급한다: 누가who, 무엇을what, 언제when, 어디서where, 왜why, 그리고 어떻게how. 그러나 이 질문들은 설교자가 발견하려는 것이 무엇인지 묘사해줄 뿐이지 그것을 획득하는 방법을 설명해 주지 않는다.

설명을 준비한다는 것은 설교자들이 본문을 해석하고 개요를 서술하고 배경을 말하며 강조점을 밝히는 것 등을 포함하는 일련의 단계를 따라 여행하는 것과 같다. 이 단계 중 어떤 것도 독립된 단계는 없으며, 한 단계가 다른 단계들(심지어 이미 앞에서 살펴보고 넘어온 이전의 단계까지도)의 발견물들을 더 밝게 비춰주는 역할을 하기도 한다. 본문의 특성, 설교의 목적, 설교자의 전문 지식이나 기술에 따라서 이 단계의 순서가 바뀔 수도 있고 적절한 지름길을 찾아

---
[7] John Stott, *Between Two Wolrds: The Art of Preaching in the Twentieth Century* (1982; reprint, Grand Rapids: Eerdmans, 1988), 125-26.

갈 수도 있다. 경험이 있는 설교자들은 무의식적으로 각자의 방식에 맞게 이 준비 단계들을 돌아다니기도 하지만, 강해설교를 하기 위해서는 각 단계의 통찰이 필요하다.

① 본문 주해(본문은 무엇을 말하고 있는가?)

본문의 의미를 알기 위해서는 단어들의 의미, 그리고 그것들이 본문에서 어떻게 사용되었는지 알아야 한다. 주해란 본문에 사용된 단어들과 구들의 정의, 문법적 특징, 문학적 특성 등을 찾아내는 과정이다. 헬라어와 히브리어에 대한 전문지식을 가진 설교자라면 아무리 훌륭한 번역본이라도 번역 성경은 원어의 뉘앙스를 완벽하게 전달할 수 없음을 알고 있기 때문에 본문을 직접 번역할 것이다. 그러나 본문 전체를 번역할 시간이나 능력이 없는 설교자라도 본서 제3장에 묘사된 언어 자료를 사용하여 정밀 주해를 행할 수 있다.

이런 정밀 주해를 통해서 설교자는 알지 못하는 단어를 찾아보고, 알고 있던 단어를 더 완벽하게 검토해볼 수 있다. 즉 단어의 배치, 시제, 구조적인 역할, 반복, 희귀성, 기능, 혹은 본문 안에서 다른 단어와의 관계 등이 본문의 의미를 결정하는 데 중요한 역할을 한다. 예를 들어 많은 사람들이 성령의 열매를 언급하는데, 여기에서 열매라는 단어가 복수형으로 사용되지 않았다는 사실이 중요하다(갈 5:22-23). 즉 문법적으로 볼 때 성령이 이 두 절에 열거된 모든 특징들을 어느 정도 발휘하심을 가리킨다. 누구도 "이 구절에 열거된 자비를 성령이 주시지 않았기 때문에 나는 자비를 베풀지 않아도 된다"라고 말할 수 없다. 왜냐하면 성령의 열매는 한 품종이다. 그 열매의 특징들의 중요성이 변할 수 있지만, 성령에게 속한 사람에게는 그 열매의 특징들 중 어느 것도 부족하지 않다. 이러한 주해 과정을 통해서 설교자는 성령의 임재를 주장하는 모든 사람들에게 자비를 요구할 수 있다.

주해에 대해 논할 때 비교comparison의 중요성이 항상 언급되지는 않지만, 특정 단어가 관련된 다른 구절에서 몇 차례 사용되었는지 다르게 사용된 방식을 비교하고, 혹은 한 단어가 다양하게 번역된 방식들을 비교해 봄으로써, 설교자가 주해의 초점을 맞춰야 할 곳이 어디인지, 번역해야 할 부분이 어디인지 알 수 있다. 설교자들은 여러 가지 번역본들을 참조할 수 있는 관주주석성경Cross- and Chain-Reference Bible, 용어색인, 주석서, 대역성경, 면밀한 관찰 기술 등을 통해서 비교 주해를 행할 수 있고, 이 비교 주해를 기초로 해서 중요한 해석적 통찰을 얻을 수 있다.

원어 주해가 중요하다고 해서 설교자가 영어 번역본의 본문을 주된 도구로 삼아 분석하는 것을 포기해서는 안 된다. 성령이 주신 은혜 중 하나는 성경에 전반적인 명료성을 부여하셨다는 점이다.[8] 원어 연구가 강해를 더 풍부하게 해주지만, 성경은 진리들을 언어의 미로 속에 감추어두려 하지 않는다. 물론 성경에 난해한 구절들이 있다. 우리는 하나님의 지혜와 지식의 풍성함이 일급 독자들의 용어로 표현되리라고 기대하지 않는다. 그러나 동시에 굶주린 사람들이 먹지 못하도록 생명의 떡을 감추어두는 것을 하나님이 기뻐하실 것이라고 기대하지도 않는다. 성경의 권위를 중시하는 학자들이 번역한 성경에서 문법, 구문, 단어들의 관계, 논리적 전개 등을 주의 깊게 연구하면 주해와 관련된 방대한 통찰들을 얻을 수 있을 것이다.[9] 헬라어와 히브리어를 20년 이상 공부한 사람만이 성경을 이해할 수 있는 것이 아니다. 하나님은 신학 학위를 받은 사람들이나 신앙에 필요한 자질을 갖춘 사람들만이 말씀을 이해할 수 있도록 만들지 않으셨다. 훌륭한 설교는 성도들로 하여금 성경의 진리가 멀리 있는 것이 아니라 그들이 이해할 수 있는 범위 안에 있다는 사실을 확신하게 만든다.

② 본문의 개요 서술하기(본문이 어떻게 조합되는가?)

---

8) Westminster Confession of Faith, 1.5.
9) 다양한 번역 성경들의 장점에 대해서는 본서 제3장을 참고하라.

강해설교자가 본문 연구의 개요를 작성하면 성경 기자의 사상이 더욱 분명하게 나타난다. 개요 서술은 본문의 사상의 흐름을 가시적으로 해석해주며, 설교자로 하여금 본문 전개의 주요 특징들을 볼 수 있게 해준다. 고려하는 본문의 분량과 본질에 따라 다음과 같은 세 가지 주석적 개요 유형들 중 어느 것이 목회자의 연구에 가장 도움이 될 것인지 결정된다.[10]

문법적 개요grammatical outline, 혹은 **문장 도해**sentence diagram는 문장 안에서 단어들의 관계를 보여준다. 주어, 동사, 목적어, 그리고 수식어 등을 파악함으로써 복잡한 사상들을 판독할 수 있고 오역을 피할 수 있다. 전형적인 문법적 개요 도해들은 원어 성경이나 영어 성경에서 표준이 되는 문법적 관례를 따라 판단한다(그림 5.1을 보라).

그림 5.1 문법적 개요의 예

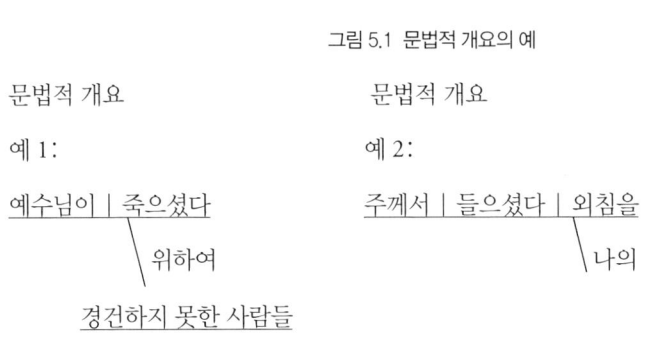

문법적 개요는 단어들의 문법적 관계를 보여줌으로써 한 문장 내에서의 사상의 전개 과정에 주목할 수 있게 하고, 때로는 특정 단어들이 서로 어떤 관련이

---

10) 처음 두 가지 유형의 개요 서술에 대해서 도움을 받고 싶다면 다음을 참고하라. Haddon Robinson, *Biblical Preaching: The Development and Delivery of Expository Messages* (Grand Rapids: Baker, 1980), 68, 216; J. Robertson McQuilkin, *Understanding and Applying the Bible* (Chicago: Moody, 1983), 108-21.

있는지 분명하게 보여준다.

역학적 분석mechanical layout은 본문 내의 모든 구절들이나 문장들의 관계를 보여준다. 문법적 도해가 문장 내에서 단어들의 관계를 보여주는 것이라면, 역학적 분석은 문장들과 구절들의 관계를 도해하는 것이다. 그래서 하나의 역학적 분석으로 본문의 주요 부분이나 본문 전체를 다룰 수 있다.

역학적 분석의 일반적인 방법은 먼저 주절(혹은 중심 사상)을 확인한 후에 그 밑에 종속절(혹은 중심 주제에 부가되는 사상)을 배치하는 것이다. 역학적 배치도를 작성할 때 지켜야 할 엄격한 규칙은 없다. 각각의 구와 개념들이 어떻게 조화를 이루는지 알아볼 수 있는 방식으로 배치하면 된다. 보통 중심 사상은 왼쪽에 나열하는데, 이때 주절과의 관계를 나타내기 위해서 종속적인 구와 접속사들은 약간 들어가게 배치한다(그림 5.2, 5.3를 보라).

도표 5.2 딤후 4:1-2의 전통적인 역학적 분석

(1절)　앞에서(In the presence of)
　　　　하나님(God)
　　　　과(and)
　　　　그리스도 예수(Christ Jesus)
　　　　　　　　심판하실(who will judge)
　　　　　　　　　　산 자(the living)
　　　　　　　　　　와(and)
　　　　　　　　　　죽은 자를(the dead)
　　　　그리고(and)
　　　　그가 나타나실 것을 두고(in view of his appearing)
　　　　엄히 명하노니:(I give you this charge)
(2절)　말씀을 전파하라(Preach the Word)
　　　　항상 힘쓰라(be prepared)
　　　　　　때를 얻든지(in season)
　　　　　　그리고(and)
　　　　　　못 얻든지(out of season)

경책하며 경계하며 권하라(correct, rebuke, and encourage)
　　범사에 오래 참음(with great patience)
과(and)
가르침으로(careful instruction)

도표 5.3 딤후 4:2의 역학적 분석 대안

항상 힘쓰라 → (말씀을 전파하라) → 경책하며 경계하며 권하라
때를 얻든지　　　　　　　　　　　범사에 오래 참음과
못 얻든지　　　　　　　　　　　　가르침으로

역학적 분석은 문법적 도해보다 언어학적인 지식이 덜 요구되지만, 설교자는 한 구절의 구조에 대해 질문하고 본문의 사상이 어떻게 전개되는지 결정해야 한다. 맥퀼킨J. Robertson McQuilkin은 "설교자가 역학적 분석을 통해 문장과 문단의 각 부분을 실제로 연구해 보기 전까지는 본문의 사상적 흐름을 이해했다고 단정 짓지 못할 것이다"[11]라고 말하였다.

개요를 서술하는 방법들을 구분할 필요는 없다. 어떤 설교자는 긴 본문에는 역학적 분석을 적용하고, 본문 내의 특별히 복잡한 문장을 다룰 때에는 문법적 도해를 적용한다. 역학적 분석은 문법적으로 더 세밀한 연구가 필요한 부분이 어디인지 알려주는 데 도움이 된다. 역학적 분석은 긴 강해 단위(본문)에 적용하고, 문법적 분석은 더 세밀하게 분석할 때 도움이 된다. 그러나 강해 단위가 매우 길 때는 이 대안들이 도움이 되지 않을 수 있다.

개념적 도해conceptual outline는 많은 절이나 여러 장으로 이루어진 본문을 다루는 설교를 준비할 때 도움이 된다. 설교자가 이야기나 긴 성경 구절을 분석해야 할 때 본문의 광범위한 부분들을 파악하는 도해 작성이 설교 준비에 많은 도움이

---

11) McQuilkin, *Understanding and Applying the Bible*, 116.

될 것이다. 다시 말하지만 그렇게 도해하는 데는 여러 가지 방법이 있다. 도해의 목표는 종속되는 사상들을 주된 사상 아래 배치하는 것이다. 그러나 개념적 도해에서는 사상(혹은 본문에서 취한 정확한 구절들보다는 그것들이 나타내는 인물이나 사건)이 주해의 개요를 형성한다.[12] 개념적인 도해를 작성할 때 여러 문장을 한 문장으로 요약할 수 있다.

사무엘하 11장-12장 23절

1. 다윗의 불순종
   - (1) 간음(11:1-5)
   - (2) 살인(11:6-26)
2. 하나님이 죄를 깨닫게 하심
   - (1) 선지자의 말씀을 보내심(12:1-6)
   - (2) 왕의 죄를 밝힘(12:7-12)
   - (3) 왕이 받을 심판을 명시함(12:11-12, 14)
3. 다윗의 회개
   - (1) 죄를 고백함(12:13)
   - (2) 비통해 함(12:15-17)
   - (3) 징계를 받아들임(12:18-23)
   - (4) 다시 순종함(12:20)

이 세 가지 형태의 도해는 본문의 길이 및 본문에 대해 제기하는 설교자의 질문에 따라서 각기 장점을 지닌다. 강해 단위가 클수록, 두 번째나 세 번째 형태의 도해가 장점이 더 많다. 그러나 설교를 준비할 때 여러 가지 방법의 도움을 받을 수 있다. 강해 단위가 큰 본문을 도해할 때는 본문을 직접 인용하기보다는 저자의 사상을 다른 말로 바꾸어 쉽게 표현하라. 이런 경우 설교자가 본문의 내

---

12) 때때로 서신의 한 단락에 드러난 성경 기자의 사상의 본질이 설교자로 하여금 본문에 사용된 주요 사상 및 뒷받침해주는 개념들을 확인하게 해줄 때 개념적 개요가 효과적으로 작용할 수 있다.

용 묘사에 덧붙여 도해를 작성할 때 해석에 관한 결정을 내리는 것이 설교 작성에 크게 도움이 된다.

설교를 준비하고 연구하면서 발견하거나 깨달은 식견들을 기록하기 위해서 도해 주변의 빈 공간을 이용하는 것도 중요하다. 식견을 기록할 때는 그것을 깨닫게 된 본문 옆 공간에 기록하는 것이 좋다. 또 도해 도표 안에 각각의 절을 숫자로 표시해 두면 기록하기가 더 쉬울 뿐만 아니라 나중에 설교자가 설교 내용을 구성할 때 이 도표에서 정보를 재빨리 찾을 수 있다.

③ 본문의 배경 설명하기(본문의 위치는 어디인가?)

설교자들은 본문을 세심하게 읽고 주해하고 도해하는 과정에서 자연히 친숙하지 않은 단어, 인물, 인용문, 사건, 장소 등을 찾아보게 된다. 그러나 설교자가 본문의 배경을 파악하지 못한다면 본문과 관련된 질문을 완벽하게 마쳤다고 할 수 없다. 본문의 배경을 알아낸다는 것은 성경 본문을 역사적, 논리적-교리적, 그리고 문학적인 배경에 두는 것이다. 이 준비 단계의 목표는 성경 본문을 문맥 안에서 해석하도록 하기 위한 것이다. 문맥과 관련된 문제를 본서 제3장에서 다루었으므로, 여기에서는 설명을 준비하는 과정에서 문맥에 대한 연구가 필요하다는 점을 강조하는 것으로 그치려 한다.

설교자는 본문을 기록하게 만들었거나 그 당시 주위에서 일어났던 사건들, 문화, 관심사 등에 대해 읽고 연구함으로써 본문의 역사적 배경historical context을 이해할 수 있다.[13] 설교자가 역사적 배경을 이해하려면 하나님의 대속 계획의 전개에서 그 구절이 기록된 장소 및 시대의 사건 연표, 인물 전기, 문화의 세부 내용 등을 찾아보아야 한다. 또한 설교자가 본문 및 관련된 성경 구절에서 성경 기자의 논거나 관심사의 전개과정을 파악할 수 있을 만큼 폭넓게 읽고 고찰

---

13) Daniel M. Doriani, *Getting the Message: A Plan for Interpreting and Applying the Bible* (Phillipsburg, N.J.: Presbyterian and Reformed, 1996), 29-42.

한다면 하나님의 직접적인 진술이나 상호 관계에 의해 표현되고 있는 진리들을 통해서 본문의 논리적인 배경logical context도 이해할 수 있을 것이다. 본문의 전후 구절, 문학 형식(혹은 문학 장르), 본문의 의도된 용도, 서술 방식, 성경 전체나 한 권 안에서의 본문의 역할, 수사적 표현, 유사한 구절, 다른 구절의 모방이나 인용문들, 혹은 수사학적인 형태를 연구함으로써 본문의 문학적 배경literary context을 이해할 수 있다.[14]

본문의 배경을 설명하는 단계 또한 다른 준비 단계와 분리될 수 없다. 설교자들은 본문의 문맥을 조사하면서 이미 배경에 관한 정보를 얻기 시작하며, 또 본문의 세부 내용을 연구하면서 본문의 역할에 관한 정보를 얻을 수 있다. 이렇게 본문을 해석하면서 사용하는 방법뿐만 아니라 주석성경, 주석서, 성경 핸드북, 성경 사전, 성경 백과사전 등을 이용해서도 본문의 배경을 파악할 수 있다. 최근 구속사나 교리적 발달이라는 맥락에서 특정 본문이 어디에 적합한지 드러내는 것을 강조하는 서적들이 많다.[15] 대부분의 설교자들은 본문의 배경에 관한

---

14) Leland Ryken, *Words of Life: A Literary Introduction to the New Testament* (Grand Rapids: Baker, 1987), 21ff., 29-42.

15) Edmund P. Plowney, *Preaching Christ in All of Scripture* (Wheaton: Crossway, 2003); idem, *The Unfolding Mystery: Discovering Christ in the Old Testament* (Phillipsburg, N.J.: Presbyterian & Reformed, 1988); Ian M. Duguid, *Hero of Heroes: Seeing Christ in the Beatitudes* (Phillipsburg, N.J.: Presbyterian & Reformed, 2001); idem, *Living in the Gap between Promise and Reality: The Gospel according to Abraham* (Phillipsburg, N.J.: Presbyterian & Reformed, 1999); Raymond B. Dillard, *Faith in the Face of Apostasy: The Gospel accroding to Elijah and Elisha* (Phillipsburg, N.J.: Presbyterian & Reformed, 1999); Greme Goldsworthy, *Gospel and Kingdom: A Christian Interpetation of the Old Testament* (Carlisle, U.K.: Paternoster, 1994); idem, *Preaching the Whole Bible as Christian Scripture* (Grand Rapids: Eerdmans, 2000); Sidney Greidanus, *Preaching Christ from the Old Testament* (Grand Rapids: Eerdmans, 1999); Dennis E. Johnson, *The Message of Acts in the History of Redemption* (Phillipsburg, N.J.: Presbyterian & Reformed, 1997); Van S. Poythress, *God-Centered Biblical Interpretation* (Phillipsburg, N.J.: Presbyterian & Reformed, 1999); idem, *The Shadow of Christ in the Law of Moses* (Phillipsburg, N.J.: Presbyterian & Reformed, 1991); C. Trimp, *Preaching and the History of Salvation: Continuing a s Unfinished Discussion*, trans. Nelson D. Kloosterman

중요한 사항을 도해 안의 빈 공간이나 다른 종이에 기록하여 설교를 작성할 때 손쉽게 이용할 수 있게 한다.

(3) 관련짓기

본문의 문법, 사상의 흐름, 배경 등에 관한 정보를 수집했다고 해서 설교 준비가 완성된 것이 아니다. 설교자들은 이런 정보들이 성도들에게 미칠 영향을 생각할 때 비로소 설명들을 구성하는 방법 및 자신이 발견한 사실들을 의미있게 진술하는 방법을 결정할 수 있다. 훌륭한 설교자들은 본문을 연구하는 동안 항상 성도들의 입장에서 질문한다: 이 설교를 들어야 할 사람은 누구인가? 무엇이 이것을 충분히 이해되게 할 것인가? 우리가 직면하고 있는 상황 중에서 성경의 상황과 유사한 것은 무엇인가? 우리와 성경의 인물들의 닮은 점은 무엇인가? 설교자는 이런 질문들을 함으로써 설명할 때 어느 부분을 강조해야 할지 결정할 수 있다.

이런 질문들이 설명보다는 적용과 관련된 것처럼 보일 수 있겠지만, 설명을 완벽하게 하기 위해서는 이 단계에서 이런 질문들을 해보아야 한다. 제리 바인즈Jerry Vines는 다음과 같이 설명한다:

> 나는 성경 본문을 연구할 때 특정 성도들의 입장에서 생각해 보는 것이 매우 유익하다는 사실을 깨달았다. 나는 항상 "이 본문이 존 스미스에게, 팜 존스에게, 혹은 빌리 포스터에게 어떤 의미가 있는가" 라고 스스로에게 질문한다. 알렉산더 맥클라렌Alexander Maclaren은 혼Horne이 제시한 하나의 유

(Scarsdale, N.Y.: Westminster Discount Book Service, 1996); Gerard Van Groningen, *Messianic Revelation in the Old Testament* (Grand Rapids: Baker, 1990); Michael J. Williams, *The Prophet and His Message: Reading Old Testament Prophecy Today* (Phillipsburg, N.J.: Presbyterian & Reformed, 2003).

익한 습관을 본받아 실천했다. 즉 맥클라렌은 설교 준비를 하면서 성경을 연구할 때면 책상 맞은편에 빈 의자를 놓아두고 그 의자에 누군가가 앉아 있다고 상상했다. 그리고 가상의 상대방과 계속 대화했다. 이런 습관은 설교자가 항상 실제의 인물들을 위해 설교를 준비하고 있음을 의식하는 데 도움이 될 것이다.[16]

이 최고의 복음주의 설교자들이 성경 연구를 마친 후에 성도들에 대해서 생각하기 시작한 것이 아님에 주목해야 한다. 추상적으로 준비된 설명은 무의미하다. 설교에 사용되는 각각의 단어와 진술이 성경의 진리를 삶에 적용해야 하는 사람들의 관심사와 밀접하게 관련될 때 비로소 설명이 설교로서의 형식과 힘을 지닌다.

설교자가 주해하는 목표는 성경 본문이 확립한 보편적 진리들을 성도들을 위해 (일반적으로 주요 요점과 보조 요점들로) 진술하려는 데 있다. 여기에 부수되는 설명은 이러한 진리의 요점들을 뒷받침해주며, 이것은 예증과 적용에 의해 촉진된다. 물론 현대의 관심사들 때문에 설교자의 해석이 흔들릴 위험도 있다. 그러므로 설교자는 성도들이 처한 상황이나 감수성을 고려하여 본문의 진리를 유화시키거나 변조하려는 유혹을 경계해야 한다. 설교자는 성도들이 주는 압박을 고려하여 성경의 진리를 포기하고픈 유혹에 굴복하지 말아야 하며, 설교를 준비할 때 성도들의 입장에서 고려해보지 않았던 말이나 결론을 전함으로써 성경의 진리를 헛되게 만들지 않도록 주의해야 한다.

본문의 인간적인 배경과 설득력 있는 초점을 파악함으로써 설명 자료를 오늘날 성도들이 직면하는 유사한 관심사와 연결짓고, 설교의 구성 방향을 결정할 수 있다. 만일 본문에 대한 설명들을 회중의 관심사와 연결하지 못한다면, 오직

---

[16] Jerry Vines, *A Practical Guide to Sermon Prepation* (Chicago: Moody, 1985), 98.

시간적인 제약과 설교자의 개인적 관심사에 따라 많은 설명 자료들을 그러모을 것이다. 그러나 이것들보다는 청중이 들을 수 있도록 자료들을 설명하려는 마음이 더 거룩하다 할 수 있다.

(4) 구성하기

다음 장에서 설교 개요 작성에 대해 상세히 다루겠지만, 설교자에게는 설교 준비를 원활하게 하기 위한 연구의 일반적인 원리들이 필요하다는 점에 주목해야 한다. 강해설교자는 본문 전체를 효율적으로 설명해야 한다. 이를 위해서 설명 자료를 배치해야 하며, 본문의 범위를 철저히 검토해야 하고, 부수적인 사실들을 중심 내용에 종속시켜야 한다.

① 순서와 차례

본문과 관련하여 수집한 자료를 논리적인 순서로 배열하는 것이 일반적인 첫 단계이다. 본문의 주석적 개요가 설교자가 설명을 제시하는 순서를 자동적으로 결정해주지 못하는 이유를 알아야 한다: (1) 본문의 주해와 관련된 도해는 해당 본문에 대해서만 묘사할 뿐이지 본문의 문맥이나 배경에 관한 정보를 포함하지 않는다. 본문을 정확하고 완벽하게 설명하려면 본문에서 제공되지 않은 것들, 즉 해당 본문에서 벗어난 성경 인물의 전기, 유사한 본문에서 사용된 특정 단어의 용법, 한 사도의 과거의 논거, 본문이 지닌 다른 여러 특징 등에 관심을 기울여야 한다. (2) 주석적 개요는 설교자가 특정 회중이 직면하고 있는 문제나 관심사를 고려하여 본문의 다양한 구성 요소를 강조해야 한다고 지적하지 않는다. 설교자는 주석적 개요가 제공하지 않는 이러한 특징들과 관심사들을 설교에 포함시켜야 한다. 따라서 훌륭한 설교를 작성하기 위해서는 주석적 개요를 통해서 얻은 통찰들, 본문의 배경, 본문에 대한 성도들의 지식 수준 등을 고려해서 설교 전체의 윤곽을 그려야 한다. 주석적 개요와 설교 개요가 서로 밀접한 관계가 있지만 두 가지가 같은 것은 아니다. 주석적 개요는 본문의 내용을 나타내는 것이고, 설교 개요는 본문의 의미를 성도들에게 가장 잘 전달할 수 있는 방법을 나타내는 것이다.

설교의 주요 요점으로 진술된 믿음과 삶의 원리들이 본문의 세부 내용들에 의해 입증된다는 것, 그리고 본문의 상황이 오늘 우리의 상황과 유사하므로 그 원리들을 우리의 삶에 적용할 수 있음을 증명하고 입증할 때 본문 묘사 단계에서 설교 구성으로 이동한다. 따라서 주석적 개요를 설교의 개요로 전환하려면 본문과 회중을 분석해야 한다. 강해설교에서 설교 개요는 문맥상 본문의 특징들로부터 이끌어낸 원리들로 표현되고 그것들에 의해 뒷받침된다. 설교자는 본문이 이 원리들을 뒷받침한다는 것을 증명한 후에 그 원리들을 청중의 현재 상황에 적용한다. 설교자가 본문이 강해의 원리들을 어떻게 뒷받침하는지 증명함으로써 동시에 그 원리들이 본문의 의미를 어떻게 설명하는지 자동적으로 보여 준다는 점에 유의해야 한다.

가장 일반적이고 유익한 강해 방법은 본문에 제시된 순서대로 사상들을 설명해 나가는 것이다. 그러나 여러 가지 이유 때문에 예외가 발생할 수 있다. 때로 본문 내의 사상의 배열 순서 때문에 배경에 관한 정보를 효과적으로 소개하지 못하기도 한다. 예를 들면 어느 서신의 핵심 단어나 이야기 안에 포함된 한 편 대화가 본문에 여러 번 등장할 경우에 설교자는 본문을 철저히 고찰함으로써 어구상의 관계를 설명해야 할 것이다. 본문의 기록 양식이 설교의 적절한 구두 전달 매체가 되지 못할 수도 있다. 히브리 시에서 하나의 본문 안에 후렴이 여러 차례 반복하여 등장할 수 있다(예를 들면 "그의 인자하심이 영원함이로다"). 또 어느 사도가 10개의 절에서 다른 사상을 삽입하여 제시한 후에 원래의 사상으로 돌아가는 경우도 있다. 성경의 이러한 구성 양식들은 그 본래의 목적에 적합한 것이지만 본문의 진리를 전달하기 위해 항상 정확히 동일한 순서로 제시할 필요는 없다. 강해설교의 임무가 본문의 진리를 성도들에게 보여주는 것이지만 본문의 형식(순서)까지 그대로 따라야 하는 것은 아니다.

본문의 순서를 엄격하게 따름으로써 본문의 진리를 잘못 전달할 수도 있다.[17] 예를 들어 성경 기자가 중요한 것들을 먼저 말한 후에 상세하게 전개하는 일이 빈번하다(예를 들면 엡 1장; 히 1장). 그러나 일반적으로 청중은 설교자가 마지막에 한 말을 가장 중요하게 여긴다. 그러므로 성경 기자가 강조하려는 진리를 정확하게 전달하려면, 성경 기자가 마지막 부분에 쓴 내용을 설교 초기 단계에서 이야기해야 할 수도 있다. 성경의 일부 주요 부분을 적절하게 설명하기 위해서 성경에 기록된 순서를 따르지 말아야 할 수도 있다. 설교자가 욥기의 마지막 부분에서 주는 교훈들에 대한 고찰 없이 제시할 경우에 분명히 욥의 친구들의 초기 발언들이 현대인들에게 잘못된 사상을 전달할 것이다.

또한 어떤 본문은 읽을 때에는 이해하기 쉽지만 들을 때에는 이해하기 어려운 양식으로 기록되어 있다.[18] 예를 들어 일부 시편들은 각 절이 히브리 알파벳 문자로 시작되도록 기록되어 있다. 그런 경우에 설교자는 바르게 판단하여 현대인들이 성경 기자의 사상을 파악할 수 있도록 내용을 재구성해야 한다. 로빈슨Haddon Robinson은 다음과 같이 말하였다:

> 본문에서의 사상들의 배열이 설교의 개요 과정에서 수정되어야 할 때가 종종 있다. 성경 기자는 설교자의 청중을 염두에 두고 성경을 기록한 것이 아니다. 그가 귀납적인 순서를 따랐을 수도 있지만, 강해자는 그 대상이 청중이므로 연역적인 방법을 따라야 할 것이다. 따라서 시나 우화, 설화보다는 서신서를 본문으로 삼을 때 설교 전체의 개요 작성이 더 쉬워진다. 설

---

17) Adams, *Preaching with Purpose*, 56-58.
18) Sidney Greidanus, *The Modern Preacher and the Ancient Text: Interpreting and Preaching Biblical Literature* (Grand Rapids: Eerdmans, 1988), 19.

교자가 본문을 전달하는 방식을 융통성 있게 조종하지 않는다면, 어떤 본문의 목적을 청중에게 제대로 전달하지 못할 것이다.[19]

그러나 본문의 순서대로 설명하는 것의 장점들도 있다. 즉 본문의 순서는 성경 기자의 사상의 양식을 반영하는 경향이 있고, 청중은 본문의 순서대로 작성된 설교 구조를 보다 쉽게 따라갈 수 있다. 본문의 순서를 따르는 설교는 설교자의 설명에 신빙성과 권위를 부여해줄 수 있고, 청중에게는 자신이 본문을 쉽게 읽을 수 있다는 확신을 줄 수 있다. 이러한 장점들 때문에 본문을 설명할 때 본문의 순서를 따르는 것이 가장 보편적이고 훌륭한 태도이다. 그러나 본문의 양식을 그대로 따름으로써 설교의 구성이 지나치게 복잡해지거나 본문의 핵심 사상을 놓치거나 본문의 목적을 잘못 전달하는 역효과를 낳을 수도 있다.

본문의 양식이 성경 기자가 전하려 했던 진리를 크게 좌우할수록, 강해설교자가 청중으로 하여금 그 양식을 의식하게 해야 할 의무가 커진다. 그러나 강해설교자의 더 큰 임무는 본문의 문장이나 구절의 순서를 그대로 따르기보다 청중으로 하여금 본문의 진리를 이해하고 적용할 수 있게 해주는 데 있다.

② 본문의 내용 규명 및 그 범위

강해설교자는 본문의 범위를 모두 다루어야 한다. 강해설교자는 설명의 주요 요점들과 종속 요점들의 기초를 본문에 두어야 하며 본문의 중요한 부분들을 생략해서는 안 된다.[20] 분명한 주석적 개요는 설교자가 설교 개요를 작성하기 위해 탐구해야 할 자료를 지적해주며, 또한 설교자가 무심코 본문의 중요한 부분을 간과하고 있지 않는지 파악하게 해준다.

---

19) Haddon Robinson, *Biblical Preaching*, 132.
20) David L. Larsen, *The Anatomy of Preaching: Identifying the Issues in Preaching Today* (Grand Rapids: Baker, 1989), 32. Robert G. Rayburn은 강해설교에 관한 미완성의 책과 개인적인 강의 노트에서 두 가지를 뚜렷하게 구분하였다.

설교자가 주석적 개요의 특징들을 모두 파악하고 그 진리를 설교 개요에 적용해야 비로소 본문이 철저히 규명되었다고 할 수 있다. 본문을 철저히 규명하는 것이 본문 전체를 다루어야 하는 강해설교의 특징이다.[21] 강해설교의 이러한 특징이 설교자가 본문에 담긴 진리를 샅샅이 다루어야 한다는 것을 의미하는 것은 아니다. 그보다는 설교자가 본문의 중요 부분들을 모두 설명했음을 가리킨다. 강해설교자는 은연 중에 청중에게 "내가 이 본문이 무엇을 의미하는지 말하겠습니다"라고 말한다. 이때 본문의 영역을 다 다루지 못한다면, 본문의 내용을 설명해야 하는 임무를 감당하지 못한 것이다.[22]

그러나 본문의 내용을 모두 상세하게 다루어야 하는 것은 아니다. 본문의 영역을 다 다루기 위해서 설교자는 본문 중의 어떤 구절은 상세히 검토하는 반면에 다른 구절들은 함께 모아서 살펴볼 수도 있다. 예를 들어 세 구절에 대해서 대충 언급하고 한 단어에 대해서 10분 동안 언급할 경우도 있을 것이다. 설교의 FCF, 그리고 본문의 다른 부분들의 상대적 명확성이 설교자가 자료를 구성하는 방법 결정에 영향을 미친다. 그러나 설교자는 어떤 식으로든 반드시 본문 전체를 다루어야 한다. 즉 성도들이 의문을 제기하거나 문제를 일으킬 만한 내용을 소홀히 하지 않도록 특별히 관심을 기울여야 한다. 성도들이 본문 전체를 합리적으로 이해하고 돌아갈 수 있도록 배려해야 한다.

설교자는 자신의 판단력과 설교자로서의 경험, 그리고 성도들의 감수성 등

---

21) Rayburn이 강해설교 강의에서 이 용어를 대중화시켰지만, 실제로 이 용어는 Broadus의 *On the Preparation and Delivery of Sermons* (114-15)에서 시작되었다. 브로더스는 이 용어를 본문 자체보다는 설교에서 제시된 주제와 관련해서 사용하였다.

22) 본문의 영역을 다 다루었는지 점검하는 방법은 설교 중에 본문 구절들을 모두 언급했는지 살펴보는 것이다. 본문 이야기의 전개를 결정하는 주요 인물들과 사건들을 언급했는지 점검하는 것도 한 가지 방법이다. 그러나 이 과정들 모두 본문을 설명하기 위해서 필요한 모든 것들을 설교자가 다 다루었다고 보증해 줄 수는 없다. 단지 설교자 자신만이 본문 전체를 겉핥기식으로 지나가지 않았다는 사실을 확신할 수 있을 뿐이다.

을 고려해서 무엇을 얼마나 설명해야 하는지 판단할 수 있다. 그러나 이런 판단력이 성숙해지기 전까지는 본문의 주석적 개요가 설교 준비를 점검하는 건전한 방법이 될 것이다. 주석적 개요 작성을 통해 드러나는 단어들과 사상들의 관계에 의해 본문의 중심 사상이 무엇이며 주목해야 할 부분이 어디인지 결정할 수 있다.

③ 강조해야 할 것과 가볍게 넘어가야 할 것

설교자들은 본문의 내용이나 본문에 대한 자신의 식견을 모두 이야기할 시간이 없기 때문에 특정 사상을 강조하고 나머지는 가볍게 다루어야 한다.[23] 이때 설교자는 설교의 FCF에 관해서 본문의 가르침을 가장 잘 나타내줄 것을 기초로 하여 내용을 선택해야 한다. 스토트는 다음과 같이 기록하였다:

> 설교자는 부적절한 것을 가차없이 버려야 한다. 이것이 말만큼 쉬운 일은 아니다. 설교자가 묵상하는 동안 떠오르는 많은 복된 생각과 번뜩이는 생각들을 충실하게 기록했을 것이다. 어떻게 해서든지 그것들을 모두 말하고 싶은 유혹을 느낄 것이다. 이러한 유혹을 물리쳐라. 부적절한 내용은 설교의 효력을 약화시킬 뿐이다. 그것들을 이야기할 수 있는 기회가 곧 올 것이다. 그때까지 그것들을 담아 두는 정신적인 힘이 필요하다. 중심 주제에 부수적인 내용이 종속되도록 해야 한다. 즉 부수적인 내용이 중심 사상을 밝혀주고 그 의미를 강력하게 뒷받침해 줄 수 있도록 해야 한다.[24]

설교의 개요는 강조해야 할 부분과 그렇지 않은 부분에 대한 설교자의 판단을 반영한다. 설교자는 FCF를 언급하는 것이 무엇인지 제시하고, 권면을 강화해주는 내용을 증가시키고, 해석을 모호하게 만들거나 설명을 불분명하게 만드

---

23) Arndt L. Halverson, *Authentic Preaching* (Minneapolis: Augsburg, 1982), 179.
24) Stott, *Between Two Worlds*, 228.

는 내용은 제거해야 한다.

경험에 비추어 볼 때 강해자는 자신의 주제를 분명하게 부각시키는 내용을 설명하며, 그 주제를 증명하는 데 필요한 것도 설명해야 한다. 자신의 사상을 가능한 한 많이 구체화시키는 것이 좋다. 너무 긴 내용은 나누고, 너무 많은 것은 몇 개의 그룹으로 분류하라. 복잡한 내용을 단순화하라(그러나 단순한 내용을 복잡하게 만들어서는 안 된다). 불분명한 것은 분명하게 설명하라. 그런 후에 성경에 근거한 가르침이 가능한 한 분명하고 오래 기억될 수 있도록 전체 내용을 구성하라.[25]

3. 내용 제시의 핵심

설교자가 설명을 준비했다고 해서 그 내용을 성도들에게 제시할 준비를 다 갖춘 것은 아니다. 내용이 너무 방대하고 복잡하면 혼동과 정체 상태에 빠질 수 있다. 설교자가 준비한 내용을 청중에게 제시하는 방법이 많지만, 일반적으로 설교자들은 다음의 세 단계를 따를 때 확실한 토대 위에 선다:

1. 진리를 진술한다.
2. 진리의 근원을 제시한다.
3. 진리를 증명한다.

설교자는 본문이 입증하는 진리를 (하나의 주요 요점이나 종속 진술로) 진술

---

[25] 본서 제6장에서 설교 개요의 구조와 과정에 대해서 상세하게 설명한다.

하고, 본문에서 그 진리의 근원이 되는 부분을 밝히고, 본문이 그 진리를 어떻게 보증하는지 증명함으로써 자신이 본문을 연구하면서 발견한 것들을 매우 이해하기 쉬운 형태로 제시할 수 있다. 이 단계들은 설명을 구성하는 요소들을 사상적으로 구분하는 것이 메시지의 주요 개요를 이룬다고 가정한다. 즉 설교자는 본문의 의미라고 여기는 것을 핵심 진술(대지)과 종속 진술들을 통해서 요약한다. 예증과 적용이 이 진술들을 뒷받침하고 발전시키지만 이것들은 공식적 개요의 주요 구분이 되지 못한다.[26]

진리의 진술-근원 제시-증명이라는 이 세 단계의 순서는 바뀔 수 있다. 종종 설교자는 먼저 진리를 증명한 후에 그것을 공식적으로 진술하기를 원하기도 한다. 또 때로는 진리를 충분히 설명한 후에 본문에서 그 진리에 대한 진술을 지지하는 곳을 지적하는 편이 유리할 수도 있다. 강해설교자는 이 세 단계를 모두 취해야 하지만 그것들의 순서는 중요하지 않다. 물론 설교를 구성하는 다른 방법들이 있지만 진술-근원 제시-증명이라는 이 형식이 강해설교를 구성하는 가장 자연스러운 방법이며, 설교학을 공부하고 있는 많은 사람들이 전형적으로 사용하는 방법이다.

1) 진리 진술 및 그 근원 제시

내용을 제시하는 가장 전형적인 방식을 택한다면, 먼저 본문의 의미를 진술하게 된다. 이처럼 본문이 뒷받침하는 진리의 원리에 대한 진술이 요점(대지)이거나 소지일 것이다. 그 다음에 본문 중에서 그 진리를 이끌어낸 곳이 어디인지를 밝힌다. 만약 설교자가 성경 중에 교훈적인 부분(서신서, 예언서, 잠언, 혹

---

26) 예증이 "그리스도의 오심을 예비하라"는 대지를 분명하게 설명해줄 수 있지만 예증 자체는 대지가 아니다. 이 점에 대해서는 다음을 참조하라. Hugh Litchfield, "Outlining the Sermon," in *Handbook of Contemporary Preaching*, ed. Michael Duduit (Nashville: Broadman, 1992), 173.

은 시편)을 본문으로 삼아 설교한다면, 아마도 "성경 본문 6절을 통해서 이 진리가 분명하다는 사실을 알 수 있다"라고 하든지, 아니면 더욱 간단하게 "이것에 대해서 바울이 말한 것을 9절에서 찾아보라"고 말할 것이다. 그 다음에 자신의 진술을 뒷받침해줄 성경 구절을 읽는다. 이렇게 성도들로 하여금 성경 본문을 대면하게 함으로써 설교자의 말이 권위를 갖게 되며, 설교자의 말이 개인의 의견이 아닌 하나님의 말씀을 반영하고 있음을 확인시켜줄 수 있다.

때때로 설교자가 이끌어낸 진리가 한 구절이 아닌 여러 구절이든지 본문의 문맥을 기초로 한 것일 수도 있다. 이런 경우에 설교자의 결론을 뒷받침해주는 구절을 결정할 때 매우 신중해야 한다. "본문 9절부터 12절까지, 그리고 16절부터 36절까지에서 예수님의 모습이 얼마나 슬픈지 생각해 보라"고 말하는 것은 적절하지 않다. 설교자가 말한 내용을 확인해 보기 위해서 설교 도중에 그렇게 많은 구절을 읽어볼 사람은 없을 것이다. 설교자는 여러 절을 요약해서 "2절부터 4절까지는 베드로가 쓴 영광송이다"라고 말할 수 있다. 혹은 "기쁨이라는 단어가 3절에서 세 번, 6절에서 두 번 이상 등장한다"라고 말함으로써 여러 절에서 반복적으로 나타나는 특징을 지적할 수 있다.

설교 본문이 이야기일 경우에는 설교자의 진술을 뒷받침하기 위해서 정확한 구절을 인용할 필요가 없을 수도 있다. 성경에서 이미 읽어서 잘 알고 있는 사건에 기초를 두고 설교의 결론을 내는 경우가 종종 있는데, 이때 성도들이 본문의 이야기를 선명하게 기억하고 있기 때문에 그들에게 본문의 구절을 확인시켜 줄 필요가 없다. 만약 골리앗이 넘어졌다는 사실을 성도들이 모두 알고 있다면, "골리앗이 넘어졌다는 사실이 49절에 기록되어 있다"라고 말할 필요가 없다. 그러나 본문의 구절을 정확하게 인용하는 것이 설명에 도움이 된다면, 그 구절을 계속 인용해야 한다. 그 목표는 성경의 권위로 설교자의 진술을 뒷받침하는 것이다. 본문을 읽음으로써, 또는 기억함으로써 설교자의 진술이 확인될 수 있다면, 목표는 달성된 것이다.

2) 증명하기

설교자가 진리를 진술하고 본문 속에서 그 진리를 뒷받침하는 부분을 확인했다면, 설교자가 본문의 의미로 제시한 것이 곧 본문의 의미임을 증명해야 한다. 이 시점에서 일반적인 설교학 교재들은 설교자들이 자신의 결론의 성경적 기초를 확립하기 위해 채택할 수 있는 많은 논증과 형식적인 증거를 제시한다. 그러나 이런 증명에 들어가기 전에 먼저 성경이 원래 서민들의 언어로 쓰였다는 사실과 성경의 진리 대부분이 평범한 견해라는 사실을 기억할 때 성경이 가장 잘 해석될 수 있다는 점을 기억해야 한다. 훌륭한 강해설교자의 설교를 주의 깊게 들어보면, 그들 대부분이 본문의 의미를 서술한 다음에 자신의 진술을 뒷받침하는 본문의 성경 구절을 반복하거나 고쳐 말함으로써 그 진리를 입증한다는 사실을 알게 된다.

(1) 재진술restatement

성경 구절을 그대로 인용하거나 더 분명한 형태로 바꾸어 말함으로써 자신의 결론이 진리임을 입증할 수 있다면, 거기서 설명은 끝난다. "항상 기도하고 낙심하지 말아야 한다"(눅 18:1)라는 것은 포기하지 않고 끝까지 기도해야 함을 의미한다. 설교자가 "이 구절은 우리가 계속 기도해야 한다는 것을 의미합니다"라고 말할 수 있을 것이다. 그러나 그 구절 자체로 의미가 분명하기 때문에 설교자가 그 구절을 반복하거나 고쳐서 표현하여 설명하지 않아도 의미가 분명하다. 설교학 교과서에서는 필요한 설명의 형식들에 대한 논의에 치중하지만, 강해설교자는 설명할 때 주로 본문을 재진술하는 데 치중한다. 설교자는 본문의 의미를 밝혀주는 진리의 원리를 서술한 후에 그 증거로서 진술을 뒷받침해주는 성경 구절을 인용한다.

재진술이란 집중과 반복의 원리를 이용해서 요점을 밝히는 것이다. 설교자가 본문 중 자신의 결론을 뒷받침해주는 부분을 (인용하거나 달리 표현함으로써) 재진술하지 않는 한 본문의 단어들은 청중의 머리 속에 뒤섞여 있는 것에 불과하다. 청중으로 하여금 본문 중 한 구절에 주목하게 만들면, 그 부분이 청중에게 부각되고 의미가 분명해진다. 한 구절을 강조하는 것도 설교자가 이미 진술한 것을 재서술하는 것이다. 이런 반복을 통해서 본문의 의미를 성도들에게 각인시킬 수 있다. 글로 읽을 때는 반복이 귀찮고 불필요한 것처럼 보이지만, 노련한 설교자라면 구두 의사소통에서 반복이 가장 강력한 도구임을 인식할 것이다.[27] (독자들과 달리) 청중은 지나간 말을 되돌려 음미할 수 없으므로, 설교자는 청중에게 각인시키고픈 내용을 반복해서 강조해야 한다. 이렇게 명확한 구절로 진술된 주요 사상들이 설교 내내 후렴처럼 울려 퍼져, 결국 그것이 설교의 핵심 사상임을 나타낼 것이다.[28]

(2) 이야기 서술하기 narration

본문에서 발생하고 있는 것을 다시 바꾸어 이야기하는 것도 본문의 의미를 설명하는 방법이다. 이것은 넓은 의미의 재진술이다. 설교자들은 이야기의 배경을 생생하게 묘사하거나 전기적인 사건을 이야기하거나 우화를 현대적인 표현이나 비유로 다시 이야기하거나 사건의 극적인 측면들을 강조하거나 대화를 재창조하거나 배경이나 행동이나 인물들을 구체적으로 묘사함으로써 본문을 명확하게 제시하고 성도들의 관심을 불러일으킬 수 있다.

---

27) Vines, *A Practical Guide to Sermon Preparation*, 78; Ralph Lewis with Gregg Lewis, *Inductive Preaching: Helping People Listen* (Westchester, Ill. :Crossway, 1983), 202.

28) Robinson, *Biblical Preaching*, 79-80; 138-39.

건전한 상상은 이야기 서술 과정narration process에 크게 도움이 된다. 본문의 사실들에 대한 활기차고 감각적인 묘사는 청중으로 하여금 성경을 흥미롭고 분명하며 실제적인 것으로 느끼게 해준다. 그러나 주의할 점이 있다. 즉 그 이야기 서술은 본문에 기록된 사건을 설명하는 것이어야 하며, 결코 본문에 없는 내용을 덧붙여서는 안 된다. 이야기를 하다 보면 상상이 지나치거나 과장될 가능성이 있다. 만약 설교자가 자신이 꾸며낸 이야기를 근거로 해서 설교의 주제를 설명한다면, 그것은 설명exposition이 아니라 부과 즉 덧붙임imposition이 될 것이다. 덧붙임이란 성경에 없는 내용을 제시할 뿐만 아니라 성경의 메시지에서 벗어나는 것을 말한다. 성경적 정신을 지닌 성도들은 신나는 사건보다는 정확하고 명쾌한 설명을 원한다. 물론 열정적이고 창조적이고 강력한 설교가 중요하지만, 설교자는 본문을 이해시키기 위해서 노력하는 것과 개인적인 기술을 이용해서 성도들을 현혹시키는 것이 다름을 기억해야 한다.

(3) 묘사와 정의

설명의 방법인 묘사description는 이야기 서술과 밀접한 관련이 있다. 설교자는 이 방법을 사용하여 청중이 본문을 보다 쉽게 이해할 수 있도록 상황이나 인물, 장면, 단어 등을 묘사한다. 예를 들어 유월절 의식, 에봇, 팔레스타인의 지리, 로마의 주화, 고대의 고기잡이 배, 헬라어에서 현재시제가 진행형이라는 것 등 우리에게 친숙하지 않은 많은 성경 내용을 묘사할 수 있는데, 이것은 성도들이 다양한 성경 본문을 이해하는 데 도움이 된다.

그러나 때때로 청중에게 묘사가 아닌 정의definition가 필요할 때도 있다. 현대인들은 성경에 대한 지식이 부족하기 때문에 설교자들은 본문의 내용을 묘사할 뿐만 아니라 용어들도 설명해 주어야 한다. 설교자들은 칭의, 선택, 남은 자들, 안식일, 거룩, 죄 등의 용어에 익숙해져 있기 때문에 사람들이 그 용어를 신비하다거나 이해하기 어려운 것으로 느끼고 있다는 사실을 망각하기 쉽다. 만약 어떤 목사가 성도들에게 신앙을 표현할 때 변증apologetic이라는 단어를 사용하라고 권했다면, 그는 대부분의 청중이 복음에 대해서 해명하라는 말로 이해할 수도 있음을 인식해야 한다.

일반적으로 설교에서 제시하는 정의는 교과서에서 제공하는 정의들처럼 길거나 복잡해서는 안 된다. 설교 속의 정의는 정확해야 할 뿐만 아니라 분명하고 간결해야 한다. 이 말은 어디에서든지 모든 사람들이 납득할 수 있는 완벽한 정의, 다시 말해서 그 의미가 갖고 있는 뉘앙스를 모두 포함하는 완벽한 정의는 제공할 수 없다는 뜻이다. 설교자는 단지 자신의 설교를 이해할 수 있게 하기 위해서 관련된 용어를 설명하려고 노력할 뿐이다. 설교자는 종종 어떤 단어의 의미를 밝히기 위해서 다른 단어와 대조하거나 비교할 것이며(예를 들어 아가페와 에로스, 그리고 필리아), 동의어들을 제시할 것이며(예를 들면 죄는 하나님이 요구하시는 것을 그릇 행하거나 행하지 않는 것이다), 또는 대중이 갖고 있는 잘못된 개념을 공격하기도 할 것이다(예를 들면 히틀러, 칭기즈칸, 연쇄 살인마인 찰스 맨슨 등만 죄인인 것은 아니다). 설교자는 성도들에게 특정 용어의 의미를 파악할 수 있는 도구를 제공하기를 원한다. 본문에서 등장하는 것이든지 본문을 설명하는 과정에서 등장하는 것이든지 어려운 단어를 쉽게 정의해야 한다. "신앙"이라는 단어의 의미를 설명하려면 여러 권의 책이 필요하겠지만, 설교 중에 필립스 브룩스Philips Brooks의 두문자어頭文字語인 Forsaking All I Take Him(내가 그를 받아들임으로써 모든 것을 포기한다)라는 뜻만 제시해도 충분할 것이다. 훌륭한 설교란 복잡하고 학구적인 것보다는 구체적이고 명확한 설명으로 이루어진다.

(4) 주해(원어성경의 번역과 해석)

하나님의 말씀을 원어로 연구할 수 있는 설교자들은 성경의 깊은 곳을 측량할 수 있는 놀라운 특권을 소유하며, 이런 주해 과정을 통해서 얻은 통찰을 성도들과 함께 나누어야 마땅하다. 대부분의 강해설교자들은 본문에 드러나 있지 않은 의미를 밝히기 위해서 해석적 통찰을 언급한다. 그러나 설교자들은 학식을 과시해서는 안 된다. 주해는 본문의 의미를 설명하는 데 도움이 되어야 한다. 신학 교육을 받지 않은 사람들에게 친숙하지 않은 문법적인 용어나 히브리어를 제시함으로써 의미를 흐리게 만들어서는 안 된다.[29] 만약 *metadidomi*가 "나누다"라는 뜻이라고 설명했는데 잠시 후에 이 단어를 기억하는 사람이 한 사람도 없다면, 헬라어를 언급해야 할 필요가 어디 있겠는가? 또 *aorist*가 무엇인지 아는 사람이 전혀 없다면, 본문의 의미를 명백하게 설명하기 위해서라는 핑계로 이 단어를 언급해서는 안 될 것이다.

설교가 설교자의 유식함을 과시하는 수단이 되어서는 안 된다. 특히 성도들로 하여금 자신이 영어밖에 모르기 때문에 성경의 의미를 이해할 수 없다고 믿게 만들어서는 안 된다. 설교자가 원어를 통해서 얻은 통찰을 성도들에게 전하는 목적은 본문의 의미를 동떨어진 것으로 만들기 위한 것이 아니라 보다 명백하게 설명하기 위한 것이다. 로버트 레이번Robert G. Rayburn은 다음과 같이 설명한다:

> 평신도들은 설교자가 헬라어나 히브리어 명사의 격이나 동사의 시제 등 문법적 문제를 설명하는 것을 가장 지루하게 여긴다. 교육 수준이 높은 설교자들이 성경 원어를 알고 있다고 기대되지만, 원어에 대한 지식이 전혀 없는 평신도들은 본문에 사용된 원어 단어를 사용하여 행하는 문법적 관

---

[29] Edward Marquart, *Quest for Better Preaching* (Minneapolis: Augsburg, 1985), 105.

찰에 감명을 받지 못한다. 그들은 본문의 진정한 의미를 이해하는 것에 관심을 가질 뿐이지 본문의 의미가 결정된 방법에는 관심을 갖지 않는다.[30]

젊은 설교자들은 자신의 설명에 주해를 통해서 얻은 복잡한 사항을 추가함으로써 설교에 신빙성을 더할 수 있다고 생각하는데, 그러한 학문적인 행위는 설교자가 청중의 능력을 알지 못하거나 배려하지 않고 있음을 증명해준다. 설교자는 자신의 번역 도구들을 사용하고 중요한 해석적 통찰들을 전하되 분명하고 쉬운 용어로 설명해야 한다.[31] 다시 말해서 주해 과정에서 흘린 땀이 아니라 그 열매를 성도들에게 알려 주어야 한다.

설교자가 성경을 주해하여 얻은 결과가 성도들이 갖고 있는 성경과 다르다면, 그 차이점을 주의 깊게 다루어야 한다. 설교자가 실질적으로 "여러분이 갖고 있는 성경에서 말하는 것보다 내가 더 잘 알고 있다"라고 주장한다면, 그것은 거만한 말처럼 들릴 수 있다. 그보다 더 큰 위험은 성도들로 하여금 자신의 성경 번역본을 신뢰하지 못하게 만들 수도 있다는 사실이다. 성경 번역본은 성경의 진리에 헌신한 학자들이 번역한 것이므로 성도들이 말씀의 권위를 인정하기를 원한다면 설교자가 먼저 성경 번역본을 인정하고 지지해야 한다. 즉 "이 성경의 번역자가 이 부분에서 실수했다"라고 말하기보다는 "이 부분에 특별히 주목해 봄으로써 이 구절의 의미를 더 깊이 이해할 수 있다…"라고 말하는 편

---

30) Robert G. Rayburn, "Exposition," uncompleted ms., 7.

31) 웨스트민스터의 신학자가 다음과 같이 권고하였다. "말씀의 사역에 부름을 받은 자들은 바른 교리를 가르치되 부지런히 때를 얻든지 못 얻든지 할 것이며, 사람의 지혜의 권하는 말로 하지 않고 오로지 성령의 나타남과 능력으로 할 것이며, 충성스레 하나님의 모든 뜻을 알게 할 것이다. 설교자는 청중들의 필요와 이해능력에 적응시켜 열렬히 하나님과 그의 백성의 영혼에 대한 뜨거운 사랑으로 설교할 것이며, 성실히 하나님의 영광과 저들의 회개와 건덕과 구원을 목표로 삼고 할 것이다"(웨스트민스터 대요리문답 159). 존 칼빈은 "나는 항상 단순해지기 위해서 노력한다"라고 말했다 (Stott, *Between Two Worlds*, 128).

이 훨씬 더 낫다. 성경에 담겨 있는 다른 실수들에 대한 이러한 진술을 들으면 누구든 의아해 하지 않을 수 없을 것이다.

(5) 논거 Argument

자신의 설명을 뒷받침하는 논거를 제시한다고 해서 논쟁적인 태도가 정당화되는 것은 아니다. 그럼에도 불구하고 종종 어떤 사실들, 권위 있는 사람의 증언, 인과관계, 설명의 정확성을 확인해주는 이론을 제시해야 할 때가 있다. 일반적으로 설교자는 유식한 사람과 무식한 사람, 논리적인 사람과 그렇지 않은 사람, 설교자의 선언을 받아들일 준비가 되어 있는 사람과 그렇지 못한 사람 등 여러 부류의 사람들을 위해서 설교를 준비한다. 설교자가 어떤 해석을 지지하거나 전개하거나 옹호하려 할 때 이 요인들 모두를 고려해야 한다(벧전 3:15).

본서에서 설교자가 사용할 수 있는 공식적인 논거들의 유형을 모두 열거하지는 않겠다.[32] 만약 설교자가 본문이 지지하는 진리의 원리들을 서술하면서 자신의 논거를 입증하려 한다면, 매우 자연스러운 논거들이 형성된다. 그러나 몇 가지 주의할 점이 있다. 첫째, 자명한 것들이 많으므로 모든 것을 증명할 필요는 없다. 둘째, 알고 있는 증거를 모두 제시할 필요는 없다. 그 중에서 가장 간결하면서도 효과적인 것을 선택하라. 셋째, 증명될 수 없는 것들도 있다. 레이번Rayburn은 "설교자는 자신이 이해하지 못한 것을 설명하려 해서는 안 되며, 또 삼위일체 교리처럼 이해할 수 없고 무한한 것을 설명하려 해서도 안 된다. 설명될 수 없는 것을 설명하려고 하면 종종 큰 실수를 범하게 된다"[33]라고 기록하였다. 이 말은 설교자가 불분명한 것을 이해하려는 노력을 포기해야 한다거나 불

---

32) 공식적인 논증에 대한 전통적인 구분에 대해서는 다음을 참고하라. Broadus, *On the Preparation and Delivery of Sermons*, 167-95.
33) Rayburn, "Exposition," 5.

가해한 면을 지닌 성경적 진리에 대해 자신이 알지 못하는 것에 대한 설명을 피해야 한다는 의미가 아니다. 설교자는 자신의 지식이 한계에 도달했을 때 하나님의 전지全知 앞에 무릎 꿇을 준비가 되어 있어야 한다. 이렇게 자신의 유한성을 인정하는 것은 부끄러운 일이 아니며, 성도들을 가르칠 때에도 마찬가지다.

설교자는 자신이 택한 논거를 되도록 간단하고 흥미롭게 제시해야 한다. 미숙한 설교자들은 대부분 복잡함과 진지함을 분간하지 못하며, 지루함과 정통을 혼동한다. 이 흔한 실수를 범하지 않게 하기 위해서 설교학 교수들은 소위 'KISS'라는 원리('항상 단순하고 멍청하라' Keep It Simple Stupid)를 가르치는데, 이 원리는 잘못된 것이다. 설교자나 성도들은 결코 멍청하지 않다. 설교자는 여러 가지 교구나 지성을 이용해서 하나님의 말씀 안에 있는 풍부한 진리를 증명할 수 있다. 설교자는 하나님이 은사를 주신 만큼 강력하고 대범하게 진리를 선포할 수 있다는 사실에 기뻐해야 한다. 설교자는 자신의 설교가 하나님의 진리를 복잡하게 만드는 것이 아니라 그 진리를 전달할 수 있다고 확신해야 하며, 이 확신을 현실로 만들려면 자신의 정신과 마음에 있는 모든 것을 적용해야 한다. 자신이 알고 있는 것을 신학 교재나 주석서에 포함된 용어로 비교적 쉽게 표현할 수 있지만, 설교에서 요구되는 진정한 도전은 이 내용을 보통 사람들의 언어로 표현해야 한다는 점이다. 여기에서 보통 사람이란 성경이나 설교 준비에 사용된 어휘와 관련된 도구들을 알지 못하지만 설교자와 똑같은 지성과 이성을 가진 사람들을 말한다. 이런 까닭에 문제를 간단하게 만드는 것이 현명하다. 심오한 문제를 모호하게 말하는 것이나 간단한 문제를 분명하게 말할 때에는 그리 많은 생각이 필요하지 않다. 그러나 심오한 문제를 간단하게 말하는 것은 목회적 재능을 가진 사람만이 할 수 있다.

3) 핵심 중의 핵심

설교자는 본문의 의미를 진술하고, 그 진리가 본문 어느 구절에 근거한 것인지 밝히고, 본문에서 그 진리를 어떻게 도출했는지 입증함으로써 강해자로서의 기본 임무인 바 자신이 아는 것을 진술하고 그것을 알게 된 경위를 제시하는 일을 행할 수 있다. 이 임무를 수행함으로써 본문의 의미로 통하는 길을 조명하여 사람들로 하여금 성경의 진리를 보고 그 길을 따라가 진리의 근원에 이르며 자신의 삶에 대한 성경의 권위를 확인할 수 있게 한다. 이 확인은 매우 중요하다. 왜냐하면 비록 설교자가 종종 자신의 말에 의해서 성도들을 설득하여 특정 방식으로 행동하게 만들려 할 수도 있지만, "성도들이 설교의 핵심인 진리의 성경적인 근거를 이해하지 못함에도 불구하고 설교자가 자신의 논거에 대한 반응을 호소하는 것은 잘못된 일이기 때문이다."[34] 또 하나님의 백성들이 설교자의 말을 성경의 관점으로 보지 않은 채 무조건 받아들일 때 교회는 가장 큰 실수를 범하게 된다.

웨스트민스터 신앙고백을 공식화할 때 벌어진 토론에서 한 학자가 여러 해 동안 교회를 정치적 논쟁에 휩싸이게 만들어온 주장을 매우 능숙하고 설득력 있게 지지하는 발언을 했다. 그가 발언하는 동안 그곳에 참석한 조지 길레스피 George Gillespie가 반박문을 준비하고 있었다. 회의에 참석한 사람들은 그가 메모지에 뭔가 맹렬히 써 내려 가는 것을 보면서 이 젊은이로 하여금 강력한 논거를 하나씩 전달하는 학자에게 대항하는 반박문을 작성해야 한다고 느끼게 만든 중압감을 감지했다. 그러나 길레스피가 자리에서 일어섰을 때, 그가 반박문을 성급하게 준비했다는 사실은 전혀 느낄 수 없었다. 그는 성경적인 근거를 제시하면서 매우 설득력 있게 발언했다. 길레스피의 발언은 회의에 참석한 사람들에

---
34) Ibid., 5.

게 하나님의 지혜로써 깊은 감명을 주었고, 결국 그와 대립했던 학자는 젊은이의 발언 앞에서 자신의 평생의 연구 결과가 무효화되었음을 인정했다. 사태가 종결된 뒤에 길레스피의 동료들은 그의 책상 위에 놓여 있던 메모지, 즉 급하게 반박문을 쓴 메모지를 읽어 보았다. 그들은 그 메모지에 멋진 글이 적혀 있어서 그렇게 훌륭하게 연설을 할 수 있었을 것이라고 생각했다. 그러나 거기에는 단 한 구절이 반복해서 쓰여 있었다: *Da lucem, Domine*(오, 주님! 빛을 주십시오).

    길레스피는 하나님께 더 많은 빛을 달라고 계속 기도했다. 이 용감한 개혁자는 자신의 사상적인 재능보다는 하나님의 지혜를 원했다. 말씀에 대해서 더 밝은 빛을 비춰 달라고 간구한 그의 겸손한 기도는 강해설교자 모두의 목표이기도 하다. 설교자는 하나님이 설교자를 통해서 말씀에 더 밝은 빛을 비춰 주시기를 기도한다. 하나님께서 원하시는 충실한 설교자가 되려면 설교자 자신의 설교가 성경적으로 명백하며, 논리적으로 모순이 없고, 의문의 여지가 없이 분명해야 함을 알고 있다. 설교자의 말이 진실되고 의도가 선한 것만으로는 충분하지 않다. 설교자의 말이 하나님의 말씀을 이해하기 어렵게 만드는 한 설교자는 자신의 임무 수행에 실패한 것이다. 설교자의 말이 성경 말씀을 조명해줄 때 비로소 하나님은 설교자의 기도와 성도들의 기도에 응답하신다.

: 복습과 토론을 위한 질문 :

1. 단순한 강연을 설교로 전환하기 위해서 설교자가 답변해야 할 중요한 질문은 무엇인가?
2. 본문의 분해도 자체가 설교 전체에 대한 윤곽 그리기(설교의 개요)가 될 수 없는 이유는 무엇인가?
3. 설교자가 설교를 할 때 성경 본문의 형식(순서)을 그대로 따르지 않아도 되는 이유는 무엇인가?
4. 설교자가 "진술하고 위치를 밝히고 증명하는" 단계를 따름으로써 얻을 수 있는 유익은 무엇인가? 이런 유익은 이 단계의 순서를 그대로 따랐을 때에만 얻을 수 있는 것인가?
5. 설교자가 설교 중에 특정 개념을 소개할 때 얼마나 많은 증거를 제시해야 하는가? 여러 가지 증명 중에서도 설교자는 어떤 증명을 제시해야 하는가?
6. 설교자가 설교 중에 주석적 통찰을 제시할 때 주의해야 할 점은 무엇인가?
7. 심오한 진리를 간단 명료하게 말하는 것을 설교자의 재능이라고 할 수 있는 이유는 무엇인가?

: 연습 문제 :

1. 빌립보서 4장 4-7절을 본문으로 삼아 문장 구조 도해를 작성하라.
2. 마태복음 14장 22-32절을 본문으로 삼아 개념적인 개요를 작성해 보라.

제6장

개요 작성과 구조

1. 강해의 개요

동일한 성경 본문에 관해 설교를 해도 모두 다르게 들리는 이유는 무엇일까? 건축가가 동일한 자재를 가지고 다양한 건축물을 만들어내듯이, 설교자들도 본문 설명을 준비하며 전개되는 진리들을 다루면서 여러 가지 설교를 만들어낼 수 있다. 목적에 따라 디자인이 결정된다. 만약 설교의 목적이 단순히 본문의 내용을 설명하는 것에 불과하다면, 동일한 본문을 다루는 설교들 모두가 비슷한 것처럼 들릴 것이다. 이는 모든 설교자들이 거의 비슷한 주해 개요를 가지고 설교할 것이기 때문이다. 그러나 설교자에게는 본문의 내용을 설명하는 것보다 더 큰 임무가 있다. 설교자가 본문을 자세히 설명하려면 특정의 청중이 흥미롭고 게 이해할 수 있고 적용할 수 있다고 여겨지는 방식으로 본문의 문맥을 설명하고 그 의미를 밝히며 함축된 의미들을 증명해야 한다. 이 목표를 달성하기 위해서 본문의 진리에 충실하며 회중의 욕구에 적절한 설교를 작성하려면 설교의 개요homiletical outline를 작성해야 한다. 주석적 개요exegetical outline를 통해서 본문의 사상이 어떻게 흘러가는지 알 수 있으며, 설교의 개요에 의해 본문의 진리에 대한 설명, 전개, 적용, 전달 등을 구성할 수 있다.

설교 작성의 첫째 비결은 제시하려 하는 메시지의 유형을 결정하는 것이다.[1] 전통적인 설교학에서 주제 설교는 본문에서 주제를 취한다. 이런 설교는 본문의 내용을 따르기보다는 주제의 특성에 따라서 구성된다.

시편 82편 3-4절에 기초한 가난한 자들을 돌보는 것에 관한 주제 설교 개요

1. 교회적으로 가난한 사람들에 대한 돌봄의 역사
2. 국가적으로 가난한 사람들에 대한 돌봄의 역사
3. 오늘날 가난한 사람들을 돌보아야 할 필요성

(본문의 구분을 따르기보다 설교자가 선택한 주제의 본질에 따라 주제가 구분되었다.)

한편 본문 설교를 위해서 설교자는 설교의 주제뿐만 아니라 대지까지도 본문의 내용에서 이끌어낸다. 본문 설교에서 그 주요 사상들을 진술할 때 본문의 세부 내용들을 반영하지만, 해당 본문 외의 다른 전거들을 토대로 주요 사상들을 전개한다.

요한일서 2장 16절에 기초한 세상을 거부하는 것에 관한 본문 설교

1. 육신의 정욕을 사랑하지 말라.
    1) 육신의 정욕은 물질주의이다.
    2) 육신의 정욕이 다윗의 믿음을 약화시켰다.

---

[1] 설교 유형의 분류에 대한 유익한 서적들은 다음과 같다. David L. Larsen, *The Anatomy of Preaching: Identifying the Issues in Preaching Today* (Grand Rapids: Baker, 1989), 32; Ian Pitt-Watson, *A Primer for Preachers* (Grand Rapids: Baker, 1986), 23; Edward Marquart, *Quest for Better Preaching* (Minneapolis: Augsburg, 1985), 103, 105; Sidney Greidanus, *The Modern Preacher and the Ancient Text: Interpreting and Preaching Biblical Literature* (Grand Rapids: Eerdmans, 1988), 15.

    2. 안목의 정욕을 사랑하지 말라.
        1) 안목의 정욕이란 음탕을 의미한다.
        2) 안목의 정욕이 다윗의 순결을 해쳤다.
    3. 이생의 자랑을 사랑하지 말라.
        1) 이생의 자랑이란 오만을 의미한다.
        2) 이생의 자랑이 다윗의 겸손을 파괴했다.
(주제와 대지들은 본문에서 파생되었지만, 전개하면서 제시된 내용들, 즉 소지들은 다른 본문이나 전거에서 파생되었다).

교회사에서는 주제 설교와 본문 설교 모두 존중되어왔으며, 설교의 상황과 주제에 따라서 두 가지 설교 모두 독특한 장점을 가지고 있다. 만약 설교자가 세례, 기독교인의 사회적 책임, 이혼, 인내 등의 주제에 대해서 철저히 설교하려 한다면, 주제 설교나 본문 설교 모두 최선의 방법이 될 것이다. 교회사에 기록된 대부분의 설교는 특정 주제나 교리에 대한 주제 설교 혹은 본문 설교이다. 또 청중이 직접 성경을 참조할 수 없는 상황(예를 들어 결혼식이나 장례식, 지역사회 모임)에서도 본문 설교나 주제 설교가 요구된다.

강해설교는 청중으로 하여금 하나님을 사랑하라고 권면하며 말씀의 진리를 삶에 적용하는 방법을 이해하도록 돕기 위해서 성경 본문의 특수한 내용과 문맥과 전개를 연구하는 방식으로 구성된다. 강해설교의 주제, 대지, 그리고 소지 등은 모두 본문에서 취해진다.[2] 즉 강해설교에서 설교자는 특정 본문이 지원하는 영적 원리들을 설교의 요점으로 사용함으로써 그 본문이 의미하는 것을 설명한다. 설교자는 본문 안에 분명히 제시된 원리들을 확인하거나 확증하거나

---

[2] 이 점에 있어서 나는 명확하고 상세한 설명을 하고 있는 Robert G. Rayburn의 강의 노트로부터 많은 도움을 받았다.

상술하려 할 때에만 본문 외에 다른 구절을 언급한다. 본문이 말하는 것을 분명히 밝혀주는 것이 아닌 다른 본문들을 언급한다면 청중을 분심시키고 혼란스럽게 하며 설교 본문을 잘못 전달할 가능성이 있다.

로마서 8장 31-39절을 기초로 작성된 하나님 사랑의 확신에 관한 강해 개요

1. 하나님의 사랑이 우리의 죄보다 크다.
    1) 하나님의 사랑은 과거의 죄보다 크다(31-33절).
    2) 하나님의 사랑은 현재의 죄보다 크다(34절).
2. 하나님의 사랑은 우리의 환경을 능가한다.
    1) 우리의 환경이 하나님 사랑에 도전한다(35-36절).
    2) 우리의 환경이 하나님 사랑을 무효화하지 못한다(32, 37절).
3. 하나님의 사랑은 사탄보다 위대하다.
    1) 하나님 사랑은 영적 세력들보다 위대하다(38절).
    2) 하나님 사랑은 사탄의 힘을 능가한다(39절).

(주제, 대지들, 소지들은 강해 개요에서 설명되고 있는 본문에서 취해진다.)

어떤 사상이 성경적인 근거를 가지고 있다거나 설교자의 뇌리에 떠올랐다고 해서, 그것이 강해설교의 내용이 될 수는 없다. 강해설교의 중심 사상(주제)과 그 사상의 분할(대지들), 그리고 분할된 주제들(소지들)의 전개 등은 본문에 포함되어 있는 진리에서 나온 것들이다. 그러므로 본문의 중요한 부분이 소홀히 취급되지 않는다. 다시 말해서 강해자는 본문의 경계(및 그와 관련된 문맥) 안에 머물며, 본문의 의미를 성도들에게 전달하기 전까지 그곳을 떠나서는 안 된다.[3]

---

3) 본문을 속속들이 규명하는 강해설교의 특성에 대해서는 본서 제5장을 참고하라.

강해설교란 단순히 성경에 제시된 주제를 언급하는 것이 아니다. 또 성경 구절을 많이 인용한다고 해서 설교자가 강해자가 되는 것은 아니다. "당면한 상황에서 본문이 무엇을 말하며 실제로 무엇을 의미하는지 정확하게 설명하는 것은 단순히 성경 구절을 인용하는 것과 엄연히 다르다."[4] 성경적인 개념을 살펴보는 설교를 넓은 의미에서 "강해"라고 할 수 있지만, 강해설교를 전문적으로 정의하자면 다음과 같은 조건을 갖추어야 한다. 즉 강해설교자는 본문 전체를 포괄적으로 다루며 저자의 사상을 드러내고 청중의 삶에 적용되는 대지와 소지를 본문에서 끌어냄으로써 성경을 해석해야 한다.[5]

과거 150년 동안 다음과 같은 두 가지 이유 때문에 강해설교가 보수적인 서방교회에서 두드러지게 사용되어왔다: (1) 성경의 권위에 대한 헌신의 붕괴를 막기 위해 복음주의자들이 찾아 낸 방법이 강해설교였으며, (2) 이것이 성경의 진리에 다가갈 수 있는 보편적인 접근 통로라고 생각했기 때문이었다.[6] 복음주의 목사와 학자들은 성도들로 하여금 스스로 성경을 읽게 함으로써 문화적으로는 권위에 대한 회의적인 현상과 사회적으로는 성경 지식이 부족한 현실에 대

---

4) Robert G. Rayburn, "Expository Preaching-A Method," 4에서 인용됨.

5) Ibid., 6; Jerry Vines, *A Practical Guide to Sermon Preparation* (Chicago: Moody, 1985), 7; Haddon Robinson, *Biblical Preaching: The Development and Delivery of Expository Messages* 2nd ed. (Grand Rapids: Baker, 1980), 21-22; Ilion T. Jones, *Principles and Practice of Preaching* (Nashville: Abingdon, 1956), 109; Andrew Blackwood, *Expository Preaching for Today* (Nashville: Abingdon, 1953), 13; John A. Broadus, *On the Preparation and Delivery of Sermons*, ed. J. B. Weatherspoon (New York: Harper and Row, 1944), 140-54.

6) Broadus는 강해 방법이 고대의 것이라고 주장하지만, 1870년에 처음 출판된 그의 저서 *On the Preparation and Delivery of Sermon*이 강해 방법을 성문화하고 대중화하는 데 근본적으로 기여했다(Marquart, *Quest for Better Preaching*, 104를 참조하라). 브로더스의 책이 출판된 후에 성경의 권위의 침식 현상이 문화 전반에 널리 퍼졌는데, 이것을 통해서 우리는 그의 방법론이 시기를 얼마나 결정적으로 잘 맞췄는지, 그리고 복음주의자들이 왜 이 방법을 널리 사용했는지 알 수 있다.

처했다.[7] 이런 노력은 교회에 큰 이익을 가져다 주었다. 즉 평신도들이 성경을 읽는 지적인 성도들이 되었으며, 목사들은 하나님의 말씀을 선포하는 데 있어서 더 확신을 가질 수 있었다. 그리고 성도들이 어떤 일이든지 인간의 말이 아니라 하나님의 말씀에 기초해서 판단하게 되었고, 설교자들은 다양한 본문과 주제에 대해 이야기해야 했다. 그리하여 성경 자체의 권위가 여전히 중심을 차지하게 되었으며, 성도들과 설교자들 모두 정확한 성경 내용 및 지식에 충실하게 되었고, 성경이 삶의 판단 기준이 되었으며 그 반대는 성립되지 않았다.[8]

이러한 강해설교의 장점에도 불구하고 오늘날 많은 설교자들이 본문에 대한 이 접근 방법을 외면하고 있다. 이처럼 많은 목사들이 강해설교의 타당성에 대해서 의문을 갖는 이유는 그들이 효과적인 강해설교를 준비하는 방법을 알지 못하거나 성경의 초월적 진리들이 보편적으로 적용될 수 있다고 믿지 않거나 짧은 선전 문구와 리모컨에 익숙해져 있는 현대인들이 진지한 강해 내용을 이해할 수 있다는 확신을 상실했기 때문일 것이다.[9]

설교자들이 가장 근본적인 설교 방식에 대해서 확신을 갖지 못한다는 사실은 확실하게 짚고 넘어가야 한다. 우리 사회의 반권위적인 분위기가 약화되거나 더 성경적인 세계관을 요구하고 있는 것 같지 않다. 현 시대에 분명하게 나타나고 있는 영적 빈곤에 대처하기 위해서 고안된 것이 강해설교인데, 이 시점에서 강해설교를 포기한다는 것은 시기적으로 가장 나쁜 결정이라는 생각이 든다. 효과적인 강해설교를 부흥시키기 위해서는 우선 목사들에게 설교를 잘 구성하

---

7) 우리 문화의 반권위주의적인 분위기에 대한 John Stott의 설명에 대해서는 다음을 참고하라: *Between Two World*, 50-85.
8) David Waite Yohn, *The Contemporary Preacher and His Task* (Grand Rapids: Eerdmans, 1969), 152-53; Broadus, *On the Preparation and Delivery of Sermons*, 142.
9) 예를 들면 Michael Rogness, "The Eyes and Ears of the Congregation," *Academy Accents* 8,1(Spring 1992): 1-2.

는 방법을 가르침으로써 문화의 조류를 민감하게 받아들이되 거기에 굴복하지 않는 바 교회 안에서 오랫동안 신임을 받아온 이 설교 방법을 통해서 성경의 진리를 분명히 나타내야 한다.[10]

2. 목적을 개략적으로 제시함

잘 기획된 설교는 훌륭한 개요-정신을 위한 논리경로論理經路-와 더불어 시작된다. 만약 우리가 누군가에게 뉴욕에서 로스앤젤레스로 가는 길을 가르쳐야 한다면, "로스앤젤레스 방향으로 가면 된다"라고 말하기보다 그곳으로 가는 도중에 길을 잃지 않도록 해줄 주요 지형지물들을 확인할 수 있는 지도를 마련해줄 것이다. 설교자의 개요도 이와 유사한 목적에 기여하여 설교하는 동안 설교자와 청중이 방향을 잃지 않도록 이끌어주는 역할을 한다. 설교에서 개요는 모든 사람들이 따라가야 할 정신적인 지도map의 역할을 한다.

분명한 개요는 청중에게 유익을 준다. 즉 청중은 훌륭한 개요를 통해서 설교의 각 부분 및 진행 과정을 명확하게 알 수 있다. 그러나 설교자들은 개요가 설교자 자신에게도 중요하다는 사실을 자주 망각하는 것같다.[11] 훌륭한 개요는 설교자가 설교를 준비할 때나 강단에서 설교할 때에 설교의 각 부분과 진행과정을 분명히 파악할 수 있게 해준다. 설교의 개요를 작성하는 것은 설교의 각 부분의 순서와 비율을 정하는 데 도움이 된다. 따라서 설교자는 설교의 각 요소가 하나의 중심 주제와 연결이 되어 있는지 한눈에 가늠해볼 수 있다. 동시에

---

10) 예를 들면 Michael Rogness, "The Eyes and Ears of the Congregation," *Academy Accents* 8, no. 1(Spring 1992): 1-2.
11) Robinson, *Biblical Preaching*, 132.

개요는 중심 사상을 뒷받침하는 설명이나 적용, 예화들이 어디에 위치해 있는지, 그리고 이 요소들의 비율이 각각 얼마나 되는지 가시적으로 보여준다. 게다가 설교 준비 단계에서 작성한 개요를 축소하고 개선하여 만든 개요는 설교자로 하여금 설교하는 동안 청중에게 시선을 집중한 채 설교의 사상 전개에 집중할 수 있게 해준다(부록 1을 보라).

그러나 개요가 설교자에게 주는 가장 큰 유익은 설교자가 이런 구성을 통해서 성도들로부터 신뢰를 얻을 수 있다는 점이다. 즉 개요를 통해서 설교의 내용이 잘 전달될 뿐만 아니라 목사의 능력과 윤리도 드러난다. 설교자에게 있어서 "그의 설교는 체계적이지 못하다"라는 말은 치명적인 평가이다. 이때 청중은 목사가 자신의 생각을 지적으로 정리하는 능력이 부족하다거나 관심이 없어 그 일을 하지 않은 것이라고 결론 내리게 된다. 첫째 결론은 청중을 실망시키게 되고, 둘째 결론은 그들을 분개하게 만드는 이유가 된다. 두 경우 모두 성도들로 하여금 설교를 들을 필요가 없다고 생각하게 만들 것이다.

최근 개요 형태로 메시지를 제시하는 것의 필요성에 대해 논란이 있지만, 훌륭한 설교에 어떤 구조가 필요하다는 점에 대해서는 모두 동의하고 있다.[12] 설교자들은 원숙해짐에 따라 설교 개요의 요점들을 제시할 때 공식적으로 진술하기보다 수사학적인 "수단"이나 설교의 "줄거리", 풍부한 개념의 "이미지", 사려 깊은 전개, 함축된 생각 등 여러 가지 방법을 사용할 수도 있음을 발견하게 될 것이다.[13] 그러나 신학생과 노련한 설교자들 모두에게 완벽한 개요가 필

---

12) David Buttrick, *Homiletic: Moves and Structures* (Philadelphia: Fortress, 1987), 23; Stott, *Between Two Worlds*, 228.
13) Buttrick(*Homiletic*, 28ff)은 개요의 요소들을 언급하지 않고서도 한 가지 사상으로 집중시킬 수 있는(다시 말해서 한 가지 사상을 제시하고 발전시키고 결론짓는 것) 언어나 형상들을 사용하는 방법을 주장하기 위해서 수단(move)이라는 문어적인 용어를 사용하였다. 그는 개요의 요소들을 직접 언급하게 되면 청중들의 알려는 노력이 중단되고, 설교자와 청중이 인위적으로 분리되며, 현대 청중에게는 잘 맞지 않는 복

요하다는 사실을 잊어서는 안 된다. 메시지를 훌륭하게 전달하려면 개요에 의해서 메시지를 준비해야 하며, 그렇기 때문에 개요를 작성하는 기술이 필요하다.[14]

개요를 기초로 한 설교가 인위적이거나 지나치게 분할된 것처럼 보일 수 있다고 염려하는 것은 매우 타당한 생각이다. 그러나 전개 방법을 적절하게 사용하고, 골격을 지나치게 강조하지 않으면서 설교의 형태를 드러내는 발언 형식을 사용하며, 훌륭한 개요 작성의 목표가 청중들로 하여금 설교자의 개요를 재현하는 것이 아니라 설교의 사상을 따를 수 있게 하는 데 있음을 기억함으로써 이런 염려를 완화시킬 수 있다.[15]

그러나 때때로 주제가 매우 복잡할 경우 설교자는 개요에서 각각의 논리적인 단계를 분명하게 지정해 줌으로써 청중들의 이해를 도와야 한다.[16] 때로 메시지의 개요가 심미적인 가치를 지니고 있기 때문에 드러내 놓고 보여 주어야 할 때도 있다. 그러나 일반적으로 설교자가 설교의 각 단계에서 멈추게 되면 성도들은 지치게 된다. 교회 주보에 설교 개요를 기록함으로써 설교의 요지들을 분명히 밝힐 수 있지만 이러한 개요들 역시 선형 의식linear consciousness을 만들어내

잡함을 이끌어 내게 된다고 생각했다. 이 장의 후반부에서는 개요의 요소를 딱딱하고 형식적으로 진술하는 것에 대한 대용책으로서 함축된 사상과 핵심 단어의 체계를 사용하는 방법을 제시할 것이다. Eugene Lowry는 *The Homiletical Plot: The Sermon as Narrative Art Form* (Atlanta: John Knox,1980)에서 5단계 구조를 제시했는데, 그는 이 방법을 사용함으로써 역동적인 이야기 방법을 설교에서 모방하게 되고, 결국 청중을 복음의 이야기 속으로 끌어들일 수 있었다. 다음을 참고하라. "The Controlling Image: One Key to Sermon Unity," *Academy Accents* 7,3(Winter 1991): 1-2.

14) Hugh Litchfield, "Outlining the Sermon," in *Handbook of Contemporary Preaching*, 174; James Cox, *Preaching* (San Francisco: Harper and Row, 1985), 137; George E. Sweazey, *Preaching the Good News* (Englewood Cliffs, N. J. : Prentice-Hall, 1976), 72.

15) Stott, *Between Two Worlds*, 228-9. Cf. Sweazey, *Preaching the Good News*, 73.

16) Jay E. Adams, *Preaching with Purpose: A Comprehensive Textbook on Biblical Preaching* (Grand Rapids: Baker, 1982), 55-56; Broadus, *Preparation and Delivery of Sermons*, 113.

기 때문에 대부분의 성도들은 설교를 연구하기보다 설교 시간의 길이를 재는 데 개요를 사용할 가능성이 있다.[17] 설교자가 설교의 각 연결부분에 지나친 관심을 부여할 때에도 동일한 현상이 발생할 수 있다. 설교자는 청중을 지나치게 가르치려 하거나 방치하지 말고 경험과 판단력에 의해 설교의 주요 부분들을 식별해주는 표지들을 분명하고 자연스럽게 제시하여 청중을 이끌어야 한다.[18] 개요가 설교의 질에 큰 영향을 미칠 수 있으므로 설교자는 개요 작성의 원리들을 분명히 알아야 한다.

3. 개요 작성의 일반적인 원리

일반적으로 설교는 서론으로 시작하며, 서론은 본론에서 다룰 내용을 지적해주는 논지proposition로 이어진다. 본론은 대지와 소지로 이루어지는데, 이것들이 개요 및 설명의 구조를 형성한다. 대지와 소지를 뒷받침해주는 설명 자료들 및 설교의 예증과 적용은 설명의 요점들에 의해 형성된 골격에 살을 붙여 구체화한다. 본론 뒤에 메시지의 내용을 요약해주며 강력한 호소를 제시하는 결론이 온다. 오늘날 이와 같은 전통적인 구조에 대한 도전들이 있지만, 설교자가 개요를 작성할 때 지켜야 할 원리들을 잘 이해한다면 이러한 구조의 설교로 메시지

---

17) 주보에 설교 개요를 수록함으로써 청중의 관심을 끌 경우 일차적 의식을 어느 정도 극복할 수 있다. 빈칸 채우기 형식의 개요를 사용하거나 주요 단어의 초점을 적용에 두는 방식도 고려해 볼 수 있다. Cf. Michael Fabarez, *Preaching That Change Lives* (Nashville: Thomas Nelson, 2002), 176-81; Harshael W. York and Bert Decker, *Preaching with Bold Assurance: A Solid and Enduring Approach to Engaging Exposition* (Nashville: Broadman & Holman, 2003), 254.

18) Broadus, *Preparation and Delivery of Sermons*, 111-13.

를 잘 전달할 수 있다.[19]

1) 통일성 unity

좋은 개요는 통일성을 지닌다. 즉 각각의 요소가 한 가지 내용과 관련을 맺고 있다. 이런 통일성은 대지들이 설교의 중심 주제나 논지를 뒷받침하고, 소지들이 자체가 속해 있는 대지를 뒷받침하거나 발전시킬 때 성취된다. 설교의 초점에 직접적으로 기여하지 않는 것들은 모두 제거하라. 궤도에서 빗나가지 않하도록 하라. 각각의 관념을 진술하되 설교 전체의 목적을 설명하는 방식으로, 혹은 그 목적을 설명하고 있는 요소를 직접 뒷받침하는 방식으로 진술하라. 개요를 점검하여 각각의 대지 및 예상하는 적용이 제시된 메시지의 FCF를 다루고 있는지 살펴보는 것이 통일성을 점검하는 훌륭한 방법이다.

2) 간결성 brevity

요점을 가능한 한 간결하게 진술하라. 청중은 설교자가 방금 말한 내용을 되돌아가서 다시 들을 수 없다. 먼저 각 요점의 본질을 언급한 후에 증명과 뉘앙

---

[19] 설교라는 직무를 재정의하는 과정에서 전통적인 설교 구조에 대한 도전이 가해졌다. 성경이 그 권위를 상실할 때, 설교는 성경의 내용을 상세하게 전달하는 것보다는 성도들에게 도덕적인 도전을 가하거나 종교적인 감명을 주는 것에 더 관심을 갖게 된다. 이렇게 관심의 초점이 변하면, 설교의 구조 또한 성경의 내용을 전달하는 것이 아니라 인간적인 인지를 이끌어 낼 수 있는 구조를 요구하게 된다. 그러나 현 문화에서도 여전히 성경 내용을 전달하는 것에 초점을 두는 설교는 아직도 전통적인 구조(서론, 본론, 결론)를 이용하고 있다는 사실을 주목하라. 이것은 경영, 법률, 교육 등 모든 분야에서 발견할 수 있는 진리이다(표준 경영이나 교육 세미나, 성공적인 연설이나 그 준비에 관한 교과서를 참고하라). 현대의 연설 방법에서는, 대부분 상업 광고, 정치 연설, 혹은 오락 분야에서 사용하는 의사 전달법을 제시하는데, 이런 연설법은 생각을 하게 만들기보다는 강한 인상을 주기 위해서 고안된 것들이다. 설교자들은 여러 종류의 의사 전달 방법을 배워야 하지만, 그 방법을 적절하게 사용하려면 먼저 각 방법의 목적을 살펴 보아야 한다.

스를 제시하고 적절한 수식어를 사용함으로써 이에 수반되는 설명을 하라. 대지를 진술하는 것은 본질적으로 다음에 이어질 설명의 요약인데, 이때 설교자는 자신의 모든 생각을 제시하려 하지 않는다. 개요의 각각의 요소들을 추가 정보를 걸어둘 수 있는 큰 못으로 생각하라. 그러나 그 못의 길이가 8미터나 되면 쓸모가 없음을 기억해야 한다.

부적절한 보기: 우리가 예수 그리스도의 이름으로 구원을 받았으므로 불결한 삶을 살아서 성도들이나 세상 사람들 앞에서 그리스도와 교회의 증인으로서 그리스도의 영광을 가리는 일을 하지 않도록 주의해야 한다.

적절한 보기: 여러분은 기독교인이라는 이름에 합당한 삶을 살아야 한다. 개요의 모든 요소들이 새벽 3시 테스트(3 A.M. Test)를 통과할 수 있어야 한다.[20]

3) 조화harmony

대지들은 서로 밀접한 연관이 있어야 하며, 대지를 뒷받침하는 소지들은 서로 조화를 이루어야 한다. 일반적으로 이것은 대구법을 통해서 성취할 수 있다.

(1) 대구법Parallelism

대구법이란 각각의 요소를 진술할 때마다 명사와 동사, 수식어의 순서를 똑같이 하고, 사상의 주요 변화를 가리키기 위해 필요할 때에만 표현을 바꾸는 것이다. 윌리엄 호간William Hogan은 "각각의 대지에서 쓰인 중심 단어들이 일치한다면, 즉 명사는 명사와, 전치사는 전치사와, 동사는 동사와, 분사는 분사와 일치한다면 도움이 될 것이다"[21]라고 쓰고 있다.

대구법을 통해서 설교의 모든 요소들이 통일성을 지닌다는 인상을 줄 수 있

---

20) 제2장을 보라.
21) William L. Hogan, "Sermons Have Structures," *The Expositor* 2, no. 1 (April 1988): 3.

지만 대구법의 유익이 이것만은 아니다. 즉 일관성 있는 어순으로 문장을 반복하는 것은 또 다른 중심 사상이 제시되고 있음을 알려주는 신호가 된다. 설교가 진행되는 동안 수많은 문장과 그 파편들이 청중의 귓전을 스쳐 지나간다. 그래서 청중이 이전의 내용과 동일한 표현을 다시 듣게 되면 생각을 집중시킬 수 있게 되는데, 이때 그 표현은 청중이 메시지에 집중할 수 있게 해주는 표지가 된다. 산상수훈에서 예수님은 메시지의 주제들을 나누기 위해 "…하였다는 것을 너희가 들었으나…나는 너희에게 이르노니"라는 표현을 반복하여 사용하신다. 팔복은 새로운 사상을 알리는 핵심 단어의 변화를 수반하는 병행 표현의 훌륭한 본보기이다.

대구법은 메시지가 중심 주제에서 벗어나지 않게 해주고, 청중에게 주요 사상에 대한 실마리를 주며, 변화하는 핵심 단어에 주의를 집중시켜 줌으로써 각 대지의 중심 개념을 강조할 수 있다.[22] 대구법은 사람들로 하여금 귀를 기울이게 만들며, 핵심 단어의 변화는 요지가 바뀔 때 그것이 이전의 요지들과 어떻게 다른지 확인해줌으로써 그 단어에 정신을 집중하게 만든다. 핵심 단어가 변화할 때마다 대지가 어떻게 달라지는지 고찰해 보자:

1. 기도하라. 왜냐하면 기도가 여러분의 마음을 드러내줄 것이기 때문이다.
2. 기도하라. 왜냐하면 기도가 하나님께 상달될 것이기 때문이다.
3. 기도하라. 왜냐하면 기도가 사람들의 마음을 정복할 것이기 때문이다.

위의 세 문장에서 불필요한 것처럼 보이는 단어들이 문장에 힘과 명료함을

---

22) Charles W. Koller, *Expository Preaching without Notes* (Grand Rapids: Baker, 1961), 52-53; Farris D. Whitesell, *Power in Expository Preaching* (Old Tappan, N. J. : Revell, 1963), 60.

부여해준다. 즉 대구법이 깃발처럼 펄럭이면서 "이봐요. 여기에 또 다른 주요 사상이 있어요"라고 말한다. 그 후에 핵심 단어의 변화가 새로운 사상을 가리켜준다.

대구법을 능숙하게 사용하면 설교자들이 대지들을 낱낱이 열거하거나 메시지의 흐름을 단절시키지 않고서 메시지의 개요를 명백하게 나타내는 데 도움이 된다. 하나의 대지에서 서로 대응하는 부분들이 이행부가 될 수도 있고, 그럼으로써 핵심 단어가 그 중심으로 부각될 수 있다. 앞의 예에서 둘째 대지와 셋째 대지는 다음과 같은 이행부로 시작될 수 있다: "이 구절은 기도가 여러분의 마음을 드러내줄 것이므로 기도해야 함을 가리킨다. 그렇다면 기도해야 하는 또 다른 이유는 무엇인가?" 이에 대해서 "기도가 하나님께 상달되기 때문이다." 그리고 "기도가 사람들의 마음을 정복할 수 있기 때문이다"라는 대답이 나올 수 있으며, 그리하여 대지에 대한 진술들이 이어진다. 설교자들은 종종 이런 식으로 행동한다. 설교자들은 먼저 자신이 어떤 관습이나 원리에 대한 메시지를 전할 것임을 알리는 강력한 진술(즉 논지)를 지적한다. 그런 후에 설교의 내용을 세분하여 드러내주는 전환질문을 대구법의 형식으로 제시한다. 이것은 유익하고 자연스러운 연설기법으로서 설교자와 청중 양자가 설교의 메시지를 체계화하는 데 도움이 된다.

(2) **관련성** Correspondence

대구법이 설교의 요지들을 조화롭게 만드는 가장 일관된 방법이지만, 설교에서 사상의 분할을 지적하는 데 도움이 되는 여러 가지 방법이 있다. 만약 설교자가 다른 여러 가지 방법으로 대지들과 소지들을 잘 조화시킨다면, 성도들은 그것들을 더 쉽게 이해하면서도 오래 기억하게 될 것이다. 몇 가지 표준적인 기법을 들면 다음과 같다: 어두語頭에 동일한 단어를 사용하는 두운법, 비슷하게 들리는 단어를 사용하는 압운押韻, 모음운assonance, 母音韻, 흥미 유발(신조어, 언어유희, 대조법, 반어법), 혹은 논리적이거나 문학적이거나 시각적인 패턴을 나타내는 단어(준비, 조준, 발사: 가장 좋은 시기였다, 가장 나쁜 시기였다; 초콜릿 소스, 그 위에 거품으로 된 크림, 그 위에 체리 장식; 9회 말, 투 아웃, 원 스트라이크 남음) 등등. 이와 같은 단어 사용 기법들이 천박하게 보일 수도 있겠지만, 성실한 설교자들도 성도들의 주의를 끌고 기억에 오래 남게 하기 위해서 이런 단어들을 사용하려 한다. 탁월한 설교자는 이런 기법을 무시하지 않으며 또 이 방법 중에 하나만 지나치게 자주 사용하지도 않는다.[23] 시편 기자가 성경의 진리를 히브리어 어크로스틱(acrostic: 각 행의 첫 글자를 아래로 연결하면 특정한 어구가 되게 쓴 시나 글) 형태로 표현했다고 해서 그가 지나치게 궤변적인 것도 아니며, 익살이나 재담이 섞인 동음이의어를 사용한다고 해서 예수님의 위엄을 깎아 내리는 것도 아니다.

(3) 기억하기 쉬움Memorableness

강해자들은 성경의 진리를 밝히고 기억에 오래 남게 할 수 있는 단어를 찾으려 한다. 그러나 그러한 단어의 의사 전달 가치와 장기적 기억 도입 장치를 구분해야 한다. 설교에서는 외부 기억과 내부 기억 모두가 단어 선택의 영향을 받는다. 외부 기억이란 설교를 들은 후에 기억되어 있는 것을 말한다. 일반적으로 외부 기억 테스트는 설교자들을 낙심하게 만든다. 이는 설교를 듣고 나서 얼마 후에 사람들이 그 내용을 제대로 기억하지 못한다는 사실이 설교자들을 실망하게 만들기 때문이다. 이러한 사실을 발견할 때 설교자는 외부 기억을 증가시키

---

23) 대부분의 설교학 교과서에서는 남용되어서는 안 될 방법으로 두운법을 꼽는다. 이는 이것을 남용할 때 설교에 대해서 잘못된 인상을 줄 수 있을 뿐만 아니라, 설교자가 두운을 맞추는 데 급급해서 본문의 의미를 완벽하게 드러내지 못하는 경우가 종종 있기 때문이다.

기 위해서 개요의 구분들을 제거하거나 주요 사상들을 여러 번 반복하려는 유혹을 받는다. 그러나 이러한 시도는 기억 보존을 증가시키기보다 설교를 현학적이고 지겨울 정도로 더디게 만든다.

설교를 마친 후에 청중이 설교 내용에 대한 시험을 통과할 수 있도록 하기보다 설교를 듣는 동안 하나님의 말씀을 이해하고 그에 응답할 수 있도록 설교해야 한다는 것이 보다 유익한 인식이다. 설교는 "구속적 사건, 성령께서 청중의 정신과 마음과 뜻을 변화시키기 위해 사용하시는 도구이다."[24] 설교자는 자신이 설교하는 동안 청중이 설교의 사상들을 연결하고 의미를 이해하여 말씀과 더불어 말씀에 의해 역사하시는 성령의 능력과 깨우침을 경험할 수 있도록 단어들을 선택하고 표현한다. 설교가 진행되는 동안 사상들의 전달에는 내부 기억 장치의 작용이 필요하다. 내부 기억 장치는 청중의 정신과 귀가 사상들을 알맞은 순서와 비율과 비중에 따라 연결하는 것을 허락해준다. 설교자는 청중으로 하여금 사상들을 구분하고 연결할 수 있게 해주는 내부 기억 장치의 동력을 촉진해줄 수 있는 단어들을 선택함으로써 설교의 전반적 진리가 적절한 영적 영향력을 발휘하게 만든다. 설교자는 설교의 표현과 사상들이 조화를 이룸으로써 청중이 다양한 표지에 집착하지 않고 설교의 진행과 전개와 흐름을 따라 순항할 수 있게 해주는 방법을 발견한다. 설교자는 혼동을 피할 수 있는 구조를 제공하여 구조에 집중하는 일을 피할 수 있는 기술을 제공하고자 한다. 설교자의 목표는 청중으로 하여금 설교의 요지들을 완전히 파악했는지의 여부에 대해 근심하게 만드는 데 있는 것이 아니라 그들을 성령의 계시의 영광과 능력 안에 휩싸이게 하는 데 있다.

효과적으로 의사를 전달하는 데 있어서 언어적 도구(단어)들이 중요하지만

---

24) Greidanus, *Modern Preacher and the Ancient Text*, 5; Paul Scott Wilson, *The Practice of Preaching* (Nashville: Abingdon, 1995), 20-25.

단어의 틀에 맞추기 위해 성경의 진리를 왜곡하는 일이 없어야 한다. 칼빈은 제네바의 목사들에게 작별 인사를 하면서 "내가 기억하는 한 나는 성경 구절 하나도 변조하지 않았고 곡해하지도 않았다. 만약 내가 미묘한 것을 연구했다면 당연히 미묘한 의미를 이끌어냈을지도 모른다. 나는 그 모든 것을 짓밟아버렸고 항상 단순해지기 위해서 연구했다"[25]라고 말했다. 성경의 진리를 무시한 채 사람들의 흥미를 불러일으키기보다는 설교의 결론에 이 단어들을 반영할 수 있어야 한다. 그러나 개요에서 선택한 용어가 이런 효과를 발휘하지 못하는 경우에는 진리를 간단하게 진술하고 성령이 그 진리를 성도들의 마음과 머리 속에 각인시키도록 해야 한다. 성령의 진리가 우리의 영리함보다 더 잘 해낼 것이다.

4) 균형symmetry

각각의 대지 및 그것을 뒷받침하는 내용의 비율이 대충 동일해야 한다. 만약 첫째 대지를 25분 동안 설명한 후에 "두 번째 대지는…"이라고 말한다면, 둘째 대지를 설명하는 데 5분밖에 걸리지 않아도 청중은 또 25분이 소요될 것이라고 생각하여 지루함을 느끼게 된다.

청중은 균형을 원한다. 만약 한 대지가 다른 대지들보다 길다면, 그것을 설교 뒷부분에 배치하지 말라. 만일 각 대지들의 길이가 서로 다르다면, 가장 긴 대지를 앞에 놓고 뒷부분으로 갈수록 점점 더 짧은 요소를 놓아야 한다. 어떤 설교학자들은 성도들이 첫째 대지의 길이에 근거해서 전체 설교의 길이를 추측하지 못하게 하기 위해서 둘째 대지를 가장 길게 하라고 충고한다.[26] 그러나 균형을 맞추는 것이 가장 좋은 방법이며 결말이 길면 반드시 실패한다는 데에는 모두 동의하고 있다. 설교가 절정에 이르면 자연히 상황이 가속화된다. 그래서 마

---

[25] Stott, *Between Two Worlds*, 128 재인용 (cf. 행 20:26-27).
[26] Hogan, "Sermons Have Structures," 3.

지막 대지가 길어지면 메시지의 결론이 힘을 잃을 것이다.

5) 점진적인 진행progression

청중은 설교를 통해서 자신의 생각과 이해가 발전해 나가기를 원한다. 하나의 대지가 앞에서 다룬 사상과 너무 비슷하거나 여러 대지들이 하나의 목적을 향해 단계적으로 전진해 나가는 것처럼 보이지 않을 때, 청중은 짜증을 내고 흥미를 잃는다. 목표 없이 끌고 다니는 설교를 듣기 위해서 시간을 낭비할 사람은 아무도 없다. 그러므로 설교자들은 각각의 요소를 명확하게 구별하면서도 이 요소들이 하나의 정점을 향해서 단계별로 전진하게 함으로써 점진적 진행 의식을 유지해야 한다.

6) 구분distinction

하나의 대지가 앞의 대지와 너무 비슷한 것처럼 보일 때 이 두 가지 대지가 "공존"한다. 설교자들이 이런 공존의 실수를 범할 때 청중은 설교자가 이미 다루었던 문제를 거듭 이야기하고 있다고 생각한다.[27] 레이번Rayburn은 "소지들이 대지와 공존해서는 안 된다. 소지는 대지와 분명하게 구별되면서도 대지의 일부가 되어야 한다. 마찬가지로 대지도 논지와 공존해서는 안 된다"[28]라고 기록하였다. 대체로 설교자가 메시지를 전개해 나가는 것보다 본문을 묘사하는 데 치중할 때 공존이라는 실수를 범한다. 결과적으로 하나의 사상이 본문 후반부에 반영되어 있다는 이유 때문에 설교의 후반부에서 그것을 다시 진술하거나 다시 전개한다. 이렇게 점진적으로 사상을 전개하거나 구분하지 않은 채 하나의 대지를 반복할 때, 청중은 자신이 불필요한 유턴을 하고 있다고 느낀다.

---

27) Broadus, *On the Preparation and Delivery of Sermons*, 114-15.
28) Rayburn, "Sermon Outlining," personal lecture notes, 2.

이런 이유때문에 개념상으로나 용어상으로 대지들이 서로 반복되는 것처럼 보여서는 안 된다. 만약 첫째 대지가 "우리의 기도가 하나님의 목적을 나타내므로 기도하라"이고 셋째 대지도 "기도는 하나님의 목적을 드러내기 때문에 기도하라"라면, 청중은 후자가 불필요하다고 느낄 수밖에 없다. 설교자가 '나타내다'와 '드러내다'라는 말을 동일하다고 여기지 않는다 해도 청중이 그 사실을 알아차리지 못할 것이다. 설교자는 청중을 실망시키지 않도록 개념적으로든 용어상으로든 서로 분명하게 구별되는 단어들을 사용해야 한다.

공존이라는 실수를 지닌 개요의 예

논지: 우리는 기회가 있을 때마다 그리스도를 전해야 한다.

1. 우리는 기회가 있을 때마다 그리스도를 전해야 한다.
2. 우리는 편리하지 않을 때 그리스도를 전해야 한다.
3. 우리는 어려울 때 그리스도를 전해야 한다.

(첫째 대지가 논지와 공존하며, 둘째 대지는 셋째 대지와 공존한다.)

설교자는 대지들을 분명하게 구별해야 한다. 또한 하나의 대지를 뒷받침하는 소지들이 앞에서 이미 언급한 대지에서 논의된 사상과 너무 비슷한 것처럼 보이지 않는지 세밀하게 검토해 보아야 한다.

7) 정점 culmination

중심사상들 사이에 명백한 순서가 있을 때 그것들은 하나의 정점에 이른다. 어떤 개요는 논증을 통해서 논리적으로 설명해 나가며, 또 어떤 개요는 연대순이나 전기체傳記體로 설명해 나간다. 또 어떤 개요는 공통의 경험이나 마음을 사로잡는 이미지나 친숙한 우화 등을 묘사하고 그것을 중심으로 대지들을 제시한다.[29] 사상들의 순서를 정할 때 논리적·심미적 순서, 그리고 의사전달 방법 등을 참작하면 도움이 될 것이다. 대체로 문제점을 먼저 제기하고 그에 대한 설명이 뒤따른다; 긍정은 부정과 균형을 이룬다; 추상적이고 이론적인 것 다음에 구체적이고 현실적인 것이 뒤따른다; 일반적인 원칙 뒤에 구체적인 적용이 온다; 구체적인 증거를 통해서 포괄적인 원칙을 증명한다; 원인이 결과를 낳는다; 행동은 그 동기를 암시한다; 결론을 내리기 위해서는 근거가 필요하다; 내적인 동력과 외적인 힘이 균형을 이룬다; 가르침 뒤에 호소가 따른다; 명령 다음에 설명이 따른다. 이런 순서(이것의 역순서를 포함한 많은 순서)를 통해서 청중은 자연스럽게 인지의 길로 접어든다. 물론 때때로 설교자가 충격을 주기 위해서 자신의 의도를 숨길 수도 있는데, 그 때 청중은 신비함이나 놀라움을 느끼게 된다. 만약 설교자가 궁극적인 개념을 강조하기 위해 긴장감을 조성한다면 이러한 전략이 설교에 목적 의식을 줄 수 있다.

각각의 요소가 지나치게 구분되어 설교의 중심 목적과 무관한 것처럼 보일 때 설교의 사상적 진보가 방해 받게 된다. 만약 대지가 "첫째, 우리가 하나님의 지혜를 알고 있다." "둘째, 우리가 하나님의 섭리를 알고 있다". 그리고 "마지

---

29) Barbara Hunter와 Brenda Buckley는 *Introductory Speech Communication: Overcoming Obstacles, Reaching Goals* (Dubuque : Kendall/Hunt, 1988), 31-32에서 대지를 제시할 때 사용할 수 있는 11가지 방법을 열거한다. 이밖에도 여러 가지 방법이 있지만 (Larsen, *The Anatomy of Preaching*, 70을 참조하라), 가장 일반적인 방법은 다음과 같다: 문제/해답, 논쟁의 증명, 원인과 결과, 결과와 원인, 설명과 적용, 교훈적인 이야기, 잘못된 대안을 제거해 나가는 것(올바른 해답을 얻기 위해서 설교자들이 잘못된 지시를 추적해 나가기 때문에 추적 개요라 한다), 도발적인 문제에 대한 대답, 그리고 모든 사람들이 알고 있는 형상이나 이야기, 혹은 전기적인 사건의 특성에 대한 묘사. 대지를 제시하는 마지막 방법으로서 내가 들었던 것 중에 가장 좋은 개요는 공군에서 비행기 추락 사건을 수사했던 학생이 제시한 것이었다. 그는 사울의 생애를 영적 충돌의 현장으로 묘사함으로써 청중이 충돌 사고를 조사하는 과정을 따라가면서 다음과 같은 사실을 발견할 수 있게 만들었다: 충돌 지점; 조종사의 실수, 혹은 엔진의 파괴; 재발 방지법.

막 요소는 우리가 하나님의 인내를 알고 있다"라면, 청중은 당연히 설교 전체의 요점이 무엇인지 의아하게 여길 것이다. 위의 예에서 독립된 요소들이 중심이 없이 흩어져 있는 것처럼 보인다. 이때 청중은 많은 느낌을 받는다. 만약 설교가 진행되면서 설교의 전반적인 목적이 명백하게 드러나지 않는다면, 청중은 설교자가 요지들을 언급하는 이유에 대해 의문을 제기할 것이다.

설교가 지나치게 분할되어 있을 때에도 설교의 진행이 느려진다. 만약 하나의 대지 아래 다섯 개의 소지가 있고 다음 대지가 일곱 개의 소지를 가지고 있다면, 누구도 소지들을 기억하지 못할 것이며 설교 자체도 방향을 잃을 것이다. 세밀한 논증은 설교를 분명하고 고무적으로 만들기보다는 오히려 지루하고 혼란스럽게 만들 뿐이다. 일반적으로 하나의 대지를 두세 개의 소지로 나누며 보다 상세한 분석을 도입하기 위해서 소지들에 대해 논의하는 것이 바람직하다. 뼈대만 있고 살이 없는 설교는 청중에게 매력을 줄 수 없다.[30]

4. 개요의 구체적인 내용

개요의 일반적인 원칙은 보편적으로 강해설교의 구조에 적용된다. 노련한 설교자는 어떤 특별한 목적을 위해서 고의적으로 규칙을 깰 수도 있다. 그러나 예외라는 말도 원칙이라는 기준이 있을 때에만 가능하기 때문에 이 때에도 원칙은 여전히 지배하고 있다고 보아야 한다. 또 이런 일반적인 원칙 안에는 설교 개요의 구체적인 내용 또한 포함되어 있다.

다음에 소개할 세부 사항들은 내가 신학생들에게 강해설교를 가르치면서 유

---

30) Rayburn, "The Discussion," personal lecture notes, 1.

익하다고 느꼈던 특별한 방법을 참고한 것이다. 이 방법도 다른 방법들과 마찬가지로 장단점을 가지고 있다. 내가 아래의 항목들을 제시했다고 해서 설교자가 설교를 구성할 때 이 항목들을 모두 사용해야 한다는 것이 아니다. 다만 이런 구조 뒤에 있는 원리를 정확하게 이해함으로써 자신의 목적에 맞는 메시지를 구성할 수 있기를 바랄 뿐이다. 강해설교를 구성하는 올바른 방법이 한 가지만 있는 것이 아니며, 일반적인 원리들뿐만 아니라 구체적인 내용에도 예외는 있기 마련이다. 나는 학생들에게 단순히 성령이 이끄시는 대로 설교하라고 격려함으로써 그들을 설교라는 망망대해로 내몰기보다는 그들에게 한 가지 토대를 제공하고 그 토대 위에서 스스로 설교를 만들어 나가게 하는 것이 더 유익하다는 사실을 발견했다(부록 12를 보라). 이러한 세부 내용들이 반영하는 근본 원리들을 배우면서 자신의 설교에 가장 도움이 되는 것을 자기 것으로 만들라.

1) 논지

(1) 정의와 전개

설교는 논지라는 기초 위에 세워진다. 설교학의 고전에서는 "설교자가 전개하려 하는 주제의 진술"을 논지라고 묘사한다.[31] 일반적으로 논지는 서론 다음에 오는데, 설교의 관심사를 요약하고 설교에서 다룰 나머지 내용을 말해준다. 결과적으로 논지는 앞뒤 모두를 가리킨다. 즉 앞에서 다룬 것을 숙고하고, 앞으로 다룰 것을 조명한다. 논지는 설교 전체의 기원germ이기 때문에 그 구성 또한 중요하다. 헨리 조웨트Henry Jowett는 그림같이 아름답고 사실적인 언어로 다음과 같은 글을 남겼는데, 지금도 많은 설교학 교수들이 이것을 표준으로 삼고 있다.

나는 설교의 주제를 분명하고 설득력 있는 짧은 문장으로 표현할 수 있어

---

31) Broadus, *On the Preparation and Delivery of Sermons*, 54.

야 비로소 설교가 완벽하게 쓰였거나 청중에게 전할 준비가 되었다고 생각한다. 나는 이런 작업이 내 연구 과정 중에서 가장 힘들고 고되지만, 또한 가장 보람있는 일이라는 사실을 발견했다. 스스로에게 그런 문장을 만들기를 강요하고, 뜻이 모호하고 애매한 말들은 모두 버리며, 주제를 철저하고 정확하게 설명할 수 있는 말이 무엇인지 끝까지 생각해 내는 것-이것이 설교를 준비하는 데 있어서 가장 필수적이면서도 매우 중요한 작업 중의 하나이다. 또 나는 어떤 설교든지 그 문장이 밝은 달처럼 분명하고 명쾌하게 정리되지 못했다면 청중에게 전파되거나 문서화되어서는 안 된다고 생각한다.[32]

설교자는 이런 논지를 작성함으로써 메시지의 중심 사상을 명확하게 제시할 수 있고, 이렇게 되면 통일성을 가지고 방향을 제시함으로써 메시지의 다른 요소들을 올바른 방향으로 이끌 수 있다. 의사를 효과적으로 전달하는 데 있어서 이보다 더 중요한 일은 없을 것이다.

대부분의 교수들은 설교 준비의 마지막 단계에서 논지를 작성하라고 권한다.[33] 이 때쯤에는 본문을 연구하면서 생각날 때마다 적어놓은 메모 및 주해 과정에서 깨달은 통찰들이 산적해 있을 것이다. 따라서 논지를 작성하려면 먼저 설교의 주요 초점을 결정해야 한다. 물론 사람의 이성이 항상 순차적으로 사고하는 것이 아니며 때로 설교자가 논지를 작성하기 전에 먼저 대지들을 발견하는 경우도 있을 것이다. 그러나 설교자가 메시지를 전할 때 청중에게 방향을 제

---

[32] J. H. Jowett, *The Preacher, His Life and Work* (New York: Doran, 1912), 133. 다음의 책을 보라: Marquart, *Quest for Better Preaching*, 102; Stott, *Between Two Worlds*, 226; Donald E. Demaray, *An Introduction to Homiletics* (Grand Rapids: Baker, 1978), 80; H. Grady Davis, *Design for Preaching* (Philadelphia: Fortress, 1958), 37.

[33] Davis, *Design for Preaching*, 37; Stott, *Between Two Worlds*, 228.

시해 주려면 논지를 작성해야 한다.[34] 논지의 범위를 폭넓게 진술함으로써 대지들이 모두 논지 안에 포함될 수 있게 해야 한다.

(2) 균형

"죄가 모든 삶에 영향을 미친다"와 같은 간단한 진술이 소론의 주제가 될 수도 있다. 그러나 설교에서 논지는 주제 그 이상을 의미한다. 논지는 설교에서 다룰 관심사를 제시할 뿐만 아니라 그것을 다룰 일정도 제시한다. 강해설교는 성경의 진리를 적용하는 것이기 때문에 설교의 논지 역시 본문의 진리 및 그 진리가 요구하는 것에 대해 언급한다. 즉 논지는 단순히 성경의 진리를 진술하는 것이 아니며, 그 진리에 근거한 가르침에 그치는 것도 아니다. 논지에는 이 두 가지 모두 포함된다.

본문에 근거한 보편적인 진리 및 보편적인 진리에 근거한 적용이 결합된 것이 논지이다. 보편적인 진리란 기독교적 사람을 이끌어주는 성경의 원리, 혹은 성경 본문의 내용에서 도출해낸 사상을 말한다.[35] "요나가 결국 니느웨로 갔다"라는 진술은 사실이긴 하지만 보편적인 진리가 될 수 없다. 왜냐하면 이 진술은 보편적으로 적용될 수 있는 성경적 진리를 제공하지 않기 때문이다. 이것은 단순히 본문의 내용을 묘사하는 사실적 진술일 뿐이지 설교의 주제를 제시하고 있는 것이 아니다.[36] 그러나 요나의 이야기는 "하나님을 섬기는 데는 순종이 필요하다"라는 원칙을 뒷받침해준다. 이 진리와 "하나님을 섬기는 데 순종

---

34) Fred B. Craddock, *As One Without Authority* (Nashville: Abingdon, 1971), 100; Ronald J. Allen and Thomas J. Herrin, "Moving from the Story to Our Story," in *Preaching the Story*, ed. E. Steimle, M. Niedenthal, and C. Rice (Philadelphia: Fortress, 1980), 158-59.

35) Rayburn, "Outlining," 1-2.

36) 앞의 책, 2.

이 필요하기 때문에 우리는 하나님의 뜻을 찾아야 한다"라는 적용이 결합될 때에 논지가 성립될 수 있다.

구체적인 적용이 없는 진리나 성경적인 근거가 없는 교훈은 논지가 갖추어야 할 형식을 제대로 갖추지 못한 것이다. 토머스 존스Thomas F. Jones는 다음과 같이 기록하였다.

> 설교학을 배우는 학생들은 논지를 작성하면서 성경의 진리와 인간의 응답 사이의 균형을 이루는 데 있어서 두 가지 면에서 실패한다. 잘못된 논지는 단순히 '어떤 것이 진실이다'라고 말하거나 '어떤 것이 필요하다'라고 말한다.
>
> 오직 어떤 것이 진리임을 말해주는 논지에 대해서 살펴보자: "예수 그리스도는 죄인들을 대신해 십자가에서 죽으심으로써 구원의 소망을 주셨다." 이 진술은 진실이다. 이러한 진술의 문제는 이것이 우리를 어느 곳으로도 인도해 주지 않는다는 점이다. …이것은 진리를 진술하지만, 이것이 논지가 되려면 한 가지가 더 필요하다. 즉 그 진리의 결과 안으로 청중을 끌어들일 수 있어야 한다….
>
> 논지를 작성하면서 범하는 두 번째 형태의 실수는 오로지 요구 사항에 대해서만 이야기하는 것이다…: "그리스도를 믿는 신자들은 어떤 일을 하든지 복음 안에서 부지런해야 한다." 이 진술은 우리가 진리에 대해서 어떻게 응답해야 하는지 구체적으로 지적하지만 우리가 응답해야 하는 그 진리가 무엇인지에 대해서는 언급하지 않고 있다.[37]

---

37) Thomas F. Jones, "Truth Has Consequences: Or Balancing the Proposition," in *The Preparation and Delivery of Sermons*, ed. Bryan Chapell, Seminary Extension Training curriculum of Covenant Theological Seminary (St. Louis: Multi-media Publications, 1992), 2.

논지가 설교의 요건들을 모두 갖추기 위해서는 "왜?"와 "그래서 무엇을?"이라는 두 가지 질문에 대답할 수 있어야 한다. "왜?"라는 질문을 통해서 논지의 구성 요소 중 하나인 진리-원칙을 끌어낼 수 있다. 또 "그래서 무엇을?"이라는 질문은 설교자로 하여금 적용이라는 요소(즉 설교에서 전개되는 진리라는 원리의 결과인 바 생각이나 행위의 반응)를 결정하게 만든다.

일정 형식을 따르지 않은 논지의 예

하나님은 우리의 미래를 아신다.

예수님은 죄인을 구원하러 오셨다.

우리는 고통 중에 있을 때 하나님의 섭리를 신뢰해야 한다.

(이 논지들은 보편적으로 하나님의 백성들에게 적용되는 원칙들을 진술한다.)

대지들이 짧으면 설교 전달이 보다 명쾌하고 대화하는 것처럼 이루어지므로, 대부분의 설교자들이 일반적으로 이 비공식적인 방법을 취하려 할 것이다. 그러나 초보 설교자들이 설교의 의무(즉 무엇인 진리이며 무엇을 해야 하는지를 전달하기 위해서 본문을 해석하는 것)에 헌신하고 익숙해지려면 공식적인 논지 작성 훈련을 받는 것이 도움이 된다.

(3) 일정한 양식을 따른 형태Formal Forms

원칙과 적용을 확실히 결합해주는 공식적인 논지를 작성하는 데는 여러 가지 방법이 있다. 가장 기본적인 방법은 결과적 진술consequential statement과 조건부 진술conditional statement이다.

결과적 형태의 논지는 진리의 결과로서 행해져야 하는 것을 진술하며, 그래서 "…때문에"because라는 단어가 사용되거나 그러한 의미가 함축되어 있다:

예수님이 제자들에게 복음을 전파하라고 명령하시기 때문에 우리는 사람들에게 그리스도를 전해야 한다.

조건부 형태의 논지는 성도들의 반응을 보장하는 조건을 설명한다. 그래서 대체로 "…이므로"since 혹은 "만약"if이라는 단어가 사용된다:

모든 사람이 하나님의 영광에 참여할 수 없으므로, 우리는 자신의 죄를 인정해야 한다.

논지가 반드시 "왜냐하면", "…이므로", 혹은 "만약"이라는 단어로 진술되어야 하는 것은 아니다. 만약 설교자가 "우리는 사람들에게 그리스도를 증언해야 합니다. 왜냐하면 예수님이 제자들에게 복음을 전하라고 명령하시기 때문입니다"라고 말해도, 이 말이 논지로서의 역할을 감당할 수 있다.

이런 형태의 진술들은 논지로서의 역할을 감당할 수 있다. 이는 위의 진술들은 설교 전체의 내용, 즉 진리-원칙과 훈계를 자연스럽게 결합하고 있기 때문이다. 이런 형태의 논지는 설교자로 하여금 자연스러우면서도 강제적인 방법으로 설교자로서의 성경적·목회적 임무들을 염두에 두게 만들기 때문에 설교자는 메시지 첫 부분부터 성경의 진리를 적용하게 된다. 이밖에도 문법적인 방법들이 있지만, 설교자들이 완벽한 논지를 만드는 데 있어서 앞에서 살펴본 이런 형식들이 시종일관 도움이 될 것이다.

결과적인 형태나 조건부 형태를 통해서 설교자의 논지가 보편적인 진리를 담고 있는지 검토해 볼 수 있다. 만약 진리의 원칙을 표현한 구절이 그 자체로 일반적인 성경 진리의 진술이 될 수 있다면, 그 논지는 완벽한 토대를 지녔다고 할 수 있다. 예를 들어 "우리는 신앙 때문에 기도해야 한다"라는 것은 논지로서 부적합하다. 그 이유는 원칙을 진술한 구절("신앙 때문에")이 그 자체로 보편적인 진리가 될 수 없기 때문이다. 그러나 만일 이 구절을 개정하여 "신앙은 개인적인 기도를 필요로 한다"라고 확대한다면, 설교자는 자신의 논지에 적합한 보편적이고 확고한 진리를 소유하게 될 것이다.

어떤 경우에 원칙 구절이 그 자체로 보편적 진리가 되지 못할 경우에 적용 구절과 원칙 구절이 결합되어 보편적 진리를 가리키기도 한다. "우리는 진정으로 기도해야 한다. 왜냐하면 예수님이 그것을 명하셨기 때문이다"라는 진술에서 "예수님이 그것을 명하셨다"라는 말은 보편적인 진리가 아니다. 여기에서 "그것"은 그 앞에 선행하는 "우리는 진정으로 기도해야 한다"를 가리킨다. 그래서 두 절 모두 두 번째 구절의 의미, 즉 예수님이 진정으로 기도하라고 명하셨다는 사상을 함축하는데, 이것이 보편적인 진리이다. 또 "…하기 위해서"(예를 들어서 하나님을 영화롭게 하기 위해서 우리는 그의 말씀에 순종해야 한다.)라는 말로 논지가 시작될 때에도 이와 유사한 역학 관계를 찾아볼 수 있다. 즉 여기에서도 두 절을 전체적으로 고려할 때에만 보편적인 진리를 이끌어 낼 수 있다.

또 위의 예를 보면 적용 구절이 "우리는 …해야 한다"라는 말로 이루어져 있음을 알 수 있다. 그러나 적용 구절이 반드시 이런 형식으로 이루어져야 하는 것은 아니다. 어떤 설교에서는 "우리"보다는 "당신"이라는 대명사가 더 알맞을 수도 있다.[38] 또 "우리는 …해야 한다"라는 표현보다 간단한 명령어가 더 효

---

38) "우리" 혹은 "당신" 중에 어떤 단어를 사용해야 할지에 대해서 논쟁하는 사람들이 있는데, 나는 학생들에게 이런 무의미한 논쟁을 무시하라고 말한다. 어느 한 쪽만을 배타적으로 사용하라고 주장하는 것은 허울 좋은 논쟁에 불과할 뿐이다. 때때로 선지자들은 "너희는…해야 한다"라고 분명하게 말하면서도(출 20; 마 6:9) "우리는 다 양 같아서 그릇 행하여 각기 제 길로 갔거늘…"(사 53:6; cf. 롬 15:4)이라고 말하였다. 상대방과 대면하지 않는 설교자, 즉 "우리"라는 말만 사용하는 설교자는 성경에서 부여한 권위를 갖지 못한 채 설교를 하게 되고, 자신을 죄인과 동일시하지 않는 목사들, 즉 "당신"이라는 말만 사용하는 목사들은 예수님이 허락하지 않으셨음에도 불구하고 오만한 설교를 하게 된다.

과적일 때도 있다.[39] 예를 들어 "하나님은 신실한 기도를 사용하신다. 그러므로 기도하라!"는 진술도 "하나님이 신실한 기도를 응답하시기 때문에 우리는 기도해야 한다"라는 말과 동일하게 진리와 적용을 모두 포함하고 있다. 이러한 예들에서 주목해야 할 중요한 점은 공식적인 적용 절에 일종의 명령문이 포함된다는 것이다. 게다가 명령문은 수동태보다는 능동태 표현된다. 설교자들은 하나님이 자기 백성에게 요구하시는 것을 그 백성들에게 분명하게 지적하기 위해서 적용 구절에서 수동태를 취한다. "하나님의 백성들은 기도해야 한다"라는 것은 다른 백성들에 대한 참되고 유익한 묘사이지만, 청중에게 직접적인 반응을 요구할 필요가 없는 사실의 진술에 불과하다.

많은 설교자들은 적용 구절에서 "…해야 한다"라는 당위의 말을 사용하기를 거부하고 "할 수 있다"라는 단어를 즐겨 사용한다. 만약 설교의 어조가 좀 더 부드러워야 한다면, "할 수 있다"는 단어를 사용함으로써 명령적인 "맛"을 완화시킬 수 있을 것이다. "할 수 있다"라는 단어는 여러 가지로 해석될 수 있지만, 이 단어를 선택하는 것이 현명할 때가 있다. 구어체에서 우리는 어떤 행동을 권장할 때 이 단어를 사용한다: 우리는 할 수 있다! 이런 어법은 논지 안에서도 특히 훈계 구절에서 효과적일 수 있다(예를 들어 하나님이 기독교인들을 죄의 권세로부터 자유롭게 하셨기 때문에 우리는 그를 섬길 수 있다). 그러나 "할 수 있다"라는 단어가 단순히 사전적인 의미, 즉 능력만을 나타낸다면, 이 진술은 원칙과 적용이 결합된 논지라기보다는 어떤 사실의 진술로 변질될 수 있다. 그러한 논지는 참된 것을 진술하지만 듣는 사람의 반응과 관련된 지침을 주지

---

39) 어떤 설교학자들은 설교 중에 명령어를 많이 사용하는 것을 두려워한다. 이들은 많은 설교가 단순한 명령 전달문으로 변질되고 있다는 사실을 현명하게 주목한 것이다(Stott, *Between Two Worlds*, 54-58; Larsen, *The Anatomy of Preaching*, 68을 보라). 그러나 설교는 진리에 근거한 훈계라고 할 수 있으므로 아무리 불쾌하거나 거슬리는 어투를 자제해도 명령적인 특성을 가질 수밖에 없다.

못한다.

권면(훈계의 절에서 "…해야 한다"라는 당위의 표현)을 사용할 때의 목표는 신자의 믿음에 목회적 지시를 주려는 데 있다. 어떤 행동이나 반응을 유도하려는 권면을 함축하지 않은 채 참된 정보를 전달하는 내용과 구조를 지닌 메시지는 변화시키려는 목적을 상실한다. 물론 논지에 권면이 함축되어 있지 않아도 설교자가 설교의 후반부에 단순한 진리로 진술된 논지를 토대로 훈계와 권면을 행할 수 있다. 훌륭한 설교자는 대체로 비공식적으로 표현된 논지를 사용하여 이 일을 행한다. 그러나 공식적으로 표현된 논지의 목표는 성령께서 의도하시는 권면이 설교되는 교훈의 학구적 테두리 안에서 무시되지 않도록 보장하는 데 있다. 명령문이 본문의 의도를 적절히 반영하며 복음의 은혜와 더불어 동기를 부여하도록 하는 것이 이 책 뒷부분에서 다루어져야 할 도전이다. 지금은 신실함이 하나님이 주시는 복임을 기억하는 것이 중요하다. 복음 안에 기대하는 것이나 강요하는 것이 없다고 설교하는 것은 하나님의 백성에게 무례한 일이다.

(4) 관점

논지의 형태는 이렇게 표준적인 형태 외에도 이 형태를 변형시킨 것이나 예외의 경우까지 그 종류가 무한하다. 그러나 이런 형태들을 열거하는 것은 중요하지 않다. 중요한 것은 논지가 근본적으로 성취해야 할 것이 무엇인지 인식하는 것이다. 논지는 설교 내용을 압축한다. 강해설교란 "본문의 의미는 무엇인가?" 그리고 "그래서 어떻게 하란 말인가?"라는 질문에 대한 대답이므로, 메시지의 요약인 논지 역시 참된 것과 행해야 할 것을 보여 주어야 한다. 이런 목적은 형식적으로 보편적인 진리와 적용을 함께 결합시킬 때 이룰 수 있다. 이런 형식을 따르지 않고서도 논지를 제시할 수 있는 방법이 수없이 많지만 논지를 본질적인 요소만으로 정리해서 다음과 같이 정의해야 한다: "논지는 권고 형식의 보편적인 진리이다." 즉 논지는 본문의 진리를 드러내야 하는데, 이때 그 진리는 하나님의 백성들에게 말씀이 요구하시는 것을 행하라고 권하는 설교자의 권면의 기초가 된다.

설교자들이 논지가 성경의 진리를 제시하면서 적용의 토대를 제공해야 한다는 관점을 인식하고 있다면, 표준적인 형태가 아니라도 설교 방향에 관한 적절한 신호를 청중에게 제공해주는 논지를 전개할 수 있다. 즉 논지가 형식적인 기준에서 벗어나도 청중에게 설교의 방향을 충분히 제시해줄 수 있다. 목사가 보편적이지 못한 형식으로 논지를 진술해도 보편적인 진리로 인도할 수 있다. 예를 들어 "예수님이 죄인들에게 말씀을 전하셨다"라는 말은 공식적인 논지의 기준을 충족시키지 못한다. 그러나 만일 설교자가 도입부에서 "우리가 예수님을 따라가지 못함에도 불구하고 예수께서 보여 주신 모범이 규범이 된다"라고 말했다면, 이 설교의 논지는 다음과 같은 뜻으로 이해하면 될 것이다: "하나님이 죄인들에게 사역하셨으므로, 우리도 죄인들에게 증인이 되어야 한다." 이런 진술의 배후에 공식적인 논지가 개념상으로 존재하고 있다.

때때로 설교자들은 설교 첫 부분에서 논지의 한 구절만 제시하고 나머지 논지는 설교를 진행하는 도중에 제시한다. 때로는 설교에서 구하는 대답이 무엇인지 가리켜주는 질문을 제시할 뿐 실질적인 논지는 메시지의 결론 부분에서 제시하기도 한다. 만약 논지가 설교 내용 속에 함축되어 있다면, 논지를 진술하지 않고서도 성공적으로 설교할 수 있다. 다음은 설교의 도입 부분인데, 논지를 직접 언급하지 않는 원리를 어떻게 이용하고 있는지 살펴보자:

몇 달 전에 젊은 여성이 내 사무실로 찾아와서 다음과 같이 말했습니다. "목사님, 저는 방금 멋진 남성과 결혼을 약속하고 오는 길입니다. 그 사람은 친절하고 신중하며…전에 내가 만났던 남자들처럼 거칠거나 심하게 나를 대하지 않습니다. 더 좋은 것은 결혼한 후에 그 사람을 주님께 인도할 수 있을 것 같다는 사실입니다." 만약 여러분이 모든 것을 털어놓고 이야기할 수 있을 정도로 그 여인을 사랑하는 사이라면, 이 여성에게 어떤 말을 해주시렵니까? 그리고 성경은 무엇이라고 말합니까?

윗글은 공식적으로 주제를 진술하지 않지만 분명히 논지의 역할을 하고 있다. 즉 이 설교는 "기독교인의 결혼과 관련하여 성경은 어떤 표준을 제시하는가?"라는 질문에 답변할 것이다. 만일 이 설교의 논지를 형식에 맞추어 자세히 설명한다면, "하나님이 기독교인의 결혼에 대한 기준을 세우셨으므로 우리는 그 가르침에 따라 결혼해야 한다"가 될 것이다. 그러나 이 설교에서는 논지를 정식으로 언급하지 않고 있다. 왜냐하면 설교자가 정식으로 논지를 진술하지 않고서도 권고하는 방식으로 보편적인 진리를 나타내는 방법을 발견했기 때문이다. 즉 전통적인 방식이 아닌 다른 방식으로 논지가 등장한다.

설교학자들은 논지의 형식을 생략하고 함축적으로 제시하는 방법을 언급할 때면 긴장한다. 왜냐하면 일부 학생들이 그 방법을 자신의 생각을 체계화하고 정리하는 지름길로 이용하기 때문이다. 나는 학생들에게 설교에 미숙한 초기 단계에서는 논지를 정식으로 진술해야 하며 후에 설교에 대한 지식이나 경험이 풍부해지면 독창적인 방법을 시도해보는 것이 도움이 될 수 있다고 충고한다. 공식적으로 논지를 작성할 수 없다는 이유 때문에 공식적으로 논지를 진술하지 않는 일을 삼가야 한다. 설교자가 사려 깊은 의사소통 전략을 사용하면서 실제 설교에서 공식적으로 논지를 진술하지 않아도 분명한 논지에 기초하여 훌륭하게 설교할 수 있다.

2) 대지

일정한 양식에 따른 공식적인 대지도 권고하는 방식으로 진술되는 보편적인 진리이다. 대지 또한 논지처럼 정식으로 언급되기보다는 축소되거나 생략되어 의미만 함축하고 있을 수도 있다. 그러나 설교자들이 이런 예외적인 방법들을 실험해 보기 전에 먼저 아래에서 제시한 근본 원칙을 완벽하게 이해한다면 도움이 될 것이다.

(1) 일정한 양식에 따른 표현

각각의 대지는 논지에 제시된 사상의 일부이다. 결론적으로 말해서 하나의 설교를 구성하는 대지들은 서로 비슷한 방식으로 논지를 뒷받침하거나 전개한다(다시 말해서 대지들은 논지에 대해 유사한 질문에 대한 대답으로 이루어질 수 있다—누가, 어떻게, 언제, 어디서, 왜 등).[40] 대지들은 논지와 밀접한 관련이 있으므로, 대지들이 논지의 구조를 반영한다면 대체로 도움이 될 것이다. 따라서 대지들이 서로 상응해야 하듯이, 논지와도 상응해야 한다.

일정한 양식에 따라 대지를 표현할 때 논지 중에서 한 구절(원칙 구절이나 적용 구절)을 대지로 선택하여 개요에서 반복해서 사용한다(다음의 예들을 참고하라).[41] 이렇게 반복되는 대지 구절을 "닻절" anchor clause 이라 한다. 만약 닻절이 진리-원칙 구절이라면 개요는 "원칙 일관" principle consistent 이 되는데, 이때 각각의 대지는 다음의 질문에 대답하게 된다: "이 진리와 관련해서 우리는 어떤 일

---

[40] 예를 들어 처음 두 개의 대지에서 청중에게 예배의 표준을 발견하기 위해서 성경을 사용하라고 주장했다면, 청중은 죽음을 대비하라고 권하는 세 번째 대지와의 관계를 발견하기 위해서 고심할 것이다. Cf. Broadus, *On the Preparation and Delivery of Sermons*, 115-17.

[41] Robinson은 강해설교에서 이 방법을 효과적으로 사용하는 방법을 보여준다(*Biblical Preaching*, 129).

을 해야 하는가?" 그러나 만약 닻절이 적용 구절이라면 개요는 "적용 일관"이 되며, 대지는 다음의 질문에 대답하게 된다: "왜 이 일을 행해야 하는가?"[42]

원칙 일관의 개요

논지: 예수께서 담대히 주님을 전하라고 명령하시기 때문에 우리는 기회가 있을 때마다 그리스도를 전해야 한다.[43]

1. 예수님이 담대히 주님을 전하라고 명령하시기 때문에

   우리는 어려운 상황에서도 그리스도를 전해야 한다.

2. 예수님이 담대히 주님을 전하라고 명령하시기 때문에

   우리는 까다로운 사람에게도 그리스도를 전해야 한다.

3. 예수님이 담대히 주님을 전하라고 명령하시기 때문에

   우리는 곤경에 처해 있더라도 그리스도를 전해야 한다.

적용 일관의 개요

논지: 예수님만이 구원해 주실 수 있으므로 우리는 세상에 그리스도를 전해야 한다.[44]

1. 예수님만이 구원의 능력을 획득하셨으므로,

   우리는 세상에 그리스도를 전해야 한다.

2. 예수님만이 구원의 능력을 소유하고 있으므로,

   우리는 세상에 그리스도를 전해야 한다.

---

42) 고딕체로 쓰인 닻절은 개요가 원칙 일관인지 적용 일관인지 가리켜준다.

43) 이 논지와 대지들을 결과적인(consequential) 진술의 형태로 제시했다는 점에 주목하라. 이곳의 문장은 실례를 목적으로 하기 때문에 단순한 구조로 변형시켰다. 원칙 일관이나 적용 일관이라고 해서 특별히 결과적인 진술이나 조건부 진술의 형태로 제시해야 한다는 규칙은 없다. 설교자 자신의 개요 형식이나 목적에 알맞은 형태를 선택해서 사용하면 된다.

44) 논지와 대지들을 조건적인(conditional) 진술의 형태로 제시했다는 점에 주목하라.

3. 예수님만이 우리들을 구원해 주실 수 있으므로,
　　우리는 세상에 그리스도를 전해야 한다.

대지에서 일관되지 않은 구절을 "자석절"magnet clause이라고 한다. 자석절 안에서는 청중의 관심에 초점을 두는 핵심 단어가 변하기 때문에 자연스럽게 대지의 설명 요소들을 제시하게 된다. 그리고 소지들은 개요의 설명적인 특성을 가지고 있기 때문에 자석절을 뒷받침하거나 발전시킨다.

닻절에 나타난 보편적인 진리는 설교의 토대로서 메시지의 근거가 되기 때문에 논지 바로 앞이나 뒷부분에서(필요하다면 첫째 대지 첫 부분에서) 설명되어야 한다. 이 말은 일반적으로 증명이 거의 필요하지 않거나 본문 안에서 비교적 명백하게 나타난 개념이 닻절에 포함되어 있다는 뜻이다.

건전한 의사전달 방법의 선택은 대지 및 소지의 구조와 밀접하게 연결되어야 한다. 선행절을 정확하게 진술하라. 닻절과 자석절 모두에서 핵심 사상을 표현할 때 대명사를 사용하지 말아야 한다.

잘못된 예: 하나님이 우리를 사랑하시기 때문에 우리는 그를 경배해야 한다.

바른 예: 하나님이 자기 자녀를 사랑하시기 때문에 우리는 그를 경배해야 한다.

노련한 설교자들은 대지를 언급할 때 수동형 동사나 부정적 표현을 사용하지 않는다. 수동형으로 표현된 적용 구절은 사람들에게 어떤 일을 하라고 권고하기보다는 단순히 사람들에게—특히 제삼자와 관련된—어떤 일이 일어나는지 진술하는 의미가 된다(예를 들어 하나님이 구원해 주시기 때문에 신자들이 안전하다). 또 대지들이 어떤 행동을 거부하고 금지하는 데 초점이 맞추어져 있다면, 사람들은 자신이 해야 할 일이 무엇인지 추측해야 한다. 대지를 부정문으로 만들면 메시지 역시 부정적인 메시지가 되고, 그 결과 또한 부정적이 될 것이다. 복음을 말 그대로 좋은 소식이 되게 하라. 성경에서 금하는 것뿐만 아니라 권고하고 있는 것이 무엇인지 청중이 알 수 있게 하라.

(2) 장점과 단점

일정한 형식을 따른 논지의 구조를 반영해서 대지를 구성하면 많은 유익이 있다:

1. 설교자는 각각의 대지의 표현을 통해서 성경 본문을 강해하고 적용하는 두 가지 임무에 충실할 수 있다. 본문을 토대로 참된 것과 행해야 할 것을 증명하기를 요구하는 구조의 설교는 단순히 정보 중심의 설교가 될 수 없다.

2. 닻절의 일관된 유사성이 메시지의 중심 부분들을 정확하게 나타내 주는 동시에 통일성을 부여해준다.

3. 유사한 표현을 통해서 자석절에서 핵심 단어가 어떻게 변화하는지 선명하게 볼 수 있고, 그래서 각 부분의 주제 및 그 전개 과정을 분명하게 이해할 수 있다.

이런 형식으로 대지를 표현할 때 생기는 단점들이 있다. 주된 단점은 대지의 길이다. 대지 안에 원칙과 적용을 모두 포함시키면, 대지가 길고 복잡해진다. 비록 일정한 양식에 따라 표현된 대지가 길고 복잡해도, 닻줄을 반복하여 언급함으로써 중요한 정보가 가까이에 있음을 알릴 수 있다. 닻절을 반복해서 제시하는 것, 특히 각각의 대지를 진술하면서 5-10분 간격으로 설명하는 것이 이 설교문을 읽는 사람에게는 불필요한 일이겠지만 설교를 듣는 사람에게는 필요한 일이다. 닻절은 청중에게 방향을 제시해 주며 자석절에 관심을 쏟는 데 사용된다(일정한 형식에 따른 논지와 대지들을 갖추어 구성된 설교의 예를 보려면 부록 12를 보라).

(3) 간략한 형태

앞에서 이행부에 삽입된 대구법이 대지를 보다 격식을 갖추지 않고 간략하게 설명할 때 적용된다고 설명했다. 이 사실을 염두에 두고 다음의 단계를 따름으로써 대지를 형식에 맞춰 언급하기보다는 간결한 문장으로 표현할 수 있다:

대지를 단순화시키는 점진적인 과정

1. 개요에서 일관적으로 등장하는 요소(원칙 구절이나 적용 구절)가 무엇인지 주목하라. 다시 말해서 닻절을 확인하라.

2. 설교의 도입 부분에서 일관된 요소에 속한 개념을 설명하라(이 요소는 또한 논지를 진술할 때에도 나타날 것이다).

3. 닻절을 토대로 해서 분석적 질문 또는 함축적 질문을 작성하라(예를 들어 누가? 무엇을? 언제? 어디서? 왜? 어떻게?).

4. 이 질문에 대한 대답들을 하나의 절(즉 자석절)로 만들라. 그러면 이것이 곧 대지가 된다. (종종 설교자들은 논지에 대해 질문하고 답변하기보다 논지에 종속된 측면들을 대지로서 진술한다. 이것은 합당한 방법이지만, 논지에 대해 질문하고 답변함으로써 설교자 자신이나 청중이 설교의 논리를 확실히 파악할 수 있다.)

이처럼 단계별로 논지를 작성하고 조사하는 과정을 사용함으로써 위에 제시한 개요를 다음과 같이 단순하면서도 근본적인 형태로 요약할 수 있다:

원칙 일관 개요의 근본적인 단순화

도입: 예수님이 담대한 전도를 요구하신다는 사상을 전개한다.

논지: 예수님은 담대히 주님을 전하라고 명령하신다.[45]

분석적인 질문: 그 결과는 무엇인가?

1. 우리는 어려운 상황에서 그리스도를 전해야 한다.
2. 우리는 까다로운 사람들에게 그리스도를 전해야 한다.
3. 우리는 어려운 상황에 처해 있어도 그리스도를 전해야 한다.

적용 일관 개요의 근본적인 단순화

도입: 모든 사람에게 그리스도를 전해야 할 필요성에 대해서 설명함.

논지: 우리는 세상에 그리스도를 전해야 한다.

분석적인 질문: 왜?

1. 예수님만이 구원의 능력을 획득하셨다.
2. 예수님만이 구원의 능력을 소유하고 계시다.
3. 예수님만이 우리를 구원해 주실 수 있다.

이 과정이 대지를 단순화하는 유일한 방법은 아니지만 강해설교의 원칙을 지키면서 단순화시키는 근본적인 방법들 중 하나이다. 설교자는 진리와 적용을 함께 제시하는 대지들을 준비함으로써 설교의 처음부터 끝까지 강해자로서의 임무를 지켜 나갈 수 있다. 즉 대지를 완벽한 형태로 제시하는 것은 메시지와 전달자 모두를 정상 궤도에 위치하게 해주며 메시지 전체의 일정을 잡아준다.

---

[45] 이 예에서 닻절이 논지의 역할을 하고 있다는 사실을 주목하라. 대지가 단순화되어도 완벽한 논지는 그 역할을 잘 감당해 낼 수 있다.

심지어 설교사가 자석절의 변화된 핵심 단어만 실교의 궁극적인 대지로 사용한다 해도 이런 단순화 과정을 통해서 성경 본문의 의미 및 그 요구 사항을 고려하게 된다. 이 과정은 어떤 설교에서도 건전한 과정이다.

대지들을 짧은 형태로 제시하는 데 대한 주된 도전은 그것들이 공식적인 강해 개요의 목표를 진작시켜야 한다고 생각하는 것이다. 단순히 본문을 묘사하려는 함정에 빠지지 않도록 한다(즉 본문의 내용이 뒷받침하는 진리 원칙들을 드러내지 못한 채 개요를 작성하는 일을 피해야 한다. 예를 들면 노아는 늙었었다, 노아가 방주를 지었다, 노아는 비를 맞지 않았다).[46] 대지는 본질상 권고적이어야 한다. 즉 설교자가 신자들의 삶에 적용하라고 권면할 수 있는 보편적 진리를 드러낼 수 있도록 진술되어야 한다. 비록 단순화시킨 대지 속에 명령절이 포함되어 있지 않더라도, 대지에 제시된 사상들이 메시지의 적용을 위한 개념적 지렛대를 제공하고 있음을 청중이 이해할 수 있어야 한다. 종종 형식을 갖추지 않은 대지를 명령문으로 작성하거나 일인칭이나 이인칭 복수형 대명사-"우리" 혹은 "여러분"-를 포함시키는 것이 도움이 된다.[47] 설교자가 "우리가 무엇을 해야 할까요?" "여러분은 무엇을 믿어야 합니까?"라고 말할 때 자동적으로 설교는 추상적인 설교를 벗어난다. 따라서 대부분의 설교자들은 단순히 본문의 사실들을 묘사하기보다 청중에게 직접 적용되는 진리 원칙들을 진술할 때 설교의 표현이 강력해지고 청중의 관심을 끌 수 있음을 발견한다.

이인칭을 사용함으로써 청중을 설교에 개입시키라.

잘못된 표현:하나님은 은혜로 자기 백성을 의롭다 하십니다(이 문장이 삼인칭으로 표현되어 있음에 주목하라. 즉 어디에선가 의롭다 함을 받은 사람들, 즉

---

46) Walter L. Liefeld, *New Testament Exposition: From Text to Sermon* (Grand Rapids: Zondervan, 1984), 20-21.

47) Michael Fabarez, *Preaching That Changes Lives* (Nashville: Thomas Nelson, 2002), 62-64.

"그들"에게 진리가 적용된다).

좋은 표현: 하나님은 은혜로 여러분을 의롭다 하십니다.

더 좋은 표현: 하나님이 은혜로 우리를 의롭다 하셨으므로 우리는 기뻐해야 합니다.

설교자가 단순화하거나 격식을 따르지 않는 방식을 따를 때에도 대지들은 되도록 대등하면서 조화를 이루며 점진적으로 전개되어야 한다. 대부분의 설교자들은 이것들이 설교에 인위적인 것을 덧붙이는 것이 아니라 효과적인 소통을 가능하게 해주는 자연스러운 도구임을 발견하기 때문에 설교 경험이 성장함에 따라 본능적으로 이렇게 대지를 표현한다.

대지는 이해 가능한 문장으로 진술되어야 하므로 설교학자들은 대지를 완벽한 문장으로 작성하라고 충고한다.[48] 이 기준에도 예외가 있지만, 이것이 설교 준비 과정에서 설교 내용을 완성하는 데 도움이 되고 설교하는 동안 단어 선택에 집착하지 않도록 도와준다. 비록 단순화된 형태로라도 대지들을 모두 완벽한 문장에 근거해서 확실하게 제시한다면, 설교의 내용을 반듯하게 정리할 수 있을 것이다.[49]

완벽한 설교 준비의 핵심이 통일성이므로 대지들을 단순한 형태로 표현할 때에 통일성을 갖추어야 한다. 자석절이 공식적인 닻절의 내용과 연관이 적으면 설교자가 설교의 초점을 잃기 쉽다. 단순화된 대지는 "주제와 관련이 있으면서도 서로 비슷해야" 한다.[50] 이것은 어떤 형태를 취하든지 대지가 논지를 전개하

---

48) Paul Borden "Expository Preaching," and Hugh Litchfield, "Outlining the Sermon," in *Handbook of Contemporary Preaching*, 73, 173; Adams, *Preaching with Purpose*, 49; Larsen, *The Anatomy of Preaching*, 68.

49) 비록 몇몇 대지가 질문에 대한 단순한 대답이거나 불완전한 문장에 지나지 않는다 하더라도 청중이 대지를 이해하게 하기 위해서는 설교자의 말 뒤에 완벽한 문장이 함축되어 있어야 한다.

50) Rayburn, "The Discussion," 1.

고 지지하며 증명해야 한다는 뜻이다. 예를 들면 다음과 같다:

잘못된 예: 예수님이 우리의 대변자시므로…
   1. 우리는 그분을 찬양해야 한다.
   2. 우리는 그분에게 기도해야 한다.
   3. 제자들이 그분을 부당하게 대했다.

바른 예: 예수님이 우리의 대변자시므로…
   1. 우리는 그분을 찬양해야 한다.
   2. 우리는 그분에게 기도해야 한다.
   3. 우리는 그분을 섬겨야 한다.

두 번째 개요에서 각각의 대지는 "예수님이 우리의 대변자이기 때문에 우리가 해야 할 일이 무엇인가?"라는 질문에 대한 진단적 대답이다. 그러나 첫째 개요에서 세 번째 대지(비록 이것이 문법적으로 바르고 본문의 진리를 나타내고 있지만)가 유사한 진단적 질문에 대한 대답이 아니며 나머지 대지들의 표현이나 개념과 조화를 이루지 못한다는 것을 알 수 있다. 진단적 질문은 설교의 조화를 이루는 데 도움이 되기 때문에 설교자가 설교 시간 내내 큰 소리로 그러한 질문을 하기도 한다. 예를 들어 논지를 제시한 후에 진단적 질문을 하고 나서 대지를 진술함으로써 그 질문에 대답한다면, 설교 전체에 통일성을 부여하며 청중으로 하여금 각 대지의 목적을 예리하게 인식하게 할 수 있다.

(4) 관점

(일정한 양식을 따라 표현하거나 격식 없이 단순화된 대지들과 관련하여) 지금까지의 논의에서 강해설교를 구성하는 방법을 철저히 다루었다고 주장할 수

없다. 이런 구성 방법들은 건전한 강해 원칙들을 반영하는 동시에 강해설교의 의무를 완수하게 해주는 모델을 제공해줄 뿐이다. 이것들은 자신의 사상을 체계화하기 위한 근본적인 지침을 원하는 사람들을 위한 본보기이다. 물론 설교의 대가들은 확실한 성공을 원하겠지만 대부분의 설교자들은 일반적인 성공을 거두는 데서부터 배워 나간다.[51] 기본 원칙들을 통달하는 것은 설교에 성공 가능성을 부여해줄 것이다.

개요 구성의 기본 원칙을 파악하면, 적용의 근거가 되는 성경의 진리를 강조하면서 대지를 몇 개의 핵심 단어로 축약할 수 있다. 어떤 때는 형식을 갖춘 표현이 잘 작용하고, 어떤 때는 하나의 절이나 한 단어가 가장 좋은 역할을 하기도 한다. 나는 매주 설교에서 주로 단순한 형태를 사용한다. 그러나 나의 사상을 단순화된 형태에 맞추려고 애쓰고 있다는 사실을 깨달을 때에는 즉시 원점으로 돌아가서 좀 더 형식에 맞는 표현법을 사용한다.

앞에서 예로 제시한 개요들은 각기 세 개의 대지를 포함하고 있지만, 강해설교를 항상 세 부분으로 나눌 필요는 없다. 설교학자들이 서양에서 "세 개의 요지와 한 편의 시"라는 형식이 설교의 표준처럼 여겨지는 이유에 대해서 활발하게 논의하고 있지만, 대부분의 설교학자들은 설교의 목적에 따라서 대지의 개수가 결정되어야 한다는 데 동의한다.[52] 일반적으로 세 개의 대지는 사상의 전개 과정을 나타낸다: 문제, 방법, 결과; 임무, 수단, 의미; 도입, 전개, 결말; 대상, 이유, 방법. 대지를 두 개 제시하는 메시지는 대개 균형 잡힌 긴장 상태를 나타낸다: 외적인 것과 내적인 것; 영적인 것과 물질적인 것; 신적인 것과 인간적인 것; 태도와 행동. 이런 긴장 상태 속에 메시지의 요지가 포함되어 있다. 그

---

51) 새로운 설교 구조에 대해서 더 많은 정보를 원한다면 다음을 보라. 본 저자의 Chapell, "Alternative Models," 117-31.

52) Broadus, *On the Preparation and Delivery of Sermons*, 113; Stott, *Between Two Worlds*, 230; Adams, *Preaching with Purpose*, 56; Larsen, *The Anatomy of Preaching*, 68.

래서 어떤 메시지에서 대지를 두 개 제시하면서도 그 대지들이 대등한 관계가 아닐 때 전체 메시지가 불완전한 것처럼 느껴지는 것이다. 대지가 세 개 이상인 개요는 점증적인 효과를 얻기 위해서 설교를 분할하는 방식을 사용한다. 즉 설교자들이 "배우자를 사랑하는 다섯 가지 성경적 방법"이나 "거룩한 사람의 일곱 가지 특징"을 열거할 때 간략하게 요약한 사상을 내세우기 위해서 대지들을 사용한다(이런 유형의 개요는 목록, 사다리, 혹은 다이아몬드 형식이라는 이름으로 다양하게 불린다).

3) 소지

(1) 지침

소지는 권고 형태의 보편적인 진리가 아니다. 강해설교에서 각각의 소지는 대지(특히 자석절)의 내용을 뒷받침해주는 성경의 증거나 내용을 요약한 것이다. 즉 소지는 대지를 뒷받침해주는 성경 자료를 소개하는 바 간결한 문장 또는 구조상 문장의 특징을 갖지 못하는 언어형식을 취하는 "사상의 말뚝"thought peg이다. 소지는 대지의 배후에 놓인 논제를 구체적으로 설명하고 발전시킬 수 있는 본문의 내용(상황 설명 또한 본문의 한 부분이라는 사실을 명심하라)을 지적해준다. 이때 설교자들은 일반적으로 진술-위치 확인-증명state-place-prove이라는 강해 공식을 사용한다. 즉 먼저 소지를 진술하고, 그 진술을 뒷받침하는 내용이 성경 본문 어디에 있는지 언급하고,[53] 그 다음에 그 본문의 내용이 어떻게 소지의 진리를 확고히 해주는지 설명한다. 강해설교자는 설교의 개요를 완성한 후에 소지(혹은 대지) 속에 본문의 내용이 모두 포함되었는지 살펴봄으로써 자

---

[53] 앞에서 설명한 것처럼 청중이 본문의 내용을 잘 알고 있다면 설교자가 반드시 낭독해야 할 의무는 없다. 시간이 촉박하다면 본문의 내용을 그대로 인용하기보다는 소지로 간단하게 요약하는 것이 현명할 것이다. 진술하고 위치를 밝히고 증명하는 과정에 대해서는 본서 제5장에서 상세하게 설명하였다.

신이 본문의 내용을 속속들이 규명했는지 평가해 보아야 한다.

  소지의 수효에는 표준이 없다. 대지 하나에 소지 세 개가 있다고 해서 다음 대지도 그와 똑같아야 한다는 규칙은 없으며, 대지 밑에 소지가 반드시 필요한 것도 아니다. 소지 없이 대지만 제시할 때는 즉시 요지를 설명하고 위치를 밝히고 증명하면 된다. 그러나 소지가 하나만 등장하는 일이 있어서는 안 된다. 각각의 대지에 소지가 반드시 필요한 것은 아니지만, 소지를 제시할 때에는 반드시 한 개 이상이어야 한다. 왜냐하면 소지를 하나만 제시했을 때, 그 소지가 대지를 보충하기보다는 대지와 대등한 것처럼 보여 청중을 혼란스럽게 만들 수 있기 때문이다. 대지에 관한 설명이 한 단락 이상이 될 때마다 소지를 사용하라고 권하고 싶다. 분명한 표지를 제공하지 않은 채 설명을 길게 늘어놓을 때 청중은 쉽게 길을 잃어버리기 때문이다.

  소지는 대지의 사상을 조직적으로 정리하고 전개해준다. 그것들은 서로 상응하고 균형을 이루어야 하며 점진적으로 전개되어야 한다. 각각의 소지는 서로 비슷한 형태로 대지와 관계를 맺어야 한다. 대지들과 마찬가지로 소지도 단순히 본문의 내용을 설명하는 것이 아니라 메시지의 사상을 전개해 나간다. 예를 들어 "예수님이 예루살렘에 입성하셨다"라는 말은 소지로는 불충분하다. 설교자가 본문의 내용과 소지 진술의 원칙(즉 경건은 희생을 필요로 한다)을 혼동하기 쉽다. 설명(즉 소지를 중심으로 한 단락이나 두서없는 자료) 외에 본문의 내용들이 소지의 진술을 뒷받침하거나 증명해야 하지만 그것들 자체는 소지의 진술이 되지 못한다. 본문의 내용이나 연대만을 묘사하는 개요는 허셜 요크 Hershael W. York가 말한 바 정보를 전달하는 설교 factoid sermon를 형성한다.[54]

---

54) York and Decker, *Preacing with Bold Assurance*, 12.

단순히 본문을 묘사하는 소지들의 예

대지: 하나님이 신실한 자에게 복을 주시므로 우리는 하나님께 순종해야 한다.

1. 이스라엘은 여리고 성을 대면했다.
2. 이스라엘은 여리고 성 주위를 행진했다.
3. 여리고 성이 무너졌다.

이 대지들은 단순히 여호수아서 6장에 기록된 사실들과 연대표를 묘사한다. 그것들은 진술된 대지의 원칙을 발전시키기 위한 표현이 되지 못한다.

대지의 원칙을 전개하는 소지들의 예

대지: 하나님이 신실한 자들에게 복을 주시므로 우리는 하나님께 순종해야 한다.

1. 신실함은 하나님의 원수들을 대적할 것을 요구한다.
2. 신실함은 하나님의 말씀에 복종할 것을 요구한다.
3. 신실함을 하나님의 손을 보는 결과를 낳는다.

이 소지들은 대지의 원칙을 발전시키고 뒷받침하도록 작성되었다. 여호수아서 6장의 사실들이 소지들을 뒷받침하거나 증명하기 위해 인용될 것이다. 이 소지들도 위의 예에서 제시된 소지들과 동일한 사실에 기초를 두고 있음에 주목하라.

노련한 설교자들은 대체로 소지를 드러내 놓고 제시하지 않는다.[55] 청중은 설교자의 표현에 의해서 소지를 이해한다. 소지를 일일이 열거해야 할 때 설교자들은 그것을 알파벳순으로 나열하지 않는다. 즉 "소지 C는…"이라고 하지

---

55) Sweazey, *Preaching the Good News*, 71.

않고 "세 번째로…" 혹은 "덧붙여서…"라고 말한다. 대중 연설의 전문가들은 연설 노트에 소지를 숫자로 기입해 두면 연설하는 동안 문자를 숫자로 변형시키려고 허둥대지 않아도 된다고 충고한다. 그러나 이 충고는 소지들을 낱낱이 열거해야 한다는 뜻이 아니다. 비록 개요가 청중의 이성을 향한 논리 경로logical path이지만 영향력 있는 메시지를 만들기 위해서 청중으로 하여금 모든 것을 낱낱이 기억하게 만들 필요는 없다.

평범한 청중에게 있어서 효과적인 설교는 사려 깊은 대화를 통한 담화처럼 여겨진다(homiletics의 헬라어 어원인 homileo가 "대화하다"를 의미한다). 설교자가 개요를 강조하지 않는다면, 설교가 수필처럼 들릴 수도 있다(그러나 개요를 강조하면 인위적이고 과장된 설교로 들릴 수도 있다). 일반적으로 청중은 설교를 구성하고 있는 각각의 사상을 평가하기보다 설교자의 사상의 흐름을 따라가기를 원한다. 교회를 떠나면서 "세 번째 대지의 두 번째 소지가 훌륭하지 않았느냐?"라고 말하는 사람은 없을 것이다. 그러나 만일 교인들이 "목사님의 말을 알아들을 수 있었다"거나 "목사님의 설교가 이해하기 쉬웠다"라고 말한다면, 그 설교자는 메시지를 체계적으로 정리해서 잘 전달했다고 할 수 있다. 폴 스콧 윌슨Paul Scott Wilson은 훌륭하게 작성된 설교를 자체의 독특한 메시지를 유지하면서 시청자를 차후의 통찰의 창으로 안내해주는 웹사이트에 비유함으로써 설교에 대한 현대적 인식 형성에 기여했다.[56]

설교의 목표는 하나님의 백성들로 하여금 성령이 말씀의 진리를 가지고 그들을 대면하고 계심을 분명히 깨달을 수 있게 하는 데 있다. 설교자는 이러한 만남이 가능하다고 생각되는 길로 청중을 인도할 수 있도록 설교를 작성한다. 그 길에 대한 청중의 기억이나 인상이 설교자가 그들의 삶에 미칠 것을 기도하고

---

56) Paul Scott Wilson, *The Four Pages of the Sermon: A Guide to Biblical Preaching* (Nashville: Abingdon, 1999), 11-12.

기대하는 경험보다 하찮은 것일 수 있다. 설교의 구성 특징들을 기억하는 사람들은 거의 없겠지만, 만일 그러한 특징들이 그들을 분심하거나 혼동됨이 없이 성령에게 인도했다면 성령과 자신의 만남을 망각하는 사람은 거의 없을 것이다. 설교자는 설교 기술이나 자신의 수고를 강조하지 말고 성령의 사역을 극대화할 수 있도록 설교를 구성해야 한다.

설교에서 조직이나 구성은 그것이 결여되거나 지나치게 강조되었을 때에만 문제가 된다. 훌륭한 설교라는 고속도로 위를 달리는 청중은 목적지에 집중할 뿐 도로 상태에는 거의 관심을 갖지 않는다. 그러나 자동차가 덜컥거리면 사람들은 도로 상태에 관심을 갖기 시작한다. 성도들에게 설교의 구조가 아니라 그 목적을 보여주려면 설교학적인 전문 용어를 사용하지 말아야 한다(예를 들어 "오늘 설교의 논지는…" "이것에 대한 나의 첫 번째 소지는…"). 다음에 묘사된 방법들 중 일부를 사용하는 부수적인 사상들은 소지 때문에 청중이 분심되지 않도록 해준다.

(2) 소지의 형태

강해설교에서는 세 가지 형태의 소지가 규칙적으로 나타난다. 소지의 형태가 이 세 가지로 국한되는 것이 아니지만, 이 형태들이 빈번히 사용되고 있거나 오용되고 있으므로 검토해볼 필요가 있다.

분석적인 질문에 대한 대답analytical-question response은 다음과 같은 중요한 질문에 대한 대답을 제시함으로써 대지를 지지하거나 전개해 나간다: "이것이 진리라는 사실을 어떻게 알았는가?" 혹은 "언제 이것을 삶에 적용해야 하는가?" 설교자들은 대지를 진술한 후에 소지로 나아가기 위해서 대지와 관련된 분석적인 질문을 한다. 이때 각각의 소지는 진술-위치-증명이라는 표준적인 형태로 대답에 관한 논의를 시작한다.

분석적인 질문에 대한 대답을 소지로 사용

대지: 예수님이 구원의 유일한 소망이시므로, 우리는 어려울 때에도 그리스도를 증언해야 한다.

분석적인 질문: 여기에서 말하고 있는 어려움이란 어떤 유형을 말하는가?

소지: 1. 상황과 관련된 어려움

2. 대인관계에서의 어려움

3. 영적인 어려움

의문문은 사상의 진보를 포함하는 질문을 도입하는 유사한 질문 형식으로 표현된 소지라고 할 수 있다. 각각의 질문(누가? 무엇을? 언제? 어떻게? 얼마나? 왜? 등)이 대지를 발전시키고 뒷받침해주는 대답을 이끌어냄으로써 소지의 역할을 행한다.

의문문 형태의 소지

대지: 예수님이 구원의 유일한 희망이시므로 우리는 어려울 때에도 그리스도를 증거해야 한다.

소지: 1. 우리가 직면하게 될 어려움은 어떤 것인가? 그리스도의 원수들

2. 이런 어려움에 직면했을 때 우리에게 도움이 되는 것은 무엇인가? 그리스도의 군대

의문문 형태의 소지는 의사 소통에 큰 도움이 된다. 왜냐하면 의문문은 설교자로 하여금 청중이 설교를 들으면서 제시할 가능성이 있는 질문을 하게 만들기 때문이다. 그래서 결국 설교자는 성도들과 똑같이 생각하게 되고 청중에게 친근한 메시지를 만들 수 있다.

설교자는 의문문 형태의 소지를 사용한 즉시 간결한 문장으로 그 질문에 대한 답을 제시함으로써 진리를 요약해 주어야 한다. 다시 말해서 소지에 대한 답

을 제시하고 증명해야 한다. 간혹 그 대답이 미뤄질 수도 있겠지만, 만약 소지에 대해 논의한 후에 대답을 제시한다면, 설교자의 결단력 부족이 청중을 좌절하게 만들 수도 있다. 청각적 환경에서는 질문을 되풀이하지 않는 한 몇 문장 전에 등장했던 질문을 답변과 연결하는 일이 어렵다.

하나의 대지에 속한 의문문 형태의 소지들에 대한 답변들은 그 핵심 용어들(즉 바뀐 단어들)이 소지들의 특징적 개념들을 명백하게 드러낼 수 있도록 유사하게 표현된다. 이 핵심 용어들 역시 예증과 적용에 개입될 것이다.

신학생들이 배우는 소지의 형태 중에서도 가장 일반적인 것이 불릿 진술bullet statement이다. 그러나 훌륭한 의사 전달자일수록 본능적으로, 그리고 보다 빈번하게 의문문의 형태를 변형해서 사용한다. 불릿 진술은 대지의 설명 부분을 간략하고 산뜻하게 요약해준다. 이런 진술은 문장의 단편을 사용하거나 평서문으로 제시할 수 있으며, 앞에서 설명한 내용이나 이행부에 근거해서 이해할 수 있다.

불릿 진술을 사용한 소지

대지: 예수님이 구원의 유일한 소망이시므로, 우리는 어려울 때에도 그리스도를 증언해야 한다.

소지: 1. 바쁜 상황에서

2. 두려움에 직면했을 때

3. 크게 화가 났을 때

불릿 진술에서는 소지를 간결하게 표현하는 것이 중요하다. 소지가 길어지면 대지의 사상을 발전시키기보다는 오히려 그 사상에서 멀어진다. 소지는 망치와 같아서 청중이 부수적인 정보들을 걸어둘 수 있는 개념적인 말뚝을 박는 역할을 한다.

(3) 관점

소지란 대지의 설명 부분을 관리할 수 있는 사상의 단위로 나누어 놓은 것이다. 소지에서 쓰인 용어들이 대지의 예증과 적용 부분에 나타나기도 한다. 소지에서의 용어 사용이 대지의 구성에 매우 중요하기 때문에 설교자들이 성경 본문에서 이끌어낸 용어를 사용한다면 청중이 이해하는 데 도움이 될 것이다(이것은 대지 작성에도 적용된다). 이렇게 본문에서 이끌어낸 용어를 사용하면, 청중은 설교의 사상이 성경 본문 중 어디에서 나온 것인지 정확하게 찾아볼 수 있다. 그러나 본문의 용어가 설교에서 전개하는 진리를 있는 그대로 표현하고 있지 않다면, 그 용어 사용이 도움이 되지 않을 것이다. 그러나 각각의 요지를 제시하고 설명할 때 자연스럽게 본문을 인용하게 되므로, 요지를 제시할 때 본문을 그대로 인용하지 않았다는 이유만으로 개요가 강해로서 부족하다고 걱정할 필요가 없다.

이 장에서는 대지 다음에 소지를 제시해야 한다고 가정해왔다. 설교자들을 이런 식으로 교육하는 것이 유익하지만, 소지들이 대지의 사상을 증명하기보다는 소지들을 통해서 대지의 결론을 이끌어낼 수 있을 때 의사전달이 가장 잘 된다. 최근의 설교학 교재들은 대부분 귀납적인 설교―특수한 사상이나 예화, 혹은 교훈을 통해서 보다 일반적인 원칙을 이끌어 내는 설교(예수님이 사용하신 전형적인 방법)―에 많은 장점이 있음을 드러내왔다. 이와 반대로 보다 전통적인 연역적 설교는 일반적인 원칙을 제시하면서 메시지의 각 부분을 시작한다(바울이 사용한 방법).[57] 귀납적인 방법은 적용과 관련된 반응을 가능하게 하는 데 반해 연역적 방법은 논증을 가능하게 한다. 그러므로 이 두 가지 방법을 설교 전체의 성격에 따라서 알맞게 사용할 수 있고, 설교에서 각각의 대지를 설명

---

[57] Ralph Lewis with Gregg Lewis, *Inductive Preaching: Helping People Listen* (Westchester, Ill.: Crossway, 1983), 61-66; Chapell, *Using Illustrations to Preach with Power*, 26-32.

할 때에도 그 성격에 따라서 선택해서 사용할 수 있다.[58]

   주의해야 할 점: 청중은 설교의 각 부분을 시작할 때마다 대지의 사상을 전개해 나갈 때 의지할 사상적인 말뚝을 필요로 한다. 증명될 원칙의 진술, 정당화될 특별한 교훈, 의미가 밝혀질 예화 등 거의 모든 것이 사상적 말뚝의 역할을 할 것이다. 일상적인 대화에서 우리는 때때로 이유를 설명하기 전에 어떤 일을 행해야 한다고 말하거나 논지를 충분히 입증하기 전에 먼저 유추를 통해서 설명한다. 설교에서도 설명과 예증과 적용을 제시하는 데 있어서 표준적인 순서가 있는 것이 아니다. 그러나 특수한 대지 진술, 예증, 또는 특별한 적용 등의 정보를 제시하는 이유를 밝히기 전에 문법이나 역사나 문맥을 설명하면서 대지를 시작해서는 안 된다. 청중으로 하여금 "설교자가 왜 이런 말을 하는가?"라는 질문을 하게 해서는 안 된다. 설교자는 "과거 완료 시제의 기원"을 설명하기 전에 왜 그런 설명이 필요한지 그 근거를 명백히 제시해 주어야 한다.

5. 기본적인 F-O-R-M

   이제까지 강해설교 개요의 각 부분에 대한 논의의 결론을 내릴 수 있는 관점을 제시하려 해왔지만, 지금까지 상술한 가르침들이 형식에 맞춰 형성된 사고방식으로 이어질 수 있음을 인정한다. 이런 위험성 때문에 대부분의 설교학 서적들은 이 장 앞에서 제시했던 것처럼 설교 구조의 일반적인 원칙만 언급한다. 그러나 교수들과 노련한 설교자들, 그리고 신학생들은 한 가지 설교 방법만을 강조하는 것은 마치 모든 화가들이 레오나르도 다 빈치와 똑같이 그림을 그려

---

58) Greidanus, *Modern Preacher and the Ancient Text*, 184.

야 한다거나 모든 음악가들이 베토벤처럼 작곡해야 한다고 가르치는 것과 같음을 인정한다. 고상한 표현의 기술과 아름다움과 풍부함이 한 가지 형태에 한정될 수는 없다. 그러나 기술자가 되기 위해서 배워야 할 전통적인 방식-독자들이 허락한다면 기법이라는 용어를 사용하고 싶다-들이 있다. 전문가의 손에서 이러한 기법은 궁극적으로 전통적인 관습과 자신이 습득한 혁신적인 것을 혼합하여 독창적인 대작 및 새로운 기법을 만들어내는 수단이 될 것이다.

지식과 확신을 가지고 설교를 준비하게 해줄 이 유서 깊은 설교 기법을 설교자들이 배우기를 바란다. 그러나 이런 특정 기법들이 설교를 지배하고 제어해서는 안 된다. 그보다는 설교자들이 성령의 인도 아래 자신의 통찰과 선택권과 지식에 기초한 혁신적인 것들에 따라 작성된 풍요롭고 강력한 메시지를 제공할 수 있게 해줄 도구들을 알고 경험해야 한다.

설교 준비의 도구들을 학습하기 위해 필요한 이 훈련이 처음에는 구속처럼 느껴지겠지만, 나의 의도는 설교자들이 강해설교 작성에 필요한 도구들을 소개받은 적이 없는 데서 비롯된 혼동이나 의심이나 무력함을 피하게 하려는 것이다. 스위지Sweazey는 다음과 같은 흥미로운 통찰을 제공한다:

> 목적을 가지고 지혜롭게 계획된 설교를 준비하는 것은 제약이 아니라 해방이다. 왜냐하면 그것이 설교자로 하여금 자신이 원하는 일을 할 수 있게 해주기 때문이다. …자유는 방종이 아니다. 실이 끊긴 연은 방종을 얻지만 연이 될 수 있는 자유를 잃는다. 끈이 풀린 풍선은 지나가는 바람의 포로가 된다. 예수님은 지도를 연구함으로써가 아니라 정해진 좁은 길을 걸어갈 때 참 생명을 발견할 수 있다고 말씀하셨다. …설교자가 형식과 구조를 무시함으로써 자유를 찾을 수 있는 것이 아니다. 오히려 이런 것들이 그에게 설교자가 될 수 있는 자유를 줄 것이다. 그는 설교를 준비하는 동안 작성된

개요를 발전시키면서 쾌활을 느낄 수 있다. 그러나 분명한 계획 없이 설교를 준비한다면 무겁고 지루한 느낌을 피할 수 없을 것이다.[59]

나는 강의를 하거나 세미나에 참석하면서 설교자들이 설교와 관련된 내용 중에서도 특히 설교의 구성에 대해서 많은 의문을 가지고 있음을 발견했다. 물론 그보다 더 중요한 질문들이 있다. 그러나 설교자들이 이런 부분에 관심을 많이 갖는다는 사실은 다음과 같은 사실을 설명해준다. 즉 설교학 교수들이 설교에 관한 모든 기술들을 공평하게 강조하려고 했기 때문에 많은 설교자들이 설교의 구성이라는 큰 바다에 빠지는 결과를 초래했다는 사실이다. 나는 앞에서 제시한 기준들이 끝이 아니라 출발점에 불과하다는 사실을 인식하면서 보다 분명하고 구체적으로 설명하려고 노력했다.

설교의 구성과 관련해서 가장 기본적인 지침을 한 마디로 이야기하자면, 모든 강해설교는 F-O-R-M을 가지고 있어야 한다는 점이다. 즉 설교의 개요는 다음과 같아야 한다:

Faithful to the Text(본문에 충실하고)

Obvious from the text(분명히 본문으로부터 이끌어낸 것이어야 하며)

Related to a FCF(FCF와 관련이 있어야 하고)

Moving toward a climax(정점을 향해 움직여 나가야 한다.)

형태는 다르더라도 이 기준들을 충족시켜주는 설교는 권위 있고 정확하게 성경의 내용을 제시할 수 있으며 감명을 줄 수 있을 것이다.

---

59) Sweazey, *Preaching the Good News*, 71.

6. 새로운 설교 형태들은 어떠한가?

과거 25년 동안 혁신적인 설교 기법들에 관해 저술된 많은 글들은 연설을 받아들이고 진행하는 방법에 관한 이론가들의 관찰을 차용해왔다. 이러한 혁신적인 기법들에는 장점과 배울 점이 많지만, 이 방법들이 추정하는 것들과 결과들을 이해해야 한다.

1) 서사 설교Narrative Preaching 형태

사람들은 이야기를 좋아한다. 이야기식 설교를 중시하는 신학자들과 설교자들은 이야기의 힘을 포착하여 새로운 설교 기법으로 전환하려 해왔다. 그리스도께서 비유를 사용하신 것 및 성경에 이야기 자료가 매우 빈번하게 등장하는 것은 영원한 진리를 전하기 위해 이야기하기storytelling의 특징을 사용하는 것의 장점과 적합성을 증명해준다.[60]

2) 서사 이론Narrative Theory

서사 이론을 형성해온 중요한 관찰들 중 하나는 일반적으로 구두로 진행되는 의사소통은 "논리적인 요점들"로 청취되기보다 다양한 언어의 "움직임들"을 통해 작성되는 인상들의 흐름으로 이해된다는 점이다. 단어와 이미지 선정에 의해 사상이 소개되며, 복잡한 상황을 도입함으로써 그것에 대한 고찰을 촉진한 후 전형적으로 다음 사상으로 이어지는 해법을 끌어낸다(그림 6.1을 보라).

---

60) Chapell, *Using Illustrations to Preach with Power*, 40-47.

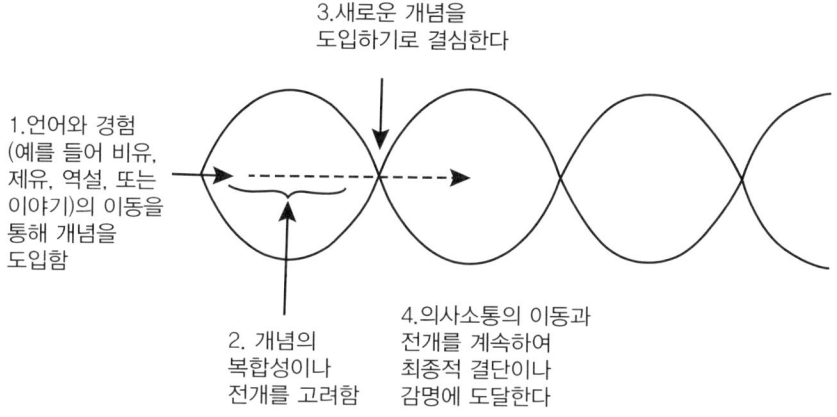

그림 6.1 의사소통의 "이동"

　청중은 논리의 다양한 흐름을 냉정하게 처리하기보다는 이전의 삶의 정황 및 현재의 삶의 정황과 교차하는 일련의 경험으로 여겨 이러한 움직임들과 관계함으로써 해석한다. 이러한 경험들은 이후에 메시지에 등장하는 사상을 설명하고 방향을 이끄는 새로운 정황이 된다. 대부분의 사람들이 설교를 비롯한 구두의 의사전달을 인식하는 방식에 대한 이러한 분석 덕분에 설교를 설교자가 반론의 여지가 없는 복잡한 논리적 논제들을 사용하여 청중을 복종하게 만드는 토론 중심의 연설이 아니라 청중이 자신의 방식으로 진리를 이해하게 되는 경험을 만들어내는 일련의 인상들로 여기게 된다.[61]

　의미를 전달하는 데 있어서 개인적인 경험의 중요성을 강조하게 되면 연설 이론가들과 설교자들은 자연히 의사전달을 극대화하기 위해 경험을 공유할 수 있는 방법을 연구하게 된다. 만일 우리가 꽃을 경험하기 위해 모두 함께 들에 나갈 수 없다면, 꽃을 즐기는 것이 의미하는 바를 어떻게 알 수 있는가? 이야기

---

[61] Craddock, *As One without Authority*, 57-63.

를 통해서, 다시 말해서 그 경험을 이야기로 재창조함으로써 알 수 있다. 하나의 경험에 대한 견해들을 공유할 때 의미전달이 극대화된다고 가정할 때[62] 이야기는 설교자의 진리가 청중에 의해 경험되고 공유되도록 해주는 주요한 수단이 된다. 청중은 이야기를 통해서 경험을 소개받고, 묘사된 사건이나 인상들을 통해서 대리만족을 느끼며 살며, 이야기에 함축된 의미들에 대한 공유된 느낌들을 제거함으로써 공동체 안에 의미가 형성되고 유지된다.

3) 서사 방법 Narrative Methods

이야기 구조에 기초를 두고서 설교를 작성하는 통찰력 있고 매력적인 방법들이 출현해왔으며, 의미를 전달하는 탁월하고 가장 효과적인 방법으로써 이야기를 옹호하는 기사와 서적들이 많다. 설교 구성 homiletical plot에 대한 유진 로리 Eugene Lowry의 묘사는 이야기를 작용하게 만드는 것 및 설교 구성에서 이야기의 특징들을 사용하는 방법을 분별하는 데 도움이 되는 매우 유익하면서도 잘 알려진 자료이다.[63] 이야기 및 이야기의 전개를 반영하는 설교는 이러한 특징들과 동일시된 경험의 개인적 의미를 밝힌다: 평정을 깨뜨림; 모순 또는 불일치를 분석함, 해결의 실마리를 드러냄, 복음을 경험함, 결과를 예상함.[64]

이러한 구조는 자연스럽게 청중의 관심을 사로잡을 뿐만 아니라 성경적 이야기의 전개를 강력하게 나타내준다.[65] 실질적으로 모든 강해설교자들이 성경적

---

62) Alfred Schutz, *The Phenomenology of the Sacred World*, trans. George Walsh and Frederik Lehnert, Northwestern University Studies in Phenomenogly and Existential Philosophy (Evanston, Ill.: Northwestern University Press, 1967), 97-138.

63) Lowry, *Homiletical Plot*; idem, *The Sermon: Dancing the Edge of Mystery* (Nashville: Abingdon, 1997), 56-89.

64) 로리는 보다 후기의 저술인 *The Sermon*에서 이것을 다음과 같은 4단계로 축소한다: 갈등, 복잡성, 갑작스런 변위, 전개.

65) Calvin Miller, *Spirit, Word, and Story: A Philosophy of Preaching* (Dallas: Word, 1989),

사건의 특징들을 정리하여 세 가지 논지를 지닌 명제어로 표현하려고 노력할 때 긴장을 느낀다. 성경에 등장하는 인물들이 경험하고 있었던 것이나 사건의 복잡성이 하나님의 백성에게 요구했던 것에 대한 현실적인 인상을 청중에게 주는 데 설교의 중심이 주어질 때 성경적 사건의 진리가 보다 잘 전달될 수 있을 것이다. 그런 경우 성경적 사건의 진리를 이야기하는 데 있어서 이야기 형식이 사건의 실제 형식을 보다 정확하게 반영할 수도 있을 것이다. 성경 기자들이 이야기를 구성하기 위해 사용한 기법에 대한 해박한 이해는 설교자가 설교를 구성하는 방법을 보다 잘 이해하는 데 도움이 될 수 있다.[66]

예수님의 비유의 구성을 반영해주는 이야기 설교의 형태가 있다. 설교자가 이야기를 말해주거나 성경의 이야기를 현대의 용어로 바꾸어 이야기한 후에 그 기사에서 교훈이나 적용을 이끌어내는 것이다.

비유 형태
이야기
↓
교훈

이 방법은 매우 성경적이며, 이야기에 관심을 지닌 현대 문화에 매우 호소력

139-83.

66) Robert Alter, *The Art of Biblical Narratives* (New York: Basic Books, 1981); Craig Blomberg, *Interpreting the Parables* (Downers Grove, Ill.: InterVarsity, 1990); Tremper Longman III, *Literary Approaches to Biblical Interpretation*, vol. 3, Foundations of Contemporary Interpretation (Grand Rapids: Zondervan, 1987); Leland Ryken, *Words of Delight: A Literary Introduction to the Bible* (Grand Rapids: Baker, 1987); Meir Sternberg, *Poetics of Biblical Narrative: Ideological Literature and the Drama of Reading* (Bloomington: Indiana University Press, 1985).

을 지닌다. 그러나 이 방법에는 성경의 이야기를 지나치게 각색하며 이야기하기에 도움을 주기 위해 추가되었지만 본문에 기초를 두지 못한 현대한 내용들로부터 진리 원리truth principle를 만들어내는 것, 그리고 이야기를 하나님의 대속적 계획이나 교훈의 차원으로 사용하기보다 하나의 풍유로 사용하여 노골적으로 교훈화하는 것 등의 위험이 내포되어 있다.

이야기 설교의 두 번째 형태에는 본문에 기록된 이야기의 내용과 전개를 사용하는 설교자, 창작된 이야기, 또는 청중에게 적용되는 성경의 원리를 드러내주는 일련의 이야기들이 포함된다. 이 형태에서 이야기의 내용들은 성경에서 가르치는 것이라고 설교자가 주장하는 원리들에 관한 경험적 증거들을 제공한다. 청중으로 하여금 성경이 전하는 진리를 자신의 이야기 경험에 의해 확인하도록 하기 위해서 성경의 이야기를 현대적인 이야기로 다시 묘사하거나 제시하거나 표현할 수 있다. 종종 설교의 형태가 이야기의 흐름을 반영한다. 설교자가 전개되는 이야기의 상황이 함축하는 의미와 갈등(반전)과 결말 등을 반영하는 원리를 진술하거나 그에 관한 질문을 하면서 이야기 설명의 각 단계를 작성할 때 설교는 이야기의 구조에 필적한다. 종합적으로 설교는 (설교자가 이미 발표했고 청중에게 입증된 진리를 소유하고 있으므로) 연역적인 것이 아니라 (청중으로 하여금 경험을 통해서 설교자와 함께 성경의 진리를 발견하게 하므로) 귀납적이다.

이야기 서술 형식narrative form

1. 하나님의 백성은 언제나 자신의 순종에 대한 보상을 원한다.
    다시 표현하거나 묘사된 상황: 제자들은 자기들이 예수님께 순종한 데 대한 보상으로 특별한 지위를 원했다.
2. 하나님의 백성은 종종 순종함으로써 고통을 받는다.

다시 표현하거나 묘사된 갈등(반선): 예수님은 제자들이 주님께 충성한 데 대한 보상으로 그들이 원하거나 기대한 것이 아닌 박해를 받을 것이라고 약속하셨다.

3. 하나님의 백성은 때로 쓰라린 순종의 상황을 통해서만 영원의 실체를 파악한다.

재표현되거나 추가된 결말: 예수님의 제자들은 순종하여 고난을 받음으로써 세상에서 유능한 증인들이 되었고 보다 확실한 천국의 옹호자가 되었다.

적용된 진리: 천국이라는 보다 좋은 실체와 흔들림 없는 기쁨을 든든히 확보하도록 하기 위해 순종의 고난이 이 세상에 대한 우리의 집착을 풀어준다.

연역적인 방법을 사용하는 설교자는 자신이 솔직하게 증명하려는 진리를 선포함으로써 정정당당하게 청중에게 접근한다. 귀납적/서술적 방법을 사용하는 설교자는 이야기 서술에 의해 촉진되는 청중들의 상호 경험을 통해 설교자와 함께 설교의 진리를 경험하게 하면서 간접적으로 청중에게 접근한다. 귀납적/서술적 방법을 사용할 때 이따금 설교를 마칠 때까지 궁극적인 진리를 감추어두거나 아이로니칼하게 전개함으로써 은밀하게 청중에게 접근하기도 한다. 설교에서 전개되는 진리들이 본문에서 입증될 수 있고 본문을 토대로 전개되며 본문의 범위를 다룰 수 있는 이야기 형식의 설교는 강해설교가 될 수 있다.

4) 이야기 기법 사용시 주의점 narrative cautions

이러한 기법이 지닌 청중의 관심과 공감을 획득하는 능력을 부인할 수 없지만, 복음주의 설교자는 이러한 방법을 사용하기 전에 먼저 그 전제들을 살펴보아야 한다. 현대의 서사 이론 narrative theory의 바탕이 되는 철학적 기반은 명제적 진리가 초월적이거나 전이 가능하지 못하다는 점이다.[67] 다양한 생활 환경을 지닌 사람들에게 문화적으로나 보편적으로 의미가 있는 권위 있는 명제들을 받아들이려 하지 않는 연설 이론가들은 공통된 경험의 중요성을 대안으로 의지한다. 그러나 그러한 가정들은 성경적인 관점이 아니다.

성경은 인간이 하나님의 형상으로 지음을 받았으며 말씀을 감화하신 성령이 우리 안에 거하신다는 가정들 때문에 이야기뿐만 아니라 명제의 형식으로 진리를 제시한다.[68] 이러한 진리들은 복음의 의미를 방해하는 문화적이고 개인적인 장애물들이 있음을 부인하지 않는다. 그러나 이것들은 모든 관점에서 말씀을 전파함으로써 이러한 장애물들을 극복할 수 있음을 보여주기 위해 성경이 개진하는 진리들이다. 하나님의 형상으로 지음을 받은 사람들은 이미 하나님의 세계와 말씀에 대한 본성적인 이해를 소유하게 해주는 정황을 공유하며, 내주하시는 성령을 소유한 사람들은 마음이 새롭게 되어 말씀의 영적 진리를 이해하고 그에 합당하게 자신의 세계를 인식할 수 있게 된다(고전 2:9-13; 고후 2:14-17). 그러한 이해는 단순하게 공동체 안에서 형성되는 것이 아니다. 그것은 천국에서 형성되지만 신자들의 집단은 공동체 안에서 그것을 유지할 수 있으며, 그리스도는 성령에 의해 신자들 안에 거하시며, 성령이 그리스도를 알려 주신다(엡 1:22-23). 성경은 문화적으로 정황을 초월하는 명제들을 제공하기 위해 이야기를 사용하면서, 동시에 실존적이기보다 영원한 이야기에 의미를 부여하기 위해 명제들을 사용한다.[69]

이러한 영적 진리들은 이야기의 힘을 무시하지 않으며, 설교에서 이야기를 절대적이거나 현저하게 사용하게 만들 가정에 도전한다. 설교할 때에 명제적

---

67) Cf. Chapell, *Using Illustrations to Preach with Power*, 177-86.
68) Ibid., 186-89.
69) Ibid., 186-87.

진리를 신뢰하지 않는 잘못을 범하지 않고서 이야기의 보화를 캐낼 수 있다. 강해설교자들은 획기적인 설교 혹은 전통적인 강해설교의 예증적인 내용에서 이야기하기의 기법과 효과에 대한 현대 이론가들의 저술들을 사용하여 효과를 거둘 수 있다.[70] 게다가 우리 하나님은 항상 우리를 구하러 오시기 때문에 그리스도 중심의 설교는 어쩔 수 없이 암묵적으로 이야기 구조를 지닌다.[71] 설교가 복음적 진리라는 결말에 이르러야 한다는 인간적인 문제를 밝히기 위해 입문적인 경험을 사용한다는 점에서 FCF를 드러내려는 인간적인 관심을 가지고 시작하는 설교는 암묵적으로 귀납적 구조를 지닌다.

설교자는 서사적인 모든 방법을 피하지 말아야 하며, 내주하시는 성령을 소유한 청중이 말씀의 초월적 진리를 듣지 못할 것이라는 가정을 피해야 한다. 그러한 비성경적인 가정들을 받아들이는 설교자는 믿는 자들을 위한 생명의 떡인 성경적 진리들을 세심하게 규칙적으로 설명하는 대신 단순한 도덕적 비유들을 제공하게 될 것이다. 다행히도 이 사실을 의식한 설교자는 성경에 친숙하지 못한 이 문화 안에서 설교의 중심을 본문 설명과 주석을 보다 더 강조하는 데 두게 된다.[72]

---

70) Bruce C. Salmon, *Storytelling in Preaching* (Nashville: Broadman, 1988), 47-51. Cf. Chapell, *Using Illustrations to Preach with Power*, 28-31, 56-62.

71) Tim Keller "Post-Everything," by Faith I, no. 1 (June.July 2003), 29-30에서 Tim Keller가 이렇게 주장한다. 대조적으로 이야기 방식의 설교의 어려운 점은 훌륭한 이야기 뒤에 진실로 하나님이 기뻐하실 모든 일에 주님이 개입하셔야 함을 전달하지 못하는 단순하고 인간적인 교훈이 등장한다는 점이다.

72) Fred Craddock, "From Classroom to Pulpit," *Preaching Magazine* 18, no. 6 (May-June, 2003), 19-20. Cf. John Carrick, *The Imperative of Preaching: A Theology of Sacred Rhetoric* (Carlisle, Pa.: Banner of Truth, 2002); Al Mohler Jr. et. al., *Feed My Sheep: A Passionate Plea for Preaching*, ed. John Kistler (Morgan, Pa.: Soli Deo Gloria Publications, 2002); Steven J. Lawson, *Famine in the Land: A Passionate Call for Expository Preaching* (Chicago: Moody, 2003); Ramesh Richard, *Preparing Expository Sermon* (Grand Rapids: Baker, 2001); Haddon Robinson and Torrey Robinson, *It's All How You Tell It: Preaching First-Person Expository Message*s (Grand Rapids: Baker,

7. 방송설교

강해설교의 전통 안에서 교육을 받은 설교자들은 종종 TV나 라디오 설교를 접할 때 당황하게 된다. 주일 아침에 졸지 않으려고 애쓰는 사람들은 자동차 안에서 라디오로 설교 듣는 것을 이해한다.[73] 미디어에 흠뻑 젖어 있는 문화의 직접적인 충격 욕구와 짧은 집중 시간을 다루는 대중 매체를 매개로 설교하는 사람들이 하는 일은 어떤 것인가?

방송설교가 전통적인 설교와 비슷한 것 같지만, 종종 방송설교에는 청중의 관심과 관여에 초점을 두는 구조적인 변형들이 포함된다. 기술적으로 필요한 요소들과 미디어라는 특성 때문에 많은 방송설교들의 전형이 되는 설교 모델의 면모들이 형성되어왔다. 모든 설교자들이 이러한 압력에 직접적으로 대면하는 것은 아니지만, 설교자들 모두는 간접적으로 이러한 기대에 대처해야 한다. 그리고 대중 매체의 청중을 다루는 사역에 종사하는 사람들로부터 배워야 할 교훈들이 있다. 매스커뮤니케이션을 위해 준비된 설교를 자세히 살펴보면 실제로 설교 내용이 그 배치와 조직만큼 새롭지 않음을 알 수 있다. 도표 6.2는 전통적인 설교에서 대지를 전개하는 방법을 매스커뮤니케이션 원리에 기초를 두고 작성된 설교와 비교하여 보여준다.

1) 방송설교의 특징

방송설교 방식의 특징은 그 대지 구조와 전통적인 강해설교 방식의 대지 구조를 비교해볼 때 분명히 드러난다.

2003); Jim Shaddix, *The Passion-Driven Sermon* (Nashville: Broadman & Holman, 2003); York and Decker, *Preaching with Bold Assurance*.

73) Chapell, "Alternative Models," 117-31.

강해설교 방식에서는 주로 성경적 원리나 교훈을 진술함으로써 대지가 시작된다. 그리고 성경 해석으로 대지를 증명하거나 전개하는 소지들이 그 뒤를 따른다. 각각의 소지는 하나 혹은 두 단락의 정보를 포함하며, 그렇기 때문에 하나의 대지 해석에 3-7분이 소요되는 듯하다. 설교자는 대지의 진리를 설명하거나 증명한 후에 예화를 들면서 그 진리를 입증한다. 설명하는 데 시간과 에너지를 소비했기 때문에 예화 다음에는 이미 전개된 추상적인 원리를 하나 혹은 두 개의 문장으로 되풀이하는 형식의 적용이 이어진다. 정보가 강조되고, 적용이 축소되며, 간혹 관련성이 생략된다.

도표 6.2 전통적 설교와 방송설교의 비교

전통적 설교 방식	방송설교 방식
대지 진술	대지 진술
1. 소지	(즉각적인 증명, 설명, 혹은 정의;
2. 소지	1-2문장)
3. 소지	
예증	예증
적용	적용
	전개함
	구체화함
	단서를 달고 설명함
	성경과 연결함

방송설교 방식(적용 방식)에서는 대지를 전개하는 동안 관심을 유지하고 직접적인 관련성을 전달하려 한다. 대지는 성경적 진리를 진술하거나 특정 상황에서 누군가가 해야 할 일에 대한 질문을 제시함으로써 시작된다. 그 후 설교자

는 자신이 지지하는 원리를 보강해주는 직접적인 증거, 설명, 성경 구절 낭독, 또는 정의 등을 제공한다. 이 보강 증거는 일반적으로 한두 문장으로 이루어지며, 대지에 대한 설명으로 끝난다. 설교자는 청중이 정신적으로 장황한 설명을 들어줄 인내심이 없을 것이라고 예상하기 때문에 신속하게 예증을 시작한다.

방송설교에서 예증은 삶의 상황과 관련되며, 매우 사실주의적인 것으로서 주로 이미 진술된 진리를 일상생활에서 적용할 수 있는 방법을 암시한다. 서사 설교의 역학 역시 이러한 예증들은 강력한 의사전달의 도구로 삼는다. 그러나 적용은 방송설교 방식의 핵심적 특징으로서 그 설교의 강조점들과 균형을 지배한다.

방송설교에서는 예증 다음의 적용 단계에서 설교의 메시지를 청중의 삶과 직접적으로 연결하려 한다. 이제까지 전개되어온 용어들과 개념들이 청중에게 특정의 교훈들을 제공한다. 설교자가 적용을 상세히 제시하기 때문에 청중은 특별한 상황에서 하나님이 요구하시는 것이 무엇인지 알며, 설교자는 충분한 시간을 할애하여 중요한 조건이나 제한을 추가한다. 모호한 일반론은 사용되지 않는다. 청중이 적용에 동의하든지 동의하지 않든지 적용은 명확하고 구체적이다. 종종 설교자가 적용을 하면서 성경 구절을 추가로 인용하거나 명확한 주석을 제공하기도 한다. 다시 말해서 전통적인 강해설교의 설명 내용들이 방송설교의 적용 부분에 사용된다. 청중의 관심을 집중시키기 위해 적용이 강조되고 예증이 청중의 관심을 사로잡으며, 설명이 단순화되고 통합된다.

2) 각 설교 방식의 장점과 단점

전통적인 설교와 방송설교 모두 장점들을 가지고 있다. 강해설교는 주석에 초점을 두기 때문에 서신서나 교훈적인 구절의 복잡한 내용들을 설명하는 데 매우 탁월한 도구가 된다. 그것은 설교자가 성경 구절에 함축된 다양한 의미들을 탐구할 수 있게 해주며, 복합적인 전개를 필요로 하는 신학적 원리들을 뒷받침해주는 적절한 증거를 제공한다. 방송설교의 개괄적인 접근 방식은 설교자로 하여금 일반적인 주제나 집단의 견해들을 쓸데없이 복잡하지 않은 방식으로 다룰 수 있게 해준다. 실제로 강해설교보다 방송설교가 설교자가 보다 많은 성경 구절을 다루는 데 도움이 되며 성경이 진리를 전개하는 방식에 대한 새로운 통찰을 청중에게 제공한다. 설교자가 분량이 많은(간혹 여러 장의 분량) 성경 이야기의 세부 내용 전체를 다루기보다 진리를 추출하여 전할 때 그 이야기가 더 쉽게 전달된다. 그러나 방송설교의 장점은 적용을 통해 흥미를 유발하고 타당성을 진작하는 데 있다. 청중은 설교자가 말하는 바 하나님이 기대하시는 것이 무엇인지 알려 한다. 신앙고백이 신자의 삶의 행동에 큰 영향을 미치지 못하는 것처럼 보이는 시대에 이러한 장점은 매우 큰 영향을 미친다.

각각의 설교 방식에는 명백한 단점들이 있다. 강해설교가 세부 내용에 치중함으로써 지루해진다는 비판이 꾸준히 제기된다. 설교자가 가르침에 치중할 경우 청중이 불필요한 세부 내용에 관심을 기울이게 될 수도 있다. 적용에 사용해야 할 시간을 설명에 허비할 수 있으며, 청중이 설교 시간에 주어진 하나님의 말씀이 자신에게 어떤 의미가 있는지 알고자 함에도 불구하고 설교자는 자신의 주석 설교에 만족하기도 한다. 방송설교에도 단점들이 있다. 가장 명백한 단점은 방송설교가 본문을 적절히 설명하지 못할 수도 있다는 것, 따라서 적용의 초점이 개인적인 견해나 율법주의나 잘못으로 얼룩진 메시지로 전락할 수 있다는 점이다. 설교자가 신자들을 미숙한 상태로 만들고 그 상태를 유지할 경우 방송설교 역시 신자들로 하여금 고기가 아닌 젖을 원하게 만들기도 한다.

3) 모델 평가 Model Evaluation

1970년대에 북아메리카에서는 설교에 오버헤드프로젝터가 사용되기 시작했다. 많은 설교자들은 이 새로운 설교 기법이 설교의 능력과 명료성에 대변혁을 일으킬 것이라고 기대하고서 영사기를 중시했다. 그러나 10년 후 이 기법의 장점과 단점에 대한 연구가 진행되면서 이 방식이 사용되지 않게 되었다. 연구에 의하면 그러한 기법들은 정보를 전달하는 훌륭한 수단이지만 설득을 진작시키는 데는 효과적이지 못하다는 점이 드러났기 때문이다.[74]

청중의 지성과 감성에 호소하는 가장 강력한 수단은 여전히 화자話者의 에토스ethos이다. 설교 기법이 초점을 설교자의 음성과 성품과 인품에 두지 않는 분량에 비례하여 전달되는 메시지의 설득력이 감소된다.[75] 학자들은 설교자들이 정보를 제공하기 위해 영사기를 사용하되 권면해야 할 때에는 영사기를 끔으로써 청중이 설교자에게 집중하도록 해야 한다고 권면한다. 그러나 설교자들은 흔히 설교의 권면 부분을 결정하려는 시도가 무익하다는 것, 그리고 오버헤드프로젝터와 슬라이드가 무대에서 사라졌음을 발견했다. 이것은 오버헤드프로젝터와 파워 포인트와 시각 보조 교재 등이 교육에 유익하지 못하다는 의미가 아니라, 그것들이 지닌 장점과 단점에 따라 용도가 평가되어야 한다는 의미이다.[76]

그것들에게 적절한 유익함이 있음을 부인하지 않으면서 그것들의 용도를 평가해야 할 필요성이 설교 자료를 제시하기 위한 다양한 방식에 적용된다. 설교자는 위에서 묘사된 여러 가지 설교 방식들 중 어느 것이 옳거나 적절한지 결정

---

74) Michael A. Eizenga, "One-Sided versus Two-Sided Messages: An Examination of Communication Theory with Application to the Preaching Context"(Ph. D. diss., Dallas Theological Seminary, 1983), 12-14; Lori Carrell, *The Great American Sermon Survey* (Wheaton Mainstay Church Resources, 2000), 20-31, 223-27; Gregory Edward Reynolds, *The Word Is Worth a Thousand Pictures: Preaching in the Electric Age* (Eugene, Ore.: Wipf & Stock, 2001), 366-67.

75) Cf. Don Sunukjan, "Weakened by Powerpoint, Strengthened by Connection," Preaching Today.com (March 12, 2003), http//www.preachingtoday.com/index. taf/-function=journal&-op+article&res=200301.22; and Reynolds, *Word Is Worth a Thousand Pictures*, 367-69, 401.

76) David Schuringa, "Hearing the Word in a Visual Age: A Practical Theological Consideration of Preaching within the Contemporary Urge to Visualization" (Ph. D. diss. Theologische Universiteit te Kampen, 1995), 221-32.

하려 노력하기보다 설교의 목적, 설교의 핵심 요점 등을 평가해야 한다. 설교자는 자신이 직면해 있는 설교 임무에 가장 도움이 되는 설교 방식을 사용해야 한다. 메시지의 목적, 분량, 리듬, 초점, 주제 등에 따라 설교 및 설교의 각 부분에 알맞은 설교 방식이 달라질 수 있다.

특정 설교 방식의 장점과 단점을 옹호하거나 비판하기보다 그 방식의 근원적인 가정들을 이해하는 것이 더 중요하다. 또 이러한 명제들이 옳다거나 그르다고 단정할 필요가 없을 것이다. 그러나 설교자는 자신의 소명에 포함된 임무들을 수행할 자격을 갖추기 위해서 이러한 가정들을 적용해야 할 시기와 이유를 결정해야 한다.

강해설교를 선호하는 설교자들은 의식적으로든 무의식적으로든 복잡성이 곧 진지함이라고 가정한다. 그들은 성경의 복잡한 내용들을 열거하는 것이 성경에 대한 진지함을 증명하는 방법이라고 믿는다. 어떤 사역자들은 복잡한 설교가 채소처럼 유익하다고 여기기 때문에 청중이 원하지 않음에도 불구하고 복잡하게 설교해야 한다고 생각한다. 이러한 태도와 대조되는 것이 방송설교자들의 "단순하고 분명한" 신념이다. 그들은 성경해석자들이 벌이는 심리적 조종을 피곤해한다. 소통 지향적인 설교자들은 단순한 성실성이 곧 진지함이라고 믿는다. 그들은 설교자들이 성경 주석의 진기함으로의 정신적 여행을 행하는 한 마음에서 우러난 설교를 할 수 없다고 확신한다. 그들이 원하는 것은 분명하게 진술된 명백한 진리이다.

강해설교를 지지하는 사람들은 종종 보다 고차원의 진리를 전개하는 것이 정설orthodoxy에 대한 자신의 헌신을 증명해준다고 가정한다. 이러한 설교자들은 보편적 진리의 진술들을 뒷받침하기 위해서 성경적 증거들을 사용함으로써 자신이 삶의 모든 범주에서 정통적 헌신을 위한 기초를 놓았다고 믿는다. 이러한 전통적 설교자들은 분명히 표현된 보편적 원리들이 서서히 모든 상황에서 올바른 의사 결정으로 이어진다고 믿는다. 방송설교 지지자들은 자신이 추상적 관념이라고 여기는 것들을 비웃는다. 그들은 도도한 교리적 계율들이 팔을 걷어붙이고 삶의 진정한 문제들을 다루려 하지 않는 태도를 증명해준다고 생각한다. 이는 방송설교자들이 적용 가능성을 곧 정설이라고 여기기 때문이다. 그들의 견해에 의하면 상세한 내용들은 설교를 삶의 실질적인 차원들과 연결해주기 때문에 설교를 보편적인 것으로 만들어준다.[77]

물론 이러한 가정들이 박식한 설교자가 기대한 것 이상으로 진부하며 조야하게 진술되어 있다. 그러나 각각의 주장의 과장된 불합리성은 설교자가 설교 방식을 선택할 때 당면한 임무에 민감해야 한다는 점을 강조한다. 단지 새 것이라고 해서 새로운 설교 방식이 그른 것이 아니다. 또 단지 낡은 것이라고 해서 옛 방식들이 쓸모없는 구식의 것들이 아니다. 설교자가 하나님의 말씀에 충실한 메시지를 작성하는 데 도움이 될 수 있는 다양한 도구들을 알고 있을 때 하나님의 백성을 지도하는 삶의 준비를 제대로 갖추게 된다. 각 설교 방식의 장점, 단점, 전제, 가정 등을 이해할 때 주님의 종들은 주님이 제공해주시는 기회들을 선택할 가장 좋은 기회를 소유하게 될 것이다.

---

77) Cf. Norman Neaves, "Preaching in Practical Perspectives," in *Preaching the Story*, 108.

: 복습과 토론을 위한 질문 :

1. 주제설교와 본문설교, 그리고 강해설교를 구별해 보라.
2. 설교의 개요를 구성하는 데 있어서 지켜야 할 일반적인 원칙 다섯 가지는 무엇인가?
3. 공식적인 전제와 논지를 구성하는 중심 요소 두 가지는 무엇인가?
4. "닻절"과 "자석절"은 무엇인가?
5. 강해 개요에서 "화려한 용어"를 사용하는 것의 장점은 무엇인가?
6. 소지의 형태 중 주요한 것 세 가지를 제시하라.
7. 강해 개요의 구조에 어떤 기법이 필요하며, 그것이 어떻게 작품으로서의 설교를 반영하는가?
8. 서술설교narrative model과 방송설교의 장점과 단점은 무엇인가?

: 연습 문제 :

1. 조건적인 진술의 형태로 대지를 작성하라. 유발적인 형태로 진술된 대지를 제시하라.
2. 딤후 4:1-5, 고후 6:14-7:1, 혹은 살전 4:13-18에 대한 설교의 개요를 작성하라.
3. 위의 연습 문제 2에서 작성한 개요를 기초로 해서 단순화된 형태의 대지를 작성하라.
4. 해돈 로빈슨 교수가 에베소서 1장 4-14절을 본문으로 삼아 작성한 대지를 아래에 인용하였다.[78] 이 대지를 단순화하는 과정을 수행해 보라.

   1) 하나님이 그리스도 안에서 우리를 택하셨기 때문에 우리는 그분을 찬

---

78) Robinson, *Biblical Preaching*, 129.

양해야 한다(엡 1:4-6).

    2) 하나님이 그 풍성하신 은혜로 우리를 다스리시기 때문에 우리는 그분을 찬양해야 한다(엡 1:5-12).

    3) 우리가 유산을 완벽하게 물려받을 때까지 하나님이 성령으로 우리를 인치실 것이기 때문에 우리는 그분을 찬양해야 한다(엡 1:13-14).

5. 제리 바인즈Jerry Vines가 골로새서 2장 8-23절을 본문으로 삼아 작성한 비공식적인 대지[79]를 토대로 해서 공식적인 대지를 작성해 보라.

    1) 지성주의(8-10절)

    2) 의식주의(11-17절)

    3) 신비주의(18-19절)

    4) 율법주의(20-23절)

---

[79] Vines, *Practical Guide to Sermon Preparation*, 121.

제7장

예화의 형태

1. 지향하는 방향과 정의

　지금까지는 강해설교의 구성 요소 중에서 주로 설명에 대해서 살펴보았다. 즉 강해설교의 구성 요소들과 우선 사항들을 소개한 뒤에 본문을 선택하고 그 내용을 해석하며 의미를 설명하고 설명을 체계화하는 데 필요한 원칙들을 살펴보았다. 설교 구성의 다음 단계를 준비하기 위해서 우리는 강해설교의 메시지에 의사소통 능력을 부여해주는 데 도움이 되는 것이 무엇인지 근본적으로 다시 생각해 보아야 한다. 성경 본문의 내용을 묘사하고 증명하며 논증하는 것으로도 설교에 필요한 학구적인 조건을 충족시킬 수 있지만, 성경에서 우선시하는 것들을 고찰해 보면 그 이상의 것이 필요함을 알 수 있다.

　능력 있는 설교는 본문의 진리를 입증하고 적용함으로써 그 진리에 생명력을 불어넣는다. 전통적인 강해 메시지는 각각의 대지에서 설명과 예화와 적용을 제시함으로써 이런 목적을 성취한다. 이 책에서는 하나의 대지 안에서 강해의 세 요소들의 관계를 이중 나선형으로 표현했다(제4장을 보라). 강해의 구성 요소들이 항상 이 순서로 제시되어야 하는 것은 아니지만, 이 책에서는 중요한 교육적 원리instructional principles들을 강조하기 위해서 이 순서를 계속 사용할 것이

다(그림 7.1을 보라). 이제 설교가 예화를 통해서 어떻게 발전해 나가는지 살펴볼 필요가 있다.[1]

그림 7.1
이중 나선 예화 투시도

설명

예화

설교자들은 예화란 설교의 진리에 대한 명제적 진술에 동반되는 간단한 일화라고 생각한다.[2] 전문적으로 말해서 예화는 성경의 원리를 상세히 말하고 설명하고 발전시키는 경험의 이야기로서 청중을 그 경험에 동화되게 만든다.[3] 청중은 이야기의 세부 내용을 통해서 상상으로 설교의 진리를 경험한다. 이야기가 실화이거나 현 시대의 것일 필요는 없지만 설교자는 청중이 그 경험에 동화될 수 있게 표현해야 한다. 설교자는 청중이 사건에 직접 다가설 수 있도록 그 사건의 전모와 시기, 장소, 그리고 이유를 말해준다. 설교자는 이 방법을 통해서 청중이 그 이야기에 개입된 것처럼 그 사건을 보고 느끼고 맛보고 냄새 맡을 수 있게 해준다. 설교자는 감각적인 내용을 제공하는 동시에 그 상황을 겪으면서 살아가는 사람의

---

1) Cf. Bryan Chapell, *Using Illustration to Preach with Power*, rev. ed. (Wheaton: Crossway, 2001), 89-128.

2) Ilion T. Jones, Principles and Practice.

3) Jay Adams는 예화라는 용어가 (좀 더 작은 단위의) 예증적 자료들과 혼동되는 것을 막기 위해서 이 용어를 사용하지 않고 그 대신 설교에서 예화의 본질을 가장 정확하게 전달해주는 '이야기'라는 용어를 사용하였다(*Preaching with Purpose: A Comprehensive Textbook on Biblical Preaching* [Grand Rapids: Baker, 1982], 90-91). J. Daniel Baumann은 삶의 상황을 지시해 주는 것으로 예화를 이용하였다. 즉 설교의 진리를 생활에 직접 적용할 수 있도록 하기 위해서 예화를 사용하였다(다음을 참고하라: *An Introduction to Contemporary Preaching* [Grand Rapids: Baker, 1972], 250).

경험의 특징일 수 있는 감정, 생각, 반응 등을 제안한다.[4]

감각적이고 감정적인 묘사는 진정한 예화를 담화, 인유引喻, 예 등과 구별해 주는 "체험된 몸"lived-body처럼 생생한 내용을 만들어낸다.[5] 옛 현인의 말을 인용하거나 최근의 신문에서 취한 통계를 제시하는 것이 설교에 흥미를 더할 수 있지만 완전한 예화가 지니는 서술적 특징을 소유하지 못한다.[6] 대부분의 연설가는 인용, 인유, 예 등을 사용하면서 이야기에 대한 설명을 언급하는 데 반해 설교자는 예화를 사용함으로써 청중을 경험으로 초대한다. "체험된 몸" 처럼 생생한 내용들은 예화를 구체화함으로써 청중으로 하여금 예화의 서사 세계에 들어갈 수 있게 해준다. 예를 들면 설교자는 인유引喻를 제시할 때 "이와 관련해서 생각나는 것은…"이라고 말한다. 예화를 제시할 때에는 "여러분을 그곳으로 데려가겠습니다. 나와 함께 이 경험에 동참해 봅시다. 그러면 이 성경적 진리가 무엇을 의미하는지 완벽하게 이해할 수 있을 것입니다"라고 말한다.[7] 설교자가 제시하는 예화가 청중에게 새로운 것이든지 그들의 기억을 되살려 내는 것이든지 간에 설교자는 설교의 사상을 설명하기 위해서 삶의 한 단면을 재현

---

4) Adams, *Preaching with Purpose*, 86.

5) "체험된 몸"이라는 용어(Maurice Merleau-Ponty, *The Phenomenology of Perception*, trans. Colin Smith with revisions by Forrest Williams[1962; reprint, N.J.: Humanitas, 1981], xix, 122, 235-40, 274, 383)는 이해를 촉진하기 위해 몸의 감각을 사용하는 전통적인 예증 방법에 현대적인 통찰을 부여하였다.

6) Robert G. Rayburn, "The Discussion," personal lecture notes, 2.

7) Chapell, *Using Illustration to Preach with Power* (18)를 보라. 여기에서 나는 체험된 몸에 대한 설명의 정도, 다시 말해서 육체적인 감각 능력을 얼마만큼 주입했는가에 따라서 예화가 인유나 예, 그리고 유비, 비유적 표현과 구별될 수 있다는 사실을 증명함으로써 예화의 체계를 단계별로 분류하였다. J. Daniel Baumann도 예화를 단계별로 체계화시켰는데, 그는 가장 간단한 형태의 예화가 갑자기 제시하는 예이며, 이보다 약간 복잡한 형태가 유비와 비유적 표현이며, 가장 예술적인 형태가 우화와 역사적 인유, 그리고 일화라고 설명했다(Baumann, *An Introduction to Contemporary Preaching*, 173-74을 보라).

한다고 할 수 있다.

2. 예화가 필요한 이유

그 학생은 나를 화나게 하려는 것이 아니라 자신의 생각을 솔직하게 이야기하고 있었다. 그는 감정을 제어할 수 없게 될까봐 매우 조심스럽게 이야기했지만 자신이 말하고 싶은 문제에 대해서 예민하게 느끼고 있었다. 그는 나에게 "교수님, 저는 교수님이 설교에 예화를 삽입해야 한다고 하시는 이유를 이해할 수 없습니다. 나는 사람들에게 성경의 의미를 설명하는 방법을 배우기 위해서 신학교에 왔지 개인적인 일화를 이야기하는 법을 배우려고 온 것이 아닙니다. 사람들에게 어리석고 사소한 이야기를 하면서 어떻게 하나님의 진리를 전할 수 있습니까?"라고 말했다. 나는 이것이 솔직한 질문임을 인정했고 다른 학생들도 같은 생각을 하고 있음을 알고 있었다.

강해설교를 공부하는 학생들이나 성실한 설교자들에게 있어서 예화보다 더 큰 골칫거리는 없을 것이다. 우리 설교자들은 메시지를 설명하기 위해서 망설임 없이 주석서와 문법책, 교부들의 글 등을 인용한다. 그러나 설교의 요지를 설명하기 위해서 지어낸 이야기를 예화로 제시할 때에는 자신이 설교자인지 연예인인지 혹은 목사인지 보모인지 자문하게 된다. 설교할 때 예화를 제시해야 한다고 가르침을 받은 학생들은 교묘하게 청중을 다루어야 한다는 점에 대해 불평한다. 그러나 청중의 주의를 집중시키기 위해서 이야기가 필요하다는 사실을 체험한 목사들은 "소인배를 위한 하찮은 이야기"가 필요하다고 고백한다.

이처럼 혼란스럽고 모순적인 개념들은 설교자들로 하여금 태도를 수정하며 강해설교에 무엇을 포함시킬 것인지 결정하게 한다. 그러나 설교의 역사에서 강해의 모든 구성 요소들이 도전을 받아왔음을 기억하는 설교자는 그리 큰 관심을 갖지 않은 채 이 과정을 시작할 것이다. 위그노 개혁자들은 일관적인 설명이 순수한 하나님의 말씀 및 단순한 성경 읽기에 집중된 자기들의 예배에 적절하지 못한 첨가물이냐고 질문했다. 두 세대 전 대부분의 신학교들은 오직 성령 solus spiritus이라는 윤리에 기초를 두고서 적용에 반대했다. 그들은 특수한 적용을 제시하는 것이 성령이 홀로 개별적으로 진리를 적용하시지 못하게 한다고 여겼다. 예화는 성경적 설교 안에 풍부한 유산을 가지고 있지만 오늘날 의사소통에서 이야기가 탁월한 위치를 차지한다고 여기는 듯한 우리 문화의 혁신적인 운동들 때문에 심각한 비판을 받고 있다.

청중의 주의를 집중시키기 위한 예화 사용이 지닌 실용적인 장점에 대해 의심을 제기하는 사람은 거의 없다. 그러나 많은 설교자들은 자신이 제시하는 이야기를 메시지의 중요성과 학구성과 영적 진실성을 해치는 필요악이라고 간주한다. 영혼들이 위험한 상태에 처해 있는 상황에서 이러한 얼버무리는 태도가 용납될 수 없다. 예화가 단지 회중의 비위를 맞추는 것으로서 경건한 설교자가 피해야 하는 것인지 아니면 진정한 가치가 있는 것인지를 설교자는 결정해야 한다. 역사적으로 이천 년 이상 설교자들이 예화를 사용해왔음이 입증된다. 설교가 "단순히 이야기를 하는 것"으로 전락하지 않는 한 청중이 예화에 대해 불평하지 않으며, 종종 예화 부분을 자기들이 메시지 중에서 가장 감명 깊게 받아들인 부분으로 인용한다.[8] 그러나 예화 사용에 대해 불평하는 많은 설교자들은 학구적 관심 때문에 눈이 멀어 명제적 증거만큼이나 설교에 필요한 인간적인 요인들을 보지 못하고 있다.

---

8) Byron Val Johnson, "Media Selection Model for Use With a Homiletical Taxonomy" (Ph. D. diss., Southern Illinois University at Carbondale, 1982), 215; "Of the Preaching of the Word," in *The Directory for the Public Worship of God*, produced by the Westminster Assembly with the Westminster Confession of Faith.

나는 청중의 관심을 집중시키려는 실용적인 관심사 외에 예화를 제시해야 할 다른 이유를 배우지 못했고, 그런 까닭에 강해설교에서 항상 예화를 사용해야 한다고 주장하지 않았다.[9] 그러나 목회를 하면서 인간의 정신이 추상적인 것들의 기반을 든든히 하기 위해 구체적인 것들을 필요로 할 뿐만 아니라 열망한다는 사실을 깨달았다. 이 말은 강해설교에서 예화가 단순히 부속물이거나 인식의 버팀목이 되어야 한다는 의미가 아니다. 예화는 인간적인 상황에 의해 성경을 해석하며 하나님의 말씀에 대한 전인적 이해를 창출한다. 예화는 청중의 관심을 쉽게 자극할 뿐만 아니라 본문에 대한 이해를 확대하고 심화해주기 때문에 효과적인 강해설교에 반드시 필요하다.[10]

예화가 단순히 지적인 지식만을 제공하는 것은 아니다. 예화는 성경의 진리를 사람들이 인식할 수 있는 상황에서 보여 주기 때문에 성경의 진리와 인간의 경험을 결합해 주고, 그렇게 함으로써 하나님의 말씀을 보다 더 이해하고 접근하기 쉽고 실질적인 것으로 만들어주는데, 이것은 명제적 진술만으로는 이룰 수 없는 일이다.[11] 설교자가 설교의 다른 요소를 오용할 수 있듯이 예화도 잘못

---

9) Chapell, *Using Illustrations to Preach with Power*, 11-14.

10) 앞의 책, 65-81.

11) Walter R. Fisher, "Narration as Human Communication Paradigm: The Case of Public Moral Argument," Communication Monographs 51(1984): 488; 그리고 그 다음의 글, "The Narrative Paradigm: An Elaboration," Communication Monographs 52(1985): 347-67. Klaas Runia, "Experience in the Reformed Tradition," Theological Forum 15,2 & 3(April 1987): 7-13을 참조하라. Klaas Runia는 "경험이 말씀에 선행하는 것이 아니라 말씀을 뒤따라온다"는 사실을 증명함으로써 현대의 세속적인 생각에 적절한 관점을 제시해 주었다. 루니아는 칼빈의 사상을 요약 설명하면서 "경험은 지식의 근원이 아니라 성경에 추가된 것이다. 그것은 독립적으로 하나님을 향해 나아갈 수 있는 것이 아니라 성경의 계시 다음에 온다"라고 설명하였다. 경험은 "성경을 이해하는 데 있어서 해석적인 열쇠 역할을 한다." 루니아와 종교개혁자들이 주장한 것은 [하나님의 말씀이] 인간의 경험에 제한을 받거나 뿌리내리고 있지 않다는 점이다. 객관적인 진리는 인간의 주관성을 초월한다. 그러나 성령이 허락할 때 하나님의 말씀은 인간의 경험에 의해서, 그리고 그 경험에 그 진리를 투영함으로써 완벽하게 이해

사용할 수 있지만, 그것이 두려워서 예화를 적절하게 사용하는 것을 피해서는 안 된다. 솜씨 좋은 설교자가 사용할 경우에 그것은 설교자가 사용하는 가장 강력한 도구가 될 것이다. 이 역동적인 강해 도구의 능력을 최대한 이용하기 위해서는 그것의 최상의 기능을 배워야 하며, 또한 그것이 잘못 사용된 경우를 식별해 낼 수 있어야 한다.

1) 예화를 사용하는 잘못된 이유

흥미 위주로 예화를 사용하는 설교자는 결국 메시지의 기초를 파괴하게 된다. 흥미 위주의 설교는 강단을 공허하고 무의미하게 만들 뿐만 아니라 청중을 천박하게 만든다. 이런 교회에 출석하는 성도들은 은연중에 자신의 요구와 감정을 예배의 목적으로 삼게 된다. 그들은 설교가 준 영적 확신보다는 기분이 얼마나 좋아졌는지에 의해서 설교의 성공 여부를 판단한다. 이런 천박한 기대는 무의미하고 겉치레뿐인 설교, 즉 개인적인 환호를 목적으로 할 뿐이지 보다 순수하고 의미 있는 목적에는 관심이 없는 메시지를 통해서 충족될 수 있는데, 이런 설교는 결국 실패할 수밖에 없다. 성도들은 항상 재미 있는 설교가 없다는 것을 깨닫는다. 그들은 심오한 영적 분별을 필요로 하는 세상에서 자신의 감정이 농락당했다는 사실에 분노한다. 호소력을 얻기 위해 진리를 양보할 때 사역은 매력을 잃는다.

교인들이 영적으로 미숙하거나 지적 감각이 부족하기 때문에 예화를 사용해야 한다고 생각하는 목사는 가혹한 현실에 직면하게 될 것이다. 어려운 진리를 단순화하거나 명백하게 설명하기 위해 예화를 사용해야 할 때가 있지만, 설교자는 예화를 사용하지 않고서 교인들이 진리를 이해할 수 있도록 설교해야 한

될 수 있다. Chapell, *Using Illustrations*, 49-66을 참고하라.

다. 설교자가 무식한 교인들에게 숟가락으로 떠 먹이듯이 일일이 가르쳐준다는 의미에서 예화를 사용하는 것은 자신의 메시지를 너무 복잡하게 만들거나 교인들의 지식을 과소평가하는 것이다. 이 두 경우 모두 설교자의 오만이며, 대부분의 교인들은 이런 오만을 오래 참아 주지 않을 것이다.

때로 예화의 목적이 흥미를 유발하거나 일일이 가르쳐주는 데 있다고 암시적으로나 직접적으로 주장하는 사람들이 있다.[12] 그러나 예화의 주된 목적이 교인들의 졸음을 쫓기 위한 것이 아니며 진리를 분명하게 설명할 다른 방법이 없어서 예화를 제시하는 것도 아니라면, 강해설교에 예화가 필요한 이유는 무엇인가? 이 질문에 대답하려면 최근에 발표된 의사전달에 관한 연구 결과뿐만 아니라 고대의 설교 역사도 탐구해 보아야 한다.

2) 예화를 사용하는 바른 이유

(1) 설교의 위기

설교에 대한 불만이 교회에 팽배해왔다. 그것은 대략 한 세대 전에 겉으로 드러나기 시작했다. 사람들은 추상적이고 전문어투성이여서 전례없는 변화의 시대에 분명한 길을 제시해 주지 못하는 설교에 대해 불평한다. 너무 고매해서 삶의 실체를 다루지 못하는 사상들 때문에 과거 미국 설교자들이 노예 전쟁으로 인해 강단에 대한 대중의 신뢰가 약화된 후로 받아야 했던 것과 같은 비평이 야기되었다. 설교자들은 해결책을 찾으려 했고, 학자들은 연구하고 조사하며 평가하기 시작했다. 그들이 내린 결론은 항상 성경의 우위성에 기초한 것이 아니었고 듣기 좋은 것도 아니었다. 그러나 그들은 현대 정신의 인식 능력을 훌륭하게 정의했다. 클라이드 라이드Clyde Reid는 종교 전문인들을 대상으로 설문 조사

---

[12] W. E. Sangster, *The Craft of Sermon Illustration* (London: Epworth, 1948), ix; Chapell, *Using Illustrations*, 21.

를 하고 그들의 결론들을 제시했다:

1) 설교에 평범한 사람이 이해할 수 없는 복잡한 고어를 사용하는 경향이 있다.
2) 오늘날 대부분의 설교는 지루하고 따분하며 흥미롭지 못하다.
3) 오늘날 대부분의 설교는 현실과 거리가 멀다.
4) 오늘날 설교는 대담하지 못하다.
5) 의사 전달이 잘 되지 않는다.
6) 설교가 사람들을 변화시키지 못한다.
7) 설교가 지나치게 강조되어 왔다.

루웰 하우Reuel Howe는 평신도들의 불만을 다음과 같이 분류하였다:
1) 설교가 복잡한 사상을 너무 많이 포함한다.
2) 설교가 너무 분석적이고 해결책을 거의 제시하지 않는다.
3) 설교가 너무 형식적이고 비인간적이다.
4) 설교에서 신학적 전문용어를 너무 많이 사용한다.
5) 설교가 지나치게 설명 위주이며 예화를 충분히 제시하지 않는다.
6) 대부분의 설교가 무의미한 결론을 이끌어 낼 뿐 행동과 책무 이행을 위한 지침을 제공하지 못한다.[13]

이러한 설문조사 및 유사한 연구를 토대로 새로운 설교 방법들을 옹호하는 작업이 시작되었다.[14] 그러나 새로운 방법을 발전시키기 위해 서두르면서 목욕물을 버릴 때 아기까지 함께 버리는 일, 즉 소중한 것을 필요 없는 것과 함께 버

---

13) Edward Marquart, "Criticisms of Preaching," chapter 2, *Quest for Better Preaching* (Minneapolis: Augsburg, 1985), 19-47.
14) Cf. Richard L. Eslinger, *A New Hearing: Living Options in Homiletic Method* (Nashville: Abingdon, 1987); Chapell, *Using Illustrations to Preach with Power*, 27-32.

리는 일이 종종 일어났다. 새로운 설교 방법들이 지속적으로 가치를 가질 수 있을지는 시간이 말해 줄 것이다. 지금 분명한 것은 만족스러운 방법이 거의 없다는 사실이다. 하지만 많은 사람들이 중요한 영적 작업을 시도하려 한다는 사실은 그들이 자신의 상황을 얼마나 위험하다고 인식하고 있는지 말해준다. 설교자와 평신도들 모두 설교가 실생활과 직접적인 연관이 없음에 관심을 둔다. 그러므로 설교자가 설교를 교인들과 다시 연결하려면 그들이 처해 있는 상황을 이해해야 한다.

(2) 문화의 흐름

우리는 "시각 판단 능력의 시대"age of visual literacy에 살고 있다.[15] 일반적으로 성인은 일년에 50시간 설교를 듣지만 집에서 텔레비전을 시청하는 시간은 2천 시간이라고 한다. 미국의 학생들은 고등학교를 졸업할 때까지 수업 시간(1만 2천 시간)보다 텔레비전을 시청하는 시간(1만 5천 시간)이 더 많다고 한다.[16] 어린아이가 학교에 입학하기 전에 텔레비전을 시청하는 시간이 평생 아버지와 대화하는 시간보다 더 많을 것이라고 추정하는 사람들도 있다. 이런 아이들은 고등학교를 졸업할 때까지 광고방송을 35만 번 이상 시청할 것이다.[17] 여기에 영화, 비디오 게임, 식품 포장, 인터넷 등이 더해지면 다음과 같은 결론을 내릴 수밖에 없다: "우리 시대는 탁월한 삽화의 시대Age of Illustration이다. 즉

---

15) Ralph L. Lewis with Gregg Lewis, *Inductive Preaching: Helping People Listen* (Westminster, Ill. : Crossway, 1983), 10; David Schutinga, "Hearing the Word in a Visual Age: A Practical Theological Consideration of Preaching within the Contemporary Urge to Visualization"(Ph. D. diss., Theologische Universiteit te Kampen, 1995), 176-79.

16) David L. Larsen, *The Anatomy of Preaching: Identifying the Issues in Preaching Today* (Grand Rapids: Baker, 1989), 39.

17) Ibid., 133-34; David L. Larsen, "Volume of TV Viewing…," *MetroVoice* (April 1993), 4.

이 시대 사람들은 자신의 생각을 영상화하는 데 길들여져 있다."[18]

교인들은 정보를 얻기 위해 말에만 의존하지 않는다. 한 나라가 전쟁에 돌입한 것이나 선거에 관한 뉴스를 알려 하거나 비극적인 참사에 관한 정보를 얻으려 할 때 접하는 주요 정보원은 전문가의 분석이나 활자화된 기사가 아니다. 현대인들은 통계학적인 분석보다는 시각적인 이미지를 선호한다. 대형 쇼핑몰이나 공항에는 분석 자료들이 가득 찬 신문이 가까운 판매대에 산더미처럼 쌓여 있지만 군중들은 잠깐 스쳐 지나가는 뉴스를 보기 위해서 텔레비전 앞에 모여든다. 사람들이 신문을 전혀 읽지 않는 것은 아니다. 하지만 다른 정보 매체보다 신문이나 잡지를 선호하는 사람들은 극소수에 불과하며, 대부분의 사람들은 상세한 정보를 얻기 위해서 활자화된 정보를 이용한다. 그러나 신문 발행인들조차도 독자들 중 4-5퍼센트만이 기사를 한 단락 이상 읽는다는 것, 또 사진이 함께 실린 기사가 그렇지 않은 기사보다 3-4배 정도 더 읽힌다는 사실을 잘 알고 있다.[19] 독자들은 이런 매체 속에서도 감각적인 것과 관련이 있을 때 더 흥미를 느끼기 때문에 정보가 더 잘 전달된다는 사실을 알 수 있다.

어떤 사람들은 이런 경향이 현대 문화의 시청각 중독증의 결과라고 여긴다. 미국인들의 일상생활에서 비디오와 오디오 매체들은 감각적 배경화면이 되었다. 전자 영상과 음악은 사람들로 하여금 항상 깨어있게 만든다. 컴퓨터 소프트웨어와 컴팩트 디스크 제작자들은 감각적 유입sensory input을 향한 우리의 욕구에 의존하여 상호작용적 학습과 게임 프로그램을 상품화한다. 이런 경향이 최근의 문화적 발단의 결과인지 아니면 인간의 사고 과정의 개발인지는 앞으로 검토해 보아야 할 문제이다. 그러나 현대 문화가 우리로 하여금 경험을 통해서 추론하

---

18) Ian MacPherson, *The Art of Illustrating Sermons* (Nashville: Abingdon, 1964), 39; Schuringa, "Hearing the Word in a Visual Age,"186-94.

19) *Principles of Advertising Design* (St. Louis: Delcom Seminars, 1978), 12, 35; *How to Write Advertising Copy* (St. Louis: Delcom Seminars, 1978), 22.

고 반응하게 만든다는 데에는 이의가 없을 것이다.[20]

현대의 설교자들은 비록 이러한 문화적 도전들을 얼마나 수용해야 할지 확신하지 못하더라도 이것들을 인정해야 한다. 또 우리가 물려받은 풍요로운 설교의 유산을 성급하게 포기해서는 안 되겠지만, 현재의 욕구를 가장 잘 채워줄 수 있는 방법이 무엇인지 진지하게 물어보아야 한다.[21] 경험적 발견의 중요성을 무시하는 설교 관습은 교인들의 전형적인 일상생활과 학습에 대한 둔감성을 지적해준다.

(3) 위인들의 발자취

오늘날 "듣는 것을 보는 것으로 변화시켜라"는 설교자의 옛 조언이 어느 때보다도 중요한 말이 되었다. 그러나 많은 설교자들은 설교 중에 여러 가지 이미지를 사용하는 것이 이 시대의 악덕과 약점에 굴복하는 것이 아닌가 하고 두려워하고 있다. 모든 시대의 가장 훌륭한 설교를 살펴보면 이런 두려움은 사라질 것이다. 즉 기독교 역사상 가장 귀중한 설교에서는 일관되게 내면의 눈을 의존해왔다.

사도들이 자기들의 메시지에 하나님의 전신갑주, 달리기 경주, 산 돌, 감람나무, 빛 가운데 걸어가는 것 등의 이미지를 삽입하지 않았다면, 우리는 그들의 가르침을 기억하기 위해서 크게 노력해야 했을 것이다. 만일 조나단 에드워즈Jonathan Edwards가 불구덩이 위에 매달려 벌받은 거미 이야기를 하지 않았다면, 아무도 "노하신 하나님의 손 안에 있는 죄인들"의 상황을 이해하지 못했을 것

---

20) Neil Postman, *Amusing Ourselves to Death: Public Discourse in the Age of Show Business* (New York: Viking, 1985), 79-80.

21) James J. Murphy, *Medieval Rhetoric: A Select Bibliography* (Toronto: University of Toronto Press, 1971), 18; idem, *Rhetoric in the Middle Ages: A History of Rhetorical Theory from Saint Augustine to the Renaissance* (Berkeley: University of California Press, 1974).

이다. 만약 윌리엄 제닝스 브라이언William Jennings Bryan이 "여러분은 인류를 십자가에 매달아서는 안 됩니다"라고 말하지 않았다면, 그의 정치 "설교"는 그 다음날 잊혔을 것이다. 만약 마틴 루터 킹 목사가 "꿈"을 통해서 우리를 "산꼭대기"로 이끌어주지 않았다면, 워싱턴으로의 행진은 지친 걸음으로 대형 쇼핑몰을 걸어다니는 것과 다를 바 없을 것이다.

우리는 서적들을 통해서 찰스 스펄전의 감각적 호소, 피터 마샬Peter Marshall이 제시한 이미지, 클로비스 채펠Clovis Chappell의 특징적인 표현들, 해리 에머슨 포스딕Harry Emerson Fosdick의 인간적인 드라마 등이 얼마나 훌륭했는지 알 수 있다. 이들은 시각적 전자 기구의 지배를 받는 시대에 살지 않았지만 각기 다른 신학적 관점에서 설교를 하면서 매우 예증적인 이미지들을 사용하여 놀라운 결과를 얻었다. 이 설교의 위인들은 "시각 판단 능력의 시대" 이전에 이미 인간의 이해력 안에 있는 심오하고 근본적인 것을 이용했다.

(4) 인식으로의 여정

우리 세대의 사람들은 이 세계와 자신을 이해하는 방법과 관련하여 사상적으로 변화하고 있다. "나는 생각한다. 그러므로 나는 존재한다"라는 데카르트의 철학 모델에 기초를 두어온 삼백 년 동안의 사상 체계가 뒤집히고 있다. 현대의 기준은 과거의 순수히 이성주의적이고 인지적인 기준에 반발하여 "나는 존재한다. 그러므로 나는 생각한다", 더 명확하게 말하면 "나는 할 수 있다. 그러므로 나는 존재한다"라고 선언한다.[22] 이제 추상적인 사고가 인간의 존재와 세상

---

22) Walter R. Fisher이 "The Narrative Paradigm" 351에서 설명하는 것처럼, Jacques Derrida는 의미란 세상의 사물과 인간에 관한 언급이 아니라 사용의 문제라고 주장하였다. 이 개념은 인식에 있어서 육체의 역할을 설명한 Maurice Merleau-Ponty의 글을 참고함으로써 이해할 수 있다. 그는 정신을 통한 인식과 육체를 통한 인식을 구별하지 않았으며, 육체가 정신적인 인식과 분리될 수 없는 주된 의식구조라고 주장하였다(*Phenomenology of Perception*, 174, 235, 383).

에서의 위치에 대한 개념의 근거로 간주되지 않는다. 어떤 사람들은 세상과의 상호작용이 우리에게 존재 의식을 제공한다고 주장한다.[23] 이론가들은 우리가 처해 있는 환경, 우리의 육체적 존재에 영향을 미치는 경험들, 정신적인 활동과 감정적인 반응을 자극하는 상황 등이 이해를 만들어내는 요인이라고 말한다.[24] 이런 이론들이 인간이 가지고 있는 영적인 이해를 완전히 설명해 주는 것은 아니지만 우리가 세계를 어떻게 이해하는지 설명하는 데 도움이 될 수 있다.

캐치프레이즈들을 통한 소통 훈련은 경험을 통한 이해 촉진의 필요성을 반영한다. 이론가들은 우리가 의사를 전달하려 할 때 다음과 같은 형식을 사용하는 것이 가장 효과적이라고 말한다: "인간적인 흥미를 느낄 수 있는 이야기,"[25] "삶의 정황,"[26] "삶의 이야기,"[27] "경험 중심의 메시지,"[28] "이야기체의 실

---

23) Amadeo Giorgi, "The Body: Focal Point of 20th Century Cultural Contradictions," *South Africa Journal of Psychology* 13,2(1983): 40; Esther Lightcap Meek, *Longing to Know: The Philosophy of Knowledge for Ordinary People* (Grand Rapids: Arazos, 2003), 48-50.

24) Merleau-Ponty, *Phenomenology of Perception* (237).

25) 인간적인 흥미를 느낄 수 있는 이야기를 언론 분야에서는 다음과 같이 정의한다. 즉 이런 이야기는 사람들이 그 이야기 속에서 이미 경험했거나 앞으로 경험할 수 있는 감정이나 상황을 발견할 수 있는 이야기이다. 또 이런 이야기는 평범하거나 특별한 상황에 처한 사람들의 이야기로서 모든 사람들이 느낄 수 있는 일반적인 감정과 느낌, 생각 등을 불러일으킨다.

26) Lloyd M. Perry와 Charles M. Sell은 *Speaking to Life's Problems* (Chicago: Moody, 1983), 15-18에서 "삶의 정황"이라는 용어를 사용하는 설교자와 작가들에 대해서 훌륭하게 설명한다.

27) Edmund A. Steimle, Morris J. Niedenthal, and Charles Rice, eds., *Preaching the Story* (Philadelphia: Fortress, 1980), 12; Rolf von Eckartsberg, "The Eco-Psychology of Personal Culture Building: An Existential Hermeneutic Approach," in *Duquesne Studies in Phenomenological Psychology*, ed. Amadeo Giorgi, Richard Knowles, David L. Smith III (Atlantic Highlands, N. J.: Humanitas/Duquesne University Press, 1979), 233.

28) Lewis, *Inductive Preaching*, 41.

례,"29) "직접적인 만남,"30) "일상의 단편과 관련된 예화,"31) "생생한 육체적 체험,"32) 그리고 "과거에 살았던 사람이나 현재 살고 있는 사람, 또는 미래에 살게 될 사람들과 관련이 있는 이야기."33) 이렇게 다양한 용어를 통해서 개인적인 경험의 능력을 풍부하게 표현할 수 있다.

우리는 자신에게 절실한 것을 가장 완벽하게 이해할 수 있다. 제이 아담스Jay Adams와 같은 공식적인 해설가는 경험적으로 진리가 우리를 감동시킬 때, 또는 그것이 우리에게 미치는 영향력을 감지할 때에 우리는 그것을 완전히 이해할 수 있다고 주장했다.34) 유명한 설교자 스티브 브라운Steve Brown은 보다 대담하게 "예를 들어 설명할 수 없는 진리는 진리가 아니다. 우리는 교리가 단순히 교리 자체를 위해 존재하는 것이 아니며, 신학적 명제가 신학적인 명제 자체를 위해 존재하는 것이 아니라는 사실을 자주 망각한다. 예화는 우리가 발견한 실체를 전달하는 방법이며, 그 실체는 시공時空에 속한 것이다"35)라고 주장하였다.

세월이 흐르면서 아는 것과 행하는 것의 결합, 즉 이해와 경험의 결합이 강화되었다. 1950년대 초에 에드가 데일Edgar Dale은 목적 의식이 있는 직접적인 개입을 통할 때 학습 효과가 가장 높다는 사실을 증명하였다. 1960년대 교사들은 "학습 피라미드"learning pyramid의 의미를 숙고하였는데, 그것은 우리가 듣는 것의 10퍼센트를 학습하고 보는 것의 30퍼센트를 학습하지만 직접 행하는 것

---

29) Fisher, "Narration as Human Communication Paradigm," 488. Fisher, "The Narrative Paradigm," 347-67도 보라.
30) Webb B. Garrison, *Creative Imagination in Preaching* (Nashville: Abingdon, 1960), 95-96.
31) Louis Paul Lehman, *Put a Door on It* (Grand Rapids: Kregel, 1975), 27.
32) Merleau-Ponty, *Phemonemology of Perception*, 274, 235-38, 383.
33) Fisher, "Narration as Human Communication Paradigm," 6.
34) Adams, *Preaching with Purpose*, 86; Marquart, *Quest for Better Preaching*, 74.
35) 스티브 브라운과의 인터뷰, *Preaching* 8, no, 3(November/December 1992): 4.

의 60퍼센트를 학습한다는 것을 보여준다. 1970년대에 연구자들은 가장 효과적인 교수 방법의 유형들을 분류함으로써 어떤 경험을 "상세하게 설명" 해 주면 실제 경험을 통한 것과 동일하게 학습한다는 사실을 발견했다.[36]

1980년대와 1990년대에 이런 연구가 문화의 곳곳에 영향을 미쳤다. 오늘날 경험이 배제된 표현을 혐오하는 현상이 현대 지성인들의 특징이다. 학교들은 단순한 강의 중심 교육에서 참여학습으로 방향을 바꾸고 있다. 이는 연구에 의하면 어떤 시대에나 학생들의 70퍼센트는 분석을 통해서 학습하지 않기 때문이다. 10명의 중고등학생 중 8-9명이 선형 추론linear reasoning 없이 문제를 풀려 한다. 10명의 고등학생들 중 여섯 명이 추상적인 사고보다는 구체적인 경험을 통해서 학습 효과를 높일 수 있었다.[37] 과거 법학과에서만 사용되던 사례연구법case study method이 이제는 여러 전문 분야의 교육을 주도하고 있다. 면세채권을 파는 방법이나 노동계약을 체결하는 방법을 배우는 전문 경영인들이 다양한 사례 연구를 통해서 간접경험을 할 수 있을 것이라고 기대하면서 주말 세미나에 참석한다. 이들은 월요일에 출근하면 세미나에서 예로 든 상황이 얼마나 현실적이고 실제적인가에 근거해서 세미나의 성공 여부를 평가한다. 현재 주요 대학이나 전문대학에서도 사례연구법을 사용하여 학생들을 가르치는 경험 많은 노련한 교수들을 양성하는 데 재원을 사용하고 있다.

메시지는 분명하다. 즉 청중을 개입시키지 않는 한 그들은 학습하지 못할 것이다. 설교자들은 이 메시지를 명심해야 한다. 이는 그것이 새로워서가 아니라 그것을 추진하는 새로운 연구에 의해 수세기 동안 행해온 바 강해 요소를 지닌 설교들의 지혜를 확인해주기 때문이다.

---

36) Johnson, "Media Selection Model," 197.
37) Lewis, *Inductive Preaching*, 10.

(5) 성경의 안내

간접적으로라도 어떤 개념을 경험하는 청중이 단어와 개념들을 추상적으로 고찰하는 사람들보다 더 많이 학습한다. 수세대 동안 설교자들이 직관적으로 깨달아온 것이 현대에 확실한 과학적 근거를 갖게 되었다: 즉 의미 있는 사상은 현실과 결합될 때 번창할 수 있다.[38] 이 깨달음은 이제까지 드러나지 않았던 예화의 가치를 드러내준다. 설교자가 성경의 진리를 확인 가능한 경험과 연결할 때 청중이 보다 깊고 넓게 이해할 수 있다. 성경도 청중을 이러한 이해로 인도해준다.

복음은 논리적이지만 동시에 영적이며 본능적이고 인상적이다. 말씀은 우리에게 마음을 다하고 목숨을 다하고 뜻을 다하여 예배하라고 권고한다(신 6:5; 마 22:37). 이런 까닭에 이해 과정에 전인全人을 개입시키는 예화는 우리의 복합적인 본성에 대한 성경적 개념과 일치하는 방식으로 작용한다. 행동심리학 교수인 웨인 오츠Wayne Oates는 다음과 같이 기록한다.

> 인격에 대한 히브리·기독교적 이해는 전체론적이다. 예수님은 "첫째 되는" 계명을 다음과 같이 말씀하셨다: "이스라엘아 들으라 우리 하나님 여호와는 오직 유일한 여호와이시니 너는 마음을 다하고 뜻을 다하고 힘을 다하여 네 하나님 여호와를 사랑하라." 헬라어 "holes"는 "모든"all으로 번역할 수 있으며, 이 구절에서 네 번 반복되었다. 나는 인격을 여러 가지 "기능"faculties이 분리된 것으로 보지 않고 일체, 전체성을 강조한다. 사람이 마음을 다해서 사랑할 때 인격의 한 부분이 아니라 전인이 관여한다. 그러므로 설교자는 청중의 정서적 욕구에 호소할 때 단순한 "감정들의 다

---

38) Ceau-Ponty, *Phenomenology of Perception*, 235.

발"이 아닌 완전한 존재로서의 그들에게 설교한다.[39]

예화는 결코 비윤리적이거나 비지성적인 기술이 아니다. 사람들의 마음을 감동시키고 반응을 이끌어냄으로써 전인적으로 지식을 경험하게 하는 예화는 학습과 동기부여의 강력하고 성경적인 도구가 된다. 성경은 인간이 순수 정신으로만 이루어진 존재가 아니라고 가르치므로, 훌륭한 설교를 하려면 지성에만 호소해서는 안 된다. 만약 거룩이 단순히 정신적인 명민함의 문제라면, 컴퓨터도 거룩하다고 해야 할 것이다.

이런 사실을 고려할 때 설교자는 예화를 대중 설교의 무의미하고 불필요한 장식이 아니라 효과적인 설교에 반드시 필요한 구조로 여겨야 한다. 예화는 설교의 사상을 장식하거나 이해하기 어려운 것을 분명히 해주는 것 이상의 역할을 한다. 삶의 경험은 우리의 영혼과 정신과 생각에 영향을 미치기 때문에 그런 경험을 인용하는 것이 의사전달에 있어서 기본 도구의 역할을 한다. 예화는 설득하고, 개입하도록 자극하며, 마음을 감동시키며, 의지를 불러일으키고, 결심을 이끌어 낸다. 따라서 예화의 주 목적은 뜻을 분명히 하는 데 있는 것이 아니라 동기를 부여하는 데 있다. 이것을 이해하지 못하는 설교자는 자신이 제시하는 요점이 분명해지면 예화가 필요하지 않다고 가정한다. 예화의 참 능력과 목적을 파악하는 설교자는 성경에서처럼 청중에게 진리가 중요하도록 하려면 가장 분명한 요점들을 제시할 때 가장 훌륭한 예화가 필요하다는 것을 안다.

설교자가 자신의 설교를 설명하고 힘을 부여해주는 데 도움을 주는 바 실생활과 연결된 매개체 역할을 할 수 있는 예화를 무시할 때 가장 비효율적이고 부실한 설교가 된다. 의사전달은 어떤 형태로든 이루어질 수 있다. 그러나 청중은 그 내용을 자신의 경험을 사용하여 해석할 것인데, 이 과정에서 잘못된 길로

---

39) Wayne Oates, "Preaching to Emotional Needs," *Preaching* 1, no. 5 (1985): 6.

접어들 수도 있다. 설교자가 경험담을 선택해서 제시할 경우 설교자 자신과 성경이 의도하는 해석적 상황과 방향을 제공할 수 있을 것이다. 우리 시대의 훌륭한 설교자들은 이 점을 잘 알고 있다. 빌리 그래엄, 스티브 브라운, 찰스 스탠리, 척 콜슨Chuck Colson, 스프라울R. C. Sproul, 존 맥아더John MacArthur, 팀 켈러Tim Keller, 제임스 케네디D. James Kennedy, 존 스토트, 척 스윈돌Chuck Swindoll, 릭 워렌Rick Warren 등은 성경적 반응을 유도하는 예화를 이용해서 사람들의 마음을 감동시키는 방법을 알고 있었다. 물론 그들은 설교에서 고려되는 사상과 관련이 없는 감정이 위험하다는 사실을 잘 알고 있었지만 사랑, 감사, 슬픔, 거룩한 분노 등의 인간적 상황과 관련이 없는 합리성이 신앙의 반대가 될 수 있다는 사실 또한 알고 있었다.

(6) 주님이 사용하신 방법

만약 성경이 강해설교에 예화를 사용하는 것을 지지하지 않는다면, 문화적 경향, 인간적인 관례, 학습 이론, 동기유발을 위한 지침 등에 유의할 필요가 없다. 비록 의도적인 설교학 교과서가 아니지만 성경은 설교하는 데 가치가 있다고 간주되는 의사전달의 도구들을 가리켜준다. 성경이 예증적 의사전달을 인정하는지 추측할 필요가 없다. 성경은 예수님이 "비유가 아니면 말씀하지 아니하셨다"(막 4:34)라고 말한다.[40] 예수님은 의사를 전달할 때 예증적 이야기, 비유, 알레고리, 이미지 등을 통해서 진리를 설명하는 방법을 사용하셨다. 예수님의 시대는 오늘날과 같은 시각 판단 능력visual literacy의 시대가 아니었지만, 그분의 표현에는 예화들이 가득했다. 만약 그리스도의 시대에 예화가 필요했다면, 현

---

40) 이 구절을 계속 읽어보면 예수님이 설명해 주시지 않는 한 이 비유에 담긴 진리를 이해하지 못했음을 알 수 있다. 예화 하나만으로는 성경의 진리를 밝혀낼 수 없다. 성경의 독특한 특징은 예화와 진술의 결합에 있다. 즉 강해의 두 가지 요소인 진술과 예화는 서로 상대방의 진리를 밝혀주고 서로를 보충해준다.

대 문명의 영향을 받은 오늘날의 설교자들은 예화에 얼마나 더 많은 무게를 실어줘야 하겠는가!

예수님은 실질적으로 구래의 형태를 따르셨다. 첫째로 그리스도 이전의 랍비 전통에 하가다(haggadah: 율법을 사리에 맞도록 숙고하는 방법인 할라카halakah와 반대되는 이야기 방식)라는 방법이 있었다.[41] 게다가 성경에도 종교적인 진리를 전달하는 도구로서 상징, 이미지, 설화 등이 사용된다. 앨리스터 맥그래스Alister MacGrath는 이 점을 강조하면서 "설화는 성경에서 발견되는 주된 문학 유형이다"[42]라고 말하였다. 또 랠프 루이스Ralph Lewis는 "성경에서 설화적 내용들을 제거하면 단편들만 남을 것이다"[43]라고 말했다. 데이비스Davis는 이것이 정경 속에 설명적인(보편적인) 진리가 존재하지 않는다는 뜻이 아니라 정경에 있는 경험적인 묘사나 설화에 비해서 이런 부분이 아주 적다는 뜻이라고 말하였다.[44]

성경을 영감하시는 성령은 사람들이 명제 진술보다 이미지를 더 쉽게 이해한다는 것, 그리고 이미지의 의미를 파악할 때 원리를 파악할 수 있다는 결론을 확인시켜 주신다.[45] 물론 예화에 설명과 명제적 요약이 수반되어야 한다. 그러나 성경은 예화와 성격 부여, 실례 등을 통해서 진리를 제시하고 명백하게 설명하며 전형을 보여주는 방법을 사용한다. 생명나무와 선악을 알게 하는 나무는 아담 언약Adamic covenant을 상징한다(창 2장).[46] 하나님은 무지개라는 가시적인 징

---

41) Beldon C. Lane, "Rabbinical Stories: A Primer on Theological Method," *The Christian Century* 98 (December 1981), 1306.
42) Alister E. MaGrath, "The Biography of God," *Christianity Today*, 22 July 1991, 23.
43) Ralph Lewis, "The Triple Brain Test of a Sermon," *Preaching*, 1,2(1985): 10.
44) Henry Grady Davis, *Design for Preaching* (Philadelphia: Fortress, 1958), 157.
45) Macpherson, *The Art of Illustrating Sermons*, 40.
46) 이 상징들은 긴 이야기를 간단하게 속기한 것과 같다. 제이 아담스는 이야기뿐만 아니라 이야기 속의 작은 부분들도 예화로 사용할 수 있다는 사실에 주목하였다(90-91).

표를 통해서 노아와 언약을 맺으셨다(창 9장). 그분은 전통적인 계약 의식과(창 15장) 피라는 예언적인 상징으로 아브라함 언약을 확증하셨다(창 17장). 하나님은 기적들과 상징적인 사건을 통해서 모세 언약을 세우시고(예를 들면 타는 떨기나무, 지팡이가 뱀으로 변한 것, 물이 피로 변한 것, 홍해가 갈라진 것), 상징과 의식을 통해서 보전하시고(예를 들면 언약궤, 속죄양, 유월절 어린양, 성전 경제, 성구함, 축일 등), 그 진리의 특성을 상징적인 이야기를 통해서 나타내셨다(예를 들어 만나의 공급, 구리뱀, 광야 생활, 가나안 입성).

구약의 역사서는 그 상징들이 무엇을 가리키는지 설명한다. 즉 하나님이 자기의 언약 백성들에게 어떻게 역사하셨는지 설명함으로써 하나님의 구원 계획을 조명해주는 이야기들이다. 여호수아, 기드온, 삼손, 사무엘, 사울, 그리고 다윗의 이야기에서 조직신학과 관련된 언급을 거의 발견할 수 없다. 그 대신 다윗 언약의 확립 과정과 응답—배반—회복의 과정이 반복되는 이스라엘의 역사를 이야기함으로써 하나님이 인류를 다루시는 방식이 발견된다. 이렇게 성경은 그 모든 내용과 인물들을 이용해서 다음과 같은 중심 진리를 조명한다: "여호와께서 그의 앞으로 지나시며 선포하시되 여호와라 여호와라 자비롭고 은혜롭고 노하기를 더디하고 인자와 진실이 많은 하나님이라 인자를 천대까지 베풀며 악과 과실과 죄를 용서하리라 그러나 벌을 면제하지는 아니하고 아버지의 악행을 자손 삼사 대까지 보응하리라"(출 34:6-7). 이 명제가 완벽한 형태로 나타나는 경우는 매우 드물지만 그 진리의 핵심을 예증해주는 이야기들 때문에 그 진리들이 분명히 설명되고, 쉽게 이해되고, 오랫동안 기억되며, 쉽게 적용된다.

시가서에는 성경의 진리가 심오하게 표현되어 있다. 이 지혜서는 일반적으로 이야기 형식을 포함하지 않지만(욥기는 예외이다), 은유와 상징과 이미지를 사용함으로써 사람들로 하여금 정신적으로 마음을 깊이 감동시키는 경험을 하게 한다. 예언서에서도 매우 명제적인 내용을 찾아볼 수 있지만, 예화가 중요한 부분을 차지한다. 예레미야 13장에서 하나님은 선지자에게 베 띠를 감추라고 하셨고 여러 날 뒤에 그것을 다시 취하라고 말씀하신다. 예레미야가 그 띠를 다시 취했을 때 그것은 썩어 있었다. 그 때 하나님은 "내가 유다의 교만과 예루살렘의 큰 교만을 이같이 썩게 하리라"(9절)고 말씀하셨다. 에스겔 12장에서 하나님은 선지자에게 낮에 이스라엘 백성 앞에서 포로의 행장을 꾸리고 끌려감으로써 그들이 회개하지 않으면 포로로 잡혀갈 수 있음을 경고하라고 말씀하셨다. 하나님은 "네가 네 처소를 다른 곳으로 옮기는 것을 그들이 보면 비록 반역하는 족속이라도 혹 생각이 있으리라"(3절)고 말씀하셨다.

유사한 일화들이 소선지서에도 나타난다. 하나님은 호세아에게 간음한 아내 고멜을 용서하고 받아들이라고 요구하셨다. 그리고 "이스라엘 자손이 다른 신을 섬기고 건포도 과자를 즐길지라도 여호와가 그들을 사랑하나니"(호 3:1)라고 말씀하셨다. 한편 하나님은 아모스에게 여름 과일 한 광주리를 보여 주시면서 "내 백성 이스라엘의 끝이 이르렀은즉 내가 다시는 그를 용서하지 아니하리니"(암 8:2)라고 말씀하셨다. 진리를 진술할 뿐만 아니라 예화를 통해서 설명한 예가 소선지서 안에 매우 많기 때문에 일일이 언급할 수 없다. 다만 구약성경 전체에서처럼 예언서에서도 예화가 일관된 도구로 사용되고 있으며 이해하기 쉽다는 사실을 언급하는 것만으로 충분하다. 라센Larsen은 『설교의 구조』 The Anatomy of Preaching에서 이 사실을 "…구약성경의 75퍼센트가 이야기이다. 이야기는 현대 설교의 폭발적인 요소이다"[47]라고 증언하였다.

복음서에서 분명히 드러나듯이, 신약성경은 구약성경의 의사전달 원리들을 버리지 않는다. 헌터A. M. Hunter는 "누가복음에서 우화적인 내용이 전체의 52퍼센트에 달한다"[48]라고 말한다. 맥퍼슨Macpherson은 예수님의 가르침 중에서 예

---

47) Larsen, *The Anatomy of Preaching*, 90.
48) Macpherson, *The Art of Illustrating Sermons*, 40.

화가 차지하는 비율이 약 75퍼센트라고 추정한다.[49] 신약성경에서 예수님의 실제 말씀은 20퍼센트에 달한다.[50] 이것은 복음서의 많은 부분이 예화로 이루어져 있으며, 주님이 우선적으로 사용하신 설교 방법이 예화였음을 의미한다.

랠프 루이스Ralph Lewis는 그로부터 삼백 년 후 교회가 그리스도의 가르침의 방식을 버리고 "추상적이고 보편적인 개념"을 제시하고 "예를 거의 제시하지 않은 채 훈계만을 강조"하는 설교 방식을 제도화해 왔다고 주장했다.[51] 심지어 교리를 지향했던 바울의 서신서에도 이스라엘의 설화적 역사, 경기장, 군대, 시장, 성전, 가정, 학교 등을 암시하는 것들이 등장한다.[52] 데이비드 칼훈David Calhoun은 사도행전에서 바울이 불신자들에게 행한 네 가지 설교의 주요 차이점은 각각의 청중이 속한 네 가지 문화와 관련하여 선택한 비유들에 있다고 주장한다.[53]

물론 구현된 진리이신 바 성육하신 하나님의 말씀을 언급하지 않는다면 성경의 예화는 완전하지 못하다. 하나님에 대한 우리의 지식과 인식은 예수 그리스도의 본성에 대한 명쾌한 예화의 산물이다. 우리가 직접 볼 수 없는 분이신 하나님의 영광이 아들 안에서 계시되었고, 그분이 아버지를 나타내셨다(요 1:14, 18 참조). 로버트슨A. T. Robertson에 의하면 "나타내다"라고 번역된 단어는 전통적으로 "이야기에서 이끌어내다"라는 뜻이었다고 한다.[54] 다시 말해서 그리스도의

---

49) 앞의 책, 40. 라센은 35퍼센트라고 추정했다(154). "비유"를 어떻게 정의하는가에 따라서 두 사람의 비율이 달라졌을 것이다. 그러나 그리스도의 가르침에서 예화가 중요한 부분을 차지하고 있다는 점에는 두 사람 모두 이견이 없었다.

50) Lewis, "Triple Brain Test," 11.

51) 앞의 책, 11.

52) Thomas V. Liske, *Effective Preaching*, 2nd ed. (New York: Macmillan, 1960), 185.

53) Dr. David Calhoun은 커버넌트 신학교의 교회사 교수로서 1986년 4월 24일 미조리 주 세인트 루이스에서 저자와 인터뷰를 했다.

54) A. T. Robertson, *Word Pictures in the New Testament* (Nashville: Broadman, 1932), 18.

이야기들은 실제로 하늘 아버지를 예증하는 역할을 한다. 우리는 명제와 예화의 상호작용을 통해 영적인 것들을 이해할 수 있다. 하나님의 말씀이 예화의 보증이요 본보기가 되므로, 설교자들은 영적 진리의 전달에 예화를 사용하는 충분한 근거를 소유한다.

3. 예화를 제시하는 방법

언젠가 구급대원들이 텍사스 주 미들랜드의 우물에 빠진 제시카 맥클루어Jessica McClure라는 18개월 된 여자아이를 구출하는 장면을 지켜본 적이 있다. 10월의 어느 날 이모네 집 뒷뜰에 잠시 혼자 있던 어린 제시카가 지름이 20센티미터 정도인 우물 위에 다리를 걸치고 앉아 있었는데, 일어서려 하다가 그 구멍에 빠졌다. 한쪽 다리는 위로, 다른 한쪽 다리는 아래로 향한 채 좁은 수직 통로에 끼어 버린 것이다. 우물에 완전히 빠지지는 않고 지하 7미터 정도의 거리에 있었다. 구급대원들은 우물과 평행을 이루어 약 8미터 깊이에 수직갱도를 뚫었다. 제시카에게 다가가기 위해서 바위를 관통하는 1.5미터 길이의 통로를 파야 했다. 이 통로를 파는 데는 생각보다 훨씬 더 많은 58시간이 필요했다. 의사들은 제시카가 구멍에 빠진 것보다 탈수와 쇼크가 더 위험하다고 경고했다. 마침내 구급대원들이 제시카에게 다가갔지만 그녀를 끌어당길 수 없었다. 그녀가 기둥 안에 끼어 있었기 때문이다. 의학 전문가들은 아이의 건강 상태를 점검한 후에 다음과 같은 끔찍한 결론을 내렸다: "세게 끌어당기십시오! 시간이 없습니다. 아이의 생명을 구하려면 뼈를 부러뜨릴 수밖에 없습니다."

결국 구급대원들이 제시카를 끌어당겼는데 아이는 부상 없이 구멍에서 빠져나왔다. 나는 의료진이 내린 끔찍한 결론을 들으면서 당시 내가 준비하고 있던 설교 내용과 연관짓지 않을 수 없었다. 나는 설교에서 하나님이 자기 자녀들의 구원을 얼마나 원하시는지 설명하려 했다. 즉 하나님은 자녀들에게 고통을 경험하게 하시고, 그 고통을 통해서 하나님이 필요하다는 사실을 확신하게 만들면서라도 구원하려 하신다. 이 섭리가 잔인해 보일 수 있지만 실제로는 큰 사랑의 표현이다. 하나님은 이 세상에서의 인간의 삶이 유한하다는 것을 아시기 때문에 우리를 구원하기 위해서 우리를 넘어지게 하신다. 나는 이 사실을 믿고 있었지만 이것이 공허한 겉치레 말로 들린다는 사실을 깨달았다. 즉 그것이 그런 시련을 경험한 사람이나 그와 동일한 아픔을 경험하고 있는 사람들에게만 전달될 수 있는 교리에 불과하다는 것을 깨달았다.

1) 삶의 단면을 취하라.

이때 나를 구해 준 것이 제시카의 사건이었다. 나는 이 사건의 중요한 측면들을 내가 전하려 하는 진리와 관련지음으로써 성경의 원리를 실생활의 진리를 반영할 뿐만 아니라 나로 하여금 하나님 중심의 긍휼이라는 상황에서 교리를 증명할 수 있게 해주는 경험과 연결할 수 있었다. 이 사건에서 취한 하나의 대화조차도 예화 사용 과정에서 첫 단계의 촉매가 될 수 있다. 즉 설교자는 자신이 경험한 사건이나 대화, 인간관계나 깨달음 속에서 한 가지 측면을 분리하여 끌어내게 되고, 그것을 자신이 설명하고자 하는 논지나 개념, 원리와 결합한다. 이런 방식으로 청중에게 경험을 제공하고, 청중은 이 경험을 통해서 설교자의 사상을 해석하고 전후관계를 파악하게 된다. 따라서 예화는 삶에서 취한 짤막한 묘사가 된다. 즉 예화는 이야기라는 틀 안에서 분위기, 순간들, 그리고 기억을 포착하며 삶의 단면을 정신으로 보고 마음으로 이해할 수 있게 해준다.

하나의 사건에서 특별한 측면을 이끌어내어 자신이 원하는 개념과 결합하는 과정에 특별한 순서가 있는 것은 아니다. 때때로 설교자는 어떤 경험 속에서 그

것과 결합되어 있는 개념을 상기시켜주는 것을 본다(아이가 우물에서 구출되는 장면은 하나님이 영혼을 죄의 어둠에서 구해주시는 모습을 상기시켜 주었다). 이때 설교자는 그 사건과 관련이 있는 설명을 필요로 할 때까지 그 사건을 정리하여 (기억해 놓거나 목록으로 만들어서) 보관한다. 또 어떤 개념이나 명제를 정해 놓은 후에 자신이 의도하는 바를 보여줄 관련 경험을 추출해내려 한다.

그러므로 설교자가 예화를 효과적으로 사용하기를 원한다면, 경험을 분리해 내고 결합하는 능력을 키워야 한다. 이를 위해서 모든 것이 예화가 될 수 있음을 알아야 한다. 모든 사건, 상황, 특징, 심지어 환상도 예화로 사용될 수 있다. 설교자는 보도 사진가처럼 존재의 진리를 가장 잘 전달해주는 것을 발견하기 위해서 한 순간이나 사건, 그리고 일련의 장면을 계속 포착해야 한다. 이렇게 함으로써 평범한 시각으로는 평범하게 보이는 것이 중요한 의미를 갖게 된다. 설교자는 삶의 장엄함과 단순함에 관한 짤막한 묘사들을 취하여 하나님의 엄위하신 본성 및 청중의 일상적인 경험과 연관지어야 한다.

인생에는 설교자가 인식하지 못한 채 지나치는 것이 있을 수 없다. 예화를 잘 사용하는 설교자는 세상이 주목할 만한 사실을 알려줄 때까지 가만히 앉아서 기다리지 않는다. 그는 세상으로부터 다른 사람들이 주목하지 못하거나 기회가 없어 나타내지 못하는 보물을 발견한다. 만약 설교자가 보려 한다면 수면의 유막 안에 아름다움이 있고, 합성세제 광고에 풍자가 있고, 헛간에 화려함이 있고, 버려진 기찻길에 슬픔이 있다는 사실을 깨달을 것이다. 시편 기자는 제비 둥지를 보면서 주께 가까이 가고 싶은 갈망을 느꼈다(시 84:3). 예수님은 겨자씨 안에서 믿음을 보셨다(마 17:20). 사람들로 하여금 교과서적 명제 너머를 볼 수 있게 해주는 경험을 통해 진리를 설명하려 한다면, 노력한 만큼 보고 이해할 수 있을 것이다.

설교자가 삶의 경험을 이용해서 진리를 설명할 때 청중은 신학적인 원리들을 이해할 수 있을 뿐만 아니라 영적인 틀 안에서 자신의 세계를 바라보는 데 익숙해질 수 있다. 다음의 논평은 인간적인 흥미를 유발하는 이야기, 다시 말해서 삶의 정황을 이용한 예화가 얼마나 훌륭한 가치를 지니고 있는지 말해준다.[55] 클레벌리D. W. Cleverley는 다음과 같이 말한다:

> 단테, 뒤마, 도스토예프스키, 디킨즈 등의 글을 인용하는 것이 감명을 주지만…청중은 설교자가 최근에 보거나 들은 사건에 대해서 이야기할 때 가장 자연스럽게 받아들인다. 길 건너편에 있는 흉가나 최근에 발생한 폭풍의 여파, 지방 꽃 박람회, 최근에 상영된 영화 등에서 이끌어낸 예화가 가장 좋은 예화라고 할 수 있다.[56]

이 말은 역사적인 실례, 꾸며낸 이야기, 비유, 우화, 알레고리 및 다른 형태의 예화 사용을 평가 절하하려는 것이 아니라, 이런 형태의 예화도 사람들에게 친숙한 감정, 확인할 수 있는 딜레마, 청중이 즉각적으로 연결지을 수 있는 일반적인 상황 등에 대한 묘사가 주입되어 있을 때 효과적인 예화가 될 수 있다는 의미이다.[57]

역사적인 사건을 예화로 제시하려 한다면 그 사건의 상황과 줄거리, 인물 등을 상세하게 설명함으로써 삶의 정황으로 만들어야 한다. 즉 청중이 그 사건 속에서 자신의 모습을 발견할 수 있게 해야 한다. 만약 스페인 함대를 언급해야 한다면, 그 사건을 청중이 확인할 수 있도록 묘사하며 인간적인 특징들을 분리

---

55) Baumann, *An Introduction to Contemporary Preaching*, 175.
56) D. W. Cleverley Ford, *The Ministry of the Word* (Grand Rapids: Eerdmans, 1979), 204.
57) 이 충고는 선배 설교자들이 하던 옛날 이야기나 증기기관차 시절의 고리타분한 이야기, 혹은 최근에 나온 예화집에 누락된 일화들을 현재 청중이 처해 있는 직접적인 상황을 반영하기 위해서 수정하지 않은 채 그대로 제시하는 경향에 대한 반감을 완화시킬 수 있다. Lehman, *Put a Door on It*, 27을 참고하라.

해 내야 한다. 청중이 대포의 섬광을 보고, 폭풍우를 느끼며, 함정에 빠진 것을 두려워할 수 있게 만들어야 한다. 단순히 영국이나 스페인의 역사에 대한 강의를 듣고 싶어 하는 성도는 없다. 이야기가 청중의 경험과 관련된 것이 될 때 의미있는 것이 된다.

2) 이야기를 하라.

예화를 훌륭하게 제시하려면 그 분야의 대가들이 이야기하는 원리를 배워야 한다. 예화 제시에 정해진 공식이 있는 것이 아니지만, 예화는 그 특성상 삶의 단편이며, 시작과 끝, 배경과 전개, 그리고 정점을 지닌다. 다시 말해서 예화는 하나의 이야기이다.[58] 이야기의 구성 요소들 중 많은 것이 진술되기보다 함축되며, 분명히 표현되기보다 추정된다. 제이 아담스는 설교의 예화는 이야기의 형식을 완벽하게 갖춘 것으로부터 요점만 언급하는 것에 이르기까지 다양한 형태를 지니며, 이런 이야기들은 감각에 호소하여 청중을 끌어들인다고 주장한다.[59] 따라서 우리는 수십 년 전 "실제로 모든 예화는 짧은 이야기로서 완전한 형태를 갖추어야 한다"라고 말한 브라이언Dawson C. Bryan의 의견에 동의하게 된다. 그는 설교 준비를 성실하게 해야 한다고 주장했을 뿐만 아니라 예화가 갖추어야 할 기본 형식에 대해서도 설명했다.[60] 좋은 예화는 이야기 형태를 취한다. 일반적으로 예화는 도입, 구체적인 내용, 위기를 통한 움직임(예를 들면 클라이맥스로 이어지는 창조적 긴장), 그리고 결말을 갖추고 있다.[61]

---

58) Adams, *Preaching with Purpose*, 90.
59) 앞의 책, 90-91.
60) Dawson C. Bryan, *The Art of Illustrating Sermons* (Nashvill: Cokesbury, 1938), 210.
61) 브라이언은 좋은 이야기는 네 요소-발단, 행위, 결정, 결론-로 구성된다고 주장하였다. 그러나 아담스의 견해는 조금 다르다. 그는 배경(간단하게 설명)이 있어야 하고, 분규 혹은 문제가 발생해야 하며, 긴장 상태, 결정, 그리고 결론이 있어야 한다

(1) 창조적 도입

예화를 도입하는 가장 흔한 방식은 "예를 들어 보면…"이라고 말하는 것인데, 이것은 상상력이 부족하고 설득력이 없는 방법이다. 브라이언은 이때 사용할 수 있는 여러 가지 방법을 제시하였다: "지금까지 설명한 영적 사상을 보다 인상적인 예화를 통해서 살펴보겠습니다…", "여러분은 다음에 제시할 예화를 통해서 이 차이점을 확실하게 이해할 수 있을 것입니다…", 혹은 "어떤 사건을 신문에서 발췌했는데, 이 사건을 통해서 내가 이제까지 설명한 의미를 생생하게 이해할 수 있을 것입니다…."[62] 그러나 이런 식으로 예화를 도입하면 청중을 예화 속으로 끌어들이기보다 예화를 통해 증명하려는 진리와 예화 자체 사이에 벽을 쌓는 것처럼 보인다. 물론 이런 방법이 때로는 필요하고 유용하지만, 설교자가 청중을 자신의 메시지의 사상 속으로 끌어들이기를 원한다면 이런 방법을 자주 사용해서는 안 된다. 예화 제시에 대해 말하지 말고 직접 예화를 제시하라. "예화를 제시하겠다는 말을 하지 않아도 청중은 예화를 인식할 수 있다."[63]

예화 도입을 선언하는 진술은 글을 읽는 독자들에게는 필요하지만 설교를 직접 듣는 청중에게는 불필요하다. 이는 설교자의 태도를 통해서 예화를 제시하겠다는 의미를 충분히 전달받을 수 있기 때문이다. 실제로 예화는 공식적인 설명 구절 전후에서 설명된 내용을 증명해 주는 삽입절이다. 예화는 그 자체로 말의 흐름의 변화이다. 그것은 어떤 행위를 중지시킨다기보다 기어를 바꾸는 것과 같은 역할을 한다. 눈에 거슬리지 않고 효과적으로 예화를 도입하는 방법은

고 주장했다. 두 사람의 의견이 서로 보완적이기 때문에 이 두 가지 의견을 결합하면 예화를 가장 잘할 수 있는 이상적인 모델이 될 것이다. 즉 예화는 일반적으로 도입, 세부적인 설명과 표현, 결정적인 순간의 행동(다시 말해서 긴장 상태를 초래하면서 결정적으로 이끌어 가는 행동), 그리고 결론으로 이루어진다.

62) Bryan, *The Act of Illustrating Sermons*, 199.
63) Deane A. Kemper, *Effective Preaching* (Philadelphia: Westminster, 1985), 86.

잠시 멈추는 것이다. 말하자면 기어를 바꿀 준비를 하기 위해서 클러치를 밟는 것이다.[64]

그 다음에 예화의 상황을 제시해야 한다. 사건이 일어난 시간이나 장소를 말하라. 이때 예화의 상황과 청중이 당면하고 있는 상황을 분리해야 한다. 예수님은 포도원 품꾼의 비유를 말씀하시면서 시간을 분리하셨다: "천국은 마치 품꾼을 얻어 포도원에 들여보내려고 이른 아침에 나간 집 주인과 같으니"(마 20:1). 부모가 자녀에게 이야기를 들려줄 때 보통 "옛날 옛날에…"라는 말로 시작하는데, 여기에서도 시간 분리의 원리를 발견할 수 있다. 이 원리는 지금도 유용하다. 설교자가 "밤 12시 5분 전인데 그녀는 아직 집에 오지 않았습니다…"라고 말하기 시작할 때, 청중은 현재의 장소에서 떨어져 나가 경험의 차원으로 이동하게 된다. 또 재판관을 귀찮게 한 과부의 비유에서 "어떤 도시에 하나님을 두려워하지 않고 사람을 무시하는 한 재판장이 있는데…"(눅 18:2)라고 한 것처럼 공간을 분리하여 예화를 제시할 때에도 이런 경험의 차원으로 이동할 수 있다.

이야기의 도입부에서 시간과 공간의 분리를 함께 제시할 수도 있다. 이런 결합을 통해서 우리는 경험이 한 가지 혹은 두 가지 차원으로 제한되지 않는다는 점을 알 수 있다. 사건에 관련된 사람들(그들의 관계, 업적 혹은 행위), 제시되고 있는 사건(즉 그 사건의 영향과 의미 혹은 과정), 사건이나 이야기, 혹은 인간관계에 대해서 설교자가 갖는 느낌이나 생각 등에 의해 상황이 정의될 수도 있다. 예수님은 씨 뿌리는 비유를 제시하면서 간단하게 "씨를 뿌리는 자가 뿌리러 나가서"(마 13:3)라고 말씀하셨다. 주님은 특정 장소나 시간을 언급하지 않은 채 특별한 상황−사람들이 즉시 동일시할 수 있는 삶의 경험−을 만들어 내셨다.

설교자의 목표는 아이들이 오락실 선물 박스에서 크레인을 이용해서 선물을

---

[64] 앞의 책, 86.

집어 올리는 것과 같다. 아이들은 많은 물건 중에서 자신이 원하는 것을 들어 올리기 위해서, 기계가 멈추기 전에 상품이 있는 곳에 지렛대를 놓으려고 애를 쓴다. 설교자도 예화를 제시함으로써 청중을 현재의 상황에서 끌어올려서, 그들의 흥미가 소멸되기 전에 자신의 사상을 설명할 수 있는 새로운 경험의 세계로 데려가야 한다. 즉 설교자는 청중을 그들이 처해 있는 상황에서 분리시켜 다른 상황에 가져다 놓는 수송 과정을 예화의 도입부에서 시작한다.

예화의 도입부에서 청중의 관심을 끌기 위해 주의할 점이 있다. 청중은 설교자가 예화를 제시하기 직전에 설명한 내용과 관련된 예화를 제시할 것이라고 생각한다. 만약 설교자가 3분 전에 말했거나 바로 앞에서 설명한 내용과 관련된 예화를 제시하려 한다면, 예화를 제시하기 전에 그 부분을 요약해 주거나 반복해서 설명해야 한다.

또 설교가 연구 결과 보고가 아님을 명심해야 한다. 예화의 출처를 밝히는 것이 더 효과적인 경우가 아닌 한 청중에게 그 출처를 밝힐 필요가 없다. 브라이언은 "예화를 도입할 때 곧장 내용으로 들어가는 것이 현명하다. 저자, 제목, 출처 등을 설명하는 것은 예화의 효과를 반감시킨다. 훌륭한 예화도 이런 이유 때문에 처음부터 실패작이 된다"[65]라고 말한다. 이것은 예화를 기술적으로 시작하는 것 이상의 문제이다. 청중이 읽을 수 없거나 읽지 않은 책을 출처로 제시하면서 예화를 시작하면 청중은 그 예화로부터 멀어질 것이다. 불필요한 정보(예화의 저자나 출처)를 제공하여 청중을 괴롭히지 말라는 말은 남의 사상을 자기 것처럼 사용해도 좋다는 뜻이 아니다. "내가 들은 이야기 중에…" 혹은 "전에 들은 적이 있는데…"라고 언급함으로써 목회자로서의 양심을 지켜 나갈 수 있다. 이런 말은 예화를 손상하지 않으면서도 목회자를 표절 시비로부터 보

---

65) Bryan, *The Art of Illustrating Sermons*, 199.

호해줄 수 있다.

(2) 생생하고 적절한 세부 묘사

예화가 결론에 이를 때까지 계속 청중의 주의를 집중시키려면 청중과 관련된 구체적인 내용을 제시함으로써 예화의 모든 부분을 그들의 경험과 밀접하게 연결해 주어야 한다.[66] 웹 게리슨Webb Garrison은 구체적인 묘사가 예화에 힘을 부여하고 이해를 촉진시킬 수 있는 이유를 다음과 같이 설명하였다: "내가 아들의 부러진 팔을 맞추는 것을 보고 깨달은 점을 상세하게 이야기하는 것은 내가 느낀 감정을 보고하는 것에 불과하다. 그러나 내가 그런 감정을 느끼게 된 원인을 상세하게 설명한다면, 여러분은 그 경험 속에 들어가 나와 동일하게 느낄 것이다. 이렇게 자신을 감동시킨 상황을 그대로 재현하는 것은 자신이 느낀 감동을 설명만 하는 것과는 전혀 다른 일이다."[67] 설교자가 전하는 메시지에 힘을 부여하며 청중으로 하여금 그 경험에 접근할 수 있게 하려면 상황을 구체적으로 설명해야 한다.

여기에서 문제가 되는 것은 방법이다. 청중에게 그 경험을 생생하게 전달하려면 어떻게 해야 하는가? 이 질문에 대해서 렌스키Lenski는 "대상, 인물, 행위, 상황 등을 구체적으로 완벽하게 묘사해야 한다"[68]라고 대답한다. 예수님은 탕자의 비유에서 아버지와 아들의 재회 장면을 묘사하실 때 "아버지가 고집 센 자식을 계속 걱정하고 사랑했다"라는 식으로 간단하게 요약하지 않고 다음과 같이 말씀하셨다:

---

66) Davis, *Design for Preaching*, 256.
67) Garrison, *Creative Imagination in Preaching*, 95.
68) R. C. H. Lenski, *The Sermon: Its Homiletical Construction* (1927; reprint, Grand Rapids: Baker, 1968), 236.

"아직도 거리가 먼데 아버지가 그를 보고 측은히 여겨 달려가 목을 안고 입을 맞추니 아들이 이르되 아버지 내가 하늘과 아버지께 죄를 지었사오니 지금부터는 아버지의 아들이라 일컬음을 감당하지 못하겠나이다 하나 아버지는 종들에게 이르되 제일 좋은 옷을 내어다가 입히고 손에 가락지를 끼우고 발에 신을 신기라 그리고 살진 송아지를 끌어다가 잡으라 우리가 먹고 즐기자 이 내 아들은 죽었다가 다시 살아났으며 내가 잃었다가 다시 얻었노라 하니 그들이 즐거워하더라"(눅 15:20-24).

예수님은 구체적인 내용을 상세하게 묘사함으로써 예화에 생명을 불어넣으셨다. 주님은 깨달음, 행동, 대화, 경구, 장면의 변화까지 세심하게 묘사하셨는데, 이것들은 모두 하나의 사상을 말해준다: 아버지는 여전히 아들을 사랑했다.

상세한 묘사는 청중을 직접 경험한 적이 없는 상황 속에 들어갈 수 있게 해준다.[69] 그러한 상황에 처했을 때 청중이 받아들이게 될 감정, 소리, 모습 등을 상세하게 묘사함으로써 청중을 그 경험에 개입시킨다. 따라서 라이오넬 플레쳐Lionel Fletcher는 "예화를 성급하게 이야기하지 말고 충분히 완벽하게 이야기하라. 배경을 세우고 전체 장면을 묘사하며 청중의 눈앞에서 살아 움직이게 만들라"고 충고했다.[70] 게리슨Garrison은 "색깔, 형태, 소리, 냄새 등 유형적인 것들을 설명함으로써 배경을 묘사하게 되고, 배경이 청중의 감정을 일깨워준다. 설교자가 감동을 느낀 상황을 청중으로 하여금 직접 경험할 수 있게 해 준다면 설교자를 감동시킨 것이 청중도 감동시킬 수 있다."[71]

구체적인 묘사가 중요하지만, 지나치거나 이질적인 내용들을 제시해서는 안 된다. 설교자가 세부 묘사를 하면서 기교에 치우치면, 청중이 함께 경험할 수

---

69) Eugene Lowry, *How to Preach a Parable* (Nashville: Abingdon, 1989), 106.
70) MacPherson, *The Art of Illustrating Sermons*, 214.
71) Garrison, *Creative Imagination in Preaching*, 95-96.

있고 공감할 수 있는 예화가 되지 못한다. 레만Lehman은 "청중이 설교자와 함께 문을 발견하고 문턱을 넘어가게 만들려면 어느 정도의 묘사가 필요하다. 이것은 시가 아닌 묘사를 의미한다"[72]라고 기록하였다. 불필요한 수식, 비효율적인 이야기 묘사, 지나친 세부 묘사 등은 청중의 머리에 부적절한 생각으로 가득 차게 만들기 때문에 설교자가 자신의 박학을 자랑하고 싶더라도 한 가지 경험에 초점을 맞추거나 의미를 부여할 수 없게 된다. 청중을 진정으로 감동시키려면, 설교자는 분명하고 간결한 말로 생생한 세부 묘사를 해야 한다. 수식어들로 가득 찬 철학자들의 명상이나 심리학자들의 횡설수설, 이야기꾼들의 두서없는 말을 피하라.[73]

스펄전Spurgeon은 예화의 지나친 묘사와 관련해서 주의할 점을 다음과 같이 요약한다:

"우리는 우아한 예술 작품이 가득한 수정궁전을 만들기 위해서가 아니라, 현명한 건축가처럼 신성이 거할 수 있는 영적인 집을 만들기 위해서 이 세상에 보내졌다. 이 건물은 오랫동안 존속되어야 하고, 매일 사용될 목적으로 만들어졌기 때문에 모든 것이 화려한 수정이어서는 안 된다. 만약 화려함만을 추구한다면 우리는 모두 길을 잃게 된다.…어떤 사람들은 창문을 장식할 화려한 유리 조각을 찾기 위해서 바다와 육지를 두루 돌아다닌다. 그들은 불필요한 장식품을 들여놓기 위해서 설교의 담을 부순다.…만약 그들이 이런 장식품을 통해서 자신의 지혜를 과시하고 청중에게 좋은 인상을 줄 것이라고 생각한다면, 그들은 실수를 하고 있는 것이다.…가장 밝은 빛은 가장 깨끗한 유리창을 통해서 들어온다: 유리에 너무 많은 색깔을

---

72) Lehman, *Put a Door on It*, 69.
73) 앞의 책, 203.

입히면 태양빛이 들어올 수 없다. 주님이 제시하신 비유는 아이들이 읽는 동화처럼 단순했고, 골짜기의 백합처럼 자연스러운 아름다움을 갖고 있었다.…주님의 비유는 주님 자신이나 그 주위 환경과 같아서 부자연스럽거나 별나지 않았고, 현학적이거나 인위적이지 않았다. 이런 모습을 본받자. 이보다 더 완벽한 모범을 찾을 수 없을 뿐만 아니라 현 세대에 이보다 더 적합한 방법도 없다."[74]

스펄전의 설명이 어떤 점에서는 너무 장식적이어서 오히려 자신의 주장을 격하시키는 것처럼 보이지만 그의 주장은 정당하다. 영원한 진리에 피해를 입힌다면, 리본과 꽃 등을 버리라.

(3) 핵심 용어들을 사용하라.

예화의 모든 내용이 설명적 요점을 뒷받침해주어야 한다.[75] 청중이 궤도에서 벗어나지 않게 하기 위해서 설교자는 바로 앞에서 언급한 것과 관련된 예화를 제시해야 하는데, 그 문제를 처음 설명할 때 사용했던 핵심 용어를 사용해야 한다. 예화는 앞에서 설명했던 개념들뿐만 아니라 그 때 사용했던 용어도 그대로 반영해야 한다. 이 말은 예화를 제시할 때 소지에서 사용했던 표현(혹은 대지의 핵심 용어)을 그대로 사용해야 한다는 뜻이다.

예를 들어 "끈질기게 열심히 기도해야 한다"는 것이 설명의 소지라면, 예화에서도 이 용어를 사용해서 이야기해야 한다. 만일 설교자가 "다른 사람에게 헌신적으로 청원하는 사람"에 대해서 이야기한다면, 청중은 이 예화가 앞에서

---

[74] Charles Haddon Spurgeon, *The Art of Illustration*, 3d series of Lectures to My Students (London: Marshall Brothers, 1922), 5, 6, 11, 12.

[75] Bryan, *The Art of Illustrating Sermons*, 221. John Stott, *Between Two Worlds: The Art of Preaching in the Twentieth Centry* (Grand Rapids: Eerdmans, 1982), 240에서 인용한 Thomas Fuller의 글도 참조하라.

설명된 내용과 어떤 관련이 있는지 의아해 할 것이다. 설교자는 "다른 사람에게 헌신적으로 청원하는 것"이 "끈질기게 열심히" 기도하는 것과 같은 뜻이라고 생각할지 모르지만, 청중은 일관성 있는 표현을 원한다. 설교자가 소지를 설명할 때 사용한 핵심 용어는 청중에게 하나의 표지판이 된다. 그런데 예화를 제시하면서 이런 표지판을 제거한다면, 청중은 길을 잃고 당황할 것이다. 설명에서 사용된 핵심 개념과 용어들이 예화를 제시하는 동안 청중을 이끌어주는 지침이 되어야 한다.

예화가 구두 여행 안내서처럼 되면 청중은 혼란을 느끼고 흥미를 잃게 된다. 설명적 내용의 결핍이 설명과 예화를 이어주는 신호들을 단절시킬 뿐만 아니라, 일관성 있는 용어의 부족이 설교자의 신뢰성을 잠식한다. 20세기 말에는 대중 연설에 일화를 사용하라는 것이 일반적인 추이였다. 익살스러운 이야기가 신속하게 청중의 관심을 끌고 호응을 받는다고 생각했다. 그러나 연구가 진행되면서 그러한 이야기들이 신속하게 관심을 일으키지만, 순수히 청중의 감정이나 의지를 조종하려는 것처럼 보인다면 청중이 싫증을 느끼거나 그 방법을 의심하게 된다는 사실이 드러났다. 연설의 주제와 직접적인 관계가 없는 것처럼 보이는 이야기가 제시될 때 가장 의심이 많이 제기된다. 설교자의 신뢰와 메시지의 사랑을 유지하는 데 있어서 중요한 것은 예화를 제시하기 직전에 언급된 내용과 용어를 예화에서 사용하는 훈련이다. 설명의 주요 개념들을 전달하는 소지의 핵심용어들을 택하여 예화에 사용하라.

(4) 위기를 만들라.

시간, 장소, 감정, 장면 등 예화에서 묘사되는 내용이 위기를 통해서 이야기를 끌고 나아가야 한다. 비극의 위협에 의해서 위기 이야기crisis narrative를 만들어낼 필요는 없다. 과학적인 지식을 제시하거나, 사건이 전개되는 방식을 예상하게 하거나, 평범한 것을 특별한 시각에서 보게 해주는 새로운 관점을 만들어냄으로써 위기를 창출할 수 있다. 위기란 아직 해결책이나 해답이나 급소를 찌르는 말 및 그것이 전달되는 방법 등을 알지 못하는 데서 오는 긴장이다.

청중이 관심을 갖고 해결하려는 문제를 만들어낼 타당한 사실들이 있을 때 위기가 만들어지는데, 그것이 청중으로 하여금 절정에서 발견되는 해답을 발견하기 위해 이야기를 끝까지 듣게 만든다. 만약 설교자가 청중에게 놀라움, 슬픔, 분노, 혼동, 두려움, 혹은 깨달음 등을 주지 못한다면, 그가 제시한 예화는 핵심이 없는 것이 된다. 즉 의미를 걸어둘 만한 고리가 없다. 예화의 내적 긴장은 설교자가 전하는 형태의 경험을 강조하기 때문에 청중의 주의를 집중시키는 역할을 한다.

바리새인과 세리의 비유에서 도덕적으로 정반대인 두 사람의 상이한 기도 태도가 긴장을 만들어낸다. 외식하는 바리새인은 "서서 따로"(눅 18:11) 기도한다. 그러나 멸시받는 세리는 "멀리 서서 감히 눈을 들어 하늘을 쳐다보지도 못하고 다만 가슴을 치며 이르되 하나님이여 불쌍히 여기소서 나는 죄인이로소이다"(눅 18:13)라고 기도한다. 이때 청중에게 있어서 위기는 어느 것이 바른 기도인지, 그리고 자신의 의보다 하나님의 은혜에 의지하여 기도하는 것이 무엇인지 결정하는 데 있다. 이 비유 안에 있는 복잡한 문제들이 이 대조적인 두 사람이 해야 하는 기도와 실제로 드리는 기도 사이의 긴장을 만들어낸다. 이런 위기가 없으면 이 이야기가 청중에게 영향을 미칠 수 없을 것이다. 원리를 강조하기 위해 긴장을 만들고 해소해야 할 필요성은 단순한 통계, 예, 또는 암시 등이 예화의 목적에 기여하지 못하거나 그 힘을 충분히 전하지 못하는 이유를 드러내준다.

(5) 의미 있는 결론을 내려라.

"쇠는 달았을 때 두드려라"는 속담을 따른다면, 위기가 최고조에 달했을 때 예화의 결론을 내려야 한다. 즉 가능한 한 예화의 끝부분에 절정을 두어야 한다.[76] 예화의 위기는 청중의 흥미를 자극하며, 예화의 경험 속으로 청중을 끌어당긴다. 설교자는 청중을 예화의 경험에 끌어들인 후 그들의 흥미나 관심이 줄어들기 전에 예화의 요지를 설명해야 한다. 예화의 결론 부분은 다음의 두 가지 요소를 갖추어야 한다: 이야기의 결말과 예화의 요점.

예화의 도입부는 경험을 분리시키며, 이야기의 세부 내용은 예화에 형태를 제공하고, 위기는 청중을 끌어들이고, 예화의 결론은 예화에 등장하는 사건을 앞에서 설명한 요지와 연관지음으로써 의미에 초점을 맞춘다. 예화의 사건과 설교의 요지를 결합하는 데에는 여러 가지 방법이 있지만, 보통 설교자는 요점을 납득시킬 수 있을 만큼 강력한 말로 일격을 가하는 방법을 사용한다.[77] 레만 Louis Paul Lehman은 "예화와 그 해석 사이의 연결고리가 흔들리거나 불완전하게 설명되어서도 안 된다"[78]라고 말했다. 이 연결고리는 일반적으로 "분류(혹은 해석적) 진술"의 형태를 취한다. 다시 말해서 설교자는 한두 개의 문장으로 신속하게 예화의 내용을 상기시키고 그것을 자신이 전하고 있는 원리와 연결한다.

분류 진술grouping statement은 예화의 내용과 설교의 진리 사이에 유사점이 있음을 증명해준다. 설교자는 다음과 같은 표현으로 예화의 결론을 내릴 것이다: "우리가 이러이러한 방식으로 이 길을 발견했듯이…해야 한다", "이와 똑같은 방법으로…", "우리도… 해야 한다", "이제까지의 이야기를 통해서 …를 배울 수 있었다." 또 다른 방법은 예화에 등장한 핵심 구절이나 사상과 비슷한 표현을 사용해서 적용을 이끌어 내는 것이다. "그의 안내가 없었다면, 조는 돌아오

---

76) Bryan, *The Art of Illustrating Sermons*, 227-28.

77) Kemper, *Effective Preaching*, 86; Adams, *Preaching with Purpose*, 93; Sangster, *The Craft of Sermon Illustration*, 89; Bryan, *The Art of Illustrating Sermons*, 226.

78) Lehman, *Put a Door on It*, 89.

는 길을 찾지 못했을 것이다"라는 말로 예화를 끝맺었다면, 이에 대응하는 분류 진술은 다음과 같을 것이다: "하나님이 없으면, 우리는 결코 돌아가는 길을 발견할 수 없을 것이다." 이런 대구법을 사용하면, 설교자가 예화의 내용을 설교의 요지와 관련지으려 한다는 서론적인 진술을 하지 않아도 된다. 왜냐하면 대구 자체가 자동적으로 이런 관계를 함축하기 때문이다.

도널드 그레이 베른하우스Donald Grey Bernhouse는 유명한 예화를 많이 만들었는데, 그 중에서도 설교자가 해석적 진술을 사용하는 방법을 가장 잘 알려주는 것은 부인이 임종할 때 자녀들에게 들려준 이야기이다:

> 베른하우스가 아내의 장례식에 자녀들을 데리고 가던 중 교차로에서 멈추었다. 그들 앞에 큰 트럭이 서 있었는데, 트럭의 그림자가 눈으로 뒤덮인 땅을 가로질러 늘어져 있었다. 베른하우스 박사는 그림자를 가리키며 자녀들에게 말했다: "땅에 늘어진 트럭의 그림자를 보아라. 만약 너희들이 치어야 한다면 트럭에 치이기를 원하니, 아니면 그림자에 치이기를 원하니?" 가장 어린 아이가 먼저 대답했다. "그림자요. 그림자는 아무도 다치게 하지 못하잖아요." "맞아"라고 베른하우스는 대답하였다. "그리고 예수님이 직접 죽음의 트럭에 치어 죽으셨다는 사실을 기억해라. 그래서 우리는 트럭 때문에 죽는 일은 절대로 없단다. 엄마는 이제 예수님과 함께 살고 있단다. 죽음의 그림자가 엄마를 지나갔을 뿐이야."

나는 이 예화를 장례식에서 자주 사용하곤 했다. 그것은 심오한 성경적 진리를 감동적으로 말해줄 뿐만 아니라 예화의 표현이 효율적이다. 청중은 베른하우스가 처한 상황에 주목하면서 그의 자녀들이 보는 것을 보고 그들의 대화를 엿듣는다. 그러나 그 사건을 대리 체험하는 것보다 더 중요한 것은 베른하우스가 자녀들에게 한 마지막 말, 즉 그들로 하여금 예화의 한 부분을 그리스도의 죽음과 연결할 수 있게 해준 말이었다. 해석 진술은 짧게 두 문장으로 되어 있다. 그러나 베른하우스의 예화는 예화와 신학적인 개념을 결합한 핵심 용어를 제시함으로써 그의 자녀들에게 위로가 되었던 것처럼 우리에게도 위로가 된다. 어떤 사건을 완벽하게 묘사해도 그 사건 스스로 해석을 제시하지는 못한다. 그래서 이런 분류 진술을 통해서 예화의 결론을 내려주어야 한다. 분류 진술을 직접 언급하거나 암시할 수 있지만, 예화의 주석적 목적에 충실하려면 그 요점이 청중의 정신 안에서 울려 퍼져야 한다.

4. 예화와 관련하여 중요한 것들

현실적이고 완벽하며 모든 사람이 공감할 수 있는 예화는 설교의 설득력을 증대시킨다. 예화의 효과는 그것을 사용하는 방법과 발견한 장소에 따라서 결정된다.

1) 예화에서 주의할 점

(1) 예화를 신중하게 사용하라.

예화는 건전한 설명의 대체물이 아니라 설명을 위한 도구임을 명심해야 한다. 만약 설교자가 알찬 성경 강해보다 예화 제시에 열중한다면, 그는 강단에 선 목회자가 아니라 무대에 선 연예인으로 전락할 것이다. 대중 연설가가 주제를 정하고 청중을 감동시킬 만한 이야기를 해도 그것은 설교가 될 수 없다. 예화는 대중에게 흥미를 주고 목사가 칭송을 받는 데 초점을 두지 말고 성경의 진리를 깊이 있게 이해하고 쉽게 적용할 수 있게 하는 데 초점을 두어야 한다.

그러나 예화를 너무 많이 제시하면 청중이 "이 사람이 하는 일이라곤 이야기를 하는 일뿐이다"[79]라고 판단할 것이므로 설교자의 신빙성이 손상될 것이다. 예화를 제시할 때 그 수효와 위치의 기준이 정해져 있는 것은 아니며, 메시지의 목적에 가장 합당한 위치와 방법에 대한 상식적인 판단을 따라야 한다. 전통적인 방법은 설교의 주요 부분(즉 대지)마다 예화를 한 가지씩 제시하는 것이다.[80]

소지를 설명할 때마다 예화를 제시할 것인지, 특별히 설명하기 어려운 소지에만 예화를 제시할 것인지, 아니면 두 소지 사이의 관계를 보여 주는 전환 장치로서 예화를 제시할 것인지는 설교자가 판단해서 결정해야 한다.[81] 왜냐하면 메시지를 전하는 사람이 메시지가 전체적으로 무엇을 필요로 하는지 가장 잘 느낄 수 있기 때문이다. 예를 들어 마지막 대지의 예화가 설교의 결론을 약화시킨다면, 그 예화를 마지막 대지 이전에 사용함으로써 설교의 절정에 영향을 미치지 못하게 하는 것이 좋다.[82] 매스컴에 관한 연구 보고서들을 보면, 대지를 전개할 때 먼저 설명의 원리를 설명한 직후에 예화를 제시하는 것이 가장 좋은 방법이라고 지적한다.[83] 이 방법은 주제를 소개하는 동안 청중의 흥미를 이끌어냄으로써 청중의 주의력이 저하되지 않은 상태에서 요지를 입증하게 해준다.[84] 이 방법은 특히 방송설교자들이 자주 사용한다.[85]

---

79) Marquart, *Quest for Better Preaching*, 153.
80) Bryan, *The Art of Illustrating Sermons, 172; Baumann, An Introduction to Contemporary Preaching*, 180; Larsen, *The Anatomy of Preaching*, 66.
81) Bryan, *The Art of Illustrating Sermons*, 173-74.
82) 상세한 설명은 제9장을 참고하라.
83) Lewis, *Inductive Preaching*, 82.
84) Kemper, *Effective Preaching*, 81.
85) 방송 연설에서 이런 원칙을 적용한다는 점에 대해서 더 상세한 설명을 원한다면, 다음의 저자의 저술을 참고하라. "lterative Models: Old Friends in New Clothes" in *A Handbook of Contemporary Preaching*, ed. Michael Duduit(Nashville: Broadman, 1992), 118-31.

이런 대안들은 예화가 대지와 대지 사이에서 제시될 수 있고 대지의 첫 부분이나 중간이나 끝에서 제시될 수 있음을 지적해준다. 이러한 결론은 예화가 지닌 사람의 관심을 끄는 본질을 강조한다. 예화가 청중의 반응을 끌어낼 뿐만 아니라 설교 도중 어느 부분에서든지 제시될 수 있다는 사실을 깨닫게 되면, 설교자는 모든 곳에서 예화를 사용하려는 유혹을 받게 될 것인데, 이 유혹을 물리쳐야 한다. 설교가 진행되는 동안 청중의 감정이 어떻게 변화하는지 그래프로 나타내 보면 예화 주위에서, 특히 예화를 통해 적용이 제시될 때 절정에 이르는 경향이 있음을 알 수 있다. 그러나 설교가 예화의 절정으로 가득 찬다면, 특별한 영향을 주는 부분을 찾아볼 수 없게 된다. 청중의 인기를 얻기 위해서 예화를 계속 제시하는 설교자는 고대 쾌락주의자들이 직면했던 딜레마에 빠질 것이다. 즉 쾌락이 일상적으로 되기 때문에 사람들이 흥미를 잃게 된다. 설교에서 적절한 설명과 예화가 균형을 이루지 못한다면, 목회자의 신뢰성이 상실된다.[86] 동시에 청중의 각기 다른 인격, 능력, 학습 방식 등을 고려하지 않는 설교자는 이기적이거나 무감각한 설교자로 인식될 것이다. 설교에 예화가 지나치게 많으면 신뢰성이 떨어지고, 예화가 지나치게 부족하면 좋은 의도를 제대로 전하기 어렵다.

설교의 강해 요소들이 균형을 이루려면 설교의 본질, 예화의 본질, 그리고 청중의 본질이 고려되어야 한다. 오늘날 일부 집단에서는 비유 형태로 성경의 진리를 제시하는 이야기 설교narrative sermon—중요한 도덕이나 통찰로 이어지는 긴 이야기extended story나 서사 구조가 인기를 얻고 있다.[87] 예수님도 가르치실 때 이

---

86) Spurgeon, *The Art of Illustration*, 4-5.
87) Cf. Edmund A. Steimle, Morris J. Niedenthal, and Charles Rice, eds. *Preaching the Story* (Philadelphia: Fortress, 1980); Eugene L. Lowry, *The Homiletical Plot: The Sermon as Narrative Art Form* (Atlanta: John Knox, 1980); Wayne Bradley Robinson, ed., *Journeys toward Narrative Preaching* (New York: Pilgrim, 1990); Chapell, "lternative Models," 124-25.

방식을 자주 사용하셨으므로 이 방법을 비난할 수 없다. 이러한 설교가 중요한 목적에 이바지할 수 있는데, 이때 당연히 예화의 비율이 커진다. 그러나 예수님은 추종자들이 성경의 가르침을 잘 알고 있을 경우에만 이 방법을 사용하셨다는 사실을 기억해야 한다(막 4:10, 34을 참고하라). 예수님은 청중이 처음으로 가르침을 받는 것으로 충분하다고 여기지 않으셨을 것이다.

메시지의 적용을 효과적으로 만들기 위해서 설교자는 언제 어디에서 예화를 제시할 것인지 결정해야 한다. 어떤 경우에 이 말은 청중을 충분히 이해시키기 위해서는 예화가 강해 내용을 분명히 하는 데 초점을 두어야 한다는 의미일 수 있다. 그러나 다른 경우에는 청중이 잘 알고 있어서 반응을 이끌어낼 수 없는 일과 관련하여 심오한 감정을 만들어내기 위해 예화를 사용하는 것이 낫다. 예화의 목적이 지적인 호소에 있든지 사고방식에 관한 호소를 뒷받침하려는 데 있든지(혹은 이 두 가지의 결합이든지 간에), 설교자가 청중의 의지에 영향을 주기 위해서 사용할 때 예화가 가장 효과적으로 작용한다. 이런 용법은 엔터테인먼트 영역에서 예화를 선택하여 설교의 강해 목적에 종속되는 관계 안에 둠으로써 예화에 품위를 부여한다. 사람들은 가능하다고 생각되는 것을 시도하거나 고려하려 한다.[88] 청중은 인간적 경험의 일반적인 근거를 형성하는 상황, 장면, 사건 안에서 영적 진리를 발견할 때 설교자가 말하는 것을 자연스럽게 받아들인다.[89] 예화는 강력한 증거능력을 지닌다.

(2) 예화를 목회적으로 사용하라.

예화가 강해 메시지의 중심이 아니지만, 교인들은 예화를 통해서 삶 및 삶과 성경의 관련성에 대한 설교자의 이해에 주목할 수 있다. 예화는 설교자의 목회

---

88) John Killinger, *Fundamentals of Preaching* (Philadelphia: Fortress, 1985), 30-31.
89) R. E. O. White, *A Guide to Preachers* (Grand Rapids: Eerdmans, 1973), 171.

적 성실성, 능력, 그리고 감정을 적나라하게 보여준다. 이런 까닭에 설교자는 자신의 목회적 영향을 의식하면서 예화를 준비해야 한다.[90] 다음에 제시한 주의 사항을 잘 지키면, 예화가 사역에 손상을 입히는 일이 없을 것이다:

- **사실을 분명히 밝히라.** 설교자가 사실들을 능숙하게 다루면, 청중은 설교자를 신뢰할 수 있을 것이다. 그러나 "마틴 루터의 99개 조항", "조지 콜슨의 감옥 선교", "아인슈타인의 X레이 발견", "마크 트웨인의 허클베리핀" 등을 언급하면 역효과를 낼 것이다.
- **허위나 믿을 수 없는 예화를 조심하라.** 사실이 아닌 일을 사실처럼 이야기하고 싶은 유혹을 물리쳐야 한다. 자신에게 일어나지 않은 일을 실제로 일어난 일처럼 이야기하지 말라. 실제의 일이라도 의심 받을 만한 것은 피하라. 청중의 신용을 잃으면 많은 것을 잃게 된다.
- **균형을 유지하라.** 강해설교에서 예화는 한 단락이나 두 단락 이상 계속되는 경우가 드물다. 여러 가지 예화를 한꺼번에 제시하지 말라. 한 가지 예화를 설명하기 위해서 또 다른 예화를 제시하는 것은 매우 위험한 일이다.
- **현실 위주로 하라.** 아주 가까운 곳에 있는 사건을 찾으라. 만약 과거의 위대한 성인들을 지나치게 자주 예로 사용한다면, 신앙을 오늘날 기독교인들의 경험과 거리가 먼 것으로 만들 수 있다. 바운즈E. M. Bounds나 찰스 시미언Charles Simeon, 조지 뮬러, 모세 등의 기도 생활을 계속 강조하면, 초-영성super spirituality이라는 잘못된 인식을 초래할 수 있다. 예화가 영적인 이상주의를 지향한다면, 청중은 신앙이 현실 생활에서 구현될 수 있다는 확신을 잃게 된다.[91]

---

90) Chapell, *Using Illustrations*, 156-75.
91) Baumann, *An Introduction to Contemporary Preaching*, 180. 이 조언의 타당성에 의문

- 경솔하게 폭로하거나 밝히거나 난처하게 만들지 말라. 우연히 방종을 조장하거나 목회자의 지위를 손상시킬 수 있는 습관이나 오락을 인정한다는 것을 암시할 수 있는 예화는 피하라. 예를 들어 어떤 회중은 설교에서 성인 영화를 언급하는 것을 인정하지만 그렇지 않은 교회에서 부모들은 자녀들에게 보지 못하게 했던 영화를 목사가 언급할 때 놀랄 수 있다. 또 상담 중에 알게 된 특정인의 비밀을 드러내지 말아야 하며, 특히 그 사람이 누구인지 추정할 수 있게 해서는 안 된다. 가족, 친구, 혹은 교인들이 겪은 일을 설교에서 언급할 때에는 그들의 허락을 받아야 한다.

- 자신 이외에 다른 사람을 놀림거리로 만들어서는 안 된다. 특정 인종, 사투리, 정당, 성$_{gender}$, 나이, 혹은 특정인을 조롱한다면, 교인들은 그것을 농담으로 받아들이면서도 하나님의 은혜를 전하는 목회자의 능력을 의심할 것이다. 강단에서 설교자가 조롱할 수 있는 사람은 오직 한 사람, 설교자 자신뿐이다. 강단에서 칭찬해서는 안 될 사람도 오직 설교자 자신뿐이다.

- 공동의 관심사를 취하라. 예화를 제시하면서 설교자 자신(설교자의 자녀, 취미, 애완견, 휴가, 질병, 병역, 자신의 운동 경력 등)에 대해서 자주 언급하지 말라. 설교자 자신이 예화의 주인공이 되어서는 안 된다. 훌륭한 결과를 얻기 원한다면, 하나님을 신뢰해야 한다(고전 1:31).

- 미적 감각을 나타내고 청중의 감정을 존중하라. 출산, 피, 침실, 욕실 등에 대한 이야기는 강단에서 묘사하기에 부적합하다. 꼭 필요한 경우에는 사무적으로 언급하고 넘어가라. 온건한 형태일지라도 비속하고 천한 언어는 대부

이 생긴다면, 다음에 제시한 예화를 통해서 자신이 하나님의 종으로서 쓸모가 있다는 생각을 더 하게 되는지 자문해 보라: 설교의 제왕이라고 불리는 스펄전이 우울증에 시달린 나머지 인생 후반부의 3분의 1 정도는 거의 강단에 서지 않았다는 사실, 한 직원이 강당에서 음향 시설을 점검하던 중에 스펄전이 요한복음 3장 16절을 인용하는 것을 듣고서 기독교로 개종할 정도로 스펄전은 설교자로서 대단한 능력을 가지고 있었다는 사실 등.

분의 설교자들이 생각하는 것보다 훨씬 더 많이 성도들의 분노를 불러일으킨다. 비록 사람들이 잘 알고 있는 용어라도, 목사의 입에서 그런 말을 듣기 위해 교회에 오는 사람은 없다.
- **시작한 예화는 반드시 끝맺으라.** 강아지, 병실에 누워 있는 소년, 혹은 쓰레기통을 쓰러뜨린 이웃 등이 겪은 일들에 관해 청중이 궁금해하도록 내버려두어서는 안 된다. 예화를 제시하는 중에 논지를 충분히 입증했어도 이야기를 완벽하게 끝내지 않는다면 청중은 풀리지 않은 그 문제를 생각하느라고 설교자의 설명에 귀를 기울이지 못할 것이다.

2) 예화의 자료

설교자들은 몇 가지 기본 자료에서 예화를 얻는다: 개인의 경험(독서, 다른 사람에게서 들은 이야기, 혹은 개인적인 생활), 뉴스, 역사 기록, 문학 작품, 상상, 그리고 성경. 주변에서 예화를 찾는 것, 독서나 연구 중에 알게 된 것을 기억하는 것, 그리고 사람들의 이야기를 듣는 것은 끊임없는 도전으로서 결국 우리의 생활방식이 된다.[92] 설교자가 어디에서나 예화를 발견하는 일의 중요성을 확신하며 다른 사람들의 예화만을 사용하는 습관에 빠지지 않는다면, 자연스럽게 예화를 발견하는 기술을 발달시킬 수 있다.

나는 설교자가 지나치게 의존하지 않고 일종의 촉매로 사용하는 한 예화 목록을 사용하는 데 반대하지 않는다. 설교자들은 누구나 예화가 필요하다고 여기지만 적절한 것을 생각해내지 못하는 상황에 직면한다(특히 목회자가 일주일에 4-5차례 설교해야 하는 교회에서). 필요할 때 수정하고 갱신하고 자신의 것으로 만들 수 있는 예화들을 비축해두는 것이 좋다. 그러나 다른 사람들의 예화

---

[92] Chapell, *Using Illustrations*, 156-75.

를 취해 그대로 사용하는 설교자의 메시지는 재미없고 진부하고 인간미가 없다. 다른 사람의 예화를 사용할 때는 그 사실을 적절히 인정한 후에 설교자의 설교 설명에 등장하는 핵심 용어들을 사용하여 그 예화를 수정하라. 이렇게 함으로써 예화는 수입품처럼 보이지 않고 개념적으로나 언어적으로 설교자 및 그의 메시지에 맞게 될 것이다.[93]

(1) 예화 발견 시스템

설교를 준비하는 도중에 예화가 떠오르는 경우가 종종 있다. 제시하고자 하는 요지가 뚜렷하게 정의될 때 자신의 최근 경험이나 기억이 떠오르며 그 즉시 예화가 생각나는 경우가 종종 있다. 그러나 설교자들이 예화를 당장 떠오르는 영감에만 의존한다면, 곤란한 상황에 처할 것이다. 그러므로 설교자는 설교를 준비할 때 생각난 것들을 이미 저장되어 있는 예화들과 결합해야 한다.

설교자가 자신이 발견하는 예화들을 저장하고 검색하는 데 도움이 되는 시스템이 많이 개발되었다. 최근에 도입된 것이 컴퓨터 프로그램과 예약 서비스이다. 이런 예화 시스템을 사용하는 데 있어서 가장 중요하고 기본적인 조건은 설교 주제와 본문을 미리 결정하는 것이다. 설교하기 몇 주 전에 주제와 본문을 결정하는 것은 마치 강력한 아이디어 자석을 소유한 것과 같다. 이 말은 설교하기 몇 주 전에 메시지를 완벽하게 작성해야 한다는 뜻이 아니다. 대부분의 경우 이렇게 하기가 불가능하며, 혹시 가능하다 해도 이런 습관은 메시지의 자연스러운 열정을 없애는 결과를 초래할 수 있다. 설교자가 설교의 내용을 대략 알고 있으면 실제로 설교를 작성하기 오래 전에 예화를 수집하고 분류하고 평가할 수 있다.

설교자들은 종종 몇 주일이나 몇 달 후에 설교할 각각의 내용을 별도의 폴더

---

93) Chapell, *Using Illustrations*, 163.

에 파일 형식으로 보존한다. 예화가 떠오르거나 그 주제와 관련이 있는 기사를 발견할 때마다 관련 폴더에 넣어둔다면, 설교를 완성해야 할 때 자료를 바로 손에 넣을 수 있다. 예화뿐만 아니라 설교 개요나 해석상의 깨달음, 적용될 만한 사상, 그리고 강해와 관련된 생각들도 "설교 준비 파일"에 보관할 수 있다. 설교자가 파일에 보관된 자료들을 모두 사용해야 하는 것은 아니다. 수집된 자료 중 적은 부분만 사용하더라도 이런 체계를 통해서 많은 예화, 더 좋은 예화들을 수집하여 사용할 수 있다.

(2) 정보 검색 시스템

우연히 예화를 발견하면 그 즉시 기록해 두어야 한다. 그것이 무엇에 대한 것인지 기억하려면 상세히 기록해야 한다. 나중에 보다 상세하게 기록하겠다고 생각하는 대부분의 설교자들은 잠재적 예화들의 90퍼센트를 망각하게 된다. 훌륭한 설교자들은 메시지와 관련된 생각이나 예화가 떠오를 때마다 기록하기 위해서 포켓용 노트를 가지고 다닌다. 최근에 나는 이 설교자들을 모방하여 접착식 메모지를 가방에 넣고 다니면서 언제든지 예화를 간단히 기록한다. 집에 돌아가서 그 메모지를 큰 종이에 붙이고, 설교 준비나 예화 파일에 보관한다.

우리 가족들은 내가 제일 나중에 신문을 봐야 한다고 주장한다. 왜냐하면 내가 스크랩하고 나면 신문이 갈기갈기 가위로 잘려있기 때문이다. 나는 가위와 형광펜을 들고 책이나 잡지를 읽는다. 잘라낼 수 없는 자료는 필요할 때 기억하거나 검색하기 위해 충분한 정보를 기록하고 복사한다. 그리고 복사하거나 메모해둔 것을 다른 예화들과 함께 철해 둔다. 나의 예화 파일이 깨끗하지는 않지만 이 자료를 봐야 할 사람은 나 한 사람뿐이다.

좋은 예화이지만 자신의 설교 준비 파일과 관계가 없거나 이미 사용한 예화는 어떻게 처리해야 할까? 그것들도 파일로 만들어 정리해 두어야 한다.[94] 처음에는 이 작업이 성가시겠지만, 이렇게 작성된 예화 파일이 나중에 시간과 노력을 절약하게 해줄 것이다. 어떤 설교자들은 예화를 주제별로 분류해서 목록을 작성하는데, 요즘 시장에 나와 있는 좋은 주제별 색인 프로그램을 구입하면 많은 시간과 노력을 절감할 수 있을 것이다. 요즘 나는 주요 출판사에서 나온 주제별 색인 프로그램에 따라 마닐라 폴더에 예화를 담아두고 있다. 이 파일은 모든 종류의 메모를 담을 수 있으며, 색인 폴더를 삽입하거나 삭제함으로써 주제 목록을 쉽게 바꿀 수 있다. 만약 예화를 어떤 주제 파일에 첨가해야 할지 결정하지 못했거나 한 가지 범주만 아니라 여러 가지 범주에 동시에 해당되는 예화가 있다면, 그것을 복사해서 각기 적절한 장소에 보관해 둔다.

컴퓨터 목록 시스템들도 자기 것으로 조정하여 사용할 수 있다. 어떤 시스템은 고성능의 주제 검색 기능과 상호(전후) 참조 프로그램을 가지고 있다(또 예약 서비스에 의해 매달 갱신할 수도 있다). 대체로 컴퓨터 예화는 워드프로세서 기능을 사용해서 곧바로 설교문으로 가져올 수 있다. 그러나 컴퓨터 목록을 사용하는 데 있어서 한 가지 단점은 원본이나 예약 목록에 없는 예화를 입력하는 데 시간이 걸린다는 점이다. 그러나 컴퓨터 프로그램에 있는 주제 목록이나 본문 목록 속의 예화들을 복사해 두는 편이 더 쉬울 수도 있다. 설교자들이 어느 시스템이 가장 유익할 것인지 결정하기 위해서는 자신의 습관, 욕구, 그리고 예산을 점검해야 한다.

---

94) 주제 파일과 본문 파일 모두 매우 유익하다. 자료 정리에 대한 설명은 다음을 참고하라. Haddon Robinson, *Biblical Preaching: The Development and Delivery of Expository Messages* (Grand Rapids: Baker, 1980), 154; Leslie B. Flynn, *Come Alive with Illustrations: How to Find, Use, and File Good Stories of Sermons and Speeches* (Grand Rapids: Baker, 1987), 103-9.

: 복습과 토론을 위한 질문 :

1. 예화가 단순한 예나 인유와 다른 점은 무엇인가?
2. 예화가 시작될 때 청중은 설교자가 제시하는 예화가 어떤 것이라고 가정하는가?
3. 예화에서 대지 설명의 핵심 단어들을 어떻게 사용하는가?
4. "분류(혹은 해석) 진술"이란 무엇이며, 그것은 예화에서 어떻게 사용되는가?
5. 설교에서 예화의 비율을 결정할 때 도움이 되는 것은 무엇인가?
6. 하나의 대지 안에서 예화의 위치를 정할 때 도움이 되는 것들은 무엇인가? 예화의 적절한 위치는 어디인가?
7. 예화를 제시할 때 주의해야 할 점은 무엇인가?

: 연습 문제 :

1. 본서 제6장의 연습 문제에서 요약한 대지들 중 하나에 적절한 예화를 작성해보라. 아니면 다음의 대지에 알맞은 예화를 만들어 보라: 예수님이 항상 자기 백성들을 위해 중보해주시므로, 우리는 쉬지 않고 열심히 기도해야 한다.
2. 한 가지 주제를 선택하고 오감 중 최소한 세 가지 감각으로 느낄 수 있는 예화를 제시하라.

제8장

적용의 실제

1. 적용의 기능

　미국 성인들의 약 3분의 1이 중생을 체험했다고 말한다. 이 비율은 몇 년 동안 일관되게 나타났다. 그러나 조사 결과를 보면 거듭난 교인들의 행동이 회심 경험 전과 달라진 것이 거의 없음을 알 수 있다. 실제로 이 조사는 그리스도를 만난 후에 다음의 세 가지 범주—마약, 음주 운전, 간통 행위—에서 그 행동이 더 나빠졌음을 보여준다. 마약 복용과 간통 행위는 회심 후에 두 배 정도 증가했고, 음주 운전은 세 배로 증가했다. 최근의 조사에서도 일반인들보다 복음적 기독교인이라고 주장하는 사람들의 이혼율이 더 높게 나타난다. 통계조사에 의하면 조사에 응한 거듭난 기독교인들의 18%가 인터넷 음란 사이트를 방문했는데, 이것은 국가의 평균치보다 불과 2% 적은 수치이다.

　이런 통계치가 나온 데에는 여러 가지 이유가 있지만, 이 통계치를 통해서 알 수 있는 것은 많은 사람들에게 있어서 신앙이 추상적인 관념으로 남아 있다는 사실이다. 칼빈의 비평이 아직도 진리로서 경종을 울리고 있는 것이다: "만약 사람들에게 자신이 배운 것을 따를 것인지 선택할 권한을 준다면, 그들은 한 걸음도 떼려 하지 않을 것이다. 그러므로 교리 자체는 전혀 유익을 주지 못한다."[1] 설교자가 교인들에게 성경적 지식을 제공해 주면 그들이 자동적으로 그 영적 진리를 일상생활과 연결할 수 있을 것이라고 생각하는 것은 근본적으로 잘못된 것이다.[2]

적용은 강해설교의 의무를 이행하는 것이다. 적용은 지금 현실에서 나타난 영적 진리의 개인적인 결과이다. 적용이 없다면 설교자가 설교할 이유가 없다. 왜냐하면 적용이 없는 진리는 대속적 목적을 성취하지 못하기 때문이다. 이것은 설교가 진리의 선포일 뿐만 아니라 적용된 진리라는 뜻이다.[3] 웨스트민스터 교리문답서에서는 "성경은 주로 무엇을 가르치는가?"라는 질문에 답변하면서 이 입장을 공식화하였다. 그 답변은 "성경은 주로 사람이 하나님에 대하여 무엇을 믿어야 하며, 하나님께서 사람에게 요구하시는 의무가 무엇인지를 가르친다"[4]인데, 이것은 성경 구절의 의미를 설명하는 설교자의 의무를 명시해준다. 하나님이 우리에게 요구하시는 의무를 설명하지 않는 성경 해석은 완전하지 못하다.[5]

하나님이 요구하시는 의무는 강해설교의 "그래서 무엇을"so what이며, 이 질문을 통해서 적용을 이끌어낼 수 있다. 데이비드 비어만David Veerman은 이것을 다음과 같이 요약한다:

> 간단히 말해서 적용은 다음의 두 가지 질문에 대답하는 것이다: "그래서

---

1) 이 글은 칼빈의 설교(딤후 4:1–2)에서 인용했으며, 이에 대한 번역은 다음을 참고하였다. *Sermons on the Epistles to Timothy and Titus* (Edinburgh: Banner of Truth Trust, 1983), 945-57.
2) David Veerman, "Sermons: Apply Within," *Leadership* (Spring 1990): 121.
3) Jay E. Adams, *Truth Applied: Application in Preaching* (Grand Rapids: Zondervan, 1990), 39.
4) 웨스트민스터 소요리문답 3
5) Cf. Fabarez, *Preaching That Changes Lives*, 57-59.

무엇을?" so what? 그리고 "지금은 무엇을?" now what?. 첫째 질문은 "이 구절이 나에게 왜 중요한가?"를 묻는 것이며, 둘째 질문은 "나는 오늘날 이것과 관련해서 무엇을 행해야 하는가?"를 묻는 것이다. 적용은 하나님 말씀의 진리의 초점을 삶과 관련된 특정한 상황에 맞추는 것이다. 그것은 사람들로 하여금 자신이 참되고 의미있다고 확신해온 것에 입각하여 행동할 수 있게 한다.[6]

우리가 잘 알고 있는 이런 구분들이 도움이 되겠지만, 적용의 의무를 요약하기 전에 한 가지 주의할 점을 덧붙여야 한다. "내가 무엇을 행하기를 원하십니까?"라는 말, 의무, 그리고 행동을 지나치게 강조하면 청중에게 적용이란 항상 설교자가 설교를 통해서 어떤 행동을 지시하는 것이라는 인상을 줄 수 있다.

적용은 행동뿐만 아니라 자세(마음가짐)를 요구할 수도 있다. 미숙한 설교자들에게 자주 나타나는 특징은 행동을 지나치게 강조한다는 점이다. 물론 성숙한 설교자들은 행동을 무시하는 것은 아니지만, 자신이 전하는 바 하나님이 요구하시는 행동의 기초가 되는 자세를 세우려고 노력한다. 이것은 수사학적인 전략 이상의 것이다. 이것은 생명의 근원이 마음에서 나온다는 성경적 통찰에 근거한 것이다(잠 4:23). 설교하면서 단순히 술 마시지 말라, 담배 피우지 말라, 음욕을 품지 말라, 해야 할 일을 뒤로 미루지 말라고 가르친다면, 비록 교인들이 그대로 행한다 해도 그들을 영적으로 성숙시킬 수 없을 것이다. 적용은 대부분 행동을 권하는 형태이지만(예를 들어 이웃에게 복음을 전하는 것, 죄를 짓지 않는 것), 태도의 변화(예를 들어 선입관이나 교만, 혹은 이기심)를 필요로 하는 것도 있고 신앙의 헌신을 강조하는 것도 있다(예를 들어 용서하는 자유를 누림, 부활의 진리 안에서 위로 받음, 하나님의 주권에 기초를 두고 소망을 새롭게 갖

---

[6] Veerman, "Sermons," 122.

는 것 등). 적용의 목표는 행동과 마음의 변화이다.

적용은 강해의 타당성을 보여 준다. 만약 청중이 강해의 통찰, 역사적 사실, 전기적 본문에 대한 설명 등을 받아들일 명백한 이유가 없다면, 설교자는 적용할 수 없는 것을 청중이 이해해주기를 기대할 수 없다. 의사가 환자에게 이유를 설명하지 않은 채 "이 약을 복용하십시오"라고 말한다면 치료에 성공하기 힘들 것이다. 적용은 청중이 설교에서 제시하는 주석이라는 약을 먹어야 하는 이유를 설명해준다. 메시지의 설명들이 특별한 반응의 기초와 타당성, 그리고 필요성을 확고히 해주기 때문에 설교자는 적용을 통해서 은연중에 메시지의 설명을 들으라고 권고한다. 따라서 현대 강해설교의 아버지라고 불리는 브로더스John Broadus는 "적용은 설교에서 제시해야 하는 중요한 부분이다"라고 주장한다.[7] 어느 박식한 설교자는 설교의 모든 측면을 건전한 강해에 기초한 적용을 제시하기 위한 지렛대로 사용한다(그림 8.1을 보라).

8.1 적용 중심의 설교

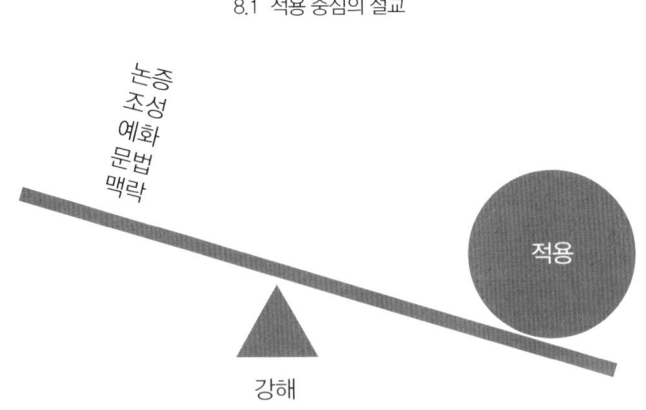

---

7) John A. Broadus, *On the Preparation and Delivery of Sermons*, ed. J. B. Weatherspoon (New York: Harper and Row, 1944), 210.

적용도 강해에 초점을 둔다. 만약 설교자가 분명한 목적을 염두에 두고 있지 않다면, 설교의 해석과 설명은 끝없는 주석 가능성의 구덩이에 빠질 것이다. 거의 모든 성경 구절에 관하여 타당한 정보를 담은 저서들이 많다.[8] 그러나 매주 설교자가 본문의 의미를 설교할 수 있는 시간은 몇십 분에 불과하다. 설교자들은 무엇을 말해야 할지 어떻게 결정하는가? 이 질문에 대한 대답은 적용을 통해서 얻을 수 있다. 즉 메시지의 FCF에 비추어서 본문이 청중에게 요구하는 특별한 반응을 강력하게 지원하는 정보가 무엇인지 결정하는 것이다. 적용은 다음과 같은 의미의 말을 함으로써 FCF를 지적해준다: "본문의 의미를 근거로 해서 생각해볼 때 그 문제(FCF), 욕구, 또는 잘못과 관련하여 지금 여러분이 해야 할 일은 이것입니다." 설교자는 적용을 얼마나 쉽게 뒷받침하는지에 기초를 두고서 무한히 다양한 해석들 중 하나를 선택해야 한다. 적용은 강해설교에서 초점을 두어야 할 표적을 제공해준다(그림 8.2를 보라).

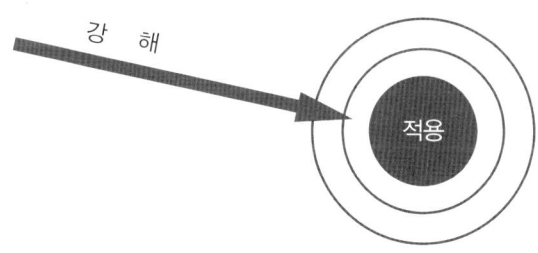

8.2 강해의 목표가 되는 적용

설교자가 적용을 제시하면서 확실한 FCF를 염두에 두지 않는다면, 그가 전하는 메시지는 무작위로 선택한 논평들에 덧붙인 율법주의로 전락할 것이다.

---
8) 제2장을 보라.

FCF를 겨냥한 적용에 초점을 맞춰 강해를 하지 않는 설교자는 자신이 생각하기에 가장 훌륭한 것을 언급할 것이다. 다시 말해서 설교자 자신의 생각이 아닌 본문의 내용을 전한다고 생각하지만, 본문에서 제기된 FCF를 밝히지 않은 채 본문에 있는 것이 아닌 자신이 생각하는 것을 말하게 된다.

정확한 강해를 하려면 본문에서 우선적으로 다루는 것에 따른 강해에 초점을 둘 알맞은 적용을 확인함으로써 설교에 관한 연구를 마쳐야 한다. 그러므로 설교자들은 본문 연구를 마치지 않는 한 적용을 분명하게 결정하지 말아야 하지만(즉 본문의 의미를 설명한 뒤에 본문이 요구하는 것을 결정해야 한다), 설교문을 작성하기 전에 적용을 염두에 두고 있어야 한다. 설교에서 제시해야 할 것을 결정하기 전에 설교문을 작성하기 시작한다면, 메시지의 구성 요소들이 설교의 목표에 적합하지 못하게 된다. 설교의 구조, 강조점, 표현, 논조 등을 결정하기 전에 먼저 적용을 결정해야 한다. 그렇지 않으면 설교자는 목적지를 알지 못한 채 도로를 설계하는 꼴이 될 것이다.

나는 설교학을 공부하는 학생들을 위해서 "좌익 규칙"left-field rule이라는 것을 고안했다. 설교자가 대지의 설명과 예화를 작성한 후 "이것을 어떻게 적용해야 하는가?"라는 질문이 생길 때 이 규칙이 발효된다. 이 질문은 설교자가 좌익에 있다는 것(즉 설교자가 주된 의무를 망각했다는 사실)을 나타낸다. 설교자가 본문에서 어떤 적용을 이끌어 내야 할지 모른다면, 앞으로 나아갈 길을 어떻게 선택할 수 있겠는가? 설교자가 본문이 요구하는 응답이 무엇인지 알지 못한다면 사상의 표현, 사실들의 선택, 강조해야 할 문법, 제시해야 할 예화 등을 어떻게 결정할 수 있겠는가? 설교자가 적용을 결정하지 못한 것은 적용이라는 공이 강해라는 방망이에 맞아주기를 바라면서 무턱대고 팔을 휘두르는 것과 같다. 타자가 홈런을 치려면 방망이를 휘두르기 전에 공을 잘 보아야 한다.

설교의 마지막 부분이 형태를 취하면서 적용의 상세한 모습을 갖추지만, 메시지의 각 단계에서 제시할 적용의 요지는 그 메시지를 전개하기 전에 결정되어야 한다. 설교학 교수들은 이것을 "목표"aim, "의도"big idea, "의도적 목적"telic purpose, 혹은 "변형"transformation이라는 말로 다양하게 표현한다. 이 표현들은 다음과 같은 일관된 원칙이 중요하다는 사실을 강조한다: 표적이 없이 정보라는 총알을 발사하지 말라. 설교자가 의도하는 반응을 결정하려면 설교를 작성하기 전에 설교 본문 및 회중을 파악해야 한다.[9]

이 조언이 강해설교에서 설명의 중요성을 저하하는 것처럼 보인다면, 적용의 주 목적이 단순히 교인들에게 해야 할 일을 제시하는 것이 아님을 인식해야 한다. 적용은 강해에 궁극적인 의미를 제공한다. 강해설교의 궁극적인 목적은 설명이 아니라 적용이기 때문이다. 만약 설교하면서 기도를 의미하는 헬라어와 히브리어를 모두 설명하고; 기도의 의미에 관한 칼빈, 루터, 바운즈E. M. Bounds 등의 설명을 장황하게 인용하고; 기도를 언급한 구절을 50개쯤 인용하며; 다윗, 예레미야, 다니엘, 바울, 그리고 예수님이 드린 기도를 설명한다면, 청중이 기도가 무엇인지 제대로 이해하겠는가? 그렇지 않다. 실제로 기도하지 않고서는 기도가 무엇인지 이해할 수 없다. 즉 우리가 이해한 진리를 실제로 적용하지 않는 한 기도에 대한 이해는 불완전하다. 이런 이유 때문에 설교자가 적용을 제시하지 않는 한 강해는 불완전하다.[10]

성경 본문의 역사적·문법적 근원을 밝힘으로써 인간적인 차원에서 본문의 의미를 해석하는 설교자는 없다. "하나님은 우리 및 우리의 구원을 고려하여

---

9) Adams, *Truth Applied*, 41. 설교자는 설교문을 작성하기 전에 최소한 마음속으로 자신이 가르칠 내용을 결정해 놓아야 한다.

10) Sidney Greidanus, *Sola Scriptura: Problems and Principles in Preaching Historical Texts* (Toronto: Wedge, 1970), 157; John F. Bettler, "Application," in *The Preacher and Preaching*, ed. Samuel T. Logan(Phillipsburg, N. J.: Presbyterian and Reformed, 1986), 332.

그 당시 발언된 말씀을 기록하게 만드셨다.…성경의 진정한 본질을 존중한다면 설교에서 설명을 적용하는 방법을 찾을 수 있다"[11](롬 4:23-25; 고전 10:6-13 참고). 설교자는 본문의 의미를 해석해야 한다. 이것은 단순히 본문을 해석하는 것 이상의 일이다. 본문의 의미가 현 시대를 살고 있는 현대인들에게 현실적인 것이 되도록 해야 한다. 설교자가 현재의 상황에서 복음의 진리를 선포하지 못할 때 그 진리는 청중에게 지속적으로 의미있는 것이 될 수 없다.[12] 이것은 적용이 없으면 성경의 진리가 본래의 의미 또는 영원한 의미를 지니지 못한다는 말이 아니라, 성경의 메시지가 자신의 삶에서 이루어낼 수 있는 차이점을 의식하지 못하는 사람들에게 있어서 성경이 개별적인 의미를 지니지 못한다는 말이다. 시드니 그레이다누스Sidney Greidanus는 "문제를 간결하게 제시하라. 최초의 메시지가 고대 교회를 향한 것이었기 때문에 적용이 필요하다. 현재 이 메시지가 현대 교회에 필요한 말씀이기 때문에 적용이 필요하다"라고 말한다.[13]

설명과 적용 사이의 전통적인 구분들이 여전히 장점을 지니고 있다. 설교자는 자신이 제시한 적용의 타당성을 증명하기 위해서 그 근거가 되는 본문의 내용을 설명해야 한다. 그리고 청중은 성경의 보증이 없는 적용을 무시해야 한다. 설교자는 적용을 덧붙여진 임무라고 생각해서는 안 된다. 적용은 강해의 일면으로서 본문의 영속적인 의미에 중요성을 부여해준다.[14] 교인들이 하나님의 진

---

11) C. Trimp, "The Relevance of Preaching," *Westminster Theological Journal* 36(1973): 27.

12) John Frame, *Doctrine of the Knowledge of God* (Phillpsburg, N.J.: Presbyterian & Reformed, 1987), 81-85; Daniel M. Doriani, *Putting the Truth to Work: The Theory and Practice of Biblical Application* (Phillipsburg, N.J.: Presbyterian & Reformed, 2001), 20-27.

13) Sidney Greidanus, *The Modern Preacher and the Ancient Text: Interpreting and Preaching Biblical Literature* (Grand Rapids: Eerdmans, 1988), 183.

14) D. Martyn Lloyd-Jones, *Darkness and Light: An Exposition of Ephesians* 4:17-5:17(Grand Rapids: Baker, 1982), 200-201. 본서 제2장과 제4장에서 설명한 강해와 적용의 관계를 참고하라.

리에 대해 알고 있는 것 및 그 진리에 반응하는 방법이 하나님의 말씀에 대한 그들의 이해를 의미있게 만들어준다(롬 12:1-2 참고).[15]

2. 적용의 구성 요소

강해설교자들이 제시하는 적용은 다음의 네 가지 주요 질문에 대답할 수 있어야 한다: 지금 하나님이 나에게 요구하시는 것은 무엇인가? 어디에서 그것을 원하시는가? 왜 하나님이 요구하는 것을 내가 행해야 하는가? 하나님이 요구하는 것을 어떻게 행할 수 있는가?

1) 지금 하나님이 나에게 요구하시는 것은 무엇인가?

설교자는 성경 본문에서 발견되는 성경적 원리들을 반영해주는 가르침을 제공함으로써 "지금 하나님이 나에게 요구하는 것은 무엇인가?"라는 질문에 답변한다. 이 교육적 특성은 고대 역사에 속한 성경 본문을 현재의 지침으로 변화시킨다. 성경의 취지를 정확하게 반영하기 위해서 설교자는 본문에서 그 시대 사람들에게 제시되었던 성경 원리들을 식별해 내어 이 시대 사람들에게 적용시켜 그들의 행동과 태도, 신앙 등을 이끌어줄 수 있는 교훈을 제시해 주어야 한다.[16]

본문에서 발견되는 원리들에 근거해서 교훈을 제시해야 한다는 것은 대지를 설교의 설명이 뒷받침할 보편적인 진리로서 표현해야 한다는 것이다. 설교자는 옛 신자들과 현대 교인들의 차이를 인정해야 하므로, 성경 본문을 단순히 설명하

---

15) John Frame, *Doctrine of the Knowledge of God* (Phillipsburg, N. J.: Presbyterian and Reformed, 1987), 93-98.
16) Greidanus, *Modern Preacher*, 167; Veerman, "Sermons," 122-23.

는 것만으로는 적용을 뒷받침할 수 없다. 적용은 본문의 내용이 뒷받침하는 원리에 근거해야 한다.[17] 따라서 설교자가 원리 개발에 관련하여 본문을 설명하지 않는다면 "지금 무엇을 해야 하는가?"라는 적용의 차원은 실패할 수밖에 없다.

본문의 내용만 열거하는 설교의 결론에 아무렇게나 끼워넣어진 적용은 설교자의 개인적인 의견이나 독단, 혹은 무지를 나타낸다. 예수님이 샌들을 신으셨다고 해서 우리가 신발을 신어야 한다고 주장할 수 없듯이, 바울이 선물을 주기 위해서 예루살렘으로 갔다는 사실을 근거로 해서 십일조를 권할 수 없다.[18] 설교자는 본문의 내용이 자신이 제시한 적용을 직접 뒷받침한다는 사실을 증명해야 한다. 왜냐하면 적용은 설명에서 제시한 성경적 원리에서 나와야 하기 때문이다.[19] 설교에서 본문 설명의 목표는 적용의 토대가 되어야 하는 원리들의 타당성을 확립하는 데 있어야 한다.

설교의 설명 원리들과 적용의 결합을 확보하는 단순하면서도 효과적인 방법은 적용의 틀을 작성할 때 대지를 설명할 때 사용했던 핵심 개념이나 용어를 사용하는 것이다(그림 8.3을 보라). 예를 들어 제시하려는 훈계(적용)가 일관되게 열심히 기도해야 한다는 것이라면, 헌신적인 기도는 일관되게 열심히 기도하는 것이라고 설명한 소지를 사용하라. 적용(교훈)을 제시할 때 설명에서 사용했던 핵심 용어를 그대로 사용하면, 청중이 설교의 설명을 경청해야 할 이유를 이해할 뿐만 아니라 설교자가 제시한 교훈을 성경의 권위와 연결하는 데 도움을 준다.[20] 설교자가 본문을 설명할 때 사용한 것과 동일한 용어들을 사용하여 적용

---

17) Greidanus, *Modern Preacher*, 172-74.
18) Douglas Stuart, *Old Testament Exegesis* (Philadelphia: Westminster, 1980), 73.
19) Krister Stendahl, "Preaching from the Pauline Epistles," in *Biblical Preaching: An Expositor's Treasury*, ed. James W. Cox(Philadelphia: Westminster, 1983), 307-8.
20) 설교를 준비할 때 설명의 형식과 내용을 결정하기 전에 먼저 적용을 염두에 두어야 한다는 사실을 이 시점에서 다시 확인하게 된다.

을 제시한다면 청중은 다음과 같은 결론을 내리게 된다: "이것은 성경에서 말하고 있는 것이므로 반드시 행해야 한다." 또 영어 교사가 당신에게 논문을 작성할 때 다른 용어를 사용하라고 권한다 해도 동일한 용어를 반복하여 사용하는 것이 강력한 소통의 도구가 된다. 설교에서 설명한 것 및 설명한 방법을 적용하라.

2) 어디에서 그것을 원하시는가(상황의 특수성)?

현대인들이 행해야 할 일을 결정하기 위한 적용은 성경의 원리들을 이용한다. 하지만 설교자가 이런 원리들을 실생활에서 어디에 적용할 것인지 구체적으로 제시하지 못한다면, 그 적용은 생활과 무관하게 추상적인 것일 수밖에 없다. 이웃을 사랑해야 한다는 권면은 분명히 성경의 원리를 반영하지만, 이 권면은 신앙생활에 새로운 통찰이나 도전을 주지 못한다. 설교를 듣는 교인들은 누구나 이런 일반적인 가르침을 알고 있다. 설교자가 청중이 다루어야 하는 현재 상황을 본문에 분명히 드러난 성경 원리와 동일시할 때 가르침은 일반적인 원리에서 예리한 적용으로 한 단계 나아갈 수 있다(예를 들면 정치적 입장이 다르거나 말썽꾸러기 자녀를 두었거나 당신의 신앙을 비웃거나 차를 받아 놓고 메모도 안 남기고 달아나 버린 사람 등을 사랑하는 것).[21]

제시되는 적용을 실천할 수 있는 상황을 구체적으로 명시해주는 것이 성숙하고 능력 있는 설교의 주요 특징이다.[22] 초보 설교자들은 적용을 제시할 때 종종 다음의 두 가지 실수 중 하나를 범한다: 지나치게 일반화시키거나(가서 이렇게 행하라), 교훈을 너무 세분화시키는 것(예를 들어 이 책을 사라, 이 구절대로 기

---

21) Stuart, *Old Testament Exegesis*, 47.
22) David L. Larsen, *The Anatomy of Preaching: Identifying the Issues in Preaching Today* (Grand Rapids: Baker, 1989), 96; Herbert H. Farmer, *The Servant of the Word* (Philadelphia: Fortress, 1942), 84-97.

도하라, 이런 사람들과 교제하라, 이 일을 수행하라, 이런 방법으로 생각하라, 이 방식대로 행동하라, 이렇게 믿어라). 지나친 일반화는 생각의 결핍을 증언하며, 지나친 세분화는 초점이 없는 생각을 증명해준다. 설교자가 본문이 암시하는 교훈을 몇 배로 증가시켜 제시함으로써 통찰의 깊이를 드러낼 수 있다고 생각할 때 지나친 세분화가 발생한다. 이러한 산탄총법shotgun approach을 선택한 설교자는 본문의 특별한 목적을 분별하기보다는 가능한 사상을 찾으려고 노력하게 된다.[23] 자신이 설교하기 전에 고려하지 않았던 교훈들의 목록을 제공하는 설교자는 교인들을 섬기는 것이 아니라 짐을 지우는 것이다. 최고의 설교는 진리로 하여금 싸우게 만든다. 설교자는 자신이 설명하면서 드러내어온 성경적 진리를 숙고해야 하며, 그 다음에 이 진리를 바르게 적용함으로써 교인들이 삶의 현장에서 도움을 받을 수 있는 방법을 숙고해야 한다. 그럼으로써 설교가 교인들에게 짐을 지우기보다 치유해주며, 설교자는 하나님의 말씀을 이전의 목적에 적용함으로써 설교의 기쁨을 발견한다.

노련한 설교자는 본문에 나타난 성경적 원리를 확인한 후 설교 대상을 고려함으로써 적용에 접근한다. 그는 "이 설교를 들을 사람들은 누구인가?"라고 스스로에게 묻는다. 그는 설교할 때 사람들을 확인하는 것이 아니라 청중이 직면하고 있는 상황에 성경의 진리를 목회적으로 적용한다. 이러한 기법과 목회적 감수성이 알맞은 특수성의 수준을 결정해야 하지만, 목회자는 교인들이 날마다 대면하는 상황을 무시하지 말아야 한다. 설교자는 본문은 물론이요 교인들을 분석하고 판단함으로써 삶의 가능성들의 표면을 스쳐 지나가는 것이 아니라 개인의 경험 속 깊이 침투하는 적용을 분별할 수 있을 것이다. 적용이 FCF의 여러 측면에 정확하고 예리하게 깊이 침투할 때, 설교 전체의 적용이 초점을 갖추

---

23) Adams, *Truth Applied*, 41.

게 되며 설교자는 본문의 의미를 깊이 탐구할 시간을 갖게 될 것이다.

설교 준비를 하면서 성경의 원리를 적용할 대상들의 갈등을 고려하는 설교자는 자연히 교인들이 직면하는 상황과 성경 본문이 제공하는 지침을 연결하게 된다.[24] 이것은 인생 경험이 풍부한 목사가 솜씨 좋게 강력한 적용을 계발한다는 뜻이다. 그러나 초보 설교자도 본문의 내용과 교인들의 삶을 연구하고 특수한 상황에서 성경의 원리들을 제시해야 할 필요성을 진지하게 받아들임으로써 적용의 기술을 연마할 수 있다.[25] 성경의 안내, 위로, 도전 등이 필요한 상황에 있는 교인들의 유형-젊은 부모들, 지친 회사원들, 고독한 십대들, 새신자들-을 충분히 생각하라. 설교자가 매주 모든 집단에게 알맞은 설교를 할 수 없지만, 교인들 모두가 공통적으로 대면하는 시험이 있으므로 구체적인 것에 대한 언급은 각 사람에게 어느 정도 타당성을 지닐 것이다(고전 10:13). 설교자가 교인들의 공통적인 관심사와 관련이 있는 구체적인 내용을 얼마나 다루는가에 비례하여 적용이 교인들 모두에게 적합하게 될 것이다.[26] 다음의 공동 관심사의 범주들은 회중 안에서 본문에 제시된 원리들의 적용을 필요로 하는 세부사항들을 고려하는 데 도움이 될 것이다:

1. (하나님, 가족, 친구들, 동료 직장인들, 교인들과) 알맞은 관계 세우기
2. (부부관계, 가족관계, 직장, 교회 안에서의) 갈등 해소
3. (스트레스, 실직, 슬픔, 피로 등의) 어려운 상황 다루기

---

24) Jerry Vines, *A Practical Guide to Sermon Preparation* (Chicago: Moody, 1985), 98; Edmund A. Steimle, Morris J. Niedenthal, and Charles Rice, eds., *Preaching the Story* (Philadelphia: Fortress, 1980), 108.

25) Veerman, "Sermons," 124.

26) Bryan Chapell, "Alternative Models: Old Friends in New Clothes," in *A Handbook of Contemporary Preaching* (Nashville: Broadman, 1992)을 보라.

4. (정직하지 못함, 분노, 중독, 음욕, 의심, 훈련 부족 등) 약함과 죄 극복하기
5. (시간, 재물, 재능 등의) 자원의 부족이나 부적절한 사용
6. (교육, 교회 안팎의 일, 간증, 선교 등의) 도전에 대처하는 것과 그 기회 활용
7. (가정, 교회, 직장, 장래 등의) 의무 받아들이기
8. 하나님 공경하기(예배, 죄고백, 기도, 헌신, 삶과 구별하지 않기)
9. (가난, 인종차별, 유산, 교육, 불의, 전쟁 등) 사회적/세계적 문제에 대한 관심

　강해의 목표는 본문에서 영적 싸움에 적용될 수 있는 삶과 순종을 위한 원리들을 드러내고 입증하는 것이다. 본문에서 특별한 일의 실천(예를 들면 하나님을 모독하지 말라, 기도하라, 빚을 갚으라)을 지시할 수 있지만, 그렇게 특수한 명령은 그리 흔하지 않다. 목사는 청중이 직면하는 바 본문에 확립된 원리를 적용할 수 있는 당면 상황을 지적해야 할 의무와 특권을 지닌다. 이러한 적용의 목표들 때문에 설교자는 설교의 원리들이 본문에서 유래되었음을 증명하며, 본문의 상황이 현재의 상황과 유사함을 증명하며, 오늘날 쉽게 적용될 수 있도록 원리들을 표현해야 한다.

　가장 훌륭한 적용은 쉽게 인정되는 만큼 쉽게 기피되는 추상적인 교훈을 초월한다.[27] 이 적용 윤리는 "설교의 지루함을 치료할 수 있는 것은 설교자의 재기才氣가 아닌 현실"이라는 설교 원리 및 그것의 파생물인 "설교에서의 일반화는 성도들의 죄악을 보증한다"라는 원리에서 비롯된 것이다. 강해설교의 목표에 충실한 적용은 오늘날 신자들이 특수한 상황에서 성경에 충실하게 살아갈 수 있는 방법을 설명해준다. 그것은 결코 쉬운 일이 아니다. 균형잡히고 적절하

---

27) Larsen, *The Anatomy of Preaching*, 97.

고 공정한 상황을 전개하는 일이 주는 중압감 때문에 적용이 강해설교에서 가장 어려운 일인 이유를 깨닫게 된다. 성경 본문에는 교훈적인 상세 내용을 위한 정보가 담겨 있지만, 설교자의 경험, 용기, 돌봄, 영성 등이 상황에 맞는 구체적인 내용을 위한 자료를 제공해준다(즉 교훈적인 내용은 이미 제공되어 있지만, 특정한 상황에 맞는 구체적인 적용은 설교자가 제공해야 한다). 상황에 맞는 구체적인 내용이 없으면 설교자가 은혜의 방편을 실천하라, 더 많이 기도하라, 성경을 더 많이 읽으라, 교회에 더 자주 가라 등의 표준적인 권면을 반복한 후에 기력이 다할 것이다. 그러나 성경의 진리를 삶의 투쟁에 적용하도록 고안된 메시지일 경우에 적용은 하나님의 백성들이 매일 직면하는 상황에 적절하게 변할 것이다.

3) 왜 하나님이 요구하시는 것을 내가 행해야 하는가?(동기부여)

적용을 제시할 때에 적절한 교훈뿐만 아니라 동기도 부여해 주어야 한다. 설교자는 잘못된 동기를 가지고서도 바른 행동을 할 수 있다는 것, 그리고 이런 사람들이 훨씬 더 도덕적이지 못한 행동을 하는 사람들보다 더 거룩하지 못하다는 것을 바리새인들의 본보기를 통해서 알 수 있다. 내 친구는 "천국을 갈망하고 지옥을 무서워하는 마음은 사탄에게서 온 것이다. 왜냐하면 그런 마음은 정당화된 이기심이기 때문이다"라고 말한다. 설교자는 청중이 적용에 주목해야 할 이유를 알고 있음을 확인해야 한다.

본서 제3부에서 설교의 동기에 대해 다룰 것이므로 여기에서는 다음과 같은 기본 수칙을 강조하는 것으로 끝내려 한다: 죄책감이나 탐욕에 의해서가 아니라 주로 은혜에 의해 청중에게 동기를 부여해야 한다. 하나님이 자기 백성들을 죄의 권세와 죄책감에서 자유롭게 해주셨으므로, 설교자는 신자들에게 예수님이 벗겨주신 짐을 다시 지워서는 안 된다.[28] 많은 설교자들에게 있어서 이것은 특별히 지키기 어려운 명령이다. 왜냐하면 그들 자신이 죄책감에 의해서나 교묘하게 탐욕에 호소해왔기 때문에 사람들로 하여금 하나님을 섬기도록 동기를 부여할 수 있는 것에 대한 진정한 개념을 소유하고 있지 못하기 때문이다. 사실상 그들은 죄책감이라는 부담("그렇게 행하지 않으면 하나님이 당신을 벌하실 것이다"), 또는 탐욕이라는 지렛대("만일 그렇게 행한다면 하나님이 당신에게 더 많은 것을 주실 것이다") 외에 사람들로 하여금 순종하도록 자극할 방편을 소유하지 못할 것을 두려워한다.

동기부여로서 죄책감을 대신할 수 있는 것은 그것의 해독제인 은혜이다. 탐욕에 의한 동기부여의 대안도 그 반대인 은혜이다. 신자들은 하나님이 값없이 충만하게 공급해주시는 구속에 대한 감사함에서 하나님을 섬겨야 한다. 모든 성경은 우리 앞에 자비라는 동기를 나타내려고 노력한다(눅 24:27; 고전 2:2). 진정한 강해설교는 각각의 성경 본문이 담고 있으며 그것의 적용이 필요로 하는 은혜를 드러낸다.[29] 하나님의 자비가 믿음의 기초일 뿐만 아니라 우리의 섬김을 자라게 해주는 원천이기 때문에, 이처럼 은혜를 드러낼 필요가 있다(롬 12:1). 만일 우리가 하나님을 섬기지 않으면 하나님이 적게 사랑하실 것이요, 만일 우리가 적게 섬기면 하나님이 우리를 더 많이 벌하실 것이며, 우리가 충분히 거룩해질 때까지 복 주시기를 보류하실 것이라고 믿기 때문에 하나님을 섬긴다면, 우리는 하나님의 영광을 위해 하나님께 복종하는 것이 아니라 우리 자신의 이익을 추구하는 것이다. 그런 경우에 우리의 순종의 주 목표는 하나님의 영광이 아

---

28) Cf. Bryan, Chapell, *In the Grip of Grace* (Grand Rapids: Baker, 1992), 15-40.

29) Kenneth J. Howell, "How to Preach Christ from the Old Testament," *Presbyterian Journal*, 16 January 1985, 9.

니라 개인적인 발전이나 보호이다.[30]

　하나님은 우리가 순종하면 복 주시겠다고 약속하시며, 하나님이 주시는 복을 근거로 신실함을 장려하는 것은 적절한 일이다. 그러나 이 복들이 하나님과 우리의 관계와 관련하여 더 확실해진다는 것을 이해해야 한다(하나님 사랑의 확신, 양심의 평화, 성령 안에서의 기쁨). 개인적인 이익을 순종의 주요 동기로 삼을 때 우리가 행하는 외관상 도덕적인 행동들이 하나님 외에 다른 신을 섬기지 말라는 첫 계명을 범하는 결과를 초래할 것이다. 하나님의 은혜를 충분히 이해하는 데서 나오는 동기들은 규칙들을 바꾸는 것이 아니라 우리가 행하는 순종의 이유들을 바꾼다. 은혜는 우리로 하여금 하나님 사랑과 하나님의 영광을 원하는 마음으로 하나님을 섬기라고 권하며 또 그렇게 할 수 있게 해준다. 자아 사랑이 아닌 하나님 사랑이 값없이 주어지는 은혜에 대한 감사의 반응을 유도하기 때문에 은혜는 참된 순종을 가능하게 한다.

　죄책감은 죄인을 십자가로 몰아간다. 은혜가 우리를 십자가에서 이끌어내야 한다. 그렇지 않으면 우리가 하나님을 섬길 수 없다. 그리스도 중심의 설교는 오로지 은혜에 의한 구속을 메시지의 중심으로 삼는다. 왜냐하면 하나님의 구속적 특성과 영원한 약속들의 계시에 대한 반응으로 하나님을 사랑하는 것이 우리를 거룩하게 만드는 가장 강력한 동기이기 때문이다.[31] 사랑이 동기가 될 때 주님, 주님의 목적, 그리고 주님의 영광이 우리의 목적이 된다. 사랑이 없으면 어떤 적용을 제시해도 신자들로 하여금 자신보다 더 위대한 대상을 섬기게 만들 수 없다. 적용과 직접 연결된 메시지나 대지의 설명 요소가 은혜라는 동기를 부여해주는지의 여부는 강해와 관련하여 설교자가 선택하는 것들에 달려 있다. 그러나 설교자가 본문 안에서 순종을 유도하는 은혜를 드러내지 않는한 강

---

30) Jay Adams, *Preaching with Purpose* (Grand Rapids: Baker, 1982), 152.
31) 앞의 책, 147; Greidanus, *Sola Scriptura*, 41, 135.

해설교의 적용은 완전하지 못하다. 자신을 향한 하나님의 은혜를 충분히 이해하는 청중은 순종의 힘을 발견할 것인데, 그것은 하나님을 기쁘시게 하려는 갈망을 만들어내는 하나님을 향한 큰 사랑이며, 이 갈망이 충족될 때 큰 만족이 만들어진다.

4) 하나님이 요구하시는 것을 어떻게 행할 수 있는가?(방법)

　강해설교자는 동기부여뿐만 아니라 청중이 충실할 수 있는 수단도 제시해야 한다. 국회의원들은 선거구민들을 달래면서도 실행을 피하기 위해서 전면적인 변화를 요구하지만 권한행사에 관한 규정이 부족한 법안들을 통과시킨다고 알려져 있다. 결과적으로 대단한 것처럼 보이는 계획들이 전혀 실행되지 못한다. 설교자는 교인들에게 반드시 해야 할 일을 말해주면서 그 방법을 알려주지 않는 실수를 범하지 말아야 한다.

　미워하면서 어떻게 사랑할 수 있는가? 마약 중독자가 어떻게 마약을 끊을 수 있는가? 태만한 사람이 어떻게 성숙할 수 있는가? 영적인 훈련을 전혀 하지 않은 사람이 어떻게 헌신적인 성도가 될 수 있는가? 평생 이기적으로 살아온 사람이 어떻게 이타적인 사랑을 가진 사람으로 변화될 수 있는가? 단순히 말한다고 해서 그것이 행동으로 나타나는 것은 아니다. 적용을 완벽하게 제시하려면 설교의 목표를 성취하게 해줄 실제적인 방법과 영적인 방법을 제시해야 한다. 이 주제는 본서 제3부에서 상세히 다루게 되므로, 여기서는 적용에 도움이 될 몇 가지만 언급하기로 한다.

　왜 설교에 무엇을, 어디에서, 왜 행해야 하는지뿐만 아니라 순종하는 방법에 대한 정보를 포함해야 하는가? 종종 설교에서 불신자가 죄를 회개하고 주님께 헌신하기 위해 행해야 할 일을 지적하지 않았음에도 불구하고 구원으로의 부름으로 설교를 마칠 때 설교자는 청중에게 행동하는 데 필요한 교훈을 제공해주지 못하는 분명한 잘못을 범하게 된다. 그러한 설교에서는 반응해야 하는 사람들이 하나님이 요구하시는 것을 거의 이해하지 못하고 있음에도 불구하고 그들이 무엇을 행해야 할지 알게 될 것이라고 가정한다. 설교자가 하나님의 백성들에게 무엇을, 왜, 어디에서 행해야 하는지 말해준다 해도 그들이 그 방법을 알지 못한다면 순종하기 위해 갈등할 것이다.

적용에 방법에 관한 내용을 포함시켜야 하는 중요한 신학적 이유는 인간이 자체의 능력 안에서 하나님을 찾는다는 사실에 있다. 이러한 수단을 사용함으로써 외관상 거룩한 수행이 실제로 인간적으로 노력해야 할 것이 된다. 대체로 많은 적용들이 육체의 힘 안에서 더 선하게 행하라는 인간 중심의 권면에 불과하다. 따라서 설교자는 적용과 관련하여 무의식중에라도 자조自助의 복음을 전하지 않도록 조심해야 한다. 설교자가 이웃을 내 몸처럼 사랑하라고 설교하고서 사랑을 가능하게 해주시는 분인 성령을 지적하지 않는다면, 듣는 사람들은 이 사랑을 그들 자신 안에서 불러일으킬 수 있는 것이라고 여길 수 있다. 설교자는 교인들이 가능하게 해주시는 하나님의 능력을 구하지 않은 채 성경이 가르치는 대로 행하려 하지 않을 것이라고 가정할 수도 있지만, 이것은 순진한 기대에 불과하다. 만일 설교자가 하나님을 의존해야 한다는 사실을 언급하는 것을 소홀히 할 수 있다면, 교인들이 하나님의 능력 주심을 구하지 않을 때 놀랄 이유가 없다.[32]

하나님이 요구하시는 행동을 할 수 있는 능력은 하나님 안에 있다. 책임감 있는 설교자는 교인들에게 하나님의 능력에 접할 수 있는 방법을 가르쳐 주지 않

---

[32] 이런 사실은 본서에서 다루고 있는 적용의 방법을 다른 설교학 교재들은 거의 다루지 않고 있다는 사실을 통해서도 분명히 알 수 있다. 심지어 설교 전문가들도 하나님이 요구하시는 것을 어떻게 행할 수 있는지에 대해서는 거의 가르쳐주지 않는다. 이는 어떤 일을 행하라고 말하는 것이 그 행동을 할 수 있게 만드는 것보다 훨씬 쉽기 때문일 것이다.

으면서 그들의 책임을 말하지 않을 것이다. 테일러 대학의 총장이었던 제이 케슬러Jay Kesler는 방법을 제시하지 않는 설교는 물에 빠진 사람에게 "헤엄쳐! 헤엄을 치라구!"라고 외치는 것과 같다고 했다. 이러한 조언은 틀린 것이 아니지만 실제적인 도움을 주지 못한다. 이것은 사람이 자신이 처한 상황에서 행할 수 없는 일을 행하라고 말하는 것이다.[33]

이처럼 방법에 관한 정보는 적용을 뒷받침해주는 설명 안에서, 또는 적용 자체 안에서 제시될 수 있다. 그러나 강해설교에서 청중이 설교의 진리를 적용하는 데 도움을 줄 방법은 성경 본문에 기초를 두어야 한다. 적용 방법에는 순종하는 데 도움이 될 실질적인 단계들(악과 관련된 장소를 피하는 것, 성숙한 조언을 구하는 것, 수를 열까지 세는 것)과 은혜의 방편을 사용하는 것(기도, 연구, 교제)이 포함되지만, 이러한 행동들 역시 우리로 하여금 하나님의 현존과 지혜 안에서 행할 수 있게 해주는 하나님이 값없이 주시는 섭리보다는 복을 받기 위해 하나님을 매수하려는 인간적인 노력으로 인식될 수 있기 때문에 그 이상의 것들을 함축해야 한다. 설교자는 성경이 옹호하는 헌신의 행동과 훈련 방안뿐만 아니라 적용을 가능하게 해주는 바 성경이 지지하는 의존의 수단을 찾으려 해야 한다.[34] 설교자가 성경의 명령을 수행하는 데 있어서 순전히 인간적

---

33) Veerman, "Sermons," 121.
34) 이 세 부분(헌신, 훈련, 의존)은 성경에서 제시하는 적용의 측면으로서 전통적으로 기독교인의 능력과 관련이 있다. 이것들이 모두 중요하지만 특히 의존은 그리스도 중심의 설교에서는 없어서 안 될 부분이다. 나머지 두 부분은 하나님의 도움을 간청하는 수단처럼 꾸며진 것으로서 불신자들도 할 수 있는 행동이다. 예를 들어 바른 기도는 우리의 연약함을 고백하면서 하나님의 개입을 원하게 된다(다시 말해서 하나님께 의존하는 헌신과 훈련). 그러나 기도가 자신이 원하는 대로 하나님을 움직이게 하기 위한 수단으로 사용될 수도 있다(다시 말해서 의존이 없는 헌신과 훈련). 후자의 경우에 적용을 가능하게 하는 방법은 궁극적으로 인간적인 노력이 얼마나 큰가에 달려 있다. 성경에서 말하는 적용의 방법은 단순한 행동이 아니라 신앙에 근거한 헌신과 훈련의 행동으로서 인간의 마음을 자극하여 하나님의 역사 안에서 쉼과 기쁨을 얻고 그것을 의지하게 만든다.

인 방법을 제시한다면, 적용에 성경에서 가르치는 원리를 포함시키는 것이 유익을 주지 못한다. 우리의 순종하는 능력은 그리스도와의 연합으로 말미암는다(요 15:5). 이 사실도 진술과 적용의 구조를 마무리하기 전에 신적 의존의 측면들을 결정하는 일의 중요성을 강조한다.

강해설교에서 "무엇을, 어디에서, 왜, 어떻게"라는 질문에 대답해야 할 필요성은 설교자가 메시지의 중요한 부분을 적용에 할애해야 할 이유를 설명해준다.[35] 20분 설교를 한 뒤에 적용을 단 한 문장으로 제시하고 설교를 끝내는 것은 올바른 적용 방법이라고 할 수 없다. 이 네 가지 중요한 질문 중 한 가지라도 무시하는 적용은 불완전할 뿐만 아니라 비성경적이다. 왜냐하면 그러한 적용은 하나님의 백성으로 하여금 하나님을 섬길 수 있도록 준비시키는 데 실패하기 때문이다.

3. 적용의 구조

적용의 구성 요소들을 이해한 후에는 그 요소들이 표준적인 강해설교 구조와 어떻게 조화를 이루는지 살펴 보아야 한다. 본서 앞부분에서 살펴본 내용을 다시 반복해야 할 것 같다. 여기에서 상술되는 구조는 이것 외에 다른 알맞은 강해 형태가 없다고 암시하려는 의도 없이 교훈적인 원리들을 제시한다. 물론 이 구조는 표준으로 사용될 수 있을 만큼 평범하다.

만약 대지가 앞에서 설명한 표준적인 강해설교 구성 방식에 따라 작성되었다

---

35) 실질적으로 각각의 대지에서 무엇을 어디에서 적용하는가라는 질문에 대답해야 하지만, 이유와 방법에 대한 질문은 전체 설교에서 전개된 개념들을 사용하여 대답해야 할 것이다.

면, 강해는 FCF를 언급하는 대지를 진술하는 것으로 시작된다. 이때 대지를 뒷받침하거나 증명해주거나 상술해주는 것이 설명인데, 이것은 주로 소지의 형태를 취한다. 만약 소지들을 언급한 후에 예화를 제시하려 한다면, 처음에 언급했던 소지를 요약해 주어야 한다. 이는 청중이 마지막에 설명된 요지와 관련된 예화가 제시될 것이라고 기대하기 때문이다. 이 요약이 사실상 예화의 도입(서론)이 된다. 그러한 요약은 대지의 설명 부분을 요약한 것이기 때문에 소지들이 뒷받침하는 대지 진술과 흡사하게 들릴 것이다. 그 진술과 관련된 예화는 설명 부분의 핵심 용어들을 반영하는 이야기로 전개되어야 한다. 그 개념들과 전문 용어들이 설명과 일치한다는 사실을 보여주기 위해서 이 핵심 용어들이 예화에서도 사용된다. 예화는 분류 진술 혹은 해석 진술로 결론을 맺는데, 이 진술은 이야기에서 이끌어낸 핵심 사상을 요약해 주는 형태를 취한다. 이 진술이 설명의 요약 진술에서 전개되는 예화를 요약하므로 예화의 요약 진술 역시 대지를 반영할 것이다.[36] 이 분류 진술은 예화를 마치는 작용뿐만 아니라 적용의 도입 역할도 한다(그림 8.3을 보라).

---

[36] 예화와 관련된 이 과정에 대해서 더 자세한 설명을 원한다면 본서 제7장을 참고하라. 이 지점에서 두 개의 나선형으로 표현되고 있는 설명의 주요 요소 두 가지는 개념과 용어라는 사실을 분명히 인식해야 한다. 이 두 가지 요소가 대지의 모든 구성 요소들을 전개하고 통합한다.

그림 8.3 대지의 적용 과정

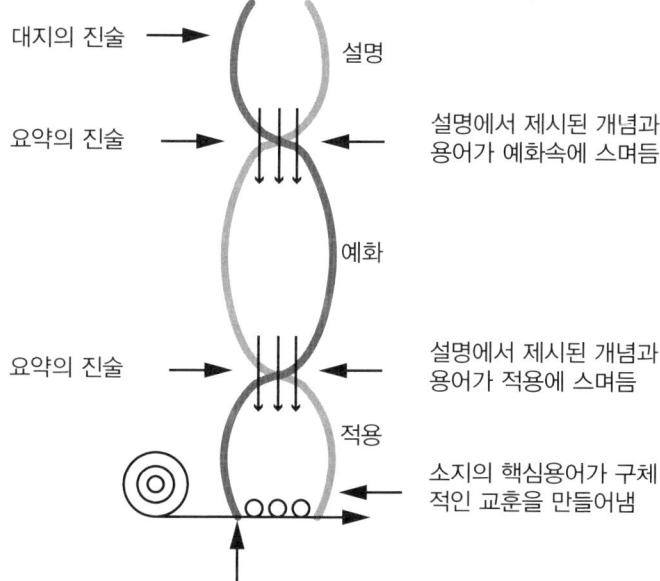

예화의 요약 진술은 적용의 도입 역할을 하며, 적용을 시작하는 원리의 일반적 진술 역할을 한다.[37] 거의 모든 설교자들이 적용을 시작할 때에 이 대단히 중요한 성경적 원리 진술들을 사용한다. 그들은 설명의 결론을 다음과 같이 포괄

---

37) 이 구조에서는 전통적인 강해 방법을 따라서 각각의 대지 안에 적용이 포함되어 있는 것으로 가정하였다. 그러나 청교도 설교의 특징을 따라서 메시지의 결론 부분에서 적용을 집중적으로 제시할 수도 있다. 이 방법을 사용하면 설교자가 청중과 직접 관련이 있는 적용을 제시하기까지 약 20분이 필요한데, 그동안 청중이 계속 주의를 기울일 것인가 하는 문제가 제기되므로 현대인들에게 잘 전달이 될 수 있을지 의심스럽다. 그래서 이를 수정한 방법이 설교자가 설교 시간 내내 일반적인 결론을 제시하고, 메시지의 결론 부분에서 특별한 적용을 제시하는 것이다. 또 다른 방법으로는 설교 시간 내내 특별한 적용을 제시하고, 결론 부분에서 이 적용을 모아서 보다 일반적이고 힘있는 적용을 만들어 제시하는 것이다. 두 가지 방법 모두 가치가 있다. 그러나 일반적인 의사전달 원칙을 지키기 위해서는 설교의 결론 부분에서 전혀 새로운 적용을 제시하는 일이 없어야 한다(더 자세한 설명은 본서 제9장을 참고하라).

적인 진술로 끝맺는다: "여러분은 이웃을 내 몸처럼 사랑하고 있는지 마음 을 살펴 보아야 합니다." 혹은 "죄인들의 구원을 위해 열심히 기도하십시오." 매우 많은 설교자들이 이 시점에서 적용을 마친다. 그들은 성경의 원리를 증명하는 것으로 자신이 강해의 임무를 완수했다고 생각하고, 교인들이 이 원리를 생활에 적용해서 실천하는 일이 자동적으로 이루어질 것이라고 믿는다. 그러나 앞에서 언급한 여러 가지 이유 때문에 이런 믿음은 헛된 기대일 수밖에 없다.

원리를 우선적으로 설명하는 진술은 적용의 시작에 불과하다. 그림 8.3의 아랫부분을 확대해 보면 잘 전개된 적용이 어떤 특성을 가지고 있는지 알 수 있다 (그림 8.4를 보라).

그림 8.4 적용부분의 확대

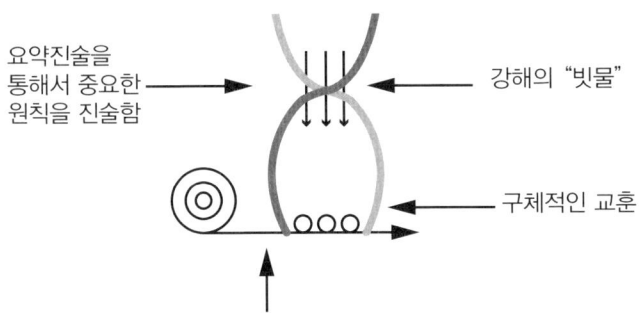

중요한 원리 진술에는 실생활 묘사가 필요하다. 그러므로 설교자는 교인들이 일반적인 원리를 실생활에 적용하게 하기 위해서 믿거나 행하거나 확신해야 하는 것을 반영하는 구체적인 교훈을 제공한다. 이런 교훈을 표현할 때에는 예화에서 집중적으로 사용되었고 이제 적용에 사용되고 있는 설명의 용어들과 핵심개념들을 사용해야 한다(부록 12의 설교 예를 보라). 이 방법은 교훈들을 앞의 설명들과 연결해주며, 청중으로 하여금 그것들을 뒷받침해주는 성경적 권위에 집중하게 해준다. 이처럼 교훈을 구체적으로 제시함으로써 설교자는 "무엇을"what이라는 질문에 대답하는 임무를 완수할 수 있다. 설명 부분에서 "왜"와 "어떻게"라는 질문이 언급되지 않았다면, 이 단계에서 그 대답을 얻을 수 있다.

"어디에서"라는 질문에 대답하려면 설교자는 일반적인 원리와 특수한 가르침이 적용되는 구체적인 상황을 밝혀야 한다. 청중은 교훈들을 실생활에 끌어넣는 설교를 필요로 한다(그림 8.4를 보라). 이렇게 구체적인(실생활) 상황 묘사에는 상황을 상세하게 설명하는 것 및 그 상황에서 교훈이 어떻게 작용하는지에 대한 구체적인 설명이 포함된다. 본질적으로 설교자는 성경의 교훈이 청중의 실생활이 되게 해야 한다. 그러나 한 가지 예를 사용하여 모든 청중이 대면하는 상황을 밝힐 수 없는 듯하다(이것이 다른 세대의 설교자들이 메시지의 적용을 성령께 맡기라고 권한 주요 이유들 중 하나이다). 만일 설교자가 여기에서 설교를 멈춘다면, 많은 사람들은 이 설교를 자신과 무관한 것으로 간주할 것이다. 그러므로 설교자는 성경 본문의 진리가 적용되는 다른 상황이나 교인들의 공통적인 갈등 등을 간단히 언급함으로써 가능성 있는 상황을 보다 많이 제시해야 한다.

그러나 설교자가 첫 번째 구체적인 상황과 동일한 내용 안에 있는 이 추가적 가능성들을 논의할 시간을 갖기 어렵다. 설교자가 제시한 첫 번째 예의 목표는 청중에게 성경의 원리가 적용되는 상황을 보여주며 그들로 하여금 그 원리가 오로지 그 상황에만 적용된다는 생각을 멈추게 하는 데 있다. 처음의 상황은 원리를 실질적인 것으로 만들어주며, 제시된 세부 내용들은 그것을 모든 사람들에게 의미있게 해준다. 추가 상황들의 확인을 통해 성경의 진리가 처음 언급된 상황에만 적용될 수 있다는 느낌이 제거된다. 설교자가 제시하는 세부 내용에 청중이 대면하는 모든 상황을 포함되지 않으며 포함될 수 없다. 세부 내용을 제시하는 과정은 단지 그 원리가 첫 번째 예에만 제한될 수 없음을 증명함으로써 청중으로 하여금 자신의 삶의 유사한 상황에 성령이 그 원리를 어떻게 적용하실 것인지 자유롭게 고려할 수 있게 해준다. 예를 들면 설교자가 자신에게 해를 끼친 옆집 사람을 사랑해야 할 의무를 묘사한 후에 이러한 가르침이 직장, 학교, 심지어 교회 안의 이웃에게도 적용된다는 것을 상기시켜줄 수 있을 것이다. 처음에 제시한 예는 설교자가 성경의 빛을 삶의 어두운 구석에 비추어주는 것을 허락한다. 그 구석의 세부 내용들은 설교자가 빛을 보내기 전에 사실적으로 그 빛에 초점을 두는 것을 허락하며, 청중으로 하여금 자신의 삶의 다른 영역에 관심을 기울이게 해준다(그림 8.5를 보라).

그림 8.5 구체적인 상황을 가지고 적용을 제시하기

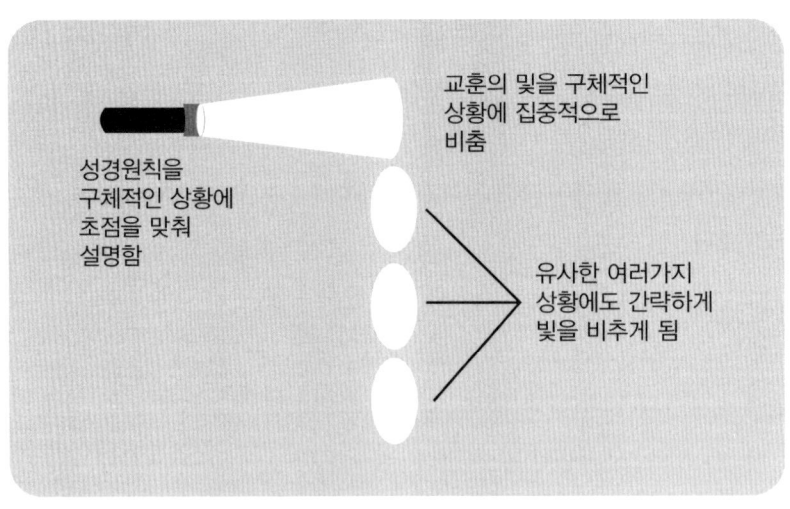

첫 번째로 제시한 상황이 청중의 다수와 관련이 있고 현실적일수록 적용이 회중 전체에게 적용될 가능성이 크다. 종종 설교자가 첫 번째 구체적인 예를 제시한 후 추가하는 상황과 관련된 세부내용에 첫 번째 예를 확인할 수 없었던 청중

을 포함시킬 수 있을 것이다. 그럼에도 불구하고 설교자는 구체적인 예나 그것의 세부내용이 회중 내의 모든 사람이 직면하고 있는 것과 정확하게 연결되지 않는다고 해서 지나치게 염려할 필요가 없다. 설교자는 실생활과 연결된 세부사항을 제시함으로써 공통적인 인간 조건을 상기시켜 주는 딜레마, 스트레스, 유혹, 또는 관심사를 확인한다. 예를 들어 비록 완전히 동일한 상황에 직면한 적이 없어도 우리는 모두가 느껴본 고독함 속에서 가족들이 찾아오지 않는 늙은 과부의 고독을 알 수 있다. 또 비록 사업에 실패한 경험이 없어도 최선의 노력이 수포로 돌아갔을 때 사람이 느끼는 좌절을 공감할 수 있다(고전 10:13을 참조하라).

설교자가 모든 가능성들을 포함할 수 있는 포괄적인 용어를 사용하기보다 상황의 세부내용을 제공할 때 청중을 모두 포함시키고 개입시킬 가능성이 훨씬 더 크다. 이처럼 구체적인 세부내용이 지닌 포용력을 노만 니브즈Norman Neaves는 다음과 같이 표현한다:

> 나는 사람들이 사는 곳에서 살지 않는 설교, 즉 사람들의 삶을 형성한 실제 이야기와 갈등 등과 관련이 없는 설교, 교인들이 호흡하는 대기를 호흡하거나 땅과 접촉하지 않는 설교에 짜증이 난다. 아마 보편적인 설교, 다시 말해서 시간과 장소에 구애되지 않고 언제 어디서나 할 수 있는 설교를 하려고 하는 사람들이 있을 것이다. 그러나 내가 볼 때 모든 장소에서 가능하다는 말은 실제로는 어떤 장소에서도 불가능하다는 뜻이며, 시간에 구애되지 않는 설교는 어떤 시기에도 적절한 설교가 될 수 없다.…특정한 것이 보편적인 것보다 한층 더 차원이 높다.[38]

이 관점은 개인적인 이야기와 관련된 작은 부분 안에 있는 일반적 원리를 진

---

38) Norman Neaves, "Preaching in Pastoral Perspective," in *Preaching the Story*, eds. Steimle, Niedenthal, and Rice, 108.

술하는 상황적 세부내용을 반영할 뿐만 아니라 강해설교의 구성 요소들이 성숙한 설교 안에서 어떻게 통합되는지 상기시켜준다.

예화는 설명을 증명해줄 뿐만 아니라 적용을 가리키는 역할을 할 수 있다. 종종 노련한 설교자는 메시지의 원리에 타당성과 현실성을 부여하기 위해 적용을 예증하는 데 초점을 둔다. 대지의 예화가 설명의 진리를 분명하게 해주고 적용에서 추상적인 것을 제거할 때 양날의 칼 역할을 한다. 그러나 대체로 적용은 완전한 예화가 아니며, 분명한 상황, 감정, 결점, 느낌, 도전, 필요성 등을 청중에게 상기시키기에 충분한 묘사를 포함한다.

설교자는 적용의 일반적인 원리를 유사한 상황에 적용되는 교훈적 세부 내용과 결합함으로써 사용 가능한 성경 강해를 제공한다.[39] 설교에서 청중과 무관하거나 추상적인 것을 제거할 때 청중은 성경의 원리를 이해하게 된다. 청중은 설교자가 제시한 행동의 기초 및 그 행동이 현실에서 초래하는 결과를 이해하게 되고, 그럼으로써 성숙하고 헌신적인 신자가 된다.

4. 적용의 어려움

1) 한계점 식별

구체적인 상황 제시는 적용을 효과적으로 만들며, 그것이 강해설교에서 가장 어려운 측면인 이유를 드러내준다. 구체적이고 분명해야 한다는 생각은 설교자

---

39) Adams는 다음과 같이 논평하였다: "설교를 적용될 수 있는 진리라고 말한 것은 설교가 성경 구절의 진리를 상세하게 설명할 뿐만 아니라 그 설명을 통해서(그 적용을 통해서) 청중을 변화시켜야 하기 때문이다. …종교적인 신조를 행동으로 이끌어 주어야 한다. …설교자는 말씀을 주신 하나님의 목적을 성취시키기 위해서 하나님의 말씀을 선포해야 한다." (*Truth Applied*, 42-44.)

의 정신적이고 영적인 자원을 한계에 이르게 한다. 정확하게 설명하는 것이 결코 쉬운 일이 아니지만, 성경에는 설명을 끌어낼 수 있는 원재료가 포함되어 있다. 설교자는 훨씬 더 모호한 곳에서 적용을 이끌어 내야 한다. 정확한 설명을 하기 위해서는 꼼꼼한 연구가 필요하며, 알찬 적용을 제시하기 위해서는 깊은 영성이 필요하다. 영혼의 싸움을 예민하게 의식하는 목사나 영적 치유법을 잘 알고 있는 목사는 건전한 적용을 제시하는 데 필요한 것들을 소유하고 있다. 이런 목사는 부정한 행위에 대해서 장광설을 늘어놓지 않으며, 진부하게 "은혜의 수단"(더 많이 기도하고, 성경을 더 읽고, 교회에 좀 더 자주 출석하라고 훈계하는 것)을 권하지도 않고, 그리스도에게 나오라는 습관적인 호소에 의존하지도 않는다.

적용은 독창력(창조성)과 용기를 필요로 한다: 독창력은 일상생활에서 하나님의 진리를 가지고 행하는 싸움을 상상하는 것이며, 용기는 개인적인 차원에서 이런 현실에 대해 이야기하는 것이다. 설교자들은 형식, 구조, 내용 등과 관련된 설교학 용어들 외에도 적용을 설교에서 가장 어려운 부분으로 만드는 것이 무엇인지 본능적으로 알고 있다. 그것은 구체화하는 것에 대한 거부감이다. 대니얼 바우만J. Daniel Baumann은 다음과 같이 기록하였다:

> 설교를 무력하게 만드는 것은 무엇인가? 지글러Ziegler의 연구 결과에 의하면 교인들은 자기들의 일상생활과 관련된 적용을 포함한 설교를 거부했다. 거부의 빈도와 강도는 설교에 포함된 일상적인 적용이 얼마나 많은가에 비례했다. 종교적인 것이든 그렇지 않은 것이든, 사람들은 자신의 일상생활과 관련된 종류의 적용에 더 거부감을 느낀다. 그런 종류의 훈계는 한 사람이 다른 사람들에게 일상생활에서 행해야 할 것을 지시하는 위치에

있음을 의미한다.[40]

청중이 "목사가 설교를 하지 않고 간섭만 한다"고 생각한다면, 그 설교는 실패한 것이다. 통찰력 있는 적용을 제시할 때에도 이런 비난을 받는 것 같다.

청중은 대지에 대한 설명과 예화가 계속되는 동안 기분 좋게 고개를 끄덕이거나 평온하게 졸 수 있다. 그러나 적용은 중립이나 동의가 아닌 헌신과 행동을 요구한다. 건전한 적용은 가설적이고 추상적인 개념에서 과감하게 벗어나서 상관습商慣習, 가정생활, 사회적인 관계나 태도, 개인적인 습관, 그리고 영적인 우선순위 등을 인정하는 데까지 나아가는 것이다. 청중의 생활을 혼란스럽게 만들며, 결과적으로 청중이 설교 중에 가장 귀를 기울이지 않는 부분이 적용이다. 대부분의 설교의 한계점은 적용이다(그림 8.6을 보라).

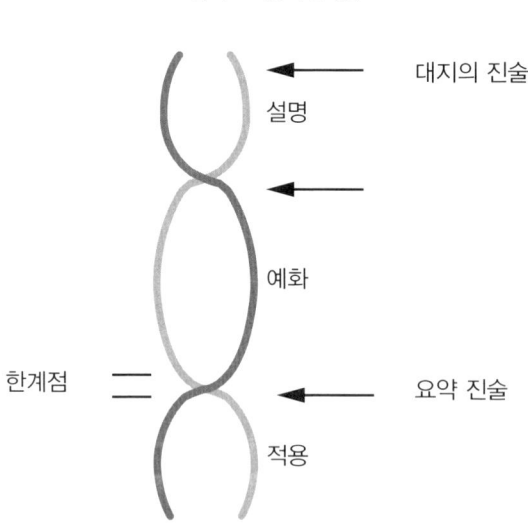

그림 8.6 적용의 한계점

---

40) J. Daniel Baumann, *An Introduction to Contemporary Preaching* (Grand Rapids: Baker, 1972), 250.

이 한계점을 부인한다고 해서 얻을 수 있는 것은 아무것도 없다. 이런 약점이 있다고 해서 비난하는 것은 그들을 좌절하게 만들 뿐이다. 성숙한 회중에게 그러한 허물이 없다고 믿는 것은 순진하기 짝이 없는 생각이다. 청중의 거부를 최소화하기 위해서 설교자가 적용을 피해야 하는가? 그렇지 않다. 성경은 하나님의 훈계를 무시하는 것을 용납하지 않을 것이다. 하나님께 대한 인간의 의무를 분명하게 밝히는 것이 설교자의 소명이다. 하나님은 설교자가 한계점을 무시하지 않고 그것을 극복하기를 원하신다.

2) 한계점의 극복

(1) 미리 경계를 받는 것이 미리 무장하는 것이다.

설교자가 구체적인 적용 때문에 자신의 메시지가 부정적인 반응을 불러일으킬 수 있다는 사실을 알고 있을 때 설교의 효과를 극대화할 수 있도록 준비할 기회를 갖는다. 설교자는 이것을 하나님의 요구 조건들을 완화할 수 있는 기회로 생각해서는 안 되며, 최적의 설명 기회를 확보할 수 있는 수단으로 여겨야 한다. 때때로 설교는 복음에 충실하기 위해서 사람들의 감정을 상하게 해야 할 때도 있지만(롬 9:33), 이런 감정 상함이 진리 자체에서 유래된 것이어야 하며 결코 설교자가 진리를 현명하게 제시하지 못했기 때문에 생긴 것이어서는 안 된다(고전 10:32-33). 설교자 자신의 태도가 아닌 하나님의 메시지가 사람들의 마음을 상하게 해야 한다는 사실을 망각한 채 이런 마음 상함이 정설orthodoxy의 특징이라고 믿는 목사들을 볼 때 우리는 가슴 아파해야 한다(고후 6:3, 6-7). 내면에서 성령이 역사하시는 신자들은 납득이 가는(설득력 있는) 진리, 즉 설교자의 재능보다는 하나님의 자비를 표현하는 진리를 기쁨으로 받아들일 수 있는 능력을 가지고 있다(살전 1:6). 다음에 제시한 방법은 설교자가 성경의 우선순위들을 포기하지 않고서 적용의 한계점을 극복하기 위해 사용할 수 있는 방법이다.

(2) 결정적인 논거 conclusive argument

죄를 깨닫게 하고 변화시키는 설교의 주된 도구는 확실한 진리이다. 설교자들은 하나님의 말씀이 요구하신다는 사실을 논리적으로 증명한 후에 그것을 적용해야 한다. 안타깝게도 결정적인 논거가 항상 설득력을 지니는 것은 아니다. "자신의 의지에 반하여 확신하는 사람은 여전히 자신의 견해를 따른다"라는 옛 격언의 진리가 종종 교회 안에 나타난다. 이 사실을 인정하지 않으려 하는 설교자는 자기의 마음을 살펴보아야 할 것이다. 하나님이 요구하시는 것을 잘 알고 있는 설교자가 왜 죄를 짓는가? 그 이유는 (성경적 설교에 반드시 필요한) 결정적인 논거가 항상 순종을 낳지는 않기 때문이다. 설교자라고 해서 항상 행해야 한다고 알고 있는 것을 행하는 것이 아니며, 이런 까닭에 효과적인 적용을 제시하는 데 도움이 되는 부수적인 방법이 필요하다.

(3) 마음을 누구러뜨리는 예화 disarming illustrations

딘 켐퍼 Deane Kemper는 다음과 같이 말한다: "이야기와 인용문의 중요한 용도들 중 하나는 청중의 감정적 반응을 잠시 중단시키는 것이다. 청중이 선뜻 받아들이지 않거나 거부할 수 있는 사상을 제기할 때 예화를 사용하면, 이 예화가 간접적인 도입부 역할을 해주기 때문에 정면으로 훈계하는 것보다는 청중이 훨씬 더 쉽게 받아들이게 된다."[41] 이야기의 본질이 설교자의 좋은 의도를 증명해 줄 수 있다. 이야기는 청중을 성경적 결론으로 자연스럽게 이끌어가는 능력을 가지고 있는데, 이것이 청중의 거부감을 일으키는 논거를 직접 제시하는 것보다 좋은 방법이다.[42] 설교자 한 사람의 권위에 의해서는 소중하게 생각하지 않

---

41) Deane Kemper, *Effective Preaching* (Philadelphia: Westminster, 1985), 87.
42) Craig Blomberg, *Interpreting the Parables* (Downers Grove, Ill.: InterVarsity, 1990), 54; Bryan Chapell, *Using Illustrations to Preach with Power*, rev. ed. (Wheaton: Crossway, 2001), 144-46.

앉을 사상도 존경받는 대가들의 글을 인용하여 설명하면 청중은 훨씬 더 쉽게 마음을 연다는 사실을 켐퍼는 지적한다.

(4) 상식적인 제안commonsense proposal

적용은 주제와 관련이 있고 현실적이며 달성할 수 있는 것이어야 한다. 상식이 결여된 적용은 설교자의 신용을 훼손할 뿐만 아니라 청중이 성경의 진리를 받아들이는 데 방해가 된다. 신뢰성과 설득력이 부족한 적용의 전형적인 유형은 다음과 같다:

그림의 떡 같은 원리. "항상 웃으라", "마음을 다해서 이웃을 사랑하라", "배고픈 사람이 없어질 때까지 일하라", "다시는 두려워하지 않겠다고 결심하라" 등은 목회적 이상주의나 영적 과장법에서만 가능한 적용이다. 이러한 훈계들은 그 목표가 획득할 수 없는 것이기 때문에 비현실적이다. 그것들은 실생활과 관련이 없으므로 제시되어서는 안 된다. 이러한 적용은 청중으로 하여금 자신이 성경이 요구하는 것을 행할 수 없다거나 목사가 비현실적인 세계에서 살고 있다고 생각하게 만든다.

어려운 난관high hurdles. 다음의 적용은 소수의 사람을 제외한 대부분 사람들이 행할 수 없는 어려운 행동이다. "내가 말하는 진리를 확인하기 위해서 여러분은 헬라어와 히브리어를 배워야 합니다", 혹은 "예수님이 사셨던 곳이 어떤 곳이었는지 알려면 여기에 있는 모든 사람들이 성지에 가 보아야 합니다." 이런 목표들이 좋은 것이라는 사실을 부인할 사람이 없지만, 해야 할 일들이 가득한 대부분의 신자들은 이것들을 이루기 어렵다.

좁은 초점narrow focus. 거의 모든 사람들이 행할 수 있어도 행하지 않을 것 같은 적용은 가치가 없다. 예를 들어 많은 설교자들이 강단에서 책을 추천한다. 그러나 그 책이 대다수의 청중에게 극적인 영향을 주지 못한다면, 시간을 내어 서점에 가서 책을 주문하고 구입하는 사람이 몇이나 되겠는가? 한두 사람? 주일 저녁식사 때까지 그 책의 제목을 기억하는 사람이 과연 몇 명이나 되겠는가? 실행할 사람이 거의 없는 적용을 자주 제시하면, 설교자의 신용이 손상된다.

물론 설교자가 성경의 진리를 적용할 때, 실행 가능성이 적다는 이유 하나만으로 적용을 피해서는 안 된다. 사람들은 마음이 완고하기 때문에 성경의 가르침을 거부할 수도 있다(사 6:9-10; 슥 7:12). 이런 경우에 문제가 되는 것은 상식이 아닌 용기이다. 하나님은 백성들이 들으려 하지 않는다는 이유로 진리를 선포하지 않는 것을 용서하시지 않으며, 또 설교자들이 백성들의 손이 미치지 않는 곳에 말씀을 두는 것도 용서하지 않으신다. 훌륭한 적용이 시기적으로 부적절할 때, 백성들이 준비가 되어있지 못할 때 제시될 수도 있다. 예루살렘 교회에게 준 가르침도 다음과 같았다. "성령과 우리는 이 요긴한 것들 외에는 아무 짐도 너희에게 지우지 아니하는 것이 옳은 줄 알았노니"(행 15:28). 예수님도 제자들에게 "내가 아직도 너희에게 이를 것이 많으나 지금은 너희가 감당하지 못하리라"(요 16:12)고 말씀하셨다. 적용을 제시할 때는 성경의 훈계뿐만 아니라 목회적 신중함이 필요하다. 왜냐하면 성경에서 충성과 오래참음을 지시하고 있기 때문이다(갈 5:22).

(5) 내용과의 조화

목사가 화를 내면서 "만일 당신이 이웃을 초대하려 하지 않는다면 당신이 다정하다는 것을 우리 교회 교인들이 어떻게 알 수 있겠습니까?"라고 설교한다면 아마 목사가 의도했던 것과 반대의 결과를 초래할 것이다. 설교자의 어조가 내용과 어울려야 한다. 설교자가 적용에서 사랑을 강조하려 한다면 사랑 안에서 말해야 한다. 설교자가 장례식장에서 "만약 부활을 진실로 이해한다면 슬퍼하지 말아야 합니다"라고 말한다면, 그는 자신의 말이 위로보다 비난에 가깝다는 사실을 깨달아야 한다. 어떤 적용은 엄격한 표현을 필요로 하며(딛 1:10-13), 어떤 적용은 관대함을 요구한다(딤후 2:24-26). 예수님은 환전상들을 성전에서 쫓아내실 때 채찍을 사용하셨지만, 성경은 주님이 "상한 갈대"를 꺾지 않으신다고 말한다(사 42:3). 하나님의 말씀이 선포자들에게 권위를 주신다는 말은 선포자가 항상 책망해야 한다는 뜻이 아니다. 선포자에게는 권면하는 권리도 부여된다(딛 2:15).

(6) 분별 있는 지도mature guidance

만약 설교자가 교인들이 해야 할 일을 결정한다면, 교인들은 성장하지 못할 것이다. 목회자가 교인들로 하여금 스스로 결론을 내리고 자신의 행동에 대해 책임을 지도록 하지 않으면, 교인들은 영적인 어린아이의 상태에 머물 것이다. 가끔 설교자들은 구체적인 상황을 지적해 주면서 동시에 교인들이 스스로 결정할 수 있도록 충분한 정보와 지침을 제공해야 한다. 사도의 권위를 가진 사람들도 영적인 성숙을 육성하기 위해서 이런 종류의 참여적 적용participatory application을 실천하였다(예를 들어 행 15; 고후 1:23-24; 2:9; 딤후 2:24-26; 몬 8-9, 14, 21). 설교에는 "직접적인 적용과 간접적인 적용 모두 필요하다."[43] 청중이 내려야 할 결정을 제시하기보다는 바른 결정을 내리는 데 필요한 정보를 제공함으로써 믿음을 강화하는 데 도움을 줄 수 있다.

(7) 명쾌한 명령mandate clarity

성경의 명령scriptural mandate과 유익한 제안good suggestion의 차이를 구분하지 못하는 설교자는 설교에서 성경의 능력을 빼내는 우를 범하게 된다. 설교자가 제시하는 적용은 설교자 자신의 생각이 아니라 성경에서 요구하는 것이어야 한

---

43) Larsen, *The Anatomy of Preaching*, 100.

다. 설교자는 청중이 하나님의 요구를 성취하는 데 도움이 되는 것을 제안할 수 있지만, 자신의 제안이 성경의 요구 사항이라고 생각하는 것은 큰 잘못이다. 가족들이 식사를 할 때 성경을 읽는 것, 소그룹 성경공부에 가입하는 것, 성경암송 과정에 등록하는 것, 매일 20분 정도 헌신의 시간을 가지는 것 등을 권하는 것은 좋은 제안이다. 그러나 성경은 이렇게 구체적인 실천 방법을 요구하지 않는다. 설교자가 훌륭한 제안을 택하여 그것을 성경의 명령으로 제시하는 것은 자신의 생각을 성경의 규범이라고 사칭할 뿐만 아니라 그러한 규범을 준수하면 은혜를 받을 수 있다고 암시함으로써 바리새주의를 설교하는 것이 된다. 적용에 성경의 요구에 부합하는 실질적인 제안들이 필요할 때가 있지만, 이런 제안은 권고일 뿐 명령으로 강요되어서는 안 된다.

(8) 복잡성을 인정하라respect for complexity.

내가 좋아하는 라디오 시사 해설자 한 사람은 "모든 복잡한 문제에는 '그것이 틀렸다'라는 간단한 해답이 있다"라고 말한다. 설교는 커다란 관심사의 좁은 측면을 다루는 것이라고 생각하거나, 보다 광범위한 해답은 후일 특별한 기회에 얻을 수 있다라고 생각하려는 태도는 경솔한 반응, 신속한 해법, 그리고 진부한 비난 등을 제시하는 것보다 적용에 훨씬 더 도움이 된다. 젊은 목사들은 "모르겠다", 혹은 "대답하기 전에 좀 더 연구를 해보아야 할 것 같다"라고 말하면 자신의 신뢰성이 손상될 것이라고 생각한다. 그러나 이런 반응이 설교자의 지혜를 가장 잘 나타낼 수도 있다. 사려 깊은 교인들은 모든 것에 대해서 완벽하게 알고 있는 사람은 아무도 없다는 것을 잘 알고 있다. 설교자들이 모든 것을 아는 것처럼 행동할 때 그의 신뢰성이 손상된다. 보통 설교자가 자신의 전문적인 지식 이외의 것에 대해서 설교할 때 가장 나쁜 적용을 제시하게 된다(예를 들어 조합규약의 내용에 대해서 교인들에게 조언하는 것, 특정 법안을 지지하는 방법을 설명하는 것, 소송절차나 의료 방법을 지시하는 것). 설교자는 분명한 성경의 원리가 적용되는 곳에서 이런 문제를 말할 수 있다. 그러나 안타깝게도 많은 설교자들이 어떤 것을 말하고 싶은 욕망과 어떤 것을 말할 수 있는 권리를 혼동한다.

삶에서 일어나는 일들이 복잡하다고 해서 설교자가 제시하는 적용도 복잡해야 하는 것은 아니다. 단순하지만 사려 깊고 성실하게 제시될 때 적용이 강력한 것이 된다.[44] 적용은 진실해야 하지만 진부해서는 안 된다; 분명해야 하지만 너무 뻔해서는 안 된다; 꾸밈이 없어야 하지만 신랄해야 한다. 이미 알고 있는 적용에 대한 설명을 듣기 위해서 30분 동안 앉아 있을 교인은 없을 것이다. 흔히 받아들여지는 의무들을 위한 새로운(혹은 신선한) 동기와 이유, 효과, 결과 혹은 방법을 제공하는 것이 모든 목사들에게 주어지는 도전이다.

설교자는 쟁점이 되는 주제에 대한 지식이 없거나 동의하지 않는 사람들이 다룰 수 있도록 충분한 설명을 제공하지 않은 채 단순한 적용을 제시하지 않도록 조심해야 한다. 도입 부분에서부터 결론 부분까지 항상 FCF를 염두에 둔다면 적용이 강해의 길을 벗어나는 일은 없을 것이다.[45] 충실한 결혼생활을 주제로 한 설교에서 "이와 같이 우리가 하나님께 충실하기 위해서는 카드놀이를 하지 않고, 태아의 성 감별을 통해 낙태를 하지 않고, 노숙자들을 무시하지 말아야 한다"라고 말하는 것은 적당하지 않다. 설교의 한 부분이 자신의 적용을 뒷받침한다고 해서 그 적용이 항상 이치에 맞는 것은 아니다. 만약 설교가 설교자의 적용을 충분히 뒷받침해 주지 않는다면 적용을 제시하기 전에 다시 생각해 보아야 한다. 설교자는 논쟁이라는 뱀을 풀어놓기보다는 뱀을 죽일 수 있는 성경의 지팡이를 제공하려 해야 한다.

---

44) Veerman, "Sermons," 121.
45) Larsen, *The Anatomy of Preaching*, 99; Adams, *Truth Applied*, 41, 69.

(9) 영적인 고결함 spiritual integrity

적용은 설교자 개인의 신뢰성을 필요로 한다. 자신이 행하고 싶지 않거나 생각해본 적이 없는 일, 혹은 변화가 필요한 일을 설교자가 행하라고 지시할 때 교인들이 왜 그의 말을 경청하겠는가? 만약 교인들이 "설교자가 주님뿐만 아니라 우리를 사랑하기 때문에 우리에게 필요한 진리를 제시해 주는 것이다"라고 생각하지 않는다면, 설교자가 제시하는 적용은 무시될 것이다. 설교자가 영적으로 고결한 사람이라는 확신이 있다면 적용이 아픔이 된다 할지라도 기꺼이 들을 것이다. 이런 신뢰는 학문적인 연구를 통해서 생기는 것이 아니고, 설교 내용에서 찾아질 수 있는 것도 아니며, 설교자의 삶에 성령이 내재하신다는 사실이 느껴질 때 생겨난다.

목회에는 신중함과 판단력, 그리고 분별력이 필요하다. 언제 문제에 정면으로 부딪혀야 할 것인지 어떻게 알 수 있는가? 어떤 일을 행하라고 이야기해야 할 때가 언제인지, 그리고 교인들 스스로 결정할 수 있도록 해야 할 때가 언제인지 어떻게 알 수 있는가? 관대함이 타협으로, 그리고 강력함이 오만으로 변질되는 때는 언제인가? "잘 모르겠다"라고 말해야 할 때가 언제인지 어떻게 알 수 있는가? 교과서에서는 이런 질문에 대한 대답을 찾을 수 없을 것이다. 설교자는 말씀과 성령을 의존해야 한다. 매일 성령과 함께 함으로써 마음과 뜻을 하나님의 뜻에 일치시킨 설교자만이 적용의 한계를 극복하게 해주는 지혜와 성숙한 판단력을 발휘할 수 있다.

설교자의 삶은 말씀의 적용 배후에 놓인 마음을 드러낼 것이다(살전 1:8-10). 궁극적으로 설교자의 행동 안에 나타나는 지혜와 동정심이 그의 말 안에 성령이 현존하신다는 것을 증명해주기 때문에 그의 설교가 능력을 가진다. 적용은 설교자가 강단에서 닥치는 대로 비판을 해도 좋다는 면허장이 아니며(예를 들어 "우리 교회에는 구제의 본을 보이면서 이끌어줄 지도자가 필요하다"), 자신의 개인적인 관심사에 대해서 설교해도 된다는 인정서도 아니다(예를 들면 자신의 지위를 존중하고, 기도회에 출석하고, 교회에 등록하라). 이런 식의 적용을 제시하는 설교자는 자신의 뻔뻔함을 용기라고 생각하겠지만, 사려 깊은 교인들이라면 이런 설교자를 영적 열정 대신 인간적으로 치장한 사람이라고 여겨 그의 말에 주의를 기울이지 않을 것이다. 결국 말씀의 진리를 적용할 수 있는 분은 성령뿐이시다. 따라서 설교자가 전적으로 성령의 활동에 의지하면서 그 분의 목적을 위해 설교할 때만 적용에 성공할 수 있다.

5. 적용의 자세

적용은 하나님이 말씀의 결과로서 요구하시는 바 자기 백성 안에서의 변화에 미치는 설교의 영향력에 초점을 둔다. 이 시간은 완곡하게 말하는 시간이 아니며 배려를 포기하는 시간도 아니다. 설교자는 사랑하는 사람에게 말하듯이 자신이 의도하는 것을 정확하게 말해야 한다. 다른 사람들의 영적 행복을 위한다면 자신이 의미하는 것을 추상적인 관념론으로 애매하게 만들어 교인들을 혼란스럽게 만들거나 설교자 자신을 곤란에 빠뜨리지 말아야 한다. 만약 청년들이 폭력 영화나 포르노 영화를 보지 말아야 한다고 생각한다면, 그렇게 말하라. 만약 교회 안에서 험담을 하지 말아야 한다고 생각한다면, 그렇게 말하라. 정치적인 견해 차이 때문에 교인들이 분열하고 있다면, 그 문제를 언급하라. 사랑으로 재치있게 말하라. 주어진 상황에서 필요한 것과 성경이 요구하는 것을 반드시 말해 주어야 한다.

설교자들은 적용 부분에서 자기의 마음을 쏟아낸다. 적용이 없다면 설교자들이 열정적으로 설교하기 어려울 것이다. "바울이 이고니온에서 루스드라로 갔다"는 내용을 열정적으로 이야기할 사람은 없을 것이다. 설교자는 하나님의 백성이 반드시 알아야 한다고 느낄 때 마음에서 우러나 열정적으로 그것을 말 할 것이다. 진지한 생각을 없애고 평범함을 추구하는 적용은 강해설교에 힘을 실어 줄 수 없다. 자신의 말이 중요하다고 하면서도 감정이 없이 무덤덤하게 이야기한다면, 아무도 그 사람의 말에 주의를 기울이지 않을 것이다.

친구와 함께 현재의 관심사에 대해서 대화하듯이 이야기할 때, 설교에 자연적으로 열정이 생긴다. 어느 날 저녁에 친구가 찾아와서 비행 청소년이 된 자신의 아들에 대해서 털어놓는다면, 우리는 친구를 편안한 의자에 앉게 한 뒤에 솔직한 대화를 할 것이다. 친구의 눈에 담긴 고통이 과장된 관념론에서 벗어날 수 있게 해줄 것이고, 실질적인 도움을 주어야 한다는 생각에서 성경을 찾게 될 것이다. 어렵고 힘든 이야기를 해야겠지만, 두 사람 사이에 사랑이 넘칠 것이다. 이것이 가장 훌륭한 설교이다. 마치 마주 앉아 있는 친구에게 이야기하듯이 적용을 제시해야 한다. 시내 산에서 받은 계명을 청중에게 전해 주기 위해서 준비한 설교보다는 영적인 실천 가능성(영적 잠재력)을 지닌 설교여야 한다. 성경의 기록을 보면 예수님이 말씀하실 때 사람들이 그분의 말을 듣는 것을 기뻐했다. 왜냐하면 예수님은 그들의 관심사에 대해 분명하게 말씀하셨기 때문이다. 설교는 예수님을 증언하는 것이므로, 설교자는 예수님처럼 말해야 한다.

그러나 적용을 제시하는 데 있어서 궁극적인 자세인 용서의 마음을 유지하지 않는다면, 설교자의 소리는 서서히 사라질 것이다. 단순하고 미숙한 설교의 특징은 설교자가 옳은 것을 지시했으므로 교인들이 올바른 일을 행할 것이라고 기대하는 것이다. 어떤 죄는 대화를 통해서 고쳐질 수 있지만, 어떤 죄는 오랜 세월을 두고 성실하게 설교해야 고칠 수 있다. 교인들이 설교를 듣지 않은 사람처럼 행동한다 해도 그들에게 성경이 무엇을 요구하고 있는지, 그리고 그들을 얼마나 사랑하고 있는지 설명해주지 않는 설교자는 강단에서 하나님의 뜻을 행하는 데 실패하게 된다. 하나님의 백성이 말씀을 적용하는 데 자주 실패하는 것을 용서하지 못하는 설교자에게는 항상 좌절과 분노, 절망이 함께 할 것이다. 견실하고 힘있는 적용은 하나님께 잡힌 바 된 마음 및 타락한 세상에서 상심한 사람들을 생각하는 마음에서 생겨난다.

: 복습과 토론을 위한 질문 :

1. 강해설교에서 해야 하는 주된 일은 무엇인가?
2. 완벽한 적용에서 답변해야 할 네 가지 기본 질문은 무엇인가?
3. 구체적인 훈계와 구체적인 상황을 어떻게 구분할 수 있는가? 이 두 가지가 모두 중요한 이유는 무엇인가?
4. 강해의 비expositional rain란 무엇인가?
5. 설교의 한계점은 무엇이며, 그것을 극복하는 방법은 무엇인가?
6. 성경의 지시와 훌륭한 제안을 설교자가 구별해야 하는 이유는 무엇이며, 그 방법은 무엇인가?

: 연습 문제 :

1. 본서 제6장의 연습문제에서 작성했던 대지 중 한 가지를 택해서 두 단락 분량의 적용을 작성해 보라. 또는 다음의 대지에 관한 적용을 두 단락 정도의 길이로 작성해 보라: 예수님이 항상 교회를 위해서 중보하고 계시기 때문에 우리는 쉬지 않고 열심히 기도해야 한다.
2. 다음의 성경 구절들이 설교자가 적용을 제시할 때 지녀야 할 자세를 어떻게 제시하는지 설명하라:

    살전 2:7-12

    딤후 2:24-26

    딤후 4:2

    딛 1:10-13

    딛 2:15

제9장

서론, 결론, 이행부

1. 필요한 부분들

언젠가 나의 친한 친구가 다음과 같은 기발한 방법으로 설교를 하기 시작했다: "나는 어린 시절 좋아하던 음식 두 가지를 기억합니다. 첫째는 베시 이모의 오이 피클입니다. 이모는 직접 정원에서 가꾼 오이로 비법 피클을 만들었는데, 이 피클은 아주 아삭아삭해서 씹으면 마치 폭죽처럼 터지기 때문에 그 맛이 입 안을 가득 적시기 전에 입을 오므려야 할 정도였습니다. 이 피클은 마을 교회의 가을 소풍에서도 화젯거리가 되곤 했습니다. 이것은 전주곡에 불과했습니다. 아침 설교를 마치고 오후 설교가 시작되기 전에 교회의 여성도들은 미시시피 주 레드 뱅크에 있는 '백성들의 성경 교회' People's Bible Church 뒷마당에서 불 위에 큰 솥을 올려놓고 그 주위에 모여들었습니다. 연기가 교회 종탑과 계수나무 사이에서 춤을 주는 것 같았고, 설탕과 밀가루 반죽, 그리고 과수원에서 가져온 사과 타트(tart)를 튀긴 파이를 섞으면 맛이 아주 좋아서 한 입 맛보면 자신의 혀까지 삼켜 버릴 정도였습니다. 나는 어른이 된 후에도 베시 이모가 만들었던 오이 피클과 미시시피 레드 뱅크의 그 교회에서 만들었던 애플 파이를 먹고 싶었습니다. 하지만 이 설교에서 서론 부분을 찾아볼 수 없는 것처럼 나는 아직도 그 맛을 다시 맛보지 못했습니다."

이 설교는 도입부를 생략한 채 시작된다. 그러나 설교자의 의도와는 상관없이 설교자가 서론을 생략한 것 자체가 설교의 서론이 된다. 도입부와 결론, 그리고 이행부를 피할 수 없다. 즉 설교자의 의도나 능력과 상관없이 설교는 도입부와 결론, 그리고 이행부를 가질 수밖에 없다. 설교자가 처음에 한 말이 메시지를 소개하는 도입부가 되고, 마지막 말이 결론이 된다. 이 두 부분을 묶어주는 부분이 이행부가 된다. 여기에서 문제가 되는 것은 이 부분들이 메시지를 힘있게 만드는가, 아니면 그 메시지에 짐이 되는가이다. 설교자가 이 부분의 목적이 무엇인지, 그리고 이것들의 장점을 살릴 수 있는 구조가 무엇인지 안다면, 이 문제를 해결하는 데 도움이 될 것이다.

2. 도입부의 목적

1) 메시지에 대한 흥미 유발

미숙한 설교자는 청중이 설교를 통해서 자신의 관심사를 자동적으로 공유하게 될 것이라고 생각한다.[46] 이런 설교자는 하나님의 백성은 하나님의 말씀에 관심을 가져야 하기 때문에 말씀에 대한 논의에 관심을 가질 것이라고 여긴다. 이것은 완벽한 세상에서나 이루어질 수 있는 기대이다.

지루한 설교; 매주 친구, 가족, 또는 적대적인 사람들로부터 신앙의 실체에 대해서 공격을 받는 것; 직장에서의 스트레스로 인한 피곤; 토요일 밤의 여흥

---

46) Haddon Robinson은 서론에서 "청중의 관심을 집중" 시켜야 한다고 말했다. 이것이 전통적인 표현은 아니지만 이보다 더 적절한 표현은 없을 것이다(*Biblical Preaching: The Development and Delivery of Expository Messages*, 2nd ed. [Grand Rapids: Baker, 1980], 160).

으로 녹초가 됨; 오락 프로그램 방송의 경쟁적인 영향력; 2천 년 전에 죽은 선지자나 사도들이 현재와 상관이 없는 것처럼 느껴짐; 주일 아침의 예배가 쓸데없는 짓으로 여겨지는 것 등을 고려할 때 교인들이 메시지에 관심을 갖는 것 자체가 작은 기적인데, 어느 설교자도 이 사실을 당연하게 받아들이지 않을 것이다. 빌 호건Bill Hogan은 다음과 같이 설명한다:

> 설교자는 설교할 구절을 몇 시간 동안 자세히 읽고 연구한 후에 강단에 선다는 사실을 기억해야 한다. 그 주제에 대해서 며칠, 혹은 몇 주일, 어쩌면 몇 년 동안 생각했을 수도 있다. 그러나 설교를 듣는 청중은 그 주제에 대해서 전혀 생각해 보지 않았을 것이다. 그들은 설교가 시작되기 전까지 설교가 어떻게 진행될지 전혀 알지 못할 것이다. (설교자는 설교가 끝난 후에 그들이 알게 되기를 기도해야 한다.) 성경의 사상과 그들의 생각 사이에 엄청난 차이가 있다. 그래서 설교자는 도입부에서 그들의 세계에 들어가 그들을 설득하여 성경적 진리, 특히 설교의 요지가 되는 진리의 세계로 데리고 들어가야 한다.[47]

설교에서 도입부는 결코 불필요한 부분이 아니다. "성경을 펴십시오"라고 말한 뒤에 곧바로 본문의 역사나 구조에 대해서 이야기하는 설교자는 설교를 듣는 사람들의 입장이나 특성을 전혀 파악하지 못한 사람이다. 교인들은 이런 설교자의 설교를 경청하지 않는다.

오늘날 커뮤니케이션 연구가들에 의하면 일반적으로 청중은 연설이 시작되어 30초 내에 그 연설에 주목할 것인지 아닌지 결정한다고 한다.[48] 이것은 설교

---

47) William L. Hogan, "It Is My Pleasure to Introduce….," *Expositor* 1, no. 3(August 1987): 1.
48) 한 세대 전에는 이런 결정을 하는 데 60초가 걸렸다고 한다(D. W. Cleverley Ford, *The Ministry of the Word* [Grand Rapids: Eerdmans, 1979], 215을 참조하라). 현대 매체

의 시작 부분에서 사람들의 관심을 집중시키는 것이 중요하다는 사실을 말해주는데, 이것은 전혀 새로운 것이 아니다. 로마의 웅변가 퀸틸리아누스Quintilian는 "미흡한 도입은 흉터 난 얼굴과 같다"라고 말했다. 그 얼굴을 보여 주면 청중은 더 이상 보려 하지 않을 것이다.[49] 도입부는 청중이 나머지 설교를 들을 것인지를 결정하는 중요한 부분이므로, 설교자들은 "시작이 반이다"라는 격언을 명심해 왔다.[50] 청중이 설교를 잘 소화시킬 수 있을지 없을지는 결론뿐만 아니라 도입부에도 달려 있다. 속에 맛있는 고기가 들어 있어도 겉을 둘러싸고 있는 빵에 곰팡이가 피어 있다면 아무도 그것을 먹으려 하지 않을 것이다.

설교자는 도입부에서 청중의 관심을 끌 수 있는 사상을 제시해야 한다. 무관심하거나 다른 곳에 관심을 가지고 있는 청중을 끌어내어 "이것을 들을 필요가 있겠어"라고 생각하게 만들어야 한다. 도입부에서 호기심이나 관심, 즐거움, 경탄 등을 자극할 수 있지만, 어느 것을 택하든지 설교자는 청중의 관심을 끌어내야 한다. 설교의 첫 문장만으로 관심을 일으키지 못한다면 그 문장을 버리라. 설교의 첫 문장은 중요하다. 설교를 시작할 때 잠시 어깨를 펴고 멈추어 서서 청중을 직시하며 숨을 가다듬고 확신을 가지고 첫마디를 시작하라. 설교에서 중요한 첫인상을 결정할 수 있는 기회는 두 번 다시 오지 않는다.

청중의 관심을 일으키는 핵심은 청중을 개입시키는 것이다.

청중의 상상력을 개입시키라.
청중이 경탄할 만한 것과 관련지으라.

의 영향으로 그런 결정을 하는 시간이 점점 더 단축되고 있다.

49) Quintilian 4. 1. 61.
50) 여기에 John A. Broadus는 다음과 같은 재치있는 말을 덧붙였다: "시작이 좋지 않으면 전체를 망치게 된다." *On the Preparation and Delivery of Sermons*, ed. J. B. Weatherspoon (New York: Harper and Row, 1944), 103.

과거에 대한 청중의 인식과 관련지으라.

그들이 미래에 대해서 느끼는 두려움과 관련지으라.

그들의 분노와 관련지으라.

그들의 동정심과 관련지으라.

2) 메시지의 주제 소개

도입부에서는 메시지에서 다룰 주제를 지적해 주어야 한다. 도입부에서 청중의 흥미를 불러일으키지만 주제에 초점을 두지 않으면 청중을 잘못 인도하여 혼동과 분노를 초래할 것이다. 만찬 후의 연설가나 경영 세미나의 강연자에게서 흔히 볼 수 있듯이 적지 않은 설교자들이 우스운 이야기로 설교를 시작하는데, 이것은 웃음을 자아내지만 설교자에 대한 불신을 초래할 수도 있다. 농담이 메시지의 주제와 관련이 없음이 분명해질 때 청중은 자신이 조종되고 있음을 알게 되고, 매우 타산적인 설교자의 설득을 거부하는 동시에 더 우스운 이야기를 기대하게 된다.[51]

설교자는 생각이 필요한 질문, 이야기, 인용문, 일화 등 관심을 일으키는 대안들을 사용하여 설교를 시작할 수 있다. 그러나 도입을 마칠 때 청중이 설교의 주제를 생각하게 된다면 그 도입은 성공한 것이다. 아담스Jay Adams는 "도입부의 목적은 논의될 주제 속으로 청중을 이끌어들이는 것이다. 만약 이 일에 실패하면, 도입은 실패한 것이다"라고 기록하였다.[52] 도입부에서는 설교자가 전할 메시지를 설명하거나 증명하거나 진술하거나 암시하거나, 혹은 대조를 통해서 설명하거나, 그밖에 여러 가지 방법으로 청중에게 신호를 보내는 것이다. 어쨌든

---

51) Cf. Ralph Lewis, *Speech for Persuasive Preaching* (Wilmore, Ken.: Asbury Seminary, 1968), 95; Donald E. Demaray, *An Introduction to Homiletics* (Grand Rapids: Baker, 1974, 1978), 68; Hogan, "It Is My Pleasure," 2; and Robinson, *Biblical Preaching*, 166.

52) Jay E. Adams, *Preaching with Purpose* (Grand Rapids: Baker, 1982), 59.

도입부가 끝날 때쯤이면 청중은 메시지의 주제가 무엇인지, 다시 말해서 설교의 주제가 "기독교의 지도력"이나 "행복한 결혼에 이르는 길", "성화의 방편", "건전한 교회의 특징", 또는 "고독에 대한 해결책"에 관한 것임을 확실히 알 수 있어야 한다. 왜냐하면 도입부에서 이렇게 구체적인 주제에 대해서 청중의 흥미를 일으켰기 때문이다.

3) 주제를 개인적인 것으로 만듦

도입은 설교자가 선한 목적을 가지고 청중에게 악수를 청하는 것과 같다. 설교자는 모두문언冒頭文言을 통해 청중에게 자신의 메시지가 그들에게 중요하고 유익할 것임을 확신시키면서 그들을 설교 안으로 맞아들인다. 제1장에서 언급했던 것처럼 청중이 설교자를 신뢰하고 메시지를 받아들이는 데 있어서 가장 중요한 것은 자기들을 향한 설교자의 관심을 인식하는 것이다. "설교자가 맡은 일은 하나님의 백성들이 직면해 있는 문제와 성경이 제공하는 해법을 묘사하는 것이므로 하나님의 말씀을 경청하는 것이 중요하다."[53] 만약 도입부에서 분명한 개인적 결과를 지적해주지 못한다면 누구도 나머지 내용을 들을 이유를 찾지 못할 것이다.

설교자는 도입부에서 설교의 FCF를 밝힘으로써 청중이 메시지를 들어야 할 이유를 설명한다.[54] 복음적 설교에서 가장 흔하고 치명적인 실수 중 하나는 이 부분을 생략하는 것이다.[55] 설교자들은 일반적으로 설교에서 다룰 주제를 지적하기 위해서 도입을 사용한다. 그러나 청중이 설교를 들어야 하는 이유를 설명

---

53) Jay E. Adams, *Truth Applied: Application in Preaching* (Grand Rapids: Zondervan, 1990), 72.
54) 본서 제2장의 FCF에 대한 논의를 참고하라.
55) Cf. Robinson, *Biblical Preaching*, 107.

하는 데에는 매우 미숙하다. 설교자들은 아무 근거도 없이 설교의 주제를 소개한다. 청중은 자신이 칭의, 인내, 또는 하나님의 주권 등에 관한 설교를 듣는 것이 중요한 이유를 알아야 한다. 이러한 개념들을 논리적으로 설명하거나 신학적으로 분류하는 성경적 자료를 제공하는 것은 하나님의 백성들을 위한 설교가 되지 못한다. 설교자가 청중에게 메시지가 중요하며 하나님과 동행하는 데 도움이 되는 이유를 분명히 밝혀주는 타락 상황을 밝히지 않는다면, 일반 사람들을 양자 물리학 강의에 참석시킬 수 없듯이 자신의 설교에 귀를 기울이게 할 수 없다. 해돈 로빈슨Haddon Robinson은 다음과 같이 설명한다:

> 그러므로 설교자는 설교 첫 부분에서 청중으로 하여금 설교자가 자기들에 관해 이야기하고 있다는 사실을 깨닫게 해주어야 한다. 그는 질문을 제기하고, 문제를 규명하며, 필요한 것을 밝히고, 본문에서 말하는 중요한 문제를 공개해야 한다. 결론에서 적용을 제시하는 전통적인 방법과는 달리 적용은 도입부에서 시작된다. 교인들의 질문, 문제, 상처, 욕구 등을 표면화시켜 성경을 기초로 하여 함께 다룬다면, 능력이 부족한 설교자도 걱정과 긴장의 연속인 청중의 삶 속에 하나님의 은혜를 가져다 줄 수 있을 것이다.[56]

설교자가 FCF를 구체적이고 개인적으로 예리하게 제시할수록 도입이 더 강력한 힘을 갖게 된다(그림 9.1을 보라). 도입이 끝날 무렵에 메시지의 FCF가 무엇인지 의문이 생기게 해서는 안 된다. 보통 설교자는 도입의 마지막 부분에서 정확한 FCF를 간결하게 언급하는데, 이것이 설교를 시작하는 발사대 역할을 한다. 어딘가에 누군가가 어느 시기에 관심을 가져야 할 문제가 있다는 식의 일

---

56) Robinson, *Biblical Preaching*, 171. Sidney Greidanus, *The Modern Preacher and the Ancient Text: Interpreting and Preaching Biblical Literature* (Grand Rapids: Eerdmans, 1988), 184도 보라.

반적인 용어로 FCF를 제시하는 것은 좋지 않다. 설교자는 청중이 직접적이고 개인적으로 적용할 수 있도록 FCF를 제시해야 한다.[57]

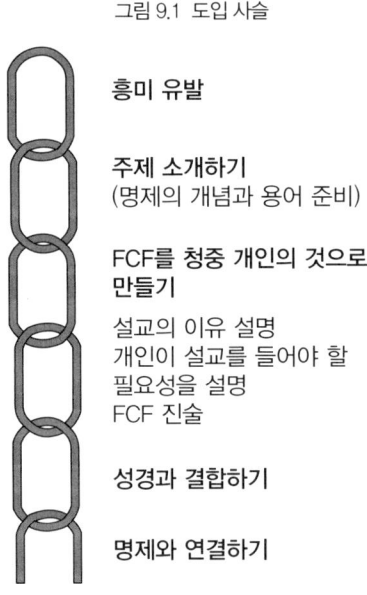

그림 9.1 도입 사슬

흥미 유발

주제 소개하기
(명제의 개념과 용어 준비)

FCF를 청중 개인의 것으로 만들기
설교의 이유 설명
개인이 설교를 들어야 할 필요성을 설명
FCF 진술

성경과 결합하기

명제와 연결하기

다음과 같은 구체적인 진술들은 설교의 전개 과정을 이끌어갈 수 있는 FCF이다: "하나님의 목적을 알 수 없을 때, 하나님의 약속이 우리를 분노하게 만들 수도 있다", "모든 가치가 상대적으로 평가되는 문화 속에서 십대들을 양육하기가 매우 어렵다", 혹은 "우리가 죄의식에 빠져 있을 때에는 하나님의 은혜를 느끼지 못한다." FCF는 하나님의 은혜가 우리의 유익과 하나님의 영광을 위해 대속적으로 언급하는 부정적인 것, 즉 인간의 상태 안에 있는 문제를 진술한다. 설교자는 설교를 시작할 때 도입부에서 본문의 진리를 인간적인 갈등과 연결함

---

57) Adams, *Preaching with Purpose*, p. 64; Hogan, "It Is My Pleasure," 3.

으로써 적용을 전개하기 시작한다. 게다가 설교자는 본문의 표면을 훑고 지나치는 명령문들의 목록을 전개하기보다 본문에 함축된 심오한 의미들을 전개하기 위해서 언급해야 할 적용들의 초점을 분별한다. 그럼으로써 본문의 진리가 한층 더 예리하고 강력하게 교인들의 관심 속으로 꿰뚫고 들어가므로, 목회자는 설교의 나머지 부분에서 설교하는 데 그치는 것이 아니라 목양의 의무도 이행하게 된다.

설교자가 FCF를 암시만 해도 교인들이 설교를 들어야겠다는 느낌을 가질 수 있어야 한다. 거의 모든 목회자들은 세 가지 유형의 설교가 있다는 것을 알고 있다: 경청할 수 없는 설교; 경청할 수 있는 설교; 반드시 경청해야 할 설교. 도입부에서 청중으로 하여금 설교를 들어야 한다고 확신하게 해주는 설교가 가장 설득력 있는 설교이다. 이것은 청중의 일상적인 욕망을 채워주는 것과는 전혀 다른 일이다. 이안 피트왓슨Ian Pitt-Watson은 다음과 같이 말한다: "설교는 성경 본문과 현대인의 삶의 문제들 사이를 연결하는 활시위와 같다. 만일 어느 쪽이든 시위의 끈이 불안하게 묶여있다면, 활은 제구실을 할 수 없을 것이다."[58] 도입부에서 FCF를 밝힘으로써 청중에게 메시지의 초점을 보여줄 수 있을 뿐만 아니라 설교자가 자기들의 세계와 접촉하고 있으며 자기들을 도우려 하며 상처 입은 세상에서 하나님의 말씀이 하나님의 치유와 영광의 진정한 도구가 되기를 원한다는 확신을 갖게 해준다.[59]

도입부에서 FCF를 제시할 때 설교자의 첫마디와 더불어 시작되는 적용의 요

---

58) 존 스토트가 이 구절을 인용하였으며, 이와 유사한 진술을 다음에서도 찾아볼 수 있다. Martyn Lloyd-Jones, Phillips Brooks, C. H. Spurgeon, Jonathan Edwards, Chrysostom, in *Between Two Worlds: The Art of Preaching in the Twentieth* Century (1982; reprint, Grand Rapids: Eerdmans, 1988), 146-50.

59) Demaray, *An Introduction to Homiletics*, 68.

지와 함께 메시지가 청중의 일상의 경험을 관통하게 된다.[60] 이런 강조점을 통해서 청중이 문제에 대한 대답을 기대하고 바라게 될 뿐만 아니라, 설교자는 매주 자신의 메시지에 대해서 열정을 갖게 된다. 자신의 설교가 현실적인 문제에 실질적인 대답을 줄 수 있고 교인들이 설교를 진정으로 듣고 싶어한다는 사실을 깨달았을 때, 설교자는 소명을 갖고 설교하게 된다. 설교자에게는 설교해야 할 이유가 있다! 이보다 더 큰 목적과 기쁨을 줄 수 있는 다른 이유는 없다. 청중으로 하여금 하나님께 영광을 돌리게 만드는 데 있어서 이보다 더 좋은 설교 방법은 없다.

4) 논지를 준비함

설교학 교과서들은 청중으로 하여금 설교 본문의 내용을 이해할 수 있도록 준비시키는 것이 도입부라고 말한다.[61] 그러나 이것이 본문의 도입부이기 때문에 좀 더 구체적인 지침이 도움이 될 것이다. 일반적인 설교 구성에서 도입부는 논지로 인도해줌으로써 메시지의 본문을 준비한다. 논지가 전체 메시지의 주제이기 때문에 논지로 이어지는 도입을 통해서 청중은 자동적으로 메시지의 본문을 향하게 된다. 그러나 만약 설교자가 논지를 단순히 도입부에 덧붙여진 주제로 인식한다면, 이런 방향 제시는 길을 잃게 만들 뿐이다. 논지는 도입부의 요약인 동시에 설교 주제와 관련된 진술이다.

만약 청중이 논지에서 진술되는 사상을 받아들일 준비가 되지 않았다고 느낀다면, 그것은 도입이 청중을 논지에게로 잘 이끌어가지 못한 결과이다. 논지에

---

60) Cf. David L. Larsen, *The Anatomy of Preaching: Identifying the Issues in Preaching Today* (Grand Rapids: Baker, 1989), 99; Greidanus, *The Modern Preacher*, 182; Adams, *Truth Applied*, 41, 73.

61) Robinson, *Biblical Preaching*, 171-72; Demaray, *The Anatomy of Preaching*, 69; Jerry Vines, A *Practical Guide to Sermon Preparation* (Chicago: Moody, 1985), 138.

서 진술된 개념이 도입부에서 제시된 것이 아니거나 논지에서 사용된 용어가 도입부에서 언급되었던 것이 아닐 때 이런 일이 발생한다. 예를 들어 도입부에서는 안내자가 없어 길을 잃은 아이에 관해서 이야기했지만 논지는 "하나님이 은혜로우시기 때문에 십일조를 하라"는 내용이라면, 청중은 실망할 것이다. 왜냐하면 이 개념들이 서로 관련이 없기 때문이다.

설교자가 용어를 일관성 없이 사용할 때도 청중은 갈피를 잡지 못하게 된다. 도입부에서 거듭 길 잃은 아이를 언급했지만 논지를 제시할 때 주님을 알지 못하는 죄인에 대해서 말한다면, 비록 설교자가 동일한 개념으로 사용했어도 용어의 변화가 청중을 혼란스럽게 만들 수 있다. 만약 도입부에서 사용된 용어가 논지에서 사용되지 않는다면, 청중은 거리의 이름이 이미 바뀌었는데 바뀌기 전에 만들어진 지도를 들고 서 있는 것처럼 느낄 것이다. 그러므로 도입부에서 개념이나 용어상으로도 논지를 준비해야 한다. 논지에서 언급될 핵심 용어들이 도입부에서 사용되어야 한다. 이것은 적용과 핵심 구절에서 사용될 핵심 용어들이 도입부에 등장해야 한다는 의미이다.

도입부에서 청중으로 하여금 논지를 받아들일 수 있게 해주어야 한다는 인식은 설교자가 성경을 봉독함으로써 도입부와 본론을 분리시키는 것이 좋지 않다는 경고가 된다.[62] 간혹 이런 순서가 독창적이고 좋은 이유가 있지만, 그것은 종종 논지에서 촉진하려는 사상의 흐름과 응집력을 손상시킨다. 일반적으로 성경 본문을 읽기 전에 설교의 도입부를 제시하는 설교자는 설교의 도입부와 성경의 도입부를 혼동하는 것 같다(이 장에서 설명하는 성경의 도입 부분을 참고하라). 전통적으로 성경 본문을 언급하는 것도 도입의 한 부분이지만, 이것은 본문을 읽는 것이 아니라 본문이 FCF를 어떻게 처리할 것인지 제시하는 것이

---

62) Broadus, *Preparation and Delivery of Sermons*, 102.

다. 설교자는 FCF를 언급한 후에 보통 성경 본문이 주제를 어떻게 언급하는지 설명함으로써 자신의 설교를 성경과 연결한다.[63] 논지를 제시하기 직전에 간단한 한두 개의 문장으로 자신의 메시지와 성경 본문을 연결하는데, 이것은 FCF에 대한 해결책과 논지의 주장에 권위 부여를 기대하게 해준다.[64]

도입 사슬(introduction chain: 표 9.1)은 효과적인 도입 안에서 각각의 구성 요소들이 어떤 특성과 순서를 가지고 있는지 보여준다. 존 알렉산더의 글(*The Other Side*)에서 인용한 도입부를 분석해봄으로써 실제로 이 사슬이 어떻게 연결되어 있는지 살펴보라(도표 9.1).

표 9.1

설교의 도입부 분석

관심 유발	악취를 견딜 수 없었다. 그곳은 아이타의 표준으로 보아도 아주 가난한 지역이었다.
주제 소개	선교사인 존 알렉산더는 걸어서 시장을 통과했다.
세상의 불행 언급	그는 주변의 불행에 시선을 두려 하지 않았다. 하수관이 없는 달동네에서 판매하는 끔찍한 음식, 몸을 가눌 수 없을 정도로 많은 사람들, 빨강 머리의 어린아이들. 그는 카리브해의 어린아이들이 영양실조가 되면 빨강머리가 된다는 것을 알고 있었다. 그러한 상황이 그를 역겹게 하고 낙담하게 만들었다.

---

63) Hostetler, *Introducing the Sermon*, 50.
64) 설교자의 권위를 확립하는 것도 서론이 가지고 있는 목적 중의 하나라는 사실을 주목하라(Demaray, *Introduction to Homiletics*, 69-70; Broadus, *Preparation and Delivery of Sermons*, 102).

논지의 핵심용어들이 도입부에서 사용된다는 점에 주목하라.	그는 이전에 다른 국가, 다른 도시를 여행하면서도 이런 일을 보았었다. 그러나 이번에 그는 "나는 견딜 수 없었다. 나는 집으로 가서 낮잠을 잤다. 때로로 나는 앞으로 평생 잠을 자고 싶을 때가 있다. 자살을 하고 싶다는 것이 아니라 어떻게 해서든지 진실을 외면하고 싶다는 말이다." 그날 심적으로 지친 알렉산더는 눈앞에 펼쳐진 광경을 견딜 수 없었다.
FCF 진술: 불행을 직시하려 하지 않음.	나는 그 선교사의 말을 좋아하지 않으며 그 말을 기록한 사람도 좋아하지 않지만 그들의 뜻은 이해한다. 우리는 세상의 불행을 보고 그 광경에 압도될 것이 두려워 그것을 보려 하지 않는다는 것을 알고 있다.
FCF를 개인적인 것으로 만듦: 청중의 느낌과 염려를 FCF와 동일시함	당신도 이것이 어떤 느낌인지 알고 있다. 그것이 당신 자신의 삶의 불행이든지, 사랑하는 사람의 삶의 불행이든지, 당신이 동정하는 사람의 삶의 불행이든지, 절망하여 그 광경을 보지 않고 잠을 자고 싶은 욕망을 느낄 것이다. 우리는 자신의 힘으로 저지할 수 없는 것을 대면하려 하지 않는다. 그러나 체념이나 절망은 인간의 고난에 대한 성경적 반응이 아니다.
성경과의 연결	우리의 상처를 외면하지 않으시는 전능하신 하나님은 신실한 백성에게 망각보다 더 큰 목적을 주시며 우리 세상에게 큰 희망을 주신다.
논지	아모스서 4장에서 선지자는 잠을 깨우면서 다음과 같이 말한다: 눈을 떠서 이 세상의 비참함을 보아라. 전능하신 하나님은 절망을 극복하기 위해 신실한 광경을 사용하신다.

3. 도입의 유형

(1) 공감을 불러일으키는 이야기 human-interest account

존 알렉산더의 이야기는 공감을 불러일으키는 이야기, 즉 듣는 사람들이 동일시할 수 있는 사람의 경험을 다룬 간단한 이야기에 기초를 둔 도입의 예이다.⁶⁵⁾ 그러한 이야기가 사실일 수도 있고 허구일 수도 있으며, 일상적인 상황이나 특별한 상황에 처한 사람들을 포함할 수 있지만, 언제든 개인적인 흥미와 관심을 일으킨다. 공감을 불러일으키는 이야기들은 듣는 사람들의 생각과 정서를 개입시킬 수 있는 능력이 있기 때문에 일반적으로 설교의 도입부로서 가장 효과적이고 의존할 수 있는 방법이다.⁶⁶⁾ 이야기가 익살스럽든지 진지하든지, 역사적인 것이든지 이웃과 관련된 것이든지, 독서를 통해 알게 된 것이든지 개인적으로 경험한 것이든지, 듣는 사람들의 관심을 끌어내 성경적인 관심사로 이끌어가는 탁월한 능력이 그것들을 설교의 근본적인 도입의 형태로 만들어준다.

(2) 간결한 단언simple assertion

청중이 설교의 주제를 숙고할 준비가 갖추어졌다면, 설교의 취지를 간단하게 단언하는 것이 도입부의 역할이다. 특히 설교의 주제가 까다롭거나 무시하기 어렵거나 비극적이거나 논란이 많아서 공감을 일으키는 이야기가 문제를 하찮아 보이게 만드는 것처럼 보일 때 이 방법이 적당하다. "오늘은 험담이 우리 교회에 얼마나 손해를 주고 있는지, 그리고 어떻게 대처해야 하는지 말하려 합니다"라는 말은 매우 인상적인 첫 마디로서 사람들의 주목을 끌 것이다. 성경을 보면 가장 어려운 문제들을 도입할 때 공감을 일으키는 이야기가 사용되기도 한다(예를 들어 삼하 12:1-4; 마 21:28-32; 눅 15:1-2).

---

65) Lloyd Perry는 설교의 서론으로 사용할 수 있는 "방법 혹은 도구들"을 서른 여섯 가지나 열거하였지만(*Biblical Sermon Guide*[Grand Rapids: Baker, 1970], 36-37), Michael Hostetler는 이 모든 방법들을 두 가지 범주로 분류할 수 있다고 말했다: "여러분이 직접 경험한 일이나 읽은 것"(p. 29). 여기에서는 도입의 유형들 중에서도 가장 기본적인 형태들만 언급하겠다.
66) 공감을 불러일으키는 이야기가 효과적으로 전달될 수 있는 이유와 방법에 대해서는 본서 제7장을 참고하라.

(3) 놀라운 진술 startling statement

간략한 형태의 도입은 청중을 놀라게 하여 주의를 끌기 위해서 고안된 것이다. 이런 진술의 좋은 예를 제이 아담스 Jay Adams가 제공한다:

> 오늘 여기 모인 사람들 중에 살인자가 있습니다.…어제 그 사람이 누군가를 죽였습니다. 그는 자신을 본 사람이 없을 것이라고 생각하고 있지만, 그건 틀린 생각입니다. 나는 목격자로부터 들은 이야기를 글로 썼는데, 지금 그것을 읽으려 합니다. "형제를 미워하는 자마다 살인하는 자니라"(요일 3:15).

다음 구절도 효과적인 도입으로 제시될 수 있다:

> "이 세상에서 필요한 것은 교회는 점점 적어지고…그리스도의 몸이 더 많아지는 것입니다."

> "여러분은 팔이 너무 짧아서 하나님과 권투를 할 수 없습니다."

> "나는 그가 나에게 한 행동 때문에 그를 미워합니다. 그리고 그를 용서하지 못하는 나를 미워합니다."

놀라운 진술을 할 때 주의해야 할 점이 두 가지이다. 첫째, 매주 놀라운 진술로 설교를 시작해서는 안 된다. 이것은 가끔 사용할 때 효과적이다. 둘째, 도입은 첫 마디를 몇 줄 제시하는 것만으로는 부족하다는 점을 잊지 말아야 한다. 놀라운 진술은 개인화된 FCF와 분명한 명제로 이어져야 한다. 이 두 번째 주의점은 아래 열거된 도입 유형에도 적용할 수 있다.

(4) 유도적인 질문 provocative question

어떤 생각을 유도하거나 청중과 소리 없는 토론을 시작하게 해주는 질문을 하는 것도 설교를 시작하는 좋은 방법이 된다. "왜 풀이 우리 집 정원이 아닌 차도에서 자라는 것일까요?" "여러분이 배우자를 사랑하지 않을 때 하나님은 무엇을 요구하실까요?" 해돈 로빈슨은 귀를 솔깃하게 만드는 여러 가지 질문을 제시한다: "직업 여성이 좋은 엄마가 될 수 있을까요? 여러분은 어떻게 생각하십니까? 성경은 어떻게 말하합니까?"[67] 단순하거나 복잡한 것에 상관없이 유도적 질문은 매력적으로 설교를 시작하게 해준다.

(5) 목록catalogue

설교의 중심 개념을 드러내줄 수 있도록 어떤 항목들이나 사상들이나 인물들을 분류 또는 열거하는 것이 표준적인 도입 형태이다. 『사운드 오브 뮤직』에서 아이들이 부르는 노래 "장미 꽃의 빗방울과 고양이들의 작은 수염, 밝은 구리빛 주전자와 따뜻한 벙어리 장갑…"은 삶을 견딜 만하게 해주는 단순한 것들을 열거한 것이다. 또 설교의 서두에서 재앙을 나열함으로써 신앙 없는 삶을 참을 수 없는 것으로 만드는 우리 존재의 불확실함을 나타내 보일 수도 있다. 루이스 스메디스Lewis Smedes는 예배에 참석한 사람들 중에 일상생활에서 초자연적인 희망을 필요로 하는 사람들을 묘사하면서 목록 도입과 공감을 불러일으키는 이야기를 결합한다:

> 남편과 아내가 신도석에 나란히 앉아서 경건한 모습으로 미소짓고 있지만, 이들은 서로 미워하고 있었다. 지루하고 무미건조한 일상에서 결혼 생활의 로맨스는 사라진 지 오래이다.
>
> 어떤 과부는 하나님의 섭리의 약속에 대해 '아멘'이라고 외치고 있지만, 인플레이션 때문에 자신의 예금이 위협을 받고 있어서 죽을 지경이다.

---

67) Robinson, *Biblical Preaching*, 163.

어느 성도는 교인들 사이에서 견실한 아버지의 모범이 되고 있지만, 사실은 자신이 아버지로서 실패했다는 사실을 사람들이 알게 될까봐 두려워하고 있다. 그는 약간 정신이 나간 아들의 이상야릇한 행동을 이해하기는커녕 참을 수 없기 때문이다.

앞좌석에 앉아 있는 젊은 여성은 매력적인 외모를 가지고 있지만, 유방암이라는 진단을 받고 완전히 얼어붙어 있다.

순종적인 어느 장로의 아내는 자신이 알코올 중독자라는 사실을 인정해야 한다는 사실 때문에 겁에 질려 있다.

평범한 사람들, 이들은 모두 자신이 살고 있는 각자의 처소에서 모인 사람들이다. 그들 모두가 자신이 처해 있는 곳에서 모든 것이 잘못되어 있다고 느끼고 있다. 그들에게 필요한 것은 자신의 삶이 옳다고 인정할 수 있는 신앙의 기적이다.[68]

(6) 다른 대안

흥미로운 인용문, 충격적인 통계수치, 현대적인 의미로 묘사한 성경의 이야기, 편지 내용의 발췌, 우화, 친숙하거나 함축적인 시, 구체적인 실례 등 많은 독창적인 것들이 설교의 도입으로 이용될 수 있다. 그러나 어느 것도 항상 효력을 발휘하지는 않으며, 어떤 것은 간혹 사용해야만 효과를 나타내기도 한다. 또 거의 모든 도입들은 설교자가 매주 도입 방법을 바꿀 때 가장 효과적이다.

---

68) Lewis B. Smedes, "Preaching to Ordinary People," Leadership 4,4(Fall 1983): 116.

(7) 주요 방해 요인

설교의 도입으로서 가장 비효율적인 유형임에도 불구하고 설교자들이 자주 사용하는 유형은 본문의 역사적・문학적 요약이다. 설교자들은 본문의 정황과 배경, 그리고 범위를 설명해야 하는 강해자로서의 의무를 수행하기 위해서 이런 도입을 제시한다. 물론 이런 개념들이 중요하지만 이것들을 도입에 포함시키는 것은 잘못된 일이다. 많은 교인들이 고대에 기록된 성경의 기록들이 현대 생활과 관련이 없다고 생각하면서 앉아 있는데, 이런 도입을 사용한다면 설교가 시작된 지 2분 안에 청중은 자신의 생각이 옳았다는 결론을 내리게 된다. 이 점과 관련해서 빌 호건Bill Hogan은 다음과 같이 기록한다:

> 평범한 청중의 머리에 처음으로 떠오르는 무언의(심지어 의식하지 못하는) 질문은 무엇인가? 아마 다음과 같은 질문일 것이다: 설교자가 말하려 하는 것이 주의해서 들을 가치가 있는 것일까? 가만히 앉아서 설교를 듣는 것은 힘든 일이다.…설교의 처음 몇 문장이 청중으로 하여금 계속 설교를 듣게 만들 것인가? 다음과 같은 말로 시작되는 설교를 상상해 보라: "이 어려운 구절에서 성경 기자는 오랫동안 망각되어온 모압 사람들의 관습을 언급하고 있습니다." 어렵다? 성경 기자? 오랫동안 망각되었다? 모압 사람들? 이 말을 들은 뒤에 설교를 계속 듣는 것보다는 오늘 있을 운동경기의 스타팅 멤버를 생각하는 것이 더 가치있다고 결론을 내리는 사람을 비난할 수 있는가?[69]

강해를 충실하게 하려면 본문에 대한 정보를 설명해야 한다. 하지만 설교자가 도입부에서 청중의 들으려는 마음을 차단하지 않고 끝까지 들을 수 있게 하지 않는다면 아무도 그 정보를 듣지 않을 것이다. 제이 아담스Jay Adams는 다음과

---

69) Hogan, "It Is My Pleasure," 1; cf. Jerry Vines, *A Practical Guide*, 139.

같이 단호하게 충고한다:

> 본문을 가지고 시작하지 말라; 베드로와 바울이 그랬던 것처럼 청중과 함께 시작하라. 청중이 성경의 내용을 받아들일 준비가 되었을 때, 그리고 청중이 그 내용을 알고 싶어할 만큼 충분히 자극받았을 때, 성경 본문을 다루라.[70]

만약 예언을 촉발하는 40년 동안의 이스라엘 역사, 문제가 되는 본문에 선행하는 바울의 논거, 또는 다윗의 인생에서 탄식을 멈추게 하는 사건들을 요약함으로써 설교를 시작해야 한다면 제대로 요약해야 한다. 설교자는 오늘날 교인들이 성경의 상황에 동화될 수 있도록 현대적인 용어로 상세하게 설명함으로써 이야기를 현대화해야 한다. 상황을 요약할 때 청중이 관심을 갖고 개인적인 흥미를 느낄 수 있도록 공감을 불러일으키는 이야기로 재현하라.

4. 도입부에서 주의할 점

1) "성경"의 도입부를 식별하라.

목사들은 성경의 도입부를 준비한 고대인들의 지혜를 배운 적이 없기 때문에 설교의 도입부에서 성취하려는 목적과 관련하여 많은 혼란을 일으킨다. 이런 혼란은 설교자가 청중으로 하여금 강해하려는 성경 본문에 주목하게 하려 할 때 시작된다.[71] 설교자는 "로마서 6장 15-23절을 찾으십시오"라고 말한 후에

---

70) Adams, *Truth Applied*, 71. Cf. Stott, *Between Two Worlds*, 245; Edward F. Markquart, *Quest for Better Preaching* (Minneapolis: Augsburg, 1985), 107.
71) 다음의 경우는 설교 직전에 성경을 읽는다고 가정하고 언급한 말이다. 그러나 설교 전에 성경봉독자가 성경 본문을 읽었어도, 설교자가 교인들로 하여금 성경 본문을

어떻게 해야 하는가? 교인들이 성경을 펴고 본문을 찾는 동안 설교자는 어색하게 침묵을 지키면서 서 있을 것인가? 아니면 교인들이 그 구절을 찾을 때까지 기다리지 않고 곧바로 읽어 내려가면서 성도들이 그 구절을 찾았을 때 이해할 수 있을 것이라고 생각하겠는가? 두 경우 중 어느 것도 정답은 아니다.

성경 본문을 언급한 즉시 설교자에게는 두 가지 의무가 주어진다. 첫째 의무(이것이 실제로 첫째 순서는 아니다)는 청중이 읽은 내용을 이해할 수 있도록 본문의 상황을 설명해 주는 것이다. 여기에는 (한두 문장으로) 간략하게 본문의 배경을 제시하고 생소한 단어를 설명해주는 것, 또는 다른 방법으로 청중이 본문에 주의를 기울일 수 있게 해주는 것이 포함된다. 둘째, 설교자는 말씀을 향한 갈망을 일으켜 주어야 한다(도표 9.2를 보라). 많은 사람들은 성경이 짙은 안개가 끼어서 항해하기 어려운 바다와 같다고 생각한다. 어떤 이들은 성경이 진부하고 케케묵은 진리들이 가득한 산이라고 생각한다. 그들은 그 진리들을 너무 자주 보아 왔기 때문에 새로운 것을 찾을 수 없을 것이라고 생각한다. 성경 읽기를 열망하는 사람들과 두려워하는 사람들, 그리고 성경에 냉담하거나 무감각한 사람들이 목사 앞에 앉아 있다. 목사는 이들을 모두 말씀 속으로 끌어들여야 한다.

따라오게 만든다면 이와 유사한 원칙이 적용된다.

도표 9.2

성경 도입의 예

말씀을 갈망하게 만듦　기독교인들은 용서하라는 그리스도의 명령을 분명히 인식하고 있다. 그들은 종종 자신이 용서하지 못한다는 사실 때문에 괴로워한다. 만일 여러분이 자신의 신랄함을 미워하는 것이 어떤 것인지 안다면…자신의 영혼에게서 그 독을 빼내기를 원한다면…이 구절이 도움이 될 것입니다.

간단히 맥락 연결짓기　마태복음 18장에서 예수님이 제자들에게 용서하지 않는 마음을 다루는 방법을 말씀하시므로, 여러분은 부끄러워할 필요가 없습니다. 만일 여러분이 제자들과 같은 인간이라면, 우리 모두가 알아야 할 것을 함께 읽어봅시다.

　설교학자들은 성경 봉독 전의 설교 단계를 선행-주제ante-theme라고 한다.[72] 이 단계에서 설교자는 설교에서 다룰 문제를 암시해줌으로써 메시지뿐만 아니라 성경 본문에 대한 관심을 불러일으킨다. 선행-주제는 청중으로 하여금 본문의 내용을 감지하고 관심을 가지게 함으로써 설교자와 함께 모험할 수 있게 만든다. 그래서 성경 도입이 네 문장이나 다섯 문장 이상이 되면 너무 길다고 보아야 한다. 즉 성경 도입은 설교 전체를 준비하는 것이 아니라 성경 본문을 읽기 전의 준비단계이기 때문이다.

　전통적으로 하나님의 조명을 구하는 기도를 성경 봉독 전에 해야 하는지 아니면 후에 해야 하는지 논쟁이 되고 있지만, 그보다는 봉독한 성경 내용을 청중이 이해했는가 하는 점이 더 중요하다. 만약 이런 기도를 원한다면, 메시지의 사상, 흐름, 목적 등에 가장 효과적인 위치에서 행하라. 이 순서에서는 여러 가지

---

[72] Thomas Chabham of Salisbury(fl. 1230)은 Summa de arte praedicandi에서 선행-주제(pro-theme, or ante-theme)의 사용에 대해서 처음으로 언급하였다.

변화가 가능하며, 모두 좋은 결과를 초래할 수 있을 것이다(그림 9.2를 보라).

성경 도입 부분에서 설교자가 지켜야 할 또 하나의 의무는 성경 본문을 한 번 더 언급해 주는 것인데, 이 의무는 쉽게 행할 수 있지만 쉽게 잊어 버리기도 한다. 설교자는 이전에 언급했던 성경 본문을 다시 언급할 때 청중이 어떻게 행할 것인지 예상해야 한다. 청중은 곁에 있는 사람에게 "목사님이 앞에서 어느 구절을 언급했지요?"라고 질문할 것이다. 능숙한 설교자는 인간의 본성을 잘 파악하고 있기 때문에 성경 본문을 두 번째 언급하면서 청중이 제기할 질문과 해답을 예상한다.

그림 9.2 설교를 효과적으로 시작하기 위한 일반적인 형식

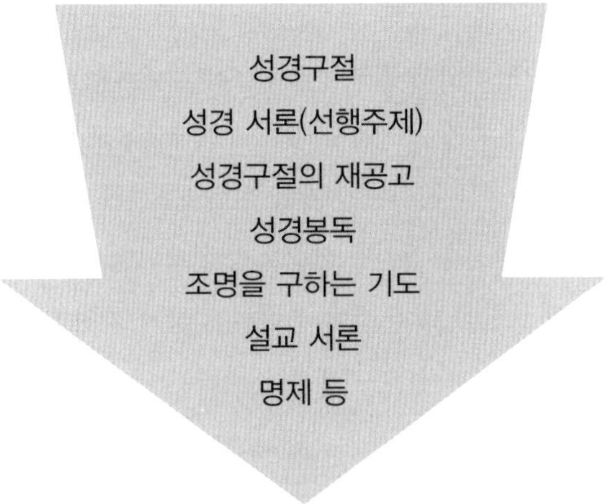

성경구절
성경 서론(선행주제)
성경구절의 재공고
성경봉독
조명을 구하는 기도
설교 서론
명제 등

조명을 구하는 기도는 성경봉독 전이나 성경 서론 전에 해도 상관없다

성경 도입을 제시함으로써 설교 시간에 읽어야 할 본문의 양을 줄여줄 수 있다. 설교자는 성경 도입(선행-주제)에서 본문의 이야기 부분을 요약함으로써 읽어야 할 성경 본문을 줄일 수 있고, 청중은 설교의 핵심이 되는 구절에 초점

을 맞출 수 있다. 설교자는 성경 본문 중에서 특별한 구절이나 주제에 대해 설교할 것이라고 밝힘으로써, 성경 서론에서 설교의 논점(목적)을 조금이나마 제시할 수 있다. 또한 강해자는 청중에게 성경 본문의 상황을 보다 넓게 설명해줌으로써 설교 주제 이외의 다른 문제를 무시하거나 뛰어넘는다는 인상을 주지 않을 수 있고, 동시에 메시지에서 다루게 될 좀 더 좁은 영역을 간단하게 먼저 정의할 수 있다.

2) "설교"의 도입을 작성하라.

(1) 간결해야 한다.

설교의 도입이 2-3문단(2-3분 정도의 시간)보다 길어지면 위험하다. "그가 식탁을 차리는 데 너무 오래 걸려서 나는 식욕을 잃었다"라는 말은 역사적으로 유명한 일부 설교자들에게 해당되는 말이요,[73] 오늘날 설교자들이 피해야 할 일이다. "만약 3분 안에 유맥을 찾아낼 수 없으면, 천공작업을 멈추어야 한다."[74]

(2) 초점이 있어야 한다.

도입은 종종 설교의 현관이라고 불리며, 설교자는 청중이 "현관 안에 또 다른 현관이 있는 것을 원하지 않는다"[75]는 사실을 명심해야 한다. 도입의 초점이 있어야 한다. 하나의 이야기에 다른 이야기를 끌어들이지 않도록 주의하라. 지나치게 상세한 내용이나 주제와 관련이 없는 설명은 제거하라. 청중이 메시지의 초점에서 벗어나지 않도록 해야 한다. 설교에서 강해할 본문 외에 다른 성경

---

73) Cf. Broadus, *Preparation and Delivery and Sermons*, 107; Robinson, *Biblical Preaching*, 165.
74) Vines, *A Practical Guide*, 139.
75) Broadus, *Preparation and Delivery of Sermons*, 105, 107; Vines, *A Practical Guide*, 139.

구절을 인용하는 것도 경고의 대상이 된다. 도입은 온갖 생각을 하나의 활주로로 유도해주는 지향성 비컨의 역할을 해야 한다.

(3) 객관적으로 제시하라.

오늘날은 대화식 연설의 시대이다. 설교에 매우 감동적이거나 논쟁적인 논평이 있다 해도, 그것이 훌륭한 도입 역할을 하는 것은 아니다. 청중이 생각을 가다듬기 시작하고 있을 때 감정적으로 고조되어 설교를 시작하는 설교자는 독주하기 쉽다. 신학자 로버트 대브니Robert Dabney는 청중의 입장을 무시하는 설교자들에게 다음과 같은 실질적인 충고를 해준다:

> 설교자는 청중의 생각을 자신이 원하는 곳으로 이끌어가야 하는 것처럼 그들의 감정을 점차 높은 차원으로 이끌어가야 한다. 처음부터 흥분된 감정을 나타내지 않도록 주의하라. 어느 설교학의 대가는 다음과 같이 경고하였다: "그[설교자]가 감정적으로 고조되어 있지만 그들[청중]은 냉랭할 때 설교자의 마음과 청중의 마음이 만나게 되면 감정적으로 조화보다 충격과 혐오감이 생길 수 있다." 설교자의 감정에 대해 청중은 지나친 침묵으로 대처한다. 설교자는 먼저 청중을 자신의 수준으로 끌어올려야 한다.[76]

불을 붙이려면 먼저 불쏘시개를 놓아야 한다.

(4) 구체적으로 제시하라.

광범위하게 일반화하거나 추상화시키면 청중은 즉시 흥미를 잃는다. "인생에서 목표가 중요하다"라는 말로 시작하는 설교를 누가 듣고 싶어하겠는가? 신

---

76) Robert L. Dabney, *Lectures on Sacred Rhetoric* (Carlisle, Pa. : Banner of Truth, 1979), 141.

학교에서는 먼저 일반적인 것을 이야기한 후에 구체적인 것으로 나아가야 한다고 가르친다. 그러나 가장 좋은 도입은 구체적인 것에서부터 시작한다.[77] 너무 분명한 진술(예를 들면 "어떤 사람들은 하나님이 단적이라고 생각합니다")로 시작하지 말고, 개인의 문제로 제시하라("내 친구는 자기가 지은 죄 때문에 하나님이 자기 아들을 암에 걸리게 하셨다고 말합니다"). 교과서적 원리(예를 들면 "하나님은 오직 믿음을 통해서 우리를 구원하십니다")를 제시하는 것으로 메시지를 시작하지 말고, 먼저 인간적인 관심사를 언급하라("여러분은 언제쯤 하나님 앞에서 완전히 선하게 될까요?").

(5) 전문가가 되라.

설교에 대한 신뢰와 교인들의 관심, 그리고 설교의 진행 과정 대부분이 설교의 첫 부분에 달려 있으므로, 도입을 잘 준비해야 한다.[78] 이 중요한 순간에 설교자가 말을 너무 많이 하거나 실수를 하지 않으려고 단순히 원고만 읽어 내려가는 것은 도움이 되지 않는다. 신뢰받는 설교자로서 효과적인 도입을 제시하려면 훌륭한 의사전달 능력뿐만 아니라 항상 청중에게 시선을 맞추는 것도 필요하다.

먼저 자신이 하려는 말을 확실하게 정의할 수 있도록 설교의 첫 문단을 작성하고 설교의 첫 문장을 암기함으로써 청중이 신뢰할 수 있게 해야 한다. 설교의 도입부를 언제 작성하는 것이 가장 좋은가에 대해서는 설교학자들마다 의견이 다르지만 대부분의 설교자들은 설교의 개요를 대충 작성한 후에 도입부를 쓰기 시작하고, 설교 준비를 진행하면서 그 내용을 구체적으로 첨가한다.[79] 도입부

---

77) Broadus, *Preparation and Delivery of Sermons*, 106.
78) Robinson, *Biblical Preaching*, 174-75.
79) Broadus, *On the Preparation and Delivery of Sermons*, 107; Hogan, "It Is My Pleasure," 2;

전체를 문자 그대로 암기하려고 노력할 필요가 없다. 도입부의 첫 문장 외에 나머지 부분은 전체적인 개념을 암기함으로써 자연스럽게 대화하듯이 전달되도록 하라. 그러나 도입부에서 전달하려는 내용과 그 흐름을 이끌어가야 하는 목적지를 명확하게 알고 있어야 한다. 목적이 분명할 때 침착하고 능력있게 전달할 수 있다.

준비를 충분히 하지 못했다고 느끼더라도, 그 사실을 직접 말하거나 암시하지 말고 메시지를 시작하라. 설교를 시작하면서 청중으로 하여금 설교자나 그의 메시지에 대해서, 혹은 인간의 약함을 넘어서서 활동하시는 성령의 잠재 능력에 대해서 선입견을 갖게 해서는 안 된다.[80] 어깨를 펴고 청중을 똑바로 쳐다보며, 숨을 돌리고 성령께서 설교자를 통해서 역사해주시기를 기도한 후에 그분의 역사하심과 말씀을 신뢰하면서 설교를 시작하라.

5. 결론의 목적

훌륭하게 작성된 설교에서 개념적인conceptual 강도와 감정적인emotional 강도가 어떻게 나타나는지를 그림으로 그려보면 그림 9.3과 같다. 사람들의 주의를 끄는 흥미로운 도입으로 시작된 메시지의 결론은 훨씬 더 강력해야 한다.[81] 청중은 메시지의 어느 부분보다 결론을 훨씬 더 쉽게 기억하므로,[82] 그리고 설교의

Adams, *Preaching with Purpose*, 64; Demaray, *An Introduction to Homiletics*, 76-77.

80) Broadus, *On the Preparation and Delivery of Sermons*, 104; Hogan, "It Is My Pleasure," 2; Demaray, *An Introduction to Homiletics*, 105.
81) Broadus, *On the Preparation and Delivery of Sermons*, 123.
82) 설교 중에서 청중이 가장 쉽게 기억하는 부분이 어디인지 "설교 요소의 기억 순위"에서 알아볼 수 있다:

구성 요소들이 모두 이 절정 부분을 위해서 준비된 것이므로, 결론은 메시지의 절정이라고 할 수 있다.

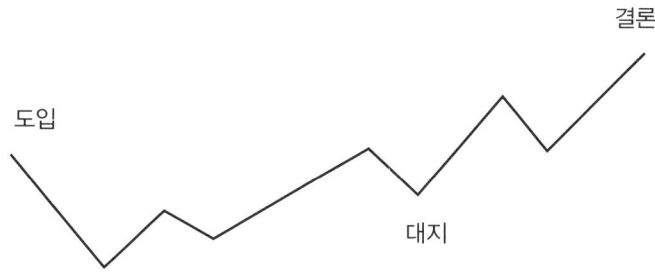

그림 9.3 설교의 강도 그래프

훌륭한 설교에서는 마지막 60초가 가장 역동적인 순간이다. 설교자는 마지막 몇 마디를 통해서 설교 전체의 사상과 감정을 마지막 권면으로 이끄는데, 이 권면이 앞에서 다룬 설교 내용을 분명하고 설득력 있게 만들어 준다. 결론은 설교의 목적지이다. 결론의 내용에는 긴장, 극적인 상태, 에너지, 감정 등이 가득하고 생생하게 살아 있어야 한다. 이것은 허풍이나 호언장담이 필요하다는 뜻이 아니다. 종종 강력한 사상과 심오한 감정이 가장 조용하고 성실한 말로 표현된다. 노련한 결론은 때로 천둥소리 같고, 어떤 때는 청중이 거의 들을 수 없을

  결론의 내용
  서론의 내용
  예화(특히 결론 부분이나 서론에서 제시했던)
  구체적인 적용(특히 청중이 강하게 동의했거나 부정했던)
  메시지의 기본 사상
  메시지 안에서 흥미로웠던 사상
  대지의 진술
  강해되었던 개념
이 순위가 무엇을 의미하는지 논의한 내용에 대해서는 저자의 *Using Illustrations to Preach with Power* (Grand Rapids: Zondervan, 1992), 151-52을 참고하라.

정도로 고요하지만 전류가 흐르는 것처럼 찌릿찌릿할 때도 있다. 그러나 가장 좋은 결론은 항상 마음속에 확실하게 새겨진다.

좋은 결론을 제시하려면 세심한 장인 정신이 필요하다. 캠벨 모건G. Campbell Morgan은 "결론은 마무리를 짓고 포함하고 배제해야 한다"라고 말했다.[83] 마무리를 짓는다는 것은 메시지를 끝내야 한다는 말이다. 마무리를 잘 지으려면 앞에서 말한 내용을 포함해야 하며, 메시지의 의미와 결과가 청중에게 전달되지 못하게 만들 수 있는 것들을 배제해야 한다. 이런 목적들을 성취하려면 결론은 다음과 같은 요소들을 포함해야 한다:

(1) 요점 정리(간결한 요약)

설교자는 청중에게 설교 전체의 핵심 사상을 간략하게 요약해 주어야 한다.[84] 설교자는 대지(설교의 대지 전체를 말하는 것이 아니다)의 핵심 용어들을 다시 말함으로써, 혹은 이 핵심 용어들을 최종적인 예화를 통해서 제시함으로써 설교의 중심 사상을 간단하게 요약할 수 있다. 설교자는 앞에서 설명한 내용을 상기시키는 것이지 설교를 다시 하는 것이 아니다. 결론의 요약 부분이 두세 문장 이상이라면 너무 길다고 보아야 한다. 결론을 한 문장으로 간결하게 요약하는 것이 가장 효과적이다. 결론에서의 요약은 소나타를 연주하는 것이 아니라 망치로 내리치는 것처럼 들려야 한다.

(2) 권면(마지막 적용)

앞에서 설교의 적용을 결론 부분으로 미루었다가 제시하는 것이 적합하지 않다는 사실을 확인했는데, 이것은 결론 부분에 적용이 없어야 한다는 뜻이 아니

---

83) G. Campbell Morgan, *Preaching* (Grand Rapids: Baker, 1974), 87.
84) Robinson, *Biblical Preaching*, 176; Demaray, *Introduction to Homelictics*, 95.

다. 설교자는 결론 부분에서 앞에서 제시한 사상을 상기시키고 감정을 고조시킨 후에 청중에게 메시지의 취지에 맞는 행동을 하도록 권면한다.[85] 일반적으로 설교자들은 효과를 극대화하기 위해서 결론 부분의 마지막 문장이나 그 앞의 문장에서 이 권면을 제시한다.

> 어떤 것을 "행하라", "가라," "믿으라"고 호소하는 것은 결론 부분에서 이루어진다. …결론의 목적은 단순히 설교를 끝내는 것이 아니다. 물론 결론에서 설교를 끝내지만, 결론의 주된 기능은 설교의 텔로스(*telos*, 목적)를 요약하고 활용하는 것이다. 청중은 결론을 가지고 돌아가는데, 그 결론이 항상 그들의 마음과 행동에 변화를 요구하게 된다. 그래서 결론은 강력해야 한다.[86]

설교자는 결론 부분에서 교인들에게 설교에서 제시한 원리나 개념에 입각하여 행동하라고 권면한다.[87] 따라서 결론의 주 목적은 동기부여이다. 일반적으로 결론에서 새로운 강해나 적용을 제시해서는 안 되며, 청중이 설교에서 구체적으로 명시한 명령을 따라 행동하려고 결심할 수 있게 만들어야 한다. 이것은 결론의 권면이 종종 대지에서 제시한 적용보다 더 광범위하다는 뜻이다. 이 마지막 도전(요구)을 통해서 청중은 설교에서 제시된 내용을 다시 생각해보고, 그 내용에 따라 행동하려고 결심하게 된다. 이 시간은 어떤 사건을 다시 설명하거나, 구체적인 사실을 새롭게 증명하는 시간이 아니다. 청중에게 지평을 보

---

85) Stott, *Between Two Worlds*, 246-53.

86) Adams, *Preaching with Purpose*, 69.

87) Cf. Broadus, *On the Preparation and Delivery of Sermons*, 125; Demaray, *Introduction to Homiletics*, 95; Larsen, *Anatomy of Preaching*, 124-25; Robinson, *Biblical Preaching*, 167.

여주고, 그들의 마음을 감동시키며, 의지를 자극하라.[88] 과거 현명한 설교자들은 "청중의 마음이나 뜻을 자극하지 못하는 설교는 설교가 아니다"라고 가르쳤다.[89] 이것은 지금도 현명한 조언이다: 이렇게 최고의 효과를 얻기 위해서 노력하지 않는 설교자는 영향력을 발휘하지 못할 것이다.

(3) 상승(절정)

결론 부분에서 설교의 사상과 감정이 절정에 도달해야 하고 가장 개인적으로 진술되어야 한다. 이러한 요소들은 메시지가 매우 의미있고 중요하며 감동적인 문제를 고려하는 데 도달했음을 가리킨다. 만약 마지막에서 설교자의 태도와 메시지의 내용이 이와 같은 중요성을 지적해주지 못한다면, 그 설교는 실패하게 될 것이다. 브로더스Broadus는 다음과 같이 기록한다. "사상이나 표현, 혹은 태도에서 약함을 나타내는 설교자는 청중을 깊은 곳으로 인도하기는커녕 이제까지 박아온 사상의 못을 뽑아버리는 결과를 초래한다. 결론 부분이 직접 청중의 의지를 자극하든지 마음에 호소하든지 간에 뜨거운 열정과 감명 깊은 사상, 그리고 힘 있는 표현은 필요한 도구들이다."[90] 만약 당신이 감동을 느끼지 못한다면, 다른 사람이 감동 받을 것이라고 기대하지 말라. 결론에 이르기 전에 힘이 소진되어 설교를 약하게 마치는 것이 고귀하게 보일지 모르겠지만, 그럴 경우 설교자가 신중하지 못하거나 용기가 없는 것처럼 보일 수도 있다.

(4) 결말(확실한 끝맺음)

설교의 첫 문장처럼 마지막 문장 역시 의미심장하다는 인상을 주어야 한

---

88) Stott, *Between Two Worlds*, 247-48.
89) Broadus, *On the Preparation and Delivery of Sermons*, 210.
90) 앞의 책, 126.

다.[91] 마지막 문장의 구조가 설교 전체를 농축하는 준비된 사상과 전문성을 증명해주어야 한다. 마지막 문장의 표현이 일주일 내내 청중의 머리 속에서 울려 퍼질 수 있을 정도로 감명적이어야 한다. 이런 기대를 충족시키려면 설교자는 분명하고 목적이 있고 예리한 결말을 계획해야 한다. 생스터Sangster는 다음과 같이 권면한다:

> 설교를 끝낼 때가 되었으면 멈추라. 수영하는 사람이 지쳤음에도 불구하고 해변가로 나오지 않으면 물 속에서 허우적거리는 것처럼 끝내야 할 지점을 찾아 돌아다니는 일이 없어야 한다. 곧바로 들어가서 즉시 끝내라. 마지막 구절이 분명하게 기억될 수 있는 것이라면 더할 나위 없이 좋겠지만, 그런 구절을 찾아 헤매서는 안 된다. 찰스 웨슬리가 평생 갈망했던 것을 설교에 담으라: 설교가 끝날 때 그 과정도 함께 끝내라.[92]

생스터의 조언은 비록 설교학의 이상에 맞지 않더라도 활기차게 끝나는 결론이 훌륭한 결론임을 상기시켜 준다.

6. 결론의 유형

도입에서와 마찬가지로 결론에 사용되는 방법도 다양하지만[93] 주로 사용되는 결론의 유형은 두 가지이다: 장엄체grand style와 공감을 불러일으키는 이야기

---

91) Demaray, *Introduction to Homiletics*, 101; Broadus, *On the Preparation and Delivery of Sermons*, 107, 126.

92) W. E. Sangster, *The Craft of Sermon Construction* (Grand Rapids: Baker, 1972), 150.

93) 앞의 도입의 유형 항목에서 논의한 "다른 대안들"을 참고하라. Cf. Larsen, *Anatomy of Preaching*, 123-27.

human-interest account. 장엄체의 결론에서 설교자는 메시지가 절정에 이르렀음을 나타내기 위해서 표현 방식과 단어 선택을 강화한다. 요약, 마지막 권면, 그리고 결말 등에서 고양된 언어를 사용함으로써 설교를 힘있게 만들고 설교의 요점을 전달한다. 또 이 유형은 설교자로 하여금 효과적인 결론에 필요한 강력함을 표현하기 위해 전달 기술과 어휘 선택에 의존하면서 직접적으로 메시지의 핵심을 진술하게 해준다. 초보 설교자들은 이 직접적인 방법이 호소력이 있음을 발견하겠지만, 그들에게는 이 방법을 성공시키는 데 필요한 강력한 표현의 자유와 확신이 부족한 경우가 많다. 경험을 통해서 장엄체를 효과적으로 사용하는 기술과 직관력이 배양되겠지만, 효과적인 결론에 필요한 절정 의식은 공감을 불러일으키는 이야기를 통한 초기 훈련 단계에서 유용하게 쓰일 수 있다.[94]

이 장 앞 부분과 제7장에서 언급된 이유들 때문에 공감을 불러일으키는 이야기는 설교의 어떤 구성 요소보다도 청중을 사로잡는 데 있어서 효과적이다. 결론을 짓기 위해서 선택한 이야기가 사람들의 주의를 끌 뿐만 아니라 설교의 주제에도 맞다면, 설교자는 청중의 마음을 집중시키고 그들의 의지에 동기를 부여할 기회를 갖게 된다. 설교의 내용에 부합하지 않는 이야기를 가지고 청중의 감정을 조종하려는 것은 설교의 폐해 중에서도 가장 좋지 않은 것이다. 이 가장 중요한 단계에서 영원한 진리와 관련하여 청중의 마음를 사로잡고 의지를 자극하고 정신을 자극하며 영혼을 고양시키지 못하는 것은 큰 죄이다.[95] 정직한 감정을 끌어내고 진정한 느낌을 불러일으키며 적절한 확신을 야기시키기 위해서 공감을 불러일으키는 이야기를 사용하는 설교자는 설득하고 권하고 장려하라는 성경의 명령을 따른다.[96] 결론에서는 감정을 꾸며내지 말아야 하며, 또 감정

---

94) Demaray, *Introduction to Homiletics*, 97.

95) 앞의 책, 103.

96) Adams, *Preaching with Purpose*, 69.

을 피하지 말아야 한다.

7. 결론에서 주의할 점

시와 인용문. 세 개의 요점과 한 편의 시로 이루어진 판에 박힌 듯한 설교는 문학 작품 감상에 인색한 이 시대에는 거의 설득력이 없다. 현대인들은 어려운 단어, 동떨어진 언급, 도도한 연설을 그리 좋아하지 않는다.[97] 설교자가 시(또는 찬송)를 인용해서 결론을 맺는 것은 다른 사람에게 마지막 결론을 이야기하고 있는 꼴이 될 뿐이며,[98] 현란한 표현은 현대인의 관심을 끊어버리는 역할을 한다. 만약 시구가 당신이 의도하는 것을 정확하게 대변하지 못하고 당신보다 더 잘 표현하지 못하며 심금을 울리지 못한다면, 당신 스스로의 문장을 만드는 편이 좋다. 그러나 만일 자신의 설교에 알맞은 인용문을 사용한다면 되도록 짧게 인용하고, 그 구절을 인용하기 전에 그 내용이 어떤 의미를 갖고 있는지 설명하고, 핵심 사상을 강조하면서 말하라. 또 청중에게 확신을 주고 설득하는 중요한 순간에 그들을 똑바로 쳐다보지 않고 고개를 떨군 채 분명하지 않은 말을 단호하게 읽어 내려가는 것도 죄라는 사실을 기억하라. 그러므로 결론은 암기하여 마음에서 우러나 감동적으로 전해야 한다.

경쾌한 분위기. 경쾌한 분위기로 마치려고 노력해야 한다. 죄를 깨닫게 하는 암울한 메시지도 희망의 빛으로 끝내야 한다. 만약 성경이 교인들과의 언쟁에 휘말리라고 요구하면, 그렇게 하라. 그러나 거기서 포기해서는 안 된다. 청중을

---

97) 앞의 책, 66-67.
98) Larsen, *Anatomy of Preaching*, 127; David Butterick, *Homiletic: Moves and Structures* (Philadelphia: Fortress, 1987), 105.

낙심하고 절망한 상태, 혹은 자신의 상황이나 죄 때문에 비관하는 상태에 버려두는 설교자는 설교에 실패한 것이다.[99] 복음은 "좋은 소식"임을 기억해야 한다. 설교의 결론은 청중에게 도전하면서 기운을 북돋아 주는 것이어야 한다. 클로비스 채플Clovis Chapell은 다음과 같이 주장하였다: "설교자는 교인들을 펑크 난 타이어 같은 상태로 집에 보낼 수 있는 권리를 가지고 있지 않다. 교인들을 낙담하게 하는 설교는 악한 설교이다. … 설교자에게 있어서 낙담한 교인은 자산이 아닌 부채이다."[100]

실망스러운 결말, 용두사미. 실망스런 결말의 원인을 피함으로써 절정 상태를 유지하라. 설교자가 청중의 감정을 충분히 고조시키고 메시지의 요점을 충분히 강조했으며 청중에게 행동을 촉구한 후에 다시 연설을 시작한다면, 청중은 실망하거나 화를 낼 것이다. 언젠가 윌리엄 제닝스 브라이언William Jennings Bryan의 어머니가 그에게 "너는 설교를 끝낼 수 있는 좋은 기회를 여러 번 놓쳤다"라고 꾸짖었다고 한다.[101] 하나의 메시지에 하나의 결론이 있을 때 가장 효과적이다.

이중 결론을 피하는 하나의 방법은 마지막 대지의 예화를 대지 설명의 앞부분으로 옮기는 것이다(특히 결론에서 공감을 불러일으키는 이야기를 제시해야 하는 경우). 이렇게 하면 마지막 대지의 예화가 역동적이라고 하더라도, 결론의 감정과 사상을 침범하지는 못할 것이다. 필립스 브룩스Phillips Brooks는 이런 혼란을 피하기 위해서 세 번째 대지를 메시지의 결론으로 사용하곤 하였다.

설교의 절정 이후에 두세 문장을 추가하는 것 역시 메시지 전체의 힘을 빼앗는 실망스런 결론이다. 반면에 절정에 이르기 전에 메시지를 끝내는 것은 갑작

---

99) Larsen, *Anatomy of Preaching*, 129.
100) Demaray, *Introduction to Homiletics*, 100.
101) Vines, *Practical Guide to Sermon Preparation*, 145.

스런 중단처럼 보이거나 설교 준비를 잘하지 못한 것처럼 보이게 만든다.[102] 갑작스런 중단이 인상적으로 작용하여 유익한 효과를 줄 수도 있지만, 표현할 말이 없어서 갑자기 멈추는 것은 정당화될 수 없다.[103]

결론이 절정에 이르기 전에 설교 내용을 요약해 주는 것도 실망스런 절정을 피하는 방법이다.[104] 결론이 절정에 이른 후에 설교를 요약해야 한다면, 간결하게 하라. 너무 길게 요약하거나 앞에서 다루지 않은 문제를 새롭게 설명할 경우 설교의 절정에 달하는 힘을 방해하게 될 것이다. 사람들이 경청하고 동기를 부여받는 방식에 대한 이해는 결론에서 새로운 설명을 도입하는 것에 대해 강력하게 경고해준다. 결론에 새로운 논거를 도입하거나 설교 도중에 잊어버렸던 요지를 결론을 제시한 후에 기도하면서 제시하는 것 역시 설교의 결말을 무디게 만드는 확실한 방법이다.[105]

수사학적 질문. 설교자들은 종종 청중으로 하여금 심사숙고하도록 질문으로 설교를 끝낸다. 안타깝게도 설교의 마지막에 제시되는 질문 역시 설교의 메시지를 공중에 사라져 없어지게 하는 경향이 있다. 설교자들이 수사학적 질문으로 결론을 맺는 것은 청중으로 하여금 설교에서 논의된 문제를 보다 깊이 숙고해 보도록 하기 위해서이다. 그런데 포괄적인 질문은(예를 들어 "여러분은 어떻게 생각하십니까?") 결론의 힘을 약화시킨다. 만약 이런 질문을 사용하려 한다면, 청중이 생각하기를 바라는 것을 구체적으로 제시하라.[106] 수사학적 질문은 설

---

102) Demaray, *Introduction to Homiletics*, 99.
103) Robinson, *Biblical Preaching*, 176, 181.
104) Broadus, *On the Preparation and Delivery of Sermons*, 127.
105) Demaray, *Introduction to Homiletics*, 99; Robinson, *Biblical Preaching*, 169-70.
106) 나는 형식적인 수사학적 표현이 이 범주에 포함되지 않는다고 생각한다. 이런 질문은 해답이 이미 주어진 것이지만, 진정한 수사학적 질문에는 해답이 없기 때문이다. Jay Adams는 수사학적인 질문을 "다발성 질문"의 결론(한 가지 요소를 상세하게 설명하기 위해서 모아들인 여러 가지 질문)으로 수정할 것을 제안하였다(*Preaching*

교자가 적합한 결론을 생각해내지 못했다는 증거일 수 있다.

정리와 바깥 접장. 결론을 맺는 가장 전문적인 방법은 도입 부분(또는 설교의 앞부분)에서 언급했던 문제(혹은 앞에서 언급했던 부분들)를 다시 언급하는 것이다.[107] 앞에서 꺼낸 이야기를 완료하거나 앞의 사상을 되풀이하거나 앞의 예화에서 나왔던 인물이나 사건을 언급하거나 인상적인 구절을 반복해서 말하거나 긴장을 해소하거나 서두에서 제시했던 문제를 언급하는 것 등 여러 가지 방법을 통해서 자신이 시작한 설교를 끝맺을 수 있다. 이렇게 설교를 요약해서 정리하는 것은[108] 메시지를 포장하는 느낌을 줄 수 있으므로 설교를 기술적으로 성실하게, 그리고 심사숙고하며 준비했다는 느낌을 줄 수 있다.

준비와 전문성. (2-3문단 이상이 되지 않는) 간결하고 초점이 있고 예리하게 끝맺는 결론은 전문성을 드러내준다. 결론은 항상 열정적인 연설이어야 할 필요는 없지만 효과적이고 강력해야 한다.[109] 결론의 마지막 문장은 특별히 준비해야 한다. 강력한 표현—메시지의 요점을 나타내는 구절이나 감동적으로 인용한 성구, 혹은 간결하고 분명한 문장—이 양질의 설교의 특징이다.[110] 그래서 결론의 마지막 문장을 신중하게 준비해야 한다.

설교학자들은 설교의 결론을 준비하는 시기에 대해서 견해를 달리한다.[111] 이상주의자들은 설교를 준비할 때 목적이 분명하고 명확하려면 결론을 가장 먼

---

with Purpose, 68을 보라).

107) Larsen, *The Anatomy of Preaching*, 127.

108) "순환 종결"(circular closure)은 문학, 수사학, 그리고 음악 분야에서 사용되는 예술적 기법이다.

109) Broadus, *On the Preparation and Delivery of Sermons*, 128.

110) Brain L. Harbour, "Concluding the Sermon," in *A Handbook of Contemporary Preaching*, ed. Michael Duduit (Nashville: Broadman, 1992), 221-22.

111) Cf. Broadus, *On the Preparation and Delivery of Sermons*, 123; Stott, *Between Two Worlds*, 243.

저 작성해야 한다고 주장한다. 반면에 현실주의자들은 설교가 메시지의 구체적인 내용들을 분명히 반영하려면 설교 형태가 갖추어진 후에 결론을 준비해야 한다고 주장한다. 현실주의자들은 종종 결론이 성령께서 설교의 사상을 이끌어가시는 방향에 영향을 미치지 말아야 한다고 주장한다. 그러나 또 다른 부류의 현실주의자들은 설교 과정에서 나중에 작성할 결론을 위한 사상이나 에너지가 거의 남아있지 않다고 인정할 것을 요구한다. 규칙적으로 설교하는 사람들은 결론을 작성하는 시기와 관련하여 반드시 지켜야 할 엄격한 원칙이 있을 수 없다고 이해한다. 때로 설교를 준비하는 과정에서 갑자기 결론이 생각날 수 있고, 설교를 작성하기 전에 생각날 수 있고, 어떤 때는 설교를 작성한 후에도 오랫동안 결론이 생각나지 않아 고민해야 할 때도 있다. 가장 안정된 방법은 설교를 작성하기 전에 초안을 잡아놓고, 메시지를 구체적으로 작성해 나가면서 그 내용과 일치하도록 결론을 수정하는 것일 것이다.

그러나 결론의 작성 시기와는 상관없이, 뛰어난 설교자들은 결론을 작성하는 데 시간이 필요하다는 사실에 동의한다. 많은 설교자들이 결론 작성을 미루다가 설교 본문을 준비하는 데서 지쳐버리기 때문에 결론 준비의 필요성은 아무리 강조해도 지나치지 않다. 결과적으로 이러한 설교자들은 설교에서 가장 큰 영향을 줄 수 있는 부분을 즉흥적으로 제시하려는(성령의 감화에 맡긴다고 합리화하려는) 유혹을 받는다. 라센Larsen은 학생들에게 설교를 준비하는 데 허락된 시간의 3분의 2를 메시지의 마지막 부분(3분의 1)을 작성하는 데 사용하라고 권하였다.[112] 이런 시간 배정에 동의하지 않을 수도 있지만, 설교 중에서 가장 큰 영적 잠재력을 가지고 있는 부분에 가장 적은 시간을 투자하는 것은 이치에 맞지 않음을 인정해야 한다.

---

112) Larsen, *The Anatomy of Preaching*, 121.

설교의 결론임을 알리지 말라. 설교의 결론에 도달했음을 발표하지 않는 것이 가장 좋다.113) 설교자의 태도와 사상을 통해서 절정 부분이라는 사실을 알려야 한다. 설교자가 "마지막으로…" 혹은 "결론적으로…"라고 말하는 것은 청중에게 이제 설교자를 보지 말고 시계를 쳐다보라고 이야기하는 것과 같다. 물론 청중이 이제까지 설교에 관심을 갖고 있지 않았다면, 마지막이라는 사실을 분명하게 발표하는 것이 모든 것을 포기한 채 눈을 감고 있는 사람들의 시선을 들어올리려는 마지막 필사의 노력으로 작용할 수 있을 것이다. "마지막으로…"라고 말했으면 실제로 끝내라. 끝을 맺지 않는 결론처럼 청중을 실망시키는 것도 없다. 화이트White는 다음과 같이 꾸짖었다:

> 어느 사도는 "마지막으로 형제들이여…"라고 말한 뒤에도 두 장 이상을 계속 할 수 있을 것이다. 그러나 여러분은 그렇게 해서는 안 된다. 어느 영국인 교구 목사가 농부에게 부목사가 설교하는 날에만 교회에 오는 이유를 물었더니 농부는 이렇게 대답했다: "젊은 스미스 목사는 '결론적으로'라고 말하면 바로 끝을 맺습니다. 그러나 목사님은 '마지막으로'라고 말한 뒤에도 계속 설교합니다."114)

8. 이행부의 목적

도입부는 메시지를 소개한다. 본론 안에는 설명과 예화와 적용이 있고, 결론

---

113) Vines, *A Practical Guide to Sermon Preparation*, 144; Demaray, *Introduction to Homiletics*, 100; Robinson, *Biblical Preaching*, 171.

114) R. E. O. White, *A Guide to Preachers* (Grand Rapids: Eerdmans, 1973), 111; cf. Robinson, *Biblical Preaching*, 171.

은 메시지 전체를 포함한다. 각각의 구성 요소들이 개별적으로 매우 중요한 기능을 행한다. 그러나 각 요소들이 분리되어 있는 설교는 마치 각 요소들을 기워 연결한 패치워크patchwork처럼 느껴질 것이며, 연결한 이음매가 너무 두드러져서 전체적인 형태가 모호해질 것이다. 각 요소들을 꿰매줄 것이 필요한데, 이행부가 그 역할을 한다.

이행부는 원시정보raw information를 거의 포함하지 않지만 메시지 사상의 흐름과 전개 과정에 도움을 주고 설교 전체의 모양새를 좋게 함으로써 크게 기여한다. 솜씨 좋은 이행부는 평범한 메시지와 탁월한 설교를 구분해주는 표식이 된다.[115] 설교자는 이행부를 이용해서 설교의 도입부와 본론의 관계, 본론의 각 부분들의 관계, 결론과 앞부분의 관계 등을 증명한다.[116] 이런 관계들은 주로 논리적인 연결 관계이지만 심리적이거나 감정적인 관계, 또는 심미적인 관계일 수도 있다. 훌륭한 이행부는 개념적인 리듬과 감정적인 리듬을 조화시켜 설교 전체의 흐름을 자연스럽게 해준다.

이행부는 설교의 구성 요소들을 하나로 묶어줄 뿐만 아니라 청중에게 그 전개 과정과 방향을 알려준다. 그러나 이행부의 기능이 단순히 나아갈 방향만을 지적해 주는 것은 아니다. 이행부는 현재 제시된 문제를 앞에서 논의된 내용과 연결해 주어야 한다. 청중이 설교의 개요를 볼 수 없으므로 이행부가 청중에게 주요 사상과 보조 사상이 무엇인지, 그리고 그것들이 어떻게 연결되어 있는지 알려줄 것이다. 예를 들어 설명의 요약은 예증으로의 도입이 되며, 예증의 요약은 적용의 도입이 된다. 또 이 두 가지 요약은 원래의 대지 진술을 강력하게 반영한다(그림 9.4을 보라).

---

115) Broadus, *On the Preparation and Delivery of Sermons*, 120.
116) Robinson, *Biblical Preaching*, 131.

그림 9.4 이중 나선형 이행부 투시도

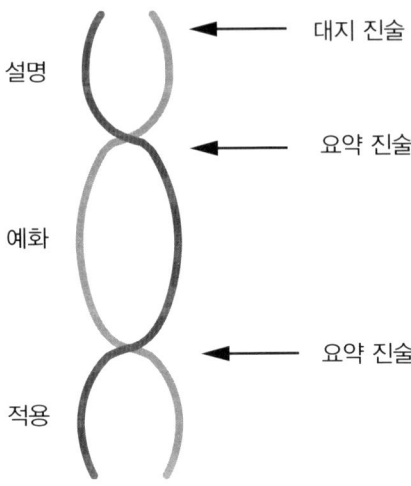

설교자들은 여러 가지 사상을 구분하기 위해서 이행부를 사용하기도 한다. 설교자가 대지를 제시한 직후의 문장에서 소지를 진술하면(혹은 논지 뒤에 곧바로 첫 번째 대지를 진술하면), 청중은 주요 사상이 무엇인지 식별할 수 없게 된다. 즉 두 번째 진술이 새로운 사상인지, 아니면 단순히 첫 번째 진술을 다른 방법으로 설명한 것인지 분간하지 못할 것이다. 설교자들은 그런 혼동을 막기 위해서 제스처와 말투를 최대한 이용할 수 있지만, 한두 문장 정도의 이행부를 사용해서 대지와 소지를 구분하면 이런 문제를 피할 수 있을 것이다.

언젠가 내 아내가 어떤 목사의 설교에 대해서 "그분이 말한 것은 모두 진실이지만, 그것들이 어떻게 연결되어 있는지 알 수 없었다"라고 말하였다. 이미 언급했던 것을 검토하고 앞으로 다룰 것을 미리 검토하며, 현재의 문제를 전체적인 주제와 연결짓고 여러 가지 사상들이 어떤 관련이 있는지 설명하기 위해서 이행부를 사용해야 한다는 사실을 기억하는 설교자들은 내 아내의 이런 비판을 듣지 않을 것이다. 청중과 소통의 필요성을 의식하는 설교자는 중요한 연결 지점에 이를 때마다 설교의 주제와 연결짓는다.

9. 이행부의 유형

전후 사상을 연결해주는 진술. "이것뿐만 아니라not only…저것도but also…"라는 표현은 이행부의 기본 형태이다. 이것은 앞의 설교 내용을 포함하면서 이후에 제시될 설교 내용을 지적할 뿐만 아니라 두 가지 내용을 결합해준다.

이행부의 본질은 여러 가지 형태로 표현될 수 있다. "만약 이것이 진실이라면, 다음과 같은 의미를 함축한다", "우리가 다음과 같은 사실을 생각해 보지 않는 한 이 사실을 완벽하게 이해했다고 할 수 없다." 이밖에도 많은 변형된 형태의 표현으로 "이것뿐만 아니라 저것도"not-only-but-also의 개념을 표현할 수 있다. 즉 앞의 내용을 요약하는 핵심 용어를 찾아낸 뒤에 다음에 제시될 사상을 암시하기 위해서 그 용어를 약간 다른 형태로 바꿔서 반복함으로써 같은 목적을 성취할 수 있다.[117]

"이것뿐만 아니라 저것도"not-only-but-also의 변형은 매우 다양하다. "다음은"next이라는 단어만으로도 청중은 어떤 것이 이미 지나갔고 다른 것이 뒤따라온다는 사실을 알게 된다. 그 외에 다른 접속사들('그러나, 그러므로, 결과적으로, 아직은' 등)도 같은 기능으로 사용될 수 있다.[118] 짧은 일련의 문장도 동일한 기능을 발휘할 수 있다. 다음과 같은 짧은 문단이 앞의 내용과 뒤의 내용을

---

[117] 본서 7장의 "분류 진술"(grouping statement)에서 비슷한 표현의 예를 찾아볼 수 있다. 예를 들어 "우리가 신앙을 갖지 않고서는 하나님을 대할 수 없듯이, 신뢰 없이는 다른 사람을 대할 수 없다."

[118] George E. Sweazy, *Preaching the Good News* (Englewood Cliffs, N. J.: Prentice Hall, 1976), 78.

어떻게 연결시키고 있는지 살펴 보라:

> 이제까지 이 본문이 하나님의 사랑을 어떻게 표현하고 있는지 살펴 보았습니다. 그러나 하나님이 선의를 가지고 계시다는 것을 알았다고 해서 그 분을 신뢰할 수는 없습니다. 선한 의도가 항상 좋은 결과로 나타나는 것은 아니기 때문입니다. 그래서 바울 사도는 계속 하나님의 주권을 증명합니다. 하나님은 우리에게 좋은 것을 주시기를 바라시며, 이 바람을 성취하십니다. 하나님은 주권자이시기 때문에 우리는 그분의 사랑을 믿을 수 있습니다.

위에서 볼 수 있듯이 앞의 내용과 뒤의 내용을 연결하는 것이 이행부의 기본 목적이다.[119]

대화체 질문. 설교자가 토론을 유도하는 질문을 함으로써 설교가 계속될 것을 나타낼 수 있다. 청중의 마음에서 작용하고 있는 질문을 파악하여 표현하는 것은 강력한 수사학적 도구이다. 설교자가 청중의 입장에서 시작하는 대화를 통해서, 청중은 설교자가 자기들의 생각을 존중하고 있으며 메시지를 계속 따라가면 의문점이 해결될 것이라고 확신하게 된다.[120]

이렇게 청중을 개입시키면서 그들로 하여금 설교의 전개 과정에 관심을 갖게 만드는 질문에는 다음과 같은 것들이 있다: "이 방법이 효과가 없으면, 어떤 방법이 좋겠습니까?"; "하나님이 이것을 위해서 세우신 계획은 무엇입니까?"; "다음에 어떤 내용이 와야 할까요?" "이 구절은 무슨 뜻입니까?" 혹은 "이 구

---

[119] 만약 설교자가 이제까지의 설교 내용을 적절하게 요약해서 다음 내용의 도입으로 사용한다면, 이 두 내용 사이의 교점들 역시 이행부의 역할을 할 수 있다는 사실을 기억하라(본서 제7장과 제8장의 논의를 참고하라).

[120] Larsen은 예수님의 가르침에 100여 개의 질문이 포함되어 있음을 강조한다(*The Anatomy of Preaching*, 154).

절이 무엇을 의미하는지 어떻게 알 수 있을까요?"라고 질문함으로써 청중으로 하여금 설교자와 함께 설명에 몰입하게 만들라. "이 사실을 여러분의 경험을 통해서 좀 더 분명하게 이해할 수 있습니까?"라고 질문하면서 예화를 소개할 수도 있다. 청중은 "이 진리를 생활 속에서 어떻게 적용할 수 있을까요?"라는 질문에 싫증을 느끼지 않는다.

청중을 설교 안으로 끌어들이는 질문은 그 대답이 분명하기만 하면 메시지에 대한 흥미를 불러일으킬 수 있다. 논지를 제시한 뒤에 가장 중요한 질문을 던지고 그 질문에 대한 대답을 대지로 삼는 것도 메시지를 시작하는 효과적인 방법이다.[121] 그러나 이런 질문을 제기한 뒤, 또는 설교의 전반부에서 대화를 멈춰서는 안 된다. 냉담한 청중이라도 다음과 같은 질문에는 대답을 듣고 싶어할 것이다: "모든 것이 실패했을 때, 우리가 할 수 있는 일은 무엇일까요?" "하나님은 그가 죄인이라는 사실을 잊어버리셨을까요…하나님은 왜 그를 선택하셨을까요?" "사랑하는 사람의 눈에 나타난 고독을 어떻게 직시할 수 있을까요?" 소지를 제시하기 위해서 이런 질문을 사용하는 것은 역동성을 이용해서 설교 전체에 힘을 실어줄 수 있다.[122]

번호 붙이기와 목록. 각각의 사상에 번호를 붙이는 것에서는 예술적인 효과를 거의 느낄 수 없다. 그러나 설교 내용을 첫째, 둘째, 그리고 셋째라는 번호를 사용해서 나열하면 각 단계마다 청중의 주의를 집중시킬 수 있다. 그러나 설교 내용을 백과사전식으로 나열한다면 청중이 설교 개요를 파악할 수 없음을 기억해야 한다. 소지에까지 번호를 붙여 열거하는 것은 설교자가 일반적인 대화 방법

---

121) 설교 전체의 주제를 대답으로 삼을 수 있는 질문은 논지를 대신해서 사용할 수도 있다. 대지를 제시하기 위해서 이런 질문을 사용하는 것에 대해서는 본서 제6장을 참고하라.
122) 본서 제6장에서 설명한 소지를 참고하라.

을 알지 못하고 있음을 드러내준다. 각각의 대지 및 이에 따르는 소지에 "첫째" 혹은 "둘째"라고 번호를 붙이는 것은 청중에게 큰 혼란을 줄 수 있다. 이는 청중이 설교 과정에서 첫째라는 언급이 몇 번이나 등장할 것인지 분류해야 하기 때문이다. 앞에서 첫째나 둘째라는 말을 하지 않았다면, "셋째로…"라고 말하지 말아야 한다.[123]

마지막으로 주의할 점은 설교 내내 번호만 붙이는 것은 매우 딱딱하고 현학적인 전개 방식임을 기억하라. 사상이 특별히 명쾌하게 제시되어야 하지 않는 한 이와는 다른 형태의 이행부를 사용하는 것이 더 효과적일 것이다.

그림 그리기. 주도적인 이미지가 설교 개요의 기초를 이룰 때 설교자는 그 이미지의 다른 면을 언급하는 것으로 이행부를 대신할 수 있다. "동전의 뒷면은…"이라는 말은 청중의 마음속에 이미지를 이끌어 내어 설교자가 정반대의 사상을 말하려 한다는 사실을 알게 해준다. 물론 사상의 전개 과정을 표현하기 위해서 설교가 훨씬 더 복잡한 이미지들 위에 세워질 수 있다(예를 들어 "하나님은 우리 구원의 건축가이시기 때문에 우리를 위해서 그의 사랑을 계획하실 뿐만 아니라, 하나님을 향한 우리의 사랑도 계획하십니다"). 독립된 예화가 설교의 각 사상이 어떻게 연결되어 있는지 나타낼 수 있다면, 그 이야기 안에서 이 관계성과 이미지를 가지고 이행부를 제시할 수도 있다.

게시판과 가지. 중요하면서도 자주 무시되어온 이행부의 영역은 메시지의 도입부와 본론 사이의 영역이다. 이 부분에서 노련한 설교자들은 도입부에서 제기된 문제를 어떻게 다룰지 게시판을 사용해서 넌지시 알리곤 한다. 게시판은 대지의 내용(대체로 핵심 단어를 사용한다)을 명확하게 정리해서 순서대로 제시하는 것이다(예를 들어 "하나님과의 관계를 확실히 하기 위해서 여러분은 예수

---

[123] Cf. Sweazey, *Preaching the Good News*, 78.

님의 사랑이 죄나 현실, 그리고 사탄보다 더 크다는 사실을 믿어야 합니다").

설교의 게시판은 메시지의 방향과 조직을 설명하기 위해서 보통 논지 바로 앞이나 뒤에서 제시된다(때로 논지에 포함되기도 한다). 게시판은 청중이 설교의 개요에 집중할 수 있게 해주고, 게시판이 지시하는 길을 따라가게 해준다. 그러므로 청중이 이 길을 따라가지 못하면 당황하고 좌절하게 될 것이다. 설교가 계속되는 동안 게시판의 핵심 내용을 반복해서 말해줌으로써 청중이 궤도에서 벗어나지 않게 할 수 있고, 결론 부분에서는 설교 전체를 요약하는 방법도 될 수 있다.

설교가 계속되는 동안, 즉 설교자들이 특정한 대지 안에서 소지를 미리 알려줄 때, 혹은 다른 부수적인 사상의 전개를 암시할 때 작은 게시판을 사용할 수 있다. 게시판을 사용하는 자연스러운 방법은 대지를 진술할 때 접속사를 이용하는 것이다. "하나님이 편견 없이 사랑하라고 명하셨기 때문에 우리는 사랑하는 사람은 물론 원수까지도 모두 사랑해야 합니다"라고 말한다면, 설교자는 이미 "나는 먼저 사랑하는 사람을 사랑하는 것에 대해서 이야기하고, 그 다음에 원수를 사랑하는 것에 대해서 이야기할 것입니다"라고 말한 셈이 된다. 이렇게 대지를 진술할 때 사용한 접속사는 설교 사상의 가지branches들을 의미한다. 만약 이런 가지들을 사용하지 않으려 한다면, 대지를 진술할 때 접속사를 사용하지 말아야 한다.

게시판과 가지들은 다음에 제시한 전통적인 수사학적 가르침 중에서도 첫 번째 의무와 마지막 의무를 능률적으로 감당할 수 있도록 도와줄 것이다:

1. 무엇을 이야기할 것인지 말하라.
2. 이야기할 것을 말하라.
3. 이미 말한 것을 말하라.

이 격언은 고대의 것이지만 과거나 현재의 설교학자들은 게시판이나 가지들을 통해서 설교할 내용을 미리 알려 주는 것이 현명한 일인지 의문을 제기해 왔다.[124] 게시판을 사용하려고 결정했다면 그것이 메시지를 너무 모나고 직선적으로, 혹은 반–절정적으로 만드는 것은 아닌지, 그리고 시간을 너무 의식한 것은 아닌지 곰곰이 생각해야 한다. 만약 설교자가 긴장감을 조성하고 반어적인 표현을 사용하려 한다면, 요소를 미리 예고하는 것은 좋은 방법이 아니다. 그러나 사상의 연속 과정이 복잡하고 전개 과정이 길거나, 관심을 자극하고 유지시키기가 어려운 곳에서, 그리고 요지들 사이의 관계를 넓은 관점에서 분명하게 볼 수 있는 곳에서는 게시판 형식의 이행부를 사용함으로써 설교를 더 잘 이끌어갈 수 있다.

10. 궁극적인 척도

이 장에서 도입과 결론, 이행부 등이 가지고 있는 기능과 유형들을 모두 살펴볼 수는 없었다. 다만 기본적인 원칙, 그리고 그밖에 대안이 되는 원칙을 설명하려고 노력했을 뿐이다. 예외적이면서도 적절한 방법이 그 외에도 많으며, 또 이렇게 변형된 형태가 많이 필요하다. 그러므로 설교자들은 이런 원칙만 따를 것이 아니라 각자의 목적에 따라서 이런 원칙을 변형시킬 수도 있다는 사실을 기억해야 한다.

또 어떤 설교 기술도 성령의 역사를 대신할 수는 없다는 사실을 기억해야 한다. 설교의 성공 여부를 가늠할 수 있는 궁극적인 척도는 서론이 훌륭하고 결론

---

124) Cf. Broadus, *On the Preparation and Delivery of Sermons*, 118; Buttrick, *Homiletic*, 85; Sweazey, *Preaching the Good News*, 73-74, 78.

이 힘이 있거나 이행부가 자연스러운 것에 있는 것이 아니라, 사람을 변화시킬 수 있는 진리를 잘 전달했는가에 달려 있다. 성령께서 목적을 이루기 위해 인간의 능력을 넘어서서 역사하실 때 설교는 성공한다. 그러나 오만한 종은 겉만 번지르르하게 치장한 뒤에 주인의 축복을 기대함으로써 주인의 선하심을 이용하려 할 것이다. 우리의 설교를 능력 있는 것으로 만들기 위해서 성령을 의지할 뿐만 아니라 그분을 영화롭게 하기 위해서 설교할 때 가장 훌륭한 설교를 할 수 있다.

: 복습과 토론을 위한 질문 :

1. 설교 도입부의 주요 목적 네 가지는 무엇인가?
2. 도입부의 주요한 다섯 가지 유형은 무엇인가? 가장 일반적이면서도 비효율적인 도입부의 유형 두 가지는 무엇인가?
3. 설교의 도입부와 성경의 도입부의 차이점은 무엇인가?
4. 설교의 도입부에서 논지를 준비해야 하는 두 가지 방법은 무엇인가?
5. 설교의 결론의 주요 목적 네 가지는 무엇인가?
6. 결론의 주요한 유형 두 가지는 무엇인가?
7. 이행부의 가장 기본적인 형태는 무엇인가?

: 연습 문제 :

1. 앞에서 딤후 4:1-5; 고후 6:14~7:1; 또는 살전 4:13-18을 본문으로 삼아 작성한 개요의 메시지나 다른 메시지를 위한 설교 도입부를 작성하라. (메시지가 도입부로부터 나왔다는 사실을 확실히 하기 위해서 논지를 작성해 보라.)
2. 위에서 작성한 도입부에 다음과 같은 구성 요소들이 있는지 확인해보라: 흥미를 유발시키는 것; 주제 소개; FCF 진술; FCF를 개인적으로 제시하는 것; 성경과 결합시킨 것; 그리고 논지에서 사용할 용어를 준비하는 것 (그림 9.1을 참고하라).
3. 딤후 4:1-5; 고후 6:14~7:1; 살전 4:13-18을 토대로 작성한 메시지, 또는 다른 메시지의 결론을 작성하라. 자신이 작성한 결론 안에 간결한 요약, 절정, 마지막 훈계, 그리고 명백한 결말이 있는지 확인해 보라.

제3편

그리스도 중심 메시지의 신학

제10장
구속적인 설교 방법

1. FCF 재검토

강해설교의 전개가 FCF를 명확하게 제시하는 것에 의존하는 이유는 무엇인가?[1] 이에 대한 확실한 대답은 설교의 구조와 관련이 있다. FCF를 분명하게 제시하면 설교가 분명한 목표를 가지게 되므로 설교자는 한 가지 목적에 중점을 두고 설교를 조직할 수 있다. FCF는 설교 안의 정보를 겨냥할 뿐만 아니라, 설교자로 하여금 특정 본문이 뒷받침하는 알맞은 적용을 이끌어낼 수 있게 해준다. 그러나 이런 일반적인 설교 목적 외에 본문의 FCF를 지향하는 설교를 준비하는 데는 신학적인 이유들이 있다.

1) FCF 설정

FCF를 설교의 기초로 삼는 신학적인 근거는 모든 성경적 설교의 시금석이라고 할 수 있는 디모데후서 3장 16-17절에서 찾아볼 수 있다. 앞에서 살펴본 것처럼(본서 제2장을 보라) "모든 성경은 하나님의 감동으로 된 것으로…하나님

---

[1] FCF에 대한 정의와 설명에 대해서는 본서 제2장을 보라.

의 사람으로 온전하게 하며 모든 선한 일을 행할 능력을 갖추게 하려 함이라"는 이 말씀은 아무리 재능이 있고 선한 사람이라도 하나님의 계시가 없으면 영적으로는 불완전하다는 뜻이다(골 3:9-10 참조). 하나님은 우리를 우리 자신의 힘으로는 불가능한 존재로 만들기 위해서 말씀을 사용하신다. 이런 의미에서 하나님의 말씀은 구속 사역의 도구로 작용한다. 성경의 목표는 우리로 하여금 하나님의 영광을 반영하고 그 안에서 즐거워하도록 하기 위해 타락한 상태에서 영적으로 온전한 상태로 회복시키는 것이다. 우리는 타락한 세상에서 타락한 존재로 살고 있기 때문에 구속 사역이 필요하다. 단순히 구원 사역의 시작을 위해서가 아니라 지속적인 성화와 소망을 위해 이 구속 사역이 필요하다(롬 15:4). 예수님은 "나를 떠나서는 너희가 아무 것도 할 수 없음이라"고 말씀하셨다(요 15:5). 따라서 모든 성경(그리고 강해설교에서 제시하는 영적 진리)은 하나님의 섭리를 필요로 하며 그 섭리를 나타내는 우리의 타락한 상태에 초점을 둔다. 하나님을 영화롭게 하는 목적에 충실한 설교는 본문에서 지적하는 FCF를 명시하며, 본문에 계시된 은혜를 도구로 우리의 타락한 측면을 언급한다.

앞에서 논했듯이 설교자는 다음과 같은 세 가지 질문을 함으로써 강해설교의 FCF를 결정한다: (1) 본문이 말하는 것은 무엇인가? (2) 이 문맥에서 본문이 언급하는 관심사는 무엇인가? (3) 본문에서 염두에 두고 있는 사람들과 현재 청중의 공통점은 무엇인가? 강해설교자들은 성경이 기록될 당시의 상황과 현대인들이 공유하는 타락한 상태를 확인한 후에 설교 준비를 시작한다. 이 전제는 하나님이 성경을 원래의 목적과 오늘날의 용도에 기여하도록 의도하셨다는 이해에서 나온 것이다.[2] 이 두 목적은 별개의 것이 아니다. 원래의 목적은 본문의 성경적 진리들이 언급하는 인간 상태의 공통 측면을 강조함으로써 오늘날의 용

---

2) Sidney Greidanus, *The Modern Preacher and the Ancient Text: Interpreting and Preaching Biblical Literature* (Grand Rapids: Eerdmans, 1988), 166.

도를 드러내준다.

성경은 성경적으로 우리에게 의미있는 것을 결정하는 것이 오늘날의 목적에 적용할 수 있는 원래의 FCF를 확인하는 데 달려있다고 가르쳐준다. 그래서 바울은 고린도 교인들에게 구약성경 구절을 사용하여 다음과 같이 썼다.

> 모세의 율법에 곡식을 밟아 떠는 소에게 망을 씌우지 말라 기록하였으니 하나님께서 어찌 소들을 위하여 염려하심이냐 오로지 우리를 위하여 말씀하심이 아니냐 과연 우리를 위하여 기록된 것이니 밭 가는 자는 소망을 가지고 갈며 곡식 떠는 자는 함께 얻을 소망을 가지고 떠는 것이라 우리가 너희에게 신령한 것을 뿌렸은즉 너희의 육적인 것을 거두기로 과하다 하겠느냐(고전 9:9-11).

모세는 자신의 상황을 위해서 이 글을 기록했지만, 바울은 이 본문이 쓰인 원래의 관심사(즉 하나님의 백성은 무분별한 욕심 때문에 소에게서 그 수고의 산물을 빼앗는 일이 없어야 한다)에 대한 적절한 이해가 후대에 하나님의 백성에게도 의미가 있다고 인정했다.

바울은 여러 번 이런 방법으로 구약을 사용했다. 그는 고린도전서 10장에서 비슷한 시험을 받는 신약 시대 신자들에게 특정 행동을 명하기 위해 고대 이스라엘 백성이 시험에 굴복했을 때 그들에게 임한 참상을 임시적으로 언급한다:

> 이러한 일은 우리의 본보기가 되어 우리로 하여금 그들이 악을 즐겨 한 것 같이 즐겨 하는 자가 되지 않게 하려 함이니 그들 가운데 어떤 사람들과 같이 너희는 우상 숭배하는 자가 되지 말라…그들 중의 어떤 사람들이 음행하다가 하루에 이만 삼천 명이 죽었나니 우리는 그들과 같이 음행하지 말자 그들 가운데 어떤 사람들이 주를 시험하다가 뱀에게 멸망하였나니 우

리는 그들과 같이 시험하지 말자 그들 가운데 어떤 사람들이 원망하다가 멸망시키는 자에게 멸망하였나니 너희는 그들과 같이 원망하지 말라 그들에게 일어난 이런 일은 본보기가 되고 또한 말세를 만난 우리를 깨우치기 위하여 기록되었느니라(고전 10:6-11).

천년 전에 기록된 본문의 의도가 바울의 마음속에서, 그리고 성령의 계획 안에서 초대교회 성도들을 위한 분명한 지침을 제공했다.

그러나 원래의 목적들은 단순히 행동에 관한 교훈을 제공하는 데 그친 것이 아니라 믿음을 가리키는 이정표 역할을 했다.[3] 바울은 행위에 의해 구원받을 수 있다고 믿으려는 사람들에게 "그에게(즉 아브라함에게) 의로 여기셨다 기록된 것은 아브라함만 위한 것이 아니요 의로 여기심을 받을 우리도 위함이니 곧 예수 우리 주를 죽은 자 가운데서 살리신 이를 믿는 자니라"(롬 4:23-24)고 편지했다. 바울은 원래 성경 본문에서 언급한 관심사를 확인하는 것이 그 진리를 현재 믿음과 행위에 적용할 수 있는 열쇠가 된다고 생각했다.

모든 성경 구절은 (하나님의 섭리로 믿음과 실천에 영향을 주는) 우리의 타락한 상태의 특정 측면을 언급함으로써 하나님께 영광을 돌리기 위해 기록되었다. 하나의 본문은 이 타락한 상태를 경고, 교정, 진단, 또는 치유함으로써 하나님의 백성으로 하여금 하나님을 영화롭게 하고 본문이 기록될 당시의 원래 상황 및 현재의 상황에서 하나님의 은혜를 알 수 있게 하려는 하나님의 방편을 드러내준다. 성경의 영적 의도의 기본이 되는 이러한 깨달음은 본서 앞부분에서 논의된 우선순위들을 강조한다:

1. FCF를 결정하지 못했다면 비록 본문에 대한 여러 가지 사실들을 알고 있

---

[3] Westminster Confession of Faith, 7.5, 8.6. 19.3.

다고 해도 본문이 무엇에 대해 말하는지 이해했다고 할 수 없다.
2. 설교하려는 본문에서 성령이 언급하시려는 FCF가 무엇인지 결정하지 못했다면 그 본문으로 설교하지 말아야 한다.

강해설교자는 본문의 의미를 정확하게 설명하기 전에 먼저 "이 본문을 감화한 영감의 배후에 있는 FCF는 무엇인가?"라고 질문해야 한다. 또 본문을 정확하게 강해하려면 성령이 의도하고 있는 표적이 무엇인지 결정해야 한다. 그래서 원래 성경을 기록하게 만든 인물들과 설교자의 청중이 공통적으로 필요로 하는 것이 무엇인지 이해하는 것이 강해설교의 전제조건이 된다.

2) 설교에 FCF를 도입함

이 책에서 제시한 강해설교 방법을 통해서 여러분은 FCF를 자신의 강해설교에 도입할 준비를 갖추었다고 할 수 있다. 설교의 구성 요소들은 FCF의 원리를 뒷받침하도록 전개된다. 모든 설교의 통합된 주제는 본문의 진리가 FCF를 어떻게 다루고 있는가이다. 메시지의 도입부에서는 성경 시대의 상황에서 본문의 진리가 감화된 이유 및 그것이 현 상황에서 필요한 이유를 드러냄으로써 FCF를 확인한다. 설교자가 이 FCF의 관점에서 본문의 진리를 어떻게 제시할 것인지 정식으로 언급하는 것이 설교의 논지인데, 이 논지 역시 도입부에서 준비된다.

공식적으로 진술되든지 간략된 형태로 진술되든지 논지의 구조는 FCF에 기초를 둔 전개를 뒷받침한다. 설교자는 논지를 통해서 본문의 진리를 어떻게 적용할 것인지 설명하는데, 이것은 본문을 강해한 결과로서 어떤 일이 반드시 이루어질 것이라는 이해를 보장한다. 이런 이해는 메시지의 목표인 바 청중으로 하여금 수동적으로 정보를 습득하는 것이 아닌 변화를 이루게 해준다. 그러한 목표는 인간의 불완전함을 적극적으로 언급해야 함을 지적해준다. 죄악되고 타락한 세상은 추상적인 원리가 아니며 철학적 고찰을 위한 신학적 환상이 아니다. 타락은 치유해주는 성경의 연고와 교정을 받지 않을 경우 우리 영혼을 좀먹고 상하게 만들 일상적인 현실이다.

설교의 본문에서는 성경의 연고를 삶에 적용하는 방법, 그리고 우리의 영적 건강을 위해서 하나님이 어떤 양생법을 요구하시는지 설명한다. 본문의 대지는 논지에서 제시된 원리들을 뒷받침하고 숙고하기 위해서 작성된 것으로서 설교자의 권면을 위한 성경적 지렛대 역할을 하는 정보를 제공한다. 설명과 예화는 본문의 의미를 밝히고 증명하며, 또 이 의미를 논리적이고 현실적인 것으로 만들어서 설교의 적용을 보다 쉽게 이해하고 실천하게 해준다. 설교의 결론에서는 마음과 정신을 마지막 권면에 집중시킴으로써 그 문제를 납득시키며, 그리하여 청중으로 하여금 자신의 타락한 상황에서 설교에서 설명한 성경의 지침을 따라 행동하게 만든다.

2. 구속의 신호 해독하기

지금까지는 부정적인 것, 즉 본문의 원래의 표적과 현재의 표적이 공유하는 문제에 초점을 두고 설교를 전개하는 것을 강조해왔다. 그러나 긍정적인 것도 필요하고 또 기꺼이 받아들여야 한다. 모든 성경이 우리의 타락한 상태의 어느 측면을 드러내는 이유는 무엇인가? 대답은 분명하다: 성경 안에 있는 구속적 요소의 특성을 보증함으로써 우리로 하여금 그것을 자신의 타락상에 적용하도록 하기 위해서이다. 성경의 궁극적인 목표는 매우 긍정적이다. 성경은 우리의 불완전성에 대해서 말하는데, 이는 그렇게 함으로써 우리를 온전하게 하시는 하나님의 사역을 동시에 표현할 수 있기 때문이다. 강해설교의 목표는 이런 구속의 암호를 해독함으로써 청중이 하나님을 영화롭게 하는 복음적인 상황에서 본문의 의미를 완벽하게 이해하게 하는 데 있다.

1) 설교에서의 반(反)-기독교적인 메시지

만약 하나의 본문 안에서 구속적 목적을 밝혀 내지 못한다면, 설교자의 말이 모두 옳아도 전적으로 잘못된 설교가 될 수 있다. 나는 매일 아침 이런 잘못된 설교를 "명상"이라는 이름의 시청률 높은 라디오 방송 프로그램에서 듣곤 한다. 설교자는 매일 아침 한두 절의 성경 구절을 가지고 한 가지 주제에 대해서 설교한다. 주제는 미루는 버릇에서부터 자녀양육이나 직장에서의 성실함까지 매우 전반적이다. 이 프로그램에서는 설교자가 말할 때 반향음을 넣어 마치 그의 말이 시내 산에서 직접 들려오는 것처럼 느끼게 만든다. 따라서 거기에 주목하지 않는 것 자체가 죄처럼 보인다. 설교자가 시간 엄수, 훌륭한 자녀양육, 사업상의 예절 등을 지키라고 상기시킬 때면 많은 신자들이 고개를 끄덕이면서 한목소리로 "맞아…그렇게 살아야 해"라고 말하는 모습이 상상된다.

나는 그 설교자의 명상 프로그램을 녹음해서 신학생들에게 들려주고 이 설교에서 잘못된 점을 찾아보라고 한 적이 있었는데, 아무도 문제점을 발견해 내지 못했다. 설교자는 성경 본문을 정확하게 인용하고, 도덕적으로 정당한 주장을 내세웠으며, 사랑으로 행동하라고 권고했다. 내가 그 설교자가 기독교인이 아니라는 사실을 지적하면 학생들은 놀라곤 한다. 그는 그 지역에서 활동하는 사교 집단의 일원이었다.

어떻게 이런 일이 일어날 수 있을까? 어떻게 많은 기독교인들이(기독교적 지식이 풍부한 신학생들까지) 근본적으로 반-기독교적인 헌신을 권하는 사람에게 그처럼 쉽게 동의할 수 있을까? 어떤 사람은 라디오 설교자가 논란의 여지가 있는 내용을 말하지 않기 때문이라고 말한다. 그럴 듯한 훈계를 하면서 정통이라는 베일 아래 자신의 이단성을 숨기고 있다고 주장한다. 그러나 이들 역시 문제를 잘못 생각하고 있다. 라디오 설교자는 자신의 이단성을 숨기지 않았다. 그는 말하는 순간마다 자신의 이단성을 드러내고 있었다. 보다 큰 문제는 고의적이진 않지만 복음주의 설교자들이 이와 유사한 메시지를 자주 제공하기 때문에 기독교인들이 성경적이라고 주장하는 메시지와 실제로 성경적인 메시지의 차이를 구분하지 못한다는 사실이다.

설교자가 성경이 요구하는 행동을 제시했어도 단순히 도덕과 동정심만 옹호하는 메시지는 반-기독교적인 것이다. 그러한 메시지는 인간이 죄인이므로 아무리 훌륭한 행동도 하나님 앞에서는 타락한 행동일 수밖에 없다는 사실을 무시하고(사 64:6; 눅 17:10), 우리를 순종하게 하시고 용납하시는 하나님의 은혜를 무시함으로써(고전 15:10; 엡 2:8-9) 기독교의 메시지를 뒤엎는다. 기독교 설교자들은 종종 자신이 택한 본문에서 구체적으로 언급된 행위에 대해 이야기하는 데 그치기 때문에 자신의 설교가 미치는 반복음적 영향을 인식하지 못한다. 그러나 무의식중에라도 우리의 행위를 통해 하나님께 받아들여질 수 있다고 가르치는 메시지는 신자들을 복음에서 멀어지게 만든다. 도덕적인 격언과 윤리적 행동을 옹호하는 데에는 성경적 설교에 필요한 조건들이 결여되어 있다.[4] 제이 아담스Jay Adams는 다음과 같이 설명한다:

> 만약 당신이 유대교인이나 유니테리안주의자가 받아들일 수 있는 설교를 한다면, 그것은 근본적으로 잘못된 설교이다. 진정으로 기독교적인 설교는 독특해야 한다. 설교를 독특하게 만들어 주는 것은 설교 전체에 구원하시고 성화시켜주시는 그리스도가 현존하는 것이다. 당신이 전하는 설교의 중심에 예수 그리스도가 있어야 한다. 이것은 복음적인 설교와 교화적

---

4) Michael Fabaraz, *Preaching That Changes Lives* (Nashville: Thomas Nelson, 2002), 112-14.

인 설교 모두에 적용된다.…교화적인 설교는 항상 복음적이어야 한다. 그것이 설교를 도덕주의적이 아니라 도덕적으로 만들어주며, 또 그것은 회당이나 이슬람교 사원, 혹은 유니테리안 회중이 받아들이지 못하는 이유이다. 여기서 복음적이란 설교의 주제에 그리스도의 죽음과 부활-그의 대속과 죽음, 몸의 부활-의 의미가 분명하게 나타나야 한다는 뜻이다. 청중이 성경에서 요구하는 모든 것을 자력으로 행할 수 있다는 듯이 그것들을 행하라고 권면해서는 안 된다. 청중은 십자가의 구원하는 능력과 성령 안에 나타나신 그리스도의 내주하시며 거룩하게 하시는 능력, 행하게 하시는 능력의 결과로서 성경이 요구하는 것들을 행할 수 있다. 교화적인 설교가 기독교적인 설교가 되려면 구원과 성화 안에 있는 하나님의 은혜를 충분히 고려해야 한다.[5]

성경의 명령을 원문대로 정확하게 논의하는 것이 정통적인 기독교 설교라고 할 수 없다. 설교자가 선한 의도와 성경적 증거를 가지고 옹호하는 행동이라도 구세주의 사역과 상관없이 도덕적인 행동을 권하는 것은 바리새주의이다. 비록 신자들을 신적인 것을 향하도록 고취한다고 해도 개인적인 행위에 기초를 둔 영성은 인간 중심의 궤도를 벗어날 수 없다.

2) 설교를 위한 성경신학

그렇다면 어떻게 강해설교자가 본문과 관련이 없는 사상을 덧붙이지 않고서 모든 설교에 구속적인 요소(즉 그리스도 중심성)를 주입할 수 있을까? 구약성경의 많은 구절은 그리스도의 "대속적 죽음과 육체의 부활"을 명시적으로 언급하지 않는다. 신약성경에도 십자가, 성령, 혹은 하나님의 은혜 등을 언급하지

---

5) Jay Adams, *Preaching with Purpose: A Comprehensive Textbook on Biblical Preaching* (Grand Rapids: Baker, 1982), 147.

않은 채 도덕적인 행위를 권하는 구절이 많다. 설교자가 본문에서 언급하지 않는 듯한 것을 꺼내어 강해할 수 있을까? 그 대답은 앞에서 제시한 격언에서 찾을 수 있다: 상황(정황)은 본문의 일부이다.

성경에서 다른 본문이나 성경의 전체적인 메시지와 완전히 분리되어 존재하는 본문은 존재하지 않는다. 역사적-문법적인 해석 방법이 본문을 상황에 근거해서 연구하듯이, 신학적인 해석이 올바른 것이 되려면 현재의 본문이 성경의 보다 광범위한 메시지 안에서 어떤 기능을 하는지 식별해야 한다. 성경 본문 중에서 어떤 의미는 해석상의 돋보기를 사용하고 본문의 항목들을 세심하게 연구함으로써 식별할 수 있다. 반면에 어떤 의미는 신학적인 어안렌즈를 사용하여 본문들과의 관계, 그리고 그 본문의 메시지와 역사, 전개 과정이 다른 본문과 어떤 관련이 있는지 살펴봄으로써 식별할 수 있다. 용의주도한 강해자는 이 두 가지 렌즈(해석상의 돋보기와 신학적인 어안렌즈)를 모두 사용한다. 돋보기는 빗방울의 신비를 밝혀낼 수 있지만 지평선에 모여드는 먹구름을 볼 수 없기 때문이다.

성경의 세부 사항들을 하나로 통합하는 대단히 중요한 주제에 비추어 성경을 연구하는 학문을 성경신학이라고 한다. 성경 본문을 주석하려는 설교자에게 있어서 성경주석의 다른 요소들이 중요하듯이 성경신학의 통찰들도 매우 중요하다. 성경신학을 비롯한 해석적 학문의 모든 차원은 설교자로 하여금 특별한 구절의 의미를 성경의 복음적 메시지와 일치하는 방법으로 전할 수 있게 해주는 데 두어야 한다.

게할더스 보스Geerhardus Vos는 성경신학에 관한 중요한 책의 서문에서 설교가 순조롭게 진행될 수 있게 해주는 핵심 요소들을 요약한다. 그는 "계시는 하나님의 활동과 관련이 있는 행위를 의미하는 명사이다"[6]라는 간단한 논평으로 서문을 시작한다. 성경의 모든 계시는 하나님을 드러낸다. 모든 성경 구절은 각기 어느 지점에서 하나님의 본성과 역사를 가리킨다. 하나님은 하나님이시기 때문에 우리가 그분에 대해서 알아야 할 것을 모두 포함하고 있는 성경 구절이나 본문, 그리고 책은 있을 수 없다. 만일 하나님이 신앙의 조상들에게 자신에 대한 모든 것을 계시해 주셨다면, 하나님이 자신에 대해 계시해주시는 모든 것을 받아들이기 위해 필요한 신학적 배경이나 성경적 준비를 취하지 못했을 것이다. 이런 까닭에 하나님의 계시는 성경의 역사를 통해서 점진적으로 진행되어왔다. 이 말은 초기의 계시가 어떤 의미에서든지 하나님의 궁극적인 계시와 다르다거나 모순된다는 뜻이 아니다. 보스Vos는 다음과 같이 말한다: "점진적인 과정은 유기적이다. 계시는 씨앗의 형태로 존재하는데 완전히 자란 후에는 서로 다르게 보일지 모르겠지만 실제로는 결코 다르지 않다. 이는 진리의 초기 형태를 이해하려면 그 이후의 형태를 이해해야 하기 때문이며, 이것은 역으로도 성립된다."[7] 하나님은 자신이 누구인지에 대한 포괄적인 이해를 위해 각각의 구절이나 기록된 사건, 그리고 성경 역사의 각 시대 등 모든 것을 사용하신다. 하나님의 계시의 한 측면이 성경의 어느 부분에서 완전히 펼쳐지지 않는다고 해도 진리가 씨앗의 형태로 존재하지 않는다는 의미는 아니다.

우리는 하나님이 행하신 일을 통해서만 그분이 누구인지 이해할 수 있다. 보스Vos는 "계시는 구속의 행위와 뗄 수 없이 연결되어 있으며…계시는 구속에 대한 해석이다"[8]라고 기록하였다. 이것은 특정 성경 구절의 계시를 설명하기 위해서는 그 구절에 나타난 하나님의 구속 사역을 설명해야 한다는 뜻이다. 어떤

---

6) Geerhardus Vos, *Biblical Theology* (Grand Rapids: Eerdmans, 1975), 5.
7) 앞의 책, 7.
8) 앞의 책, 5, 6.

성경 구절에서는 구속적인 특징이 씨앗의 형태로만 나타나기 때문에 구속적인 요소가 지배적이지 않은 것처럼 보일 수도 있다. 그러나 계시를 적절하게 설명하려면, 그 구절이 지닌 구속적인 내용과 정황을 이해해야 한다.

본문의 의미를 완전하고 바르게 해석하려면 본문에 나타난 구속적인 측면이 씨앗의 형태일지라도 그것이 나타내는 완전한 메시지와 연결해야 한다. 만약 설교자가 어떤 방법으로든지 도토리를 떡갈나무와 연결하지 않는다면, 도토리에 관련된 것을 많이 이야기하면서도 그것이 도토리라는 사실을 말하지 않는 것과 같다(예를 들어 그것은 갈색이며, 뚜껑이 있고, 땅에서 찾을 수 있고, 다람쥐들이 주로 모아들인다). 마찬가지로 만약 설교자가 계시에 관한 것을 많이 이야기했어도 그것을 하나님의 구속 사역과 직접 연결하지 못했다면, 성경의 계시를 적절하게 설명했다고 할 수 없다. 왜냐하면 모든 성경은 궁극적으로 하나님의 구속 사역을 드러내려는 목적과 취지를 가지고 있기 때문이다.[9] 어떤 의미에서 성경 전체가 그리스도 중심이다. 왜냐하면 성육신적, 대속적, 중보적, 통치적 측면에서 그리스도의 구속 사역은 자기 백성을 다루는 것에 대한 하나님의 모든 계시들 중 최고의 것이기 때문이다.

---

9) 성경 저자들(최소한 성령)이 다양한 관점에서 도덕적인 의무나 교리의 설명, 역사적인 사건, 혹은 예배의 교훈을 설명하기 위해서 쓴 구절도 있음을 부정해서는 안 된다. 그러나 강해자들은 어떤 구절에서도 하나님의 모든 약속에 대해서 아멘이라고 답하신 분, 하나님의 모든 목적에 있어서 알파와 오메가가 되시는 분, 하나님의 모든 사역에 있어서 시작과 마지막이 되시는 분, 성경의 모든 의무를 성취하는 데 있어서 처음이자 마지막 수단이 되시는 분을 잊어서는 안 된다(고후 1:20; 계 22:13). 설교자들은 전체적인 시각을 가지고 성경 전체의 목적을 바라보면서도, 설교 본문에 뿌리를 내리고 서서 그 본문이 갖고 있는 개별적인 내용도 파악할 수 있어야 한다. 설교자가 궁극적으로 제공하는 교훈 안에 은혜가 결여되어 있다면, 기독교의 목적들 중에서 편협한 한 가지 측면만 설명하는 결과를 초래할 것이다(cf. 요 5:39, 46).

3) 설교를 위한 성경적 초점

성경은 인간의 타락한 상태(또는 불완전함)를 다루기 위해서 하나님의 섭리로 영감되었다. 설교자가 이 사실을 인식한다면, 그리스도 중심의 설교 안에 있는 긍적적인 초점을 발견하는 수단을 밝혀낼 수 있을 것이다. 이 일은 본문의 FCF가 인간의 궁핍함을 드러내는 동시에 하나님의 자비를 정의하고 있음을 이해할 때에 가능하다.

내가 어렸을 때 어머니는 여덟 명이나 되는 우리 식구들을 위해서 특별히 초콜릿 푸딩을 만드셨다. 그러나 어머니가 푸딩을 식탁에 가지고 왔을 때 푸딩 한가운데 있는 어린아이의 손가락 자국 때문에 분위기가 엉망이 되었다. 누군가가 몰래 먼저 맛을 보았던 것이다. 어머니가 누가 그랬냐고 물으셨지만, 아무도 자백하지 않았다. 어머니는 손가락 자국의 주인을 찾아내려는 노력을 멈추지 않으셨다. 어머니는 여섯 아이의 집게손가락을 그 구멍 속에 집어넣어 맞춰 보기 시작했다(그 손가락 자국은 내 것이 아니었다). 그 자국은 푸딩이 불완전하다는 사실을 나타낼 뿐만 아니라 그 구멍을 채워야 할 사람이 필요하다는 사실, 그리고 그 사람의 손가락 생김새까지 나타내고 있었다. 마찬가지로 성경 구절에 나타나 있는 우리의 불완전함은 단순히 우리의 타락한 상태를 나타낼 뿐만 아니라 우리를 온전하게 하실 수 있는 분의 본성과 특성도 드러낸다.

모든 성경 구절이 FCF를 다루지만, 우리가 자신을 완전하게 하기 위해서든지 하나님께 받아들여지게 하기 위해서 스스로 행할 수 있는 일이 있다고 말하는 본문은 없다. 왜냐하면 그럴 경우 우리가 참으로 타락한 것이 아니기 때문이다. 또 성경은 우리가 스스로를 거룩하게 만들기 위해서 어떻게 해야 할 것인지(마치 우리가 자신의 노력에 의해 신적인 지위를 획득할 수 있다는 듯이)를 말해주지 않는다. 성경은 자습서가 아니다. 성경은 시종일관 하나의 유기적 메시지를 제시한다. 그것은 우리의 구주요 힘의 근원이신 그리스도를 찾는 방법, 하나님이 요구하시는 존재가 되고 하나님이 요구하시는 것을 행하는 방법을 말해준다. 사람들에게 어떤 존재가 되어야 하고 무엇을 행해야 할 것인지 설교하면서도 그것을 이룰 수 있게 해주시는 분을 언급하지 않는 것은 성경의 메시지를 왜곡하는 것이다. 모든 성경 구절을 해석하는 데 있어서 하나님의 구원 사역은 없어서는 안 될 필수 요소이다. 토머스 존스Thomas F. Jones는 다음과 같이 말한다:

> 진정한 기독교 설교의 중심에는 예수 그리스도의 십자가가 있어야 한다. 십자가는 성경의 중심 교리이다. 계시된 다른 모든 진리는 십자가에서 성취되거나 십자가 위에서 발견된다. 그러므로 십자가와의 관계 안에 나타나지 않는 성경의 교리가 사람들 앞에 충실하게 제시될 수 없을 것이다. 그러므로 설교의 부름을 받은 사람은 그리스도를 설교해야 한다. 왜냐하면 하나님으로부터 온 메시지는 이외에 다른 것이 없기 때문이다.[10]

이것은 과장된 말이 아니며, 사도 바울이 고린도 교인들에게 쓴 편지의 윤리를 반영하고 있다: "형제들아 내가 너희에게 나아가 하나님의 증거를 전할 때에 말과 지혜의 아름다운 것으로 아니하였나니 내가 너희 중에서 예수 그리스도와 그의 십자가에 못 박히신 것 외에는 아무 것도 알지 아니하기로 작정하였음이라"(고전 2:1-2). 바울은 이 윤리를 여러 번 반복했다:

> 유대인은 표적을 구하고 헬라인은 지혜를 찾으나 우리는 십자가에 못 박힌 그리스도를 전하니 유대인에게는 거리끼는 것이요 이방인에게는 미련한 것이로되 오직 부르심을 받은 자들에게는 유대인이나 헬라인이나 그리스도는 하나님의 능력이요 하나님의 지혜니라(고전 1:22-24).

---

10) Thomas F. Jones, "Preaching the Cross of Christ," 1976-77년에 커버넌트 신학교에서 설교학 시간에 강의한 미출간된 글, 1.

그 중에 이 세상의 신이 믿지 아니하는 자들의 마음을 혼미하게 하여 그리스도의 영광의 복음의 광채가 비치지 못하게 함이니 그리스도는 하나님의 형상이니라 우리는 우리를 전파하는 것이 아니라 오직 그리스도 예수의 주 되신 것과 또 예수를 위하여 우리가 너희의 종 된 것을 전파함이라(고후 4:4-5).

그러나 내게는 우리 주 예수 그리스도의 십자가 외에 결코 자랑할 것이 없으니 그리스도로 말미암아 세상이 나를 대하여 십자가에 못 박히고 내가 또한 세상을 대하여 그러하니라(갈 6:14).

"오직 예수 그리스도와 그의 십자가에 못 박히신 것만"을 전하겠다는 바울의 약속이 실현 불가능할 뿐만 아니라 진정한 것이 아니라고 여겨질 수 있다. 바울이 교회의 예배 규범, 성경적 훈련, 청지기 직분, 가족 관계, 정부의 책임자들, 이스라엘 역사 등을 언급했다고 추론할 수 있다. 그는 그리스의 시도 인용했다. 이것이 바울이 예수 및 그가 십자가에 달리신 것 외에 다른 것에 대해서도 말했음을 증명하지 않는가? 바울은 분명히 그렇게 하지 않았다. 바울의 모든 주제, 연설, 서신들에는 초점이 있었다. 바울이 행한 모든 일은 십자가와 그 의미를 분명하게 하는 데 집중되었다. 이런 의미에서 십자가를 언급하는 것은 십자가를 통한 부활과 통치를 포함하여 과거와 현재와 미래의 하나님의 구속 사역의 총체를 나타내는 제유提喩의 역할을 한다.[11]

시드니 그레이다누스Sidney Greidanus는 그리스도 중심의 설교에서 십자가의 구속적인 범위를 설명한다:

고린도전서 2장 2절에서 발견되는 바 "예수 그리스도와 그의 십자가에 못

---

11) Cf. John Calvin, *Institutes of the Christian Religion*, 2.16.13; *Commentary on Acts*, 4:33; *Commentary on 1 Corinthians*, 1.2.

박히신 것" 외에는 아무것도 알지 않겠다는 외관상 제한된 초점에 한층 넓은 관점이 포함되어 있다. 존 낙스는 다음과 같이 설명한다: "언뜻 보기에 이 마지막 절이 부활을 완전히 생략하는 것처럼 보인다. 그러나 이것은 바울의 사상이 전방을 향해 이동하고 있다고 가정하기 때문이다.…그러나 바울은 이 편지를 쓰면서 우선적으로 부활하신 그리스도를 생각하고 있었으며 그의 생각은 십자가를 향해 뒷걸음치고 있었다.…따라서 바울은 이 구절에서 부활에 대한 언급을 생략한 것이 아니라 그것을 출발점으로 삼고 있다. 그리스도라는 단어는 살아계시고 현존하시는 주라고 알려진 분을 의미한다."[12]

이런 의미에서 보면 바울이 여러 가지 자료에 근거해서 많은 주제를 다룬 것은 십자가 상에서의 구속자의 사역을 상세히 설명한 것에 불과하다. (십자가, 은혜의 메시지, 복음, 하나님의 구속 등에 관해 설교하는 것을 언급한) 그리스도 중심의 설교는 "예수 그리스도와 그의 십자가에 못 박히신 것" 외에는 아무것도 전하지 않겠다는 바울의 의도를 반영한다. 바울의 설교에 성육신과 대속의 메시지 이상의 것이 포함되어 있으면서도 모든 주제들이 그리스도를 통한 하나님의 구속과 적절한 관계를 유지하듯이, 바르게 이해된 그리스도 중심의 설교 역시 모든 본문에서 그리스도가 언급된 곳을 발견하려 하는 것이 아니라 본문에서 그리스도와 관련이 있는 곳을 드러내려 한다. 성경 도처에서 예수의 위격과 사역 안에서 절정에 달하는 하나님의 은혜가 여러 차원으로 전개된다. 설교자의 목표는 모든 본문에서 그리스도를 확인하는 진기한 방식을 찾아내려 하거나 설교할 때마다 예수를 거론하려는 것이 아니라 하나님의 백성으로 하여금 그리스도에 의해 마련된 희망을 받아들일 준비를 갖추며 그것을 받아들

---

12) Sidney Greidanus, *Preaching Christ from the Old Testament* (Grand Rapids: Eerdmans, 1999), 6.

일 수 있게 하기 위해 각각의 본문이 어떻게 하나님의 은혜를 나타내는지를 보여주려는 데 있다.

설교할 때 그리스도 중심의 관점을 유지하는 이 사도적 윤리는 주님이 친히 계시하신 강해의 원리들을 반영한다. 예수님은 두 제자들과 함께 엠마오를 향해 걸어가시면서 성경의 구속적 초점을 말씀하셨다. "이에 모세와 모든 선지자의 글로 시작하여 모든 성경에 쓴 바 자기에 관한 것을 자세히 설명하시니라"(눅 24:27; cf. 요 5:39, 46). 예수님은 모든 성경이 자신에 관한 것이라고 말씀하셨다. 이것은 모든 절, 구두점, 또는 구절이 직접적으로 그리스도를 드러낸다는 의미가 아니라 모든 절들이 자체의 문맥 안에서 그분의 본성 및 불가피성을 드러낸다는 의미이다. 어느 구절의 설명을 그리스도의 위격이나 사역의 측면과 연결하지 못하는 것은 그 구절에서 예수님이 말씀하시는 것을 말하는 일을 소홀히 하는 것이다. 그렇다면 본문과 그리스도의 관계를 증명하지 않고서는 본문을 충실하게 설명할 수 없다.

예수님은 엠마오 도상에서 말씀하신 것을 변화산에서 가시적으로 보여주셨다. 예수님의 지상 사역의 절정기에 구약 성경의 율법과 선지자들의 대표인 모세와 엘리야가 예수님과 함께 나타났을 때(마 17장) 그들은 모든 성경이 신자들의 시선을 예수님에게로 이끈다고 증언했다. 따라서 성경의 증언이 예수님을 둘러싼다.[13] 십자가 이전에 있었던 율법과 선지자들, 그리고 그 이후 사도들의 사역에서도 예수님이 중심이었다. 선지자들과 사도들, 그리고 구세주는 모든 성경이 궁극적으로 구속주에게 초점을 둔다고 증언한다. 그렇다면 그분을 언급하지 않고서 어떻게 성경을 올바르게 해석할 수 있겠는가? 따라서 강해설교는 그리스도 중심의 설교이다.

---

13) John Calvin, *Institutes of the Christian Religion*, 2.6.3.

3. 구속의 메시지 해석하기

성경이 구속에 초점을 둔다는 사실에 동의하는 것이 그것을 드러내는 것보다 훨씬 쉽다. 본문에서 구속의 진리를 끌어내어 설교에 투입하려면 해석의 기술과 설교의 기술이 필요하다. 성경신학의 통찰에 전념하려면 설교자와 청중이 각 구절에 포함되어 있는 구속의 진리에 접근할 수 있게 해주는 설교학적 방법론이 필요하다. 이 방법론에 대해서는 다음 장에서 자세하게 다루기로 하고, 여기에서는 잘못된 길을 지적하고 본문을 충실하게 강해할 수 있는 올바른 방향을 제시하려 한다.

1) 주제설교 방법과 본문설교 방법

주제설교에서는 원래 메시지에 구속의 진리를 첨가할 수 있다. 왜냐하면 이런 메시지에서는 설교자가 특정 본문의 상세한 의미를 드러내야 할 의무가 없기 때문이다. "설교자는 성경 어느 부분에서 시작했든지 간에 항상 십자가로 연결되는 지름길을 택한다"라는 스펄전의 말은 본문 안에 있는 직접적인 진술을 건너뛰는 방법의 전형적인 예를 보여준다. 이 말은 주제설교가 비성경적인 결론을 도출해 내거나 구속의 진리와 연결할 수 없는 설교라는 말이 아니다. 이 방법은 분명한 성경적 권위가 없이 진행된다.

그러나 본문설교라도 구속의 진리를 본문에 근거하지 않고 유비나 예화를 통해서 설명하거나 원 메시지에 덧붙여서 설명한다면, 동일한 권위의 진공 상태가 재현될 수 있다. 설교자는 유비나 예화를 통해서 하나님의 구속 사역을 설명하고, 이것을 통해서 구속에 초점을 두려 할 수도 있다. 안타깝게도 이때 구속적 초점은 말씀에서 나온 것이 아니라 설교자의 말에서 나온 것이다. 설교자가 본문을 근거로 해석된 것이 아닌 자료를 추가함으로써 구속적 초점을 창안한다면 분명한 성경적 보증이 없이 설교하고 개념을 전개하게 될 것이다. 몇 년 전에 어느 유명한 설교자가 뒤로 미루는 버릇에 대해서 하는 설교를 들었다. 그는 설교의 각 단계에서 성경이 "주님이 주신 시간을 가장 훌륭하게 사용하라"고 권하는 이유를 설명했다. 그는 교인들을 제단 앞으로 초청하는 결단의 시간을 가짐으로써 설교를 마쳤다. 그런데 그는 이런 초청을 하기 전에 그리스도의 구속 사역을 언급하거나 속죄가 필요하다는 사실을 설명하지 않았고, 구원의 필요성을 성경을 들어 제시하지도 않았다. 설교자는 초청 자체로 복음의 본질을 설명했지만, 이 설명은 본문에 기원한 것이 아니고 관련된 것도 아니었다. 이 구속의 진리는 본문으로부터 도출된 것이 아니라 메시지에 첨가된 것이었다.

2) 강해 방법

강해설교에서는 구속적 초점을 끌어내기 위해서 본문 이외에 다른 자료를 첨가하는 것이 허락되지 않는다. 강해자는 설교의 메시지를 본문에서만 끌어 내어 전개해야 한다. 그렇다면 강해자들이 어떻게 항상 본문의 구속적 초점을 밝혀낼 수 있을까?

(1) 본문의 내용 설명

본문이 그리스도 또는 그의 메시아 사역의 측면을 직접 언급하고 있을 수 있다. 복음서의 기사, 메시아 시편들, 서신서의 설명, 예언 등에서 예수나 그의 구원 활동이 구체적으로 언급되기도 한다. 이런 경우 강해자의 임무는 분명하다: 본문에 나타나 있는 구속적 활동에 대한 언급을 설명하면 된다. 그러나 그리스도가 귀신을 쫓아낸 것, 십자가에 달리신 장면, 혹은 구세주가 세상을 지배할 것이라는 예언 속에서 구속 사역을 찾아 내지 못하는 설교자는 그 본문을 바르게 설명할 수 없다. 사탄을 물리치고 영적인 온전함을 회복시키려는 하나님의 계획의 특징이 본문에 분명히 나타나 있을 때, 설교자는 본문의 내용을 정확하게 제시함으로써 그 구절을 구속적인 상황에 둘 수 있다. 그러나 그리스도의 인격과 사역을 특별히 언급하는 성경 구절이 많지만, 그렇지 않은 구절이 더 많다. 설교자가 그리스도 중심의 설교를 유지하기 위해서 어떤 대안들을 찾아야 하는가?

(2) 예표 설명

그리스도 안에서 이루어진 하나님의 구속 사역은 구약성경의 예표들 안에 분명히 나타난다. 그리스도의 인격과 사역에 관련된 예표론豫表論은 구약성경에 나타나 신약성경의 구원 진리를 예시하거나 예비하거나 보다 분명하게 표현한 인물들과 사건들과 제도들 사이의 상응 관계를 연구하는 학문이다.[14] 수세기 동안 해석자의 지나친 상상이 반영된 예표와 올바른 예표를 구별하는 방법에 대해 여러 가지 논쟁이 있었다. 문학적인 형태와 그 방법을 조사하는 현재의 연구 방법이 성경의 예표론을 이해하는 데 도움을 줄 것이다. 신약성경 기자들이 그리스도와 그의 사역을 예시하는 인물이나 특징을 구체적으로 인용한 부분(아담, 다윗, 멜기세덱, 유월절, 성전 등)에서 설교자는 예표론적인 강해를 안심하고 제시할 수 있다.[15]

---

14) David L. Larsen, *The Anatomy of Preaching: Identifying the Issues in Preaching Today* (Grand Rapids: Baker, 1989), 166; Den Macarteny and Charles Clayton, *Let the Reader Understand: A Guide to Interpreting and Applying the Bible* (Wheaton: Victor, 1994), 153-60.

15) Gordon P. Hugengerger, "Introductory Notes on Typology," in *The Right Doctrine from the Wrong Text? Essays on the Use of the Old Testament in New*. ed. G. K. Beale(Grand Rapids: Baker, 1994), 337-41; Edmund Clowney, *Preaching and Biblical Theology* (Grand Rapids: Eerdmans, 1961), 100-112; idem, *The Unfolding Mystery: Discovering Christ in the Old Testament* (Phillipsburg, N.J.: Presbyterian & Reformed, 1988), 14-16.

설교자가 성경적으로 입증된 바 구약성경 구절들이 구속적 의미를 함축하고 있다는 것을 이해한다면 예표를 통해서 구약의 본문에 접근할 수 있다. 만약 신약성경의 정보를 고려하지 않은 채 구약 본문을 연구한다면 함축된 의미를 명백하게 이해할 수 없을 것이다. 설교자가 본문의 궁극적인 목적에 대해 성경이 말하는 것을 고려하지 않는다면 본문을 완벽하게 설명할 수 없다. 물론 이것은 예표를 포함하고 있는 구약 본문을 모두 이와 똑같은 방법으로 확인해야 한다는 뜻이 아니다. 하지만 예표론이 존재하는 곳에서 특별히 다른 대안이 없는 것처럼 보일 때 이것이 구속적 해석을 위한 유익한 방법이 될 수 있다.

(3) 문맥 설명

예수를 명확하게 언급하거나 예표적으로 계시하는 본문은 극히 적은 데 반해 그리스도에 대해 직접적으로 언급하지 않는 구절이 매우 많다.[16] 이렇게 그리스도에 대해서 침묵하고 있는 본문을 다룰 때 설교자가 강해에 충실하면서 그리스도 중심의 설교를 하려면 어떻게 해야 하는가? 본문과 예표 모두 구주의 사역을 보여주지 않을 때 설교자는 문맥에 의지하여 메시지의 구속적 초점을 전개해야 한다.

설교자는 어느 구절에서 하나님의 구속적 계획의 전반적인 계시에 적합한 곳을 확인함으로써 본문을 그리스도와 연결할 수 있다. 이때 설교자는 본문의 문맥을 밝히는 직무, 설교의 표준이 되는 필수적인 직무를 수행한다. 그리스도 중심성에 관심이 있는 설교자는 성경을 일관되게 다루려 할 때 자신의 해석 방법

---

16) 이 수치는 예표를 어떻게 정의하느냐에 따라서 크게 달라질 수 있다. 메시아의 넓은 개념과 좁은 개념에 대해서 논의하는 다음의 저서를 참고하라. Gerard Von Groningen, *Messianic Revelation in the Old Testament* (Grand Rapids: Baker, 1990), 19-23.

이 자신의 신학적 결론에 필요한 함축된 의미를 지닌다는 사실을 인식한다.[17] 모든 성경 구절은 자체의 문맥 안에서 네 가지 구속적 초점 중 한두 가지를 소유한다:

- 모든 성경 본문은 그리스도의 사역을 예고
- 그리스도의 사역을 예비
- 그리스도의 사역을 반영
- 그리스도 사역의 결과

이 범주들은 본문이 하나님의 구속 사역을 드러낼 가능성을 샅샅이 다루지 않을 수 있지만 탐구하거나 설명할 때 의존할 수 있는 수단을 제공한다.

그리스도의 사역을 예고해 주는 본문: 어떤 구절은 그리스도의 강림과 사역을 구체적으로 언급함으로써 그리스도를 통한 하나님의 구속 사역을 예고한다. 많은 예를 메시아 시편, 그리고 예언서와 묵시서의 구절들에서 찾아볼 수 있다. 그리스도의 강림을 언급하지 않으면서 하나님의 백성에게 위로를 주는 이사야 40장을 본문으로 삼는 설교는 그 구절이 문맥에서 확인하는 미래의 위로의 근원을 파악하지 못한다.

어떤 본문들은 그리스도를 구체적으로 언급하지 않으면서 그분이 어떤 분이시며 어떤 일을 행하실 것인지 계시한다. 구약성경의 성례, 출애굽, 정결법 등과 관련된 구절에서 이런 예를 찾아볼 수 있다. 이런 구절 등의 예고적인 특성은 신약성경에 비추어볼 때에만 분명해지므로 이런 본문을 신약성경의 관점에서 다루지 않는 강해자는 무익하고 부적절한 장님일 수밖에 없다.

---

17) Walter C. Kaiser, Jr., *Toward an Exegetical Theology: Biblical Exegesis for Preaching and Teaching* (Grand Rapids: Baker, 1981), 139-40.

그리스도의 사역을 예비해 주는 본문: 구체적으로 그리스도를 언급하지 않는 어떤 본문들은 하나님의 백성으로 하여금 그리스도의 인격과 사역의 특성을 이해할 수 있도록 준비시키려는 의도를 가지고 있다. 바울은 갈라디아 교인들에게 모세 율법의 목적이 하나님의 백성을 그리스도에게 인도하는 것이라고 썼는데, 여기서 우리는 하나님이 계명을 주신 이유를 이해할 뿐만 아니라(3:24) 신자들에게 도둑질하지 말라고 권면하는 데 그치는 설교가 불완전한 이유도 이해해야 한다. 다른 율법과 마찬가지로 제8계명은 도덕적 규범 이상을 의미했다. 그것은 영혼의 연약함을 보여주는 신학적 렌즈 역할을 했다.[18]

구약 시대의 신자들은 하나님의 명령을 완벽하게 지킬 수 없다는 점에 기초하여 구속자에 대한 믿음의 필요성을 이해해야 했다(갈 2:15-21). 이런 논지를 입증하지 않는 율법 해석은 율법주의를 개진하는 것이요 성경에서 하나님의 명령을 위해 제공하는 설명을 놓치게 된다.[19] 현대인들은 계명을 현학적으로 이해하지 말아야 하며, 그것을 엄격하게 준수하려고 노력함으로써 은혜를 받을 수 있다고 생각하지 말아야 한다. 만일 하나님이 요구하시는 것을 규범으로 세우신 이유를 말하지 않는다면 그것에 대한 포괄적인 설명이 올바르다고 할 수 없다.

하나님은 구약 시대의 성도들의 마음에 그리스도의 사역이 필요하다는 인식을 심으시고 그것을 충족시킬 방법을 이해하도록 도와주심으로써 그리스도의 사역을 예비하셨다. 바울은 아브라함에 대해서 "그에게 의로 여겨졌다 기록된 것은 아브라함만 위한 것이 아니요 의로 여기심을 받을 우리도 위함이니 곧 예수 우리 주를 죽은 자 가운데서 살리신 이를 믿는 자니라 예수는 우리가 범죄한 것 때문에 내줌이 되고 또한 우리를 의롭다 하시기 위하여 살아나셨느니라"(롬

---

18) Von Poythress, *The Shadows of Christ in the Law of Moses* (Phillipsburg, N.J.: Presbyterian & Reformed, 1991), 104-6.
19) Calvin, *Institutes*, 2.7.1-3, 9.

4:23-25)고 기록했다. 이 진술을 통해서 구약성경의 이야기와 선포 안에 은혜의 신학이 내포되어 있음을 알 수 있다. 하나님은 구약 시대 사람들뿐만 아니라 현재의 독자들을 위해서 장차 그리스도가 해야 할 일 및 그 사역이 우리에게 적용될 방법을 확립하는 약속을 예비하셨다. 이와 같은 성경의 위대한 목적을 공정하게 다루는 강해자는 명시적으로 진술되어 있지 않은 곳에서도 구속의 진리를 받아들일 수 있게 해주는 바 구약성경 안에 영적, 경험적, 또는 신학적 준비가 함축되어 있음을 발견할 수 있다.

그리스도의 사역을 반영하는 본문: 성경 구절 속에 함축되어 있는 은혜의 복음으로 나아가기 위해서는 결코 수준 이상의 지식을 요구하는 논리적, 신학적 방법이 필요한 것이 아니다. 본문이 구속주의 사역을 분명하게 예고하는 것도 아니고 그 사역을 예비하는 것도 아닐 경우에 강해자는 그 본문이 구속적인 메시지의 중요한 측면들을 어떻게 반영하고 있는지 설명하면 된다. 이것은 예수나 그의 사역을 직접적으로 언급하지 않은 본문을 가지고 그리스도 중심의 설교를 작성할 때 사용할 수 있는 가장 일반적인 방법이다. 스스로에게 다음과 같은 기본적인 질문을 하는 설교자는 본문을 멋대로 다루지 않을 것이다: 본문에서 구속을 예비해주시는 하나님의 본성을 드러내주는 것은 무엇인가?; 구속함을 필요로 하는 인간의 본성을 반영해주는 것은 무엇인가?

이런 질문을 사용하면 본문의 뜻을 왜곡시키지 않으면서 구속적인 상황에서 해석할 수 있다. 이러한 질문들은 자연스러운 렌즈 역할을 하여 우리로 하여금 모든 본문을 구속적으로 볼 수 있게 해주는 광경을 형성한다. 이것은 그 렌즈가 모든 성경의 이야기에서 예수님이나 그분의 이름이 솟아나게 만든다는 의미가 아니다. 그것들은 우리로 하여금 궁극적으로 그리스도와 그분의 사역 안에 나타난 하나님의 은혜를 예비하시는 하나님의 성품과 그것을 필요로 하는 인간의 타락상을 볼 수 있게 해준다.

이 두 가지 질문을 꾸준히 사용하면 신약성경의 약속 안에서처럼 구약성경의 명령 안에서도 은혜가 자연스럽고 분명해질 것이다. 왜냐하면 신약성경과 구약성경 모두 우리의 타락한 상태 및 하나님의 구속 사역을 관련지어주는 영원한 특성을 반영할 것이기 때문이다. 설교자는 모든 본문이 예수님을 구체적으로 언급한다고 주장하기보다 때가 찰 때에 분명해지는 하나님의 은혜의 측면들이나 필요성을 본문이 어떻게 반영하는지 증명해야 한다. 이렇게 함으로써 성경의 통일성, 하나님의 불변하면서도 점진적인 구속 계획, 그리고 모든 성경이 조화를 이루어 구주의 은혜 및 다른 소망의 무익함을 드러낸다는 것을 증명한다.[20]

강해자는 본문이 그리스도의 사역을 상기시켜주는 하나님의 본성을 어떻게 반영하는지 질문함으로써 이야기, 계보, 계명, 격언, 제안, 비유 등 어떤 형태의 본문이든지 그 안에 계시된 하나님의 공의, 거룩, 선, 인자, 신실, 섭리, 구원 등을 발견할 수 있다. 하나님의 구속적 성품에 속한 이러한 속성들은 그리스도를 언급하지 않는 본문들에서도 발견된다. 바울은 그런 본문에 대해서 "무엇이든지 전에 기록된 바는 우리의 교훈을 위하여 기록된 것이니 우리로 하여금 인내로 또는 성경의 위로로 소망을 가지게 함이니라"(롬 15:4)고 말한다. 기록된 모든 것은 인자하심이 영원하시며(시 136) 회전하는 그림자도 없으신(약 1:17) 하나님의 자기-계시이기 때문에 모든 성경은 구속적 소망의 일면을 소유한다.

모든 성경은 하나님의 말씀이나 행동 안에서 하나님을 계시한다. 이러한 방편들에 의해 구속의 진리들이 씨앗이나 열매의 형태로 분명히 나타날 수 있지만, 성경은 계시적인 특성을 지니고 있으므로 누구든지 보려는 마음을 가진 사람들은 이러한 신적 특징들을 발견할 수 있다. 십자가와 부활을 통한 그리스도

---

20) Vos, *Biblical Theology*, 5-6.

의 사역에 대한 신약성경의 직접적인 진술들 안에 은혜가 나타날 수도 있다. 또 하나님의 구속적 특성을 반영하기 위해 성령이 사용하시는 인물들과 사건들로 이루어진 구약성경의 구조 안에도 은혜가 나타날 수 있는데, 이러한 하나님의 구속적 성품은 궁극적으로 예수 안에서 계시되고 성취된다.

성경의 하나님 중심 본질때문에 성경에 등장하는 인물들을 통해 제시되는 구속적 교훈들을 간과해서는 안 된다.[21] 창조주는 자신을 피조물과 반대되는 모습으로 계시하기도 하실 것이다. 족장들, 사도들, 성경 이야기에 등장하는 인물들이 도덕적으로 완벽하지 못했으며 한결같이 신실하지는 못했다고 해서 놀랄 필요가 없다. 왜냐하면 영적으로 훌륭한 성인들도 인간적으로 궁핍할 수밖에 없다는 사실이 이들의 나약한 모습을 통해서 드러나기 때문이다. 성경의 많은 인물들은 저마다 훌륭한 성품을 가지고 있다. 하지만 성경은 모든 인류가 가지고 있는 결점이 얼마나 심각한지 보여줌으로써 모두가 칭의와 성화와 영적인 복을 얻기 위해 구주를 의존해야 함을 인정하게 하려 한다.[22]

과거 성인들의 명성을 존중하기 때문이거나 오늘날의 신자들에게 도덕적인 본보기를 제시하려는 바람 때문에 성경 인물들의 인간적인 결점을 무시하는 설교자는 무의식중에 청중으로 하여금 참 신실함의 유일한 소망에 관심을 두지 못하게 한다.[23] 성경에서 하나님은 인간적인 사람들을 사용하시고 사랑신다는 것을 증명하심으로써 자신이 죄인들의 구세주이며(딤전 1:15), 혼자서 일어설 수 없는 자들을 건지시는 분임을(시 40:17) 계시하신다.[24]

---

21) Sidney Greidanus, "Redemptive History and Preaching," *Pro Rage* 19, no. 2 (December 1990): 14.

22) John Calvin, *Institutes of the Christian Religion*, 2.6.4.

23) Clowney, *Preaching and Biblical Theology*, 80.

24) Kenneth J. Howell, "How to Preach Christ from the Old Testament," *Presbyterian Journal*, 16 (January 1985): 8.

의심할 나위없이 성경에서 하나님은 자신이 요구하시는 행위와 헌신의 긍정적 혹은 부정적인 본보기로서 사람들을 사용하시지만(고전 10:5-6 참조) 인간의 행동만으로 하나님과의 관계가 성립되고 유지될 수 있다고 암시하지 않으신다.[25] 만약 하나님이 우리를 받아주시는 것이 전적으로 우리의 선에 달려 있다고 말씀하려 하셨다면, 성경에서 우리의 믿음을 위한 기초를 드러내기 위해 사용하시는 인물들과는 다른 부류의 인물들을 사용하셨을 것이며 자신을 다른 종류의 하나님으로 계시하셨을 것이다. 성경의 의도에 충실한 강해설교는 성경의 인물이 갖고 있는 결점을 피하지 말아야 하며, 그들의 장점을 과시함으로써 하나님의 도움이 필요 없는 것처럼 보이게 해서도 안 된다.[26]

성경에서 하나님이 자신의 행동이나 인간과의 대조를 통해서 제시하시는 바 하나님의 구속적 성품의 측면들이 본문 안에서 구체적으로 언급될 수도 있고, 구속사의 한 부분에서 암시될 수도 있다. 그러나 설교자가 설교의 결론을 성경의 역사 속에서 찾아내든지 교리적 진술에서 찾아내든지 하나님과 그 백성들간의 상호작용에서 찾아내든지 간에, 설교자가 도덕적인 주석이라는 씨앗을 뿌리고 바리새주의라는 열매를 거두지 않으려면 구속적 주제를 거둬 들여야 한다.[27]

그리스도의 사역의 결과를 나타내는 본문: 성경에는 종종 하나님의 사랑과 용납하심을 위한 조건으로 잘못 전파되는 교훈들이 많이 포함되어 있다. 그런 설교는 하나님이 요구하시는 것을 열거하는 것이 아니라 하나님과의 관계를 순종의 결과라고 암시하는 잘못을 범한다.[28] 참 복음은 순종 자체가 우리를 향한 하나님

---

25) Greidanus, "Redemptive History and Preaching," 14.
26) Sidney Greidanus, *Sola Scriptura: Problems and Principles in Preaching Historical Texts* (Toronto: Wedge, 1970), 145; 같은 저자가 쓴 유사한 평가에 대해서는 다음을 참고하라: *The Modern Preacher and the Ancient Text*, 305-6.
27) Howell, "How to Preach Christ from the Old Testament," 8-9.
28) 성경에는 하나님이 자녀들을 사랑하실 때 조건이 필요한 것처럼 설명하는 구절도 있

의 사랑의 결과로서 주어지는 복이라고 선포한다. 하나님의 무조건적인 자비에 대한 깊은 이해에 의해 형성되어지는 바 하나님을 향한 우리의 사랑이 순종하려는 바람과 노력을 활성화한다. 그러나 하나님이 요구하시는 것을 행하려는 이 바람과 능력도 성령에게 속한 것이며 하나님 앞에서 자랑하거나 하나님이 우리에게 빚을 진 것처럼 행동할 원인이 되지 못한다(롬 3:27; 8:5-13; 요일 2:16). 순종의 특권이나 복을 묘사하는 구절들은 그것들이 궁극적으로 우리의 행위의 직접적인 결과가 아니라 그리스도께서 행하신 것의 결과라고 설명해야만 바르게 해석될 수 있다.

비록 성경에서 행위를 칭찬하지만 인간의 순종을 조건으로 하는 하나님의 사랑은 율법주의에 불과하다. 하나님이 인정하시는 유일한 순종은 하나님이 예비하시는 그리스도와의 연합을 통해서 능력을 주시고 성화하시는 것이다.[29] 예를 들어 나는 기도를 통해서 하나님의 복을 받아내거나 요구할 수 없다. 하나님은 결코 인간에게 빚을 진 채무자가 아니시다(욥 41:11). 하나님은 성실한 기도를 기뻐하시며, 하나님의 목적에 따라서 하나님께 순종하면서 드린 것에 복주시겠다고 약속하신다. 그러나 나의 기도가 하나님이 복 주시는 데 사용되는 도구라 해도 나의 기도는 하나님의 돌보심의 기초가 될 수 없다. 나의 기도는 인간적인 동기 및 연약한 지혜와 결단의 반영이기 때문에 그 자체로는 하나님의 복을 결

다. 이런 경우에 해석자는 다음과 같은 방법을 통해서 항상 성경적으로 일관성 있고 영적으로 건전한 관점을 얻을 수 있을 것이다: 사랑을 조건인 것으로 제시한 경우에는 그 주제를 그리스도의 구속 사역에 근거하는 것이 아니라 인간의 행동에 전적으로 의존해서 하나님께 나아갈 수 있는 이방인들(거듭나지 못한 사람들)과 일치시킴으로써(요 15:1-8; 마 12:31); 특정 행동과 하나님의 사랑의 관계를 원인과 결과의 관계로 설명하기보다는 그런 행동에 의해서 고결해진 사람들의 상태를 언급했다고 설명함으로써(마 7:1-2; 18:35; 히 10:26); 혹은 성경 기자가 어떤 교리를 설명하기 위해서 불가능한 상황을 가정했다고 설명함으로써 이런 관점을 얻을 수 있다(일반적이지만 논란의 여지가 많은 방법, 히 6:4-6).

29) 웨스트민스터 신앙고백 16.2-5.

정하거나 요구할 자격이 될 수 없다.[30]

나의 기도에는 인간적인 동기와 결점 많은 지혜와 결심이 혼합되어 있기 때문에 나의 기도 자체로서는 거룩하신 하나님의 복을 받아낼 수 없다. 나는 나 자신이 만들어낼 수 있는 좋은 의도로 기도를 하는 것이 아니라, 예수님이 나를 위해서 죽으시고 부활하심으로써 예비해 주신 복의 결과로서 기도한다. 그래서 히브리 저자는, "우리에게 큰 대제사장이 계시니 승천하신 이 곧 하나님의 아들 예수시라…그러므로 우리는 긍휼하심을 받고 때를 따라 돕는 은혜를 얻기 위하여 은혜의 보좌 앞에 담대히 나아갈 것이니라"(4:14-16)고 권고한다. 기도의 축복은 그리스도가 행하신 구원 사역의 결과이기 때문에 그리스도를 언급하지 않고 그러한 복을 약속하는 것은 기도를 어리석은 주문이나 불운한 소망으로 전락시키는 것이다.

신앙의 문제를 설교하거나 실천할 때 하나님이 그리스도를 통해서 행하신 일이나 앞으로 행하실 일에 뿌리를 두지 않는다면, 기독교가 아닌 인간 중심의 신앙을 야기할 것이다. 진정한 기독교적 설교는 다음과 같은 사실을 선포해야 한다: "그러므로 이제 그리스도 예수 안에 있는 자에게는 결코 정죄함이 없나니 이는 그리스도 예수 안에 있는 생명의 성령의 법이 죄와 사망의 법에서 너를 해방하였음이라"(롬 8:1-2). 그리스도의 사역 덕분에 우리가 타락 상태의 세력과 죄의식에서 벗어나게 되었다. 그리스도가 우리의 과거를 성화하시고 우리의 결심을 튼튼하게 하시고 우리의 미래를 안전하게 해주시므로 우리가 행하는 것들은 그리스도가 우리 안에서 우리를 통하여 행하셨고 행하시는 것의 결과로 간주되어야 한다(고전 15:16-17, 58; 빌 1:12-13; 벧전 4:10-11). 기독교인의 삶의 모든 양상과 행동과 소망의 동기, 힘, 그리고 그 근원이 그리스도 안에서 발견된다. 그렇지

---

30) Calvin, *Institutes of the Christian Religion*, 3.15.3.

않은 것은 그리스도에게 속한 것이 아니다. 그리스도의 사역을 예고하거나 그분의 사역에서 절정에 이르는 것이 아닌 성경의 진리는 그분의 사역의 결과로 선포되어야 한다. 그렇게 하지 않는 것은 그 진리가 기독교적인 메시지라고 확인해주는 문맥에서 그 진리를 떼어내는 일이 된다.[31]

모든 성경이 그리스도의 사역을 예고하거나 예비하거나 그 결과임을 인정하는 설교자는 성경의 어느 구절을 다룰 때든지 성경의 핵심으로 인도해주는 지도를 펼치게 된다. 그러한 지도는 스펄전이 어느 젊은 설교자에게 해준 외관상 기이한 충고를 영적으로 지혜의 말로써 이해하게 해준다:

> 젊은이여, 그대는 영국에서 어느 마을이나 촌락, 심지어 아주 작은 동네 어디에서든지 길이 런던으로 이어진다는 사실을 알고 있는가?…이처럼 성경의 모든 구절도 그리스도라는 큰 도시로 이어지는 길을 가지고 있다. 사랑하는 형제여, 그대의 직무는 어떤 본문을 만났을 때 '그리스도에게로 이어지는 길은 무엇인가?'라고 묻는 것이다.…나는 이제까지 그리스도에게 이어지는 길이 없는 본문은 한 번도 본 적이 없다. 만약 그런 본문을 발견한다면…나는 산을 넘고 물을 건너 나의 주님에게로 나아갈 것이다. 그리스도의 맛을 내지 않는 설교는 전혀 유익을 줄 수 없기 때문이다.[32]

설교자는 본문에 함축되어 있는 구속적 내용, 특성, 또는 상황을 밝힘으로써 스펄전의 충고에 주의를 기울이며 본문 속에서 그리스도의 맛뿐만 아니라 그의 은혜의 충만한 임재를 찾아낼 수 있을 것이다.

---

31) Jones, "Preaching the Cross of Christ" 1; Adams, *Preaching with Purpose*, 152.
32) Charles Haddon Spurgeon, "Christ Precious to Believers," in *The New Park Street Pulpit,* vol. 5(London: Passmore & Alabaster, 1860), 140.

4. 비구속적인 메시지 인식하기

그리스도 중심이 아닌 메시지(구속에 초점을 두지 않은 메시지)는 필연적으로 인간 중심의 메시지가 된다. 물론 복음주의 설교자들 중에 부지불식간에 이런 설교를 하는 사람이 있다. 이런 설교자들이 의도적으로 자신의 설교에서 그리스도의 사역을 배제하는 것은 아니지만, "보다 나은 결혼 생활의 다섯 단계", "기도의 응답을 받는 방법", "결단을 통해서 거룩해지기" 등의 주제로 계속 설교하는 것은 경건을 인간적인 노력의 결과로 제시하는 것이 된다. 비록 의도가 좋더라도 이런 설교는 인간적인 행위를 통해서 하나님의 복을 받아 내는 데 초점을 두게 된다. 즉 이런 것들을 행함으로써 신자들이 하나님이나 이웃과 함께 할 수 있다고 가르치게 된다. 이러한 메시지가 가장 크게 참 신앙을 해친다. 복음주의자들은 인간의 노력만을 경건의 척도와 원인으로 삼음으로써 신학적 율법주의와 자유주의의 공격을 받는다. 이 두 가지는 외관상 서로 반대되는 듯하지만 실질적으로 인간과 하나님의 관계가 인간의 선에 의존한다고 주장한다는 점에서 동일한 것이다.

이에 대해서 설교자들은 다음과 같이 이의를 제기할지도 모르겠다: "우리 교인들은 믿음과 회개에 기초를 두고 노력해야 한다는 사실을 잘 알고 있을 것이다." 왜 설교자 자신이 말하지 않은 것을 청중이 이해할 것이라고 생각하는가? 설교자의 의사전달 구조가 무엇과 모순되며 청중이 본성적으로 부인하는 것은 무엇인가? 설교자들은 자신의 헌신이 오래 지속될 때, 자녀를 훌륭하게 양육할 때, 지혜롭게 목회할 때, 또는 회개하며 눈물 흘릴 때 자신이 더 거룩하게 느껴진다고 고백하지 않는가? 물론 이런 행동들이 잘못된 것은 아니지만 설교자가 자신의 행동을 통해서, 즉 자신의 노력으로 하나님의 은총을 받을 수 있는 것처럼 행동하거나 믿는 것은 신앙의 기초를 부인하는 것이다. 이것이 진실이라면, "자력으로 일어서라. 그러면 하나님이 당신을 더 많이 사랑하실 것이다"라는 말이 틀린 말이 아닐 것이다. 그러나 자력을 강조하는 메시지는 옳지 않다. 신실한 설교자는 이러한 잘못을 피할 뿐만 아니라 대적해야 한다.

1) "…이 되라"는 치명적 메시지

신앙의 핵심을 지지하기보다 공격하는 메시지들은 특징적인 주제를 갖고 있는데, 그것은 신자들에게 하나님의 사랑을 받기 위해서 어떤 존재가 "되라"고 권고한다는 점이다. 이런 주제가 분명하게 진술되든지 암시되든지, 고의적이든지 우연이든지, 분명히 드러나 있든지 교묘하게 감추어져 있든지, 그 결과는 동일하다. 즉 성경적인 신앙을 손상시킨다. 자신이 초래하고 있는 해악을 의식하지 못한 채 성경적이기만 한 설교자들이 이런 손상을 입힌다. 왜냐하면 그들은 자신이 해석하고 있는 성경의 한 부분에 집착해서 설교를 작성하는 편협된 시각을 갖고 있기 때문이다. 그들은 특정 본문에서 보다 나은 결혼생활을 위한 다섯 단계를 지적해낼 수 있다. 그들은 완벽한 주석을 통해 자신이 지지하는 거룩의 표준을 뒷받침할 수 있다. 그러나 그들은 매주 본질상 성경적이지만 성경적으로 완전하지 못한 메시지를 전함으로써 신자들의 희망을 침식시키고 있다는 사실을 깨닫지 못한다. 이런 종류의 메시지를 다음과 같은 몇 가지 범주로 나누어 살펴볼 수 있다.

(1) "…처럼 되라(닮으라)"는 메시지

"…처럼 되라"는 메시지는 청중으로 하여금 성경에 등장하는 특정인의 업적에 관심을 두게 한다. 설교자는 그 인물의 모범이 되는 특성들을 밝힌 후에 청중에게 인격이나 실천에 있어서 그 사람처럼 되라고 권한다. 종종 전기설교 biographical preaching라고 불리는 이런 설교에서 목사들은 시련, 유혹, 또는 도전에 직면했을 때 모세나 기드온, 다윗, 다니엘, 혹은 베드로처럼 행하라고 권한다.[33] 물론 그러한 본보기들이 하나님의 백성에게 알맞은 행동과 성품을 가르치는 데 유익하게 사용될 수 있다. 성경 기자들은 어떤 성경의 인물들로 하여금 경건의 특성을 반영하게 하려는 의도를 지니고 있다. 그러나 이러한 전기설교의 문제점은 성경이 그 안에 등장하는 모든 족장과 성도들의 인품을 손상하고 있다는 점을 인정하지 않는다는 점이다.

성경은 중요한 인물들의 인간적인 약점들을 솔직하게 제시하므로 설교자는 타락한 인류 안에서 하나님이 인정하실 만한 모범적 행위를 소유한 사람을 발견하리라고 기대하지 않는다. 예를 들어 많은 설교자들이 청중에게 다윗의 용기, 지혜, 하나님을 향한 사랑 등을 본받으라고 권면하지만, 그러한 메시지에서 그의 간음, 살인, 신실하지 못함 등을 언급하지 않으면 왕이 된 목동의 모습을 정직하고 완전하게 제시하지 못한다. 만일 신자들이 본받아야 한다고 언급되는 다윗에게 질문한다면, 그는 "왜 나를?"이라고 대답할 것이다. 성경의 인물들이 자신의 삶을 본받으라고 권하지 않는다면, 설교자는 성경에 충실할 수 없을 것이며 회중에게 그들을 닮으라고 명령하는 데 그칠 것이다. 만일 우리가 예수님의 능력 주시는 은혜를 언급하지 않은 채 그분의 표준이 항상 그들 위에 있다고 상기시켜 주지 않는다면 그들에게 예수님을 닮으라고 권면하는 것이 도움이 되지 못할 것이다.

설교자들은 회중에게 성경의 인물을 닮으라고 권면할 때에 그 사람의 성품 중에서 성경에서 칭찬하는 점만을 닮으라고 권면한다고 주장할 것이다. 성경에 충실하려면 성경의 인물들을 본보기로 사용하라고 권하는 구절들을 피하지 말아야 한다(예를 들어 고전 11:1; 히 11:39). 그러나 그런 본문에 대해서 설교하기 전에

---

33) Greidanus, *Modern Preacher and the Ancient Text*, 161-81.

성경에서 추천하고 있는 성품의 근원을 확인해야 한다. 모든 거룩한 성품의 근원이 하나님의 은혜이므로, "그런즉 자랑할 데가 어디냐 있을 수가 없느니라"는 성경의 경고를 받아들여야 하며, 은혜는 우리 스스로 자극하고 유지할 수 있는 것이 아님을 분명히 밝혀 주어야 한다. 능력 주시는 은혜는 완전히 하나님의 것이므로, 그 열매가 하나님 앞에서 우리를 의롭다 하는 조건이 되는 개인적인 공적을 제공하지 않는다(cf. 롬 3:27; 고전 3:5-23). 참된 거룩이 하나님을 의존하는 데서 와야 한다고 상기시켜 주지 않은 채 다른 사람의 경건을 모방하라고 말한다면, 청중은 영적으로 변화하려는 시도를 포기하거나 그 필요성을 부인하게 될 것이다.

성경에 등장하는 인물들의 훌륭한 면모들은 성경에서 하나님의 법과 같은 기능을 한다. 그것들은 우리의 삶에서 알아야 하고 따라야 하며, 하나님의 복의 도구가 된다. 그러나 이 의로운 표준들을 하나님의 용납의 기초로 간주하거나 존중할 때 이것들은 영적으로 치명적인 것이 된다. 설교자들은 하나님의 백성들에게 성경에 등장하는 경건한 사람들의 의로운 행동을 존중하고 본받으라고 가르쳐야 하지만 또한 그러한 경건이 하나님의 무조건적인 사랑에 대한 반응이요 능력 주시는 성령의 결과로서 우리에게 주어진다는 점을 분명히 해야 한다(빌 1:19-21). 구주을 언급하지 않은 채 성인들을 본받으라고 가르치는 설교는 무익한 설교이다(요 15:5; 엡 3:16-19을 보라). 하나님의 은혜가 없으면, 우리는 하나님이 원하시는 백성이 될 수 없다.

(2) "선한 사람이 되라"는 메시지

능력을 주는 은혜와 상관없이 전기에 초점을 둘 때에도 행위를 강조하게 되며, 결과적으로 비구속적인 메시지를 전하게 된다. 또 이러한 메시지를 전하는 설교자들은 교인들에게 선하고 거룩하라고 말하는 것으로 이루어지는 설교의 해악을 의식하지 못한다. 하나님은 우리가 거룩해지기를 기대하시며 거룩하라고 명하신다. 하나님은 성경 도처에서 우리에게 행해야 할 것과 하지 말아야 할 것을 말씀하신다. 그렇다면 사람들에게 선한 사람이 되라고 권고하는 것이 어째서 틀린 말이 되는가? 문제는 설교자가 말한 내용에 있는 것이 아니라 말해야 할 것을 말하지 않은 데 있다.

설교의 초점이 도덕적이고 교훈적일 때(예를 들면 담배를 피우지 말라, 담배를 피우는 사람들과 어울리지 말라, 하나님이 명하시는 것을 행함으로써 마음을 새롭게 하라) 청중은 알맞은 행동이 하나님과 자신의 관계를 보장하거나 새롭게 해줄 수 있다고 가정하기 쉽다. 특히 설교자가 권하는 행동이 합리적이고 성경적이고 올바른 것일 때 순종의 표준을 설명하는 데서부터 순종의 근원과 동기와 결과를 설명하는 데로 나아가지 못하는 설교는 사람들로 하여금 자신의 행동에 희망을 두게 만든다. 그러한 상황에서 매주 이어지는 주일 설교는 "당신이 지난 한 주간 동안 주님 앞에서 선하게 살지 못했으니 이번 주에는 더욱더 노력하라"는 암시적 메시지가 된다.

이런 종류의 설교는 설교자가 자신의 주장을 뒷받침하기 위해서 성경을 상세하게 인용하기 때문에 성경적인 메시지인 것처럼 들린다. 그러나 이런 설교에서는 기독교적인 특성을 찾아볼 수 없다. 그래서 순전히 도덕적인 교수 방식에 몰두한 설교자들은 다음과 같은 의미의 말로 결론을 내리게 된다: "선은 좋은 것이고 악은 나쁜 것이니 선해야 한다. 기독교인들은 선하다. 그러므로 선한 사람이 되라!"

그런 설교를 통해서 울려 퍼지는 메시지는 암암리에 청중에게 "만약 우리가 하나님께 순종하면 하나님도 우리를 사랑하실 것이다. 하지만 만일 그에게 순종하지 않으면 벌을 받을 것이다. 그러므로 하나님께 순종해야 한다"와 같은 약속을 제시한다. 주일에 복음적인 설교를 하면서 값없이 주시는 은혜를 받으려면 십자가 앞으로 나오라고 호소한다고 가정해 보자. 그러나 이 상황에서 은혜가 의미하는 것은 성경적 가르침과 거의 관련이 없다. 우리가 은혜로 구원을 받았지만 순종을 통해서 그 은혜를 유지할 수 있다고 암시하는 복음주의 설교는 성화 과정에서의 하나님의 사역을 잠식할 뿐만 아니라 궁극적으로 하나님의 본성에 의문을 제기하고, 우리가 자신의 불완전함을 정직하게 평가할 때 구원 자체를 의심하게 만들 것이다.

신자들은 칭의를 평가할 때 그 기초를 개인적인 성화의 발전에 두려는 경향이 있다.[34] 우리는 오늘 우리가 행동한 방식을 기초로 하여 하나님과의 관계를 평가한다. 우리는 충분히 선하게 행동했는가? 우리의 이상을 존중하지 못했는가? 누군가에게 상처를 주거나 계명을 범하지 않았는가? 그러나 성화는 예수님이 영원히 행하신 것에 기초를 둔다는 것이 복음의 진리이다. 예수님이 우리를 대신하여 죽었다가 다시 살아나셨기 때문에 우리에게서 죄가 제거되고 하나님과 화목하게 되었다. "그러므로 이제 그리스도 예수 안에 있는 자에게는 결코 정죄함이 없나니"(롬 8:1). 우리는 점차 그리스도께서 완전하게 최종적으로 십자가에서 이루신 것에 기초를 두고서 그분의 생명과 능력에 연합된다는 확신을 가지고 하나님을 위해 살게 된다(갈 2:20). 그리스도의 축복과 기쁨, 그리고 가까이 계심 등과 관련된 우리의 경험은 여전히 우리의 순종에 의존하지만, 하나님과의 관계의 실체는 결코 우리의 선에 기초하지 않는다.[35] 우리는 그리스도의 구속 사역에 대해 사랑으로 응답하면서 하나님의 법에 따라 살려고 노력하지만, 그럼에도 불구하고 하나님은 그리스도의 의라는 공덕을 완전하고 충분하게 우리에게 적용하셨다(롬 5:15-21; 고전 6:11; 엡 5:25-27).

---

34) Richard Lovelace, *Dynamics of Spiritual Life* (Downers Grove, Ill.: InterVarsity, 1979), 101.

35) Cf. Bryan Chapell, Holiness by Grace: *Delighting in the Joy That Is Our Strength* (Wheaton: Crossway, 2001), 126-32.

만일 우리의 선을 조건으로 하여 사랑하신다면, 우리는 하나님께 순종하지만 크게 그분을 좋아하지 않을 것이다. 결과적으로 하나님을 사랑하는 사람들만이 하나님이 명하시는 것을 행할 것이므로 하나님을 향한 사랑과 참 순종이 파괴될 것이다(요 14:15). 설교의 적용 부분에서 강력하게 하나님의 명령에 순종하라고 권해야 하지만 그러한 권면은 주로 하나님의 은혜를 얻거나 유지하려고 노력하는 데 기초를 두는 것이 아니라 하나님의 은혜에 사랑으로 반응하는 데 기초를 두어야 한다(롬 12:1).

(3) "영성 훈련을 실천하라"는 메시지

"선을 행하라"는 메시지와 가장 유사한 것은 은혜의 수단을 부지런히 사용해서 하나님과의 관계를 개선하라고 권고하는 것이다. 이런 메시지는 도덕적인 행위를 지지할 뿐만 아니라 신자들을 하나님의 인정을 받을 수 있는 높은 수준으로 끌어올려 줄 수 있는 영성훈련을 규칙적으로 충실하게 오랫동안 올바른 방식으로 실천하라고 권한다(또는 영성훈련을 실천하지 않으면 하나님이 불쾌해 하실 것이라고 생각하게 만든다). 이런 설교자들은 "더 많이 기도하고, 성경을 더 많이 읽고, 교회 출석을 잘하라. 그리고 하나님과 함께 하는 조용한 시간을 더 많이 가지라"고 말한다. 만일 이런 권면들을 신학적으로 설명하라고 촉구한다면, 신자들이 이런 기독교적인 훈련을 실천함으로써 하나님으로부터 추가로 점수를 얻을 것이라고 말하는 사람은 거의 없을 것이다. 그러나 "오늘은 아주 끔찍한 날이었다. 늦잠을 자서 경건의 시간을 갖지 못했을 때 이런 일이 생기는 것 같다"라고 말하는 신자의 말을 반박할 사람도 거의 없다.

많은 신자들이 마치 훈련이 우리를 하나님께 받아들여지게 만들거나 점수를 얻게 만들어주는 듯이 살기 때문에 이런 말에 반박할 수 있는 설교자가 적다. 우리의 본성이 종교 수행의 준수에 매여 있기 때문에 우리는 매일 기도를 소홀히 하거나 성경 암송에 주의를 기울이지 않았을 때 자신이 가치없는 것처럼 느낀다. 또 자신이 조금 부지런했으면 하루를 잘 보냈다고 믿는다. 물론 신실하지 못한 데 따르는 결과들이 있다. 예를 들어 설교 준비를 소홀히 한 데 따른 결과 서투른 설교를 하게 되고, 기도를 소홀히 한 데 따른 결과로 하나님의 손길이 멀어졌다고 느끼게 된다. 그러나 우리가 영성훈련을 실천함으로써 하나님의 분노를 없애고 은혜를 보장받을 수 있다고 믿을 때 신앙과 설교의 왜곡이 발생한다. 이런 경우에 문제가 되는 것은 우리가 실천하는 영성훈련에 있는 것이 아니라 우리가 하나님을 잘못 인식하고 있다는 사실에 있다. 즉 우리는 하나님을 하늘에 살고 있는 도깨비 같은 존재, 다시 말해서 우리가 매일 힘들게 수고하는 것을 보면서 화를 누르거나 은혜를 베푸는 도깨비로 생각하게 된다.

의도적으로 이렇게 하나님을 쉽게 화를 내시는 모습으로 표현하는 설교자는 거의 없다. 그러나 그들이 기독교적 훈련을 제시할 때 그 훈련의 동기가 되고 그것을 성화시키고 보증해 주는 은혜를 언급하지 않는다면, 결과적으로 하나님은 그런 모습으로 나타나게 된다. 만약 우리가 영성훈련을 헌신적으로 실천함으로써 하나님과의 관계에서 지위나 특권을 확보할 수 있다면, 은혜는 우리가 행위에 의해 제조하는 것이요 무의미한 것이 된다. 또한 우리가 아무리 부지런해도 주님께 진 빚을 다 갚을 수 없기 때문에 더 많은 영성훈련의 실천을 주장하게 되면 정직한 사람들은 자신이 영원히 무가치하다고 확신하게 될 것이다. 절대적인 거룩함만 인정되는 곳에서 하나님의 환심을 사서 얻는 은혜는 가치가 없다.

영성훈련의 효험은 하나님의 환심을 사는 능력에 있는 것이 아니라 마음을 열어 하나님의 능력을 인식하는 데 유익하다는 점에 있다. 영성훈련은 그리스도의 사역에 의해 의로워진 사람들로 하여금 사랑의 하나님이 신자들의 지혜와 기쁨과 힘을 위해 값없이 예비해주시는 것을 더 깊이 받아들일 수 있게 해준다.

우리는 영성훈련을 통해서 기독교인을 위해 하나님이 예비해주시는 공기를 더 깊이 들이마시지만, 그러한 훈련이 하나님의 사랑이라는 산소를 만들어내거나 유지해주는 것이 아니다. 설교자들은 신자들에게 복을 받기 위해서가 아니라 하나님이 값없이 주시는 그리스도와의 연합의 유익을 더 완전히 경험할 수 있도록 하기 위해서 더 많이 기도하고 봉사하고 공부하고 교제하라고 권해야 한다. 이러한 관점에서 보면 영성훈련은 사랑하는 하나님과의 보다 깊은 교제를 갈망하는 사람들의 기운을 정규적으로 소생하게 해준다(시 19:10). 그러나 자신의 행위의 등급에 의해 하나님 사랑의 분량이 결정된다고 여겨 선을 행하는 사람들에게 있어서 영성훈련은 혐오스러운 의무나 혹독한 교만의 근원이 된다.

2) 최종 결론

도덕적인 교훈으로만 가득 찬 "…이 되라"는 메시지는 은연중에 우리가 자신의 타락한 상태를 스스로의 능력으로 변화시킬 수 있다고 말한다. 그런 설교들은 (고의적이진 않지만) 우리가 은혜로 통하는 길을 개척할 수 있고 우리의 행위를 통해서 하나님께 나아갈 수 있다고 말한다. 또한 이런 설교는 도덕적이고 양심적인 무슬림, 유니테리안, 불교도, 혹은 힌두교도들의 신앙과 다를 것이 없는 비기독교적인 신앙을 제시한다. 기독교 신앙의 특징은 우리가 하나님에게로 나아갈 수 없기 때문에 하나님이 자신에게 나아오는 길을 마련해주신다는 점이다. 이것은 칭의 및 점진적 성화에 적용된다. "하지 말라"보다 "하라"를 강조하는 유아기의 명령과 다름없는 설교는 복음이 허용하는 것보다 더 많은 책임을 하나님의 자녀에게 지운다.

우리의 행위가 인간성에 의해 더럽혀 있다고 선언하는 근본적인 성경의 진리는 복음과 도덕적 교훈을 구분해준다. 우리의 행동 자체로 하나님의 복을 획득하거나 은혜를 보장받을 수 있는 것이 아니다(사 64:6; 눅 17:10). 우리의 유익을 위해 고안된 하나님의 명령을 지킴으로써 얻을 수 있는 복된 결과들이 있지만, 단지 성경의 명령을 지킨다고 해서 공덕을 쌓을 수 있는 것이 아니다.[36] 우리가 그리스도께 오기 전이나 후에 자력으로 은혜를 획득해야 한다면, 그것은 진정한 은혜가 아닐 것이다.

성경에 "…가 되라"는 메시지가 많지만, 이런 메시지들은 항상 구속적인 상황 안에 귀속되어 있다. 하나님의 거룩하게 하시는 자비와 능력이 없으면 우리가 하나님 앞에 나아갈 수 없기 때문에 성경적 행위를 권하는 권면의 근저에는 은혜가 깔려 있어야 한다. "…가 되라"는 내용의 메시지가 본질적으로 잘못된 것이 아니며, 그 메시지만 전달되는 것이 문제이다. 그리스도가 과거에 행하셨고 현재 행하시며 미래에 행하실 사역이 없으면 사람들이 하나님이 요구하시는 존재가 될 수 없고 하나님이 요구하시는 것을 행할 수 없다. "이는 만물이 주에게서 나오고 주로 말미암고 주에게로 돌아감이라"(롬 11:36). 단순히 잘못에 대해 격분하고 경건을 강조하는 것은 신자들로 하여금 자신이 부적절하다고 확신하게 하거나 자만에 빠지게 만들 수 있지만, 이런 메시지는 진정한 경건에서 멀어지게 만들 뿐이다. 그래서 구속의 진리를 언급하지 않은 채 성경적 행동만을 가르치는 것은 사람들에게 상처를 입힐 뿐이다. 비록 죄의 해결책으로 제공된다 해도 그러한 설교는 바리새주의를 조장하거나 사람들을 좌절하게 만들 뿐이다. 그리스도 중심의 설교자들은 이것들 중 어느 것도 용납하지 않는다. 그들은 자신이 상처를 주었다면 그것을 치유해야 할 의무가 있다는 사실을 알고 있다. 설교자가 그리스도 안에서 성령에 의해 하나님의 거룩한 표준이 성취되었다고 선포할 때 성경적인 의무와 개인적 한계의 막중함을 의식하고 괴로워하는 신자들의 영혼이 치유된다.

---

36) Adams, *Preaching with Purpose*, 146.

그리스도 중심의 설교자라고 해서 주님이 요구하시는 도덕적인 명령을 제시하지 않는 것이 아니며, 주님이 자신의 말씀과 피조물이 행하는 모든 것 안에서 영광을 받으셔야 한다는 것을 부인하지도 않는다.[37] 거룩을 위한 노력은 그리스도 중심으로 이루어져야 하며, 그렇지 않다면 인간 중심적인 종교, 실패할 수밖에 없는 종교로 나아갈 뿐이다. 설교자는 신자들에게 사탄의 공격에 맞서서 하나님 편에 서라고 권고할 때 바울이 명한 균형을 잊어서는 안 된다: "끝으로 너희가 주 안에서와 그 힘의 능력으로 강건하여지고"(엡 6:10). 바울은 "…이 되라"는 메시지를 전하면서도 항상 그리스도에게 초점을 두었다. 오늘날 설교자들에게 있어서 이보다 더 중요한 임무는 없다. 하나님은 거룩을 요구하시고 또한 그것을 예비해주셔야 하기 때문에 설교자가 은혜를 언급하지 않은 채 하나님이 요구하시는 것들을 설교해서는 안 된다.

충실한 강해설교는 모든 본문을 구속이라는 상황에서 풀어 나간다. 이런 노력이 성공했는지의 여부는 설교자가 설교 마지막 과정에서 다음과 같은 질문을 자신에게 함으로써 판단할 수 있다: 교인들이 하나님의 뜻을 행하기 위해서 교회 문을 나설 때 그들과 동행하는 사람은 누구인가? 만약 그들이 혼자, 스스로 이 세상과 육신과 마귀와 싸우러 나간다면, 이 행진은 절망으로 끝날 것이다. 그러나 설교자가 설교를 통해서 모든 사람들을 구세주를 볼 수 있는 곳으로 인도했다면, 그래서 그들이 구주의 도움을 확신하면서 세상 속으로 걸어갈 수 있게 했다면, 희망과 승리가 지평선을 밝혀줄 것이다. 그들이 홀로 출발하느냐, 아니면 구주의 품에서 시작하느냐 하는 것은 허무와 신앙, 율법주의와 진정한 순종, 그리고 행동을 통해서 선한 체하는 것과 진정한 고결함의 차이를 나타낸다.

---

37) James A. De Jong은 이런 균형 잡힌 방법에 대해서 훌륭하게 설명한다. "Principled Paraenesis: Reading and Preaching the Ethical Material of New Testament Letters," *Pro Rage* 10, no. 4 (June 1982): 26-34.

: 복습과 토론을 위한 질문 :

1. 구속적인 메시지를 작성하기 위해서 설교자는 FCF를 어떻게 제시해야 하는가?
2. 성경적 행위를 옹호하는 메시지가 반≠기독교적인 것으로 남아 있게 되는 이유는 무엇인가?
3. 성경신학은 어안렌즈로서의 역할을 어떻게 감당하는가?
4. 성경 본문에서 발견할 수 있는 네 가지 구속적인 초점은 무엇인가?
5. 그리스도를 분명하게 언급하지 않는 본문에서 구속적인 메시지를 제시하는 가장 일반적인 방법은 다음과 같은 질문을 하는 것이다: 이 본문이 반영하는 하나님의 본성(＿＿＿＿)은 무엇이며, 인간 본성(＿＿＿＿)은 무엇인가?
6. 치명적인 "…이 되라"는 무엇인가? 이런 메시지 자체가 잘못된 것이 없지만, 그 메시지 때문에 위험해질 수 있는 이유는 무엇인가?

: 연습 문제 :

1. 다음에 제시한 구절 중에서 세 구절을 택하여 구속적인 메시지를 어떻게 제시할 수 있는지 설명해 보라:

    사사기 7장

    에스라 2장

    잠언 5장

    골로새서 3:18~4:1

    야고보서 2:14-26

2. 기독교인의 순종과 관련된 문제를 가르칠 때 성경 말씀에 포함되어 있는

구속적인 취지를 전달해야 하는데, 이 방법에 대해서 논의해 보라.

제11장

구속적 설교의 전개

1. 구속적인 강해의 방법

신자들 스스로 칭의나 성화를 성취할 수 있다고 암시하는 메시지의 위험을 인식하는 설교자는 자연히 그리스도 중심의 메시지를 전하려 할 것이다. 그리스도 중심의 메시지는 사람들에게 한 주일 동안 준비를 갖추고 더 열심히 노력하라고 말하지 않는다. 이러한 은혜 지향적 메시지는 신자들로 하여금 그들 자신의 행위가 아닌 그리스도의 사역이 하나님의 영접을 받는 유일한 기초요 그들 자신의 준비상태가 아닌 그리스도의 힘이 기독교적 순종의 유일한 희망임을 깨닫게 해줄 것이다. 두 가지 이유 때문에 이러한 메시지를 전개하기 어렵다. 이러한 메시지는 복음주의 교회에서 익숙하게 듣는 설교의 흐름에 역행하며, 정확한 강해설교의 범위를 넘어서는 것처럼 보이기 때문이다. 따라서 그리스도 중심의 설교를 하려면, 이런 어려움을 극복하는 방법을 알아야 한다.

1) 구속적인 흐름 포착하기

"주일학교의 협박"이라는 제목의 책은 복음주의 교육의 핵심을 나타내고 있는 다소 악명 높은 책이다. 일반적으로 주일학교 교사들은 죄를 막고 도덕적인 행위를 권장하기 위해서 아이들에게 착한 어린이가 되면 예수님이 그들을 사랑하고 보살펴 주실 것이라고 가르친다. 이런 판에 박힌 가르침은 불쾌하고 부당한 것이지만 하나님을 나쁜 아이에게 벌을 주고 착한 아이들에게 상을 주기 위해 목록을 만들고 두 번 점검하는 영원한 산타 클로스로 묘사하는 현대 설교의 특징을 제대로 묘사해준다. 이 글을 읽는 독자들 중에 이렇게 묘사하는 것이 왜 잘못되었는지 의아해 하는 사람들도 있을 것이다. 문제는 그러한 가르침이 하나님의 사랑을 우리의 행위에 의존하는 것으로 만들어 그리스도의 사역을 우리와 무관한 것으로 만들기 때문에 신앙에 위협이 된다는 데 있다.

거룩함과 순결에 대한 적절한 관심이라도 인간의 행위를 하나님과 우리의 관계의 기초로 삼게 만든다면 부적절한 가르침을 만들어낼 수 있다. 인간에게는 우리가 하나님께 받아들여지기 위해서 할 수 있는 것이 전혀 없다는 관념을 받아들일 능력이 없기 때문에 거의 모든 세대들이 하나님의 은혜를 재발견해야 한다. "우리가 행하는 최선의 행위들을 통해서도 죄의 용서를 받을 수 없고 … 과거에 범한 죄악 때문에 우리의 선한 행실로도 하나님께 유익이나 만족을 드릴 수 없다."[1] 우리는 받은 명령을 다 행한 후에도 여전히 무익한 종일 뿐이다(눅 17:10). 우리 행위의 동기에 많은 약점과 결점이 포함되어 있기 때문에 거룩한 하나님 앞에서는 불결할 수밖에 없다. 우리가 행한 가장 훌륭한 행위도 하나님 앞에서 불결하다. 우리가 행하는 최선의 행위도 하나님께는 "더러운 옷"에 불과하다(사 64:6). 이런 행위들은 그 더러움이 그리스도로 덮어지고 성령으로부터 발생한 분량만큼만 하나님께 용납될 수 있다.[2]

도덕적인 행동으로 인해서 좋은 결과를 얻을 수 있고 하나님은 우리를 받아주시지만, 우리의 행동은 본질상 자랑하거나 하늘나라에 들어가는 데 사용할

---

1) 웨스트민스터 신앙고백 16.5
2) 웨스트민스터 신앙고백 16.3-6

도구가 되지 못된다. 우리가 선행을 하고 남을 용서할 수 있는 능력은 하나님으로부터 오는 것이기 때문에 우리의 선행만으로는 하나님께 다가갈 수 없으며, 복을 받는 수단이 될 수 없다(겔 36:26-27; 요 15:4-6; 빌 2:13).[3] 하나님의 용서해주시고 거룩하게 해주시는 은혜가 없다면 우리가 하는 최선의 말도 상을 받기보다 책망거리가 될 것이다.

신학적 토론에서 이런 진리들을 논할 때와 마찬가지로 설교자들도 자신의 설교 방법에서 쉽게 이것들을 제외한다. 설교자들이 능력 주시는 성령의 능력이나 하나님께 죄를 범하지 않도록 노력하게 해주는 은혜를 언급하지 않은 채 교인들에게 관계를 개선하고 윤리의식을 새롭게 하고 좋은 습관을 훈련하라고 권면할 수도 있다. 이러한 실수를 범하는 한 가지 이유는 인간이 바벨탑에서 결코 멀어질 수 없기 때문이다. 인간은 본성상 끊임없이 성경을 무시하며 하나님을 매수하여 은총을 얻기 위해 계속 순종한다. 그렇게 하면서 인성의 한계를 무시할 뿐만 아니라 하나님의 성품도 왜곡시킨다. 우리는 하나님을 하늘에 거하시면서 더러운 옷을 바쳐야 호의를 보이는 오그르ogre로 만든다. 이것이 교회사에서 은혜의 메시지가 지하에 숨었을 때 신앙이 가장 크게 오용된 부분적인 원인이다. 인간이 하나님의 섭리에 대한 올바른 관점을 갖지 못한 채 의로워지려고 노력할 때 필연적으로 편협하고 무익하며 좌절할 수밖에 없다.

만일 목사가 성경에서 취한 도덕적인 교훈만을 설교한다면, 이러한 역사적인 현상이 신자들의 삶에서 재연될 수 있다. 그러나 이런 설교가 잘못되었다는 사실을 알고 있는 목사들조차도 그들이 성경을 가지고 강해설교를 하는 것 외에 달리 행할 수 있는 일이 무엇이냐고 의문을 제기한다. 결국 예수님, 십자가, 부활, 대속 등 구속과 관련된 중심 주제들을 언급하지 않는 성경 구절을 가지고

---

[3] 웨스트민스터 신앙고백 16.3

어떻게 구속적인 메시지를 전달할 수 있겠는가? 다시 말해서 업적에 의해 하나님께 받아들여지기를 노력하는 본성적인 경향만이 목회자로 하여금 그리스도의 사역을 언급하지 않는 메시지를 전하도록 유혹하는 것은 아니다. 본문의 진리에 충실하려는 강해 자세 때문에 많은 설교사들이 설교에서 은혜를 무시하게 된다. 이런 설교자들은 "본문에서 그리스도를 언급하지 않는데 어떻게 그리스도 중심의 설교를 할 수 있는가?"라고 묻는다. 해석과 관련된 이런 질문은 성경 속에서 그 해답을 찾아 보아야 한다.

2) 구속적인 기초 놓기

(1) 타락 상태 밝히기

그리스도 중심의 설교를 시작하기에 좋은 위치는 본문에서 다루고 있는 FCF를 명확하게 진술하는 것이다.[4] 이것은 청중으로 하여금 메시지를 듣게 만들 필요성을 표면화하기 위한 것이 아니다. 타락 상태를 분명하게 제시하면, 설교자는 어떤 본문을 강해하든지 구속적인 관점에서 접근할 수 있다. 성경의 본문들은 어떤 식으로든지 듣는 사람들을 완전하게 하기 위해 영감되었기 때문에, 본문의 목적을 구체적으로 명시할 때 듣는 사람들은 구속적 관점을 갖게 된다. 이러한 관점에서 신자들은 구멍 뚫인 스위스 치즈와 같다. 다시 말해서 그들의 영적 존재 안에 하나님만이 채워주실 수 있는 구멍을 갖는다. 설교자가 그 구멍들을 채워줄 것이라고 명시하는 것-인간의 노력이나 하나님의 섭리-에 따라 메시지가 진정으로 구속적인지의 여부가 결정된다.

설교자는 본문이 언급하는 영적인 구멍(즉 타락 상태)을 확인하는 간단한 단계에 의해서 인간적인 반응에 불과한 해법을 제공하는 잘못을 피할 수 있다. 타

---

[4] 본서 제2장과 제10장에서 설명한 FCF를 참고하라.

락한 피조물은 자신의 의지에 따른 행동에 의해서 타락성을 고칠 수 없다. 설교자가 본문에서 언급되는 청중의 타락 상태를 강력하게 의식할 때 율법주의적이고 도덕적이고 자조적인 메시지는 자명해지고 자멸할 것이다.

그러나 인간의 노력으로 타락 상태가 완화되지 못하며 성경 본문이 그리스도 중심의 해결책을 제공하지 않는 것처럼 보일 때 실질적인 해석적 문제가 제기된다. 많은 성경 구절들이 긍정적이거나 부정적인 성품의 예(예를 들면 모세의 믿음, 여호수아의 용기, 사울의 기만성, 베드로의 무모함), 도덕적 교훈(예를 들면 거짓말하지 말라, 도둑질하지 말라), 또는 영성훈련과 관련된 권면(예를 들면 더 많이 기도하라, 이웃에 대해 더 많은 관심을 표하라, 더욱 신실하라)을 제공하는 듯하다. 본문이 구속적 진리를 제시하지 않는 것처럼 보일 때 강해 설교자가 어떻게 구속적 진리를 선포해야 하는가?

(2) 그리스도가 초점이심을 명시하라.

위의 질문에 대한 대답들 중에서 우선적으로 거부해야 할 대답이 두 가지이다. 첫째, 구속적인 주제를 분명하게 제공하지 않는 것처럼 보이는 본문에 등장하는 성경적 교훈, 훈련, 또는 본보기 등의 타당성을 부인하는 답변을 거부해야 한다. 둘째, 본문 안에 분명한 증거가 없음에도 불구하고 그 본문이 어떻게 해서든 성육하신 그리스도를 언급한다고 주장함으로써(예를 들면 발람과 그리스도 모두 나귀를 탔다는 이유로 발람의 나귀 이야기 안에 예수님의 예루살렘 입성이 내포되어 있다고 여기는 것) 예수님이 성경의 모든 이야기에 마술적으로나 상징적으로나 풍유적으로 등장하도록 만들려는 시도를 버려야 한다. 이 두 가지 잘못된 답변은 성경 기록 전체의 유기적 본질을 바르게 이해하지 못하는 그릇된 성경관에서 생겨난다.[5] 올바른 강해는 예수님을 본문에 강제로 도입하거나 어떤 구절 속에 아무렇게나 배치하는 것이 아니라 장차 그리스도 안에서 성취될 하나님의 구속 계획에 대한 전체 계시 안에서 본문의 위치와 역할을 식별함으로써 그리스도라는 초점을 발견해 내는 것이다(고후 1:20; 계 22:13).

창세기 첫 장의 창조 기사로부터 시작해서 모든 성경은 하나님께서 타락한 세상과 피조물을 어떻게 다루셨는지 기록하고 있다. 그것은 역사적인 사실들만 기록하는 것이 아니라, 하나님이 타락한 인류와 창조 자체를 회복시키고 구속하기 위해서 자기 아들을 사용하시려는 계획의 필요성 및 그 내용을 체계적이고 개인적이고 점진적으로 드러내시는 데 사용된 지속적인 드라마를 드러내 준다.[6] 시드니 그레이다누스Sidney Greidanus는 어떤 본문을 제대로 강해하려면 이 유기적인 성경관을 가지고 본문에 접근해야 한다고 주장한다:

> 구속사의 통일성이란 역사적인 사실을 기록한 모든 본문이 그리스도 중심적인 의미를 가지고 있다는 뜻이다. 구속사는 곧 그리스도의 역사이다. 그는 구속사의 중심에 있을 뿐만 아니라 그 시작이요 끝이다.…성경은 처음부터 그 기록의 주제와 범위를 밝힌다. 그래서 반트 비르Van't Veer는 "창세기 3장 15절은 그 이후에 발생한 모든 사건들을 세상에 오실 그리스도와 이 세상이 지배자인 사탄과의 큰 싸움이라는 관점으로 보며, 여인의 자손이 획득하게 될 완전한 승리라는 관점으로 본다. 이런 관점에서 보면 이 역사로부터 고립된 사람이 없고 이 큰 싸움과 무관한 사람도 없다. 적대자들과 협력자들의 위치는 기독론적으로만 결정될 수 있다. 이 역사의 전개 과

---

5) Sidney Greidanus, *Sola Scriptura: Problems and Principles in Preaching Historical Texts* (Toronto: Wedge, 1970), 135; Geerhardus Vos, "The Idea of Biblical Theology." 프린스턴신학교 성경신학 학장으로 취임한 Vos의 취임사(n. d., 1895), 16.

6) Geerhardus Vos, *Biblical Theology* (Grand Rapids: Eerdmans, 1975), 5-7.

정에서 그들이 자신의 임무와 위치를 어떻게 받아들였는지 그 양상이 성경 역사에 나타나 있다. 이런 관점에서 역사적 사실들이 선택되고 기록된다"라고 말한다.[7]

하나의 성경 구절이 그리스도 중심의 초점을 유지하며 설교가 그리스도 중심이 될 수 있는 것은 설교자가 예수님의 인격이나 사역에 대한 언급을 메시지에 끼워넣는 능숙한 방법을 발견하기 때문이 아니라, 하나님의 아들이 뱀을 대적하여 싸우는 위대한 드라마에서 성경 본문이 발휘하는 합법적인 기능을 밝히기 때문이다. 라합의 붉은 줄 때문이 아니라 하나님 자신이 비열한 자(라합)와 궁핍한 사람들(이스라엘 백성들)이 본성적으로 소유하지 못했고 소유할 자격도 없는 수단을 통해서 그들을 구원하신다는 것을 그녀를 통해서 증명하시기 때문에 그녀는 그리스도의 사역을 나타내지 않는다. 이런 식으로 구약성경의 옷, 그리고 예수님을 직접 언급하지 않지만 궁극적으로 하나님의 아들을 통해서 성취된 하나님의 구속적 본성과 구속 사역을 확실히 묘사하는 신약성경의 표현 안에 은혜가 나타난다.

그리스도 중심의 설교에 대한 이 성숙한 견해에 의하면 설교자는 단지 자신이 예수님의 생애에 발생한 사건과 사역을 상기시켜주는 것을 확인했다고 해서 본문을 제대로 해석했다고 여기지 말아야 한다. 설교자가 예수님이 우물가에서 여인과 나눈 대화에 대한 논의를 도입하기 위해서 구약성경에서의 우물을 지리학적으로 언급하는 것은 원래의 본문이 구속사에서 차지하는 위치와 의미를 설명하는 것이 아니라 말장난을 한 것에 불과하다. 이것은 구약성경의 이야기에 그리스도가 행하신 것과 비슷하게 보이는 내용이 있다고 해서 모세 율법이나 이스라엘 왕권의 역사에서 발생한 사건으로부터 신약성경으로 도약할 때에도

---

7) Greidanus, *Sola Scriptura*, 135.

적용된다(그림 11.1을 보라).

그림 11.1 상상을 통해 그리스도에게로 도약하기

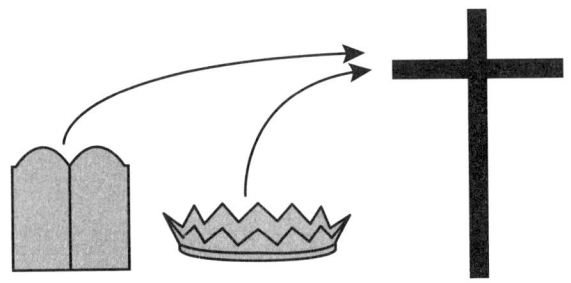

　설교자가 라합의 붉은 줄, 라헬의 나귀에 얹은 안장, 솔로몬 집의 향신료 등이 그리스도의 지상 사역을 나타낸다고 해석할 때, 그 해석이 성경적인 것처럼 보일 수도 있다. 그러나 성경이 그 해석을 확인해주지 않는다면, 설교자는 실제로 본문이 의미하는 것이 아닌 자신의 생각을 말한 것에 불과하다. 설교자의 상상으로는 성경 구절이 의미하는 것을 제대로 식별할 수 없다. 일부 설교자들은 라헬의 붉은 줄이 그리스도의 피를 상징한다고 말하며 다른 설교자들은 주홍색이 죄를 나타낸다고 결론지을 수도 있을 것이다. 이 거의 반대되는 해석들이 성경의 다른 곳에서 발견되는 성경적 진리에 대해 말한다고 볼 수 있겠지만 두 가지 해석 모두 현재 다루고 있는 본문의 분명한 의미를 말하지 못한다.

　설교자가 구약성경 역사의 배후에 숨겨진 그리스도를 찾아야 한다고 생각할 때에도 이와 같은 해석상의 오류가 발생한다. 이런 설교자는 그러한 구절들 속에서 그리스도를 찾아내야 한다는 의무감 때문에 대속을 언급하기 위해 십자가 처형 이전의 본문에서 비록 희미한 것이라도 "메시아적인 빛"을 함축하는 의미를 찾아내려 한다.[8] 그래서 호수의 물이 그리스도의 옆구리에서 흘러나온 물이 되고, 사막의 바위들은 그리스도의 죽음 안에 두는 소망이 되며, 나무가 십자가로 변형되고, 기름이 피로 성체화되며, 산이 갈보리 언덕으로 변한다.

이런 비강해적인 설명들의 문제점은 설교자가 본문의 진술이나 목적과 상관없이 본문의 세부 내용이 예수님의 성육신이나 구속 사역을 직접적으로 언급한다고 선포할 때에만 그리스도가 제대로 표현된다고 암시한다는 데 있다. 성경 전체가 예수 그리스도 안에서 이루어지는 하나님의 구석하시는 활동의 계시이므로,[9] 설교자가 그리스도 중심의 초점을 보여주려면 전반적인 구속 계획 안에서 특정 본문이 어디에서 어떻게 기능을 발휘하는지 증명하면 된다. 앞 장에서 지적했듯이 그 기능은 그리스도의 사역을 예고하거나 예비하거나 반영하거나 그 사역의 결과일 수 있다. 예수님에 대한 상징적 언급을 필요로 하지 않는 다른 구속적 목적들도 식별되어야 할 것이다.

그리스도의 말씀과 그리스도에 대한 말씀은 성경 도처에서 하나님이 자신의 위대한 계획의 신비를 펼치실 때 작용한다.[10] 이 점에 대해서 그레이다누스 Greidanus는 다음과 같이 기록한다:

> 그리스도를 역사 속에서 적극적으로 활동하시는 영원한 로고스로 이해하면, 모든 설교가 그리스도 중심이 되기 위해서는 성육하신 그리스도를 언급해야 한다는 전통적인 주장이 힘을 잃는다. 이제 그리스도를 영원한 로고스로 이해함으로써 그 틀을 파괴할 수 있게 되었다. 이러한 이해로 말미암아 본문 스스로가 말할 수 있는 기회가 더 많아졌다. 설교자는 본문과 설

---

8) Greidanus, *Sola Scriptura*, 143.
9) Vos, "Idea of Biblical Theology," 11, 14. .
10) Cf. Edmund Clowney, *The Unfolding Mystery: Discovering Christ in the Old Testament* (Phillipsburg, N. J.: Presbyterian and Reformed, 1988), 9-16.

교를 그리스도 중심으로 만들기 위해서 "우여곡절을 겪더라도 골고다에 안착하라"는 명령을 듣지 않아도 된다. 왜냐하면 그리스도는 본문이 언급하는 구속사의 지점에 이미 현존하시기 때문이다.[11]

강해설교를 그리스도 중심의 메시지로 만들기 위해서 반드시 골고다와 베들레헴, 감람산을 언급해야 할 필요는 없다. 설교자가 본문의 진술이나 문맥에 근거해서 본문과 여인의 후손과 사탄 사이의 전면전의 관계를 증명해주는 신학적인 진리나 역사적인 사실을 드러낸다면 그리스도가 메시지의 초점이 된다.

(3) 구속적인 목적을 식별하라.

불가능할 것처럼 보이지만 성경 전체의 목적에 관한 이 관점은 설교자가 설교에서 그리스도의 지상 사역의 일면을 구체적으로 언급하지 않아도 그리스도 중심의 설교를 할 수 있다는 것을 의미한다. 하나님께서 구속의 계획, 목적, 그리고(또는) 이유 등을 계시하기 위해서 본문을 어떻게 사용하시는지 설명하는 설교는 청중을 인간 중심의 신앙으로 나가게 만들지 않는다. 예수님의 이름을 언급하는 것과 상관없이 공급해주시고 구원해주시고 지탱해주시는 분이신 하나님의 근본적인 본성을 드러내주는 강해는 그리스도 중심이다. 설교자는 하나님이 모든 사건 기록, 모든 인물들의 이야기, 그리고 모든 교훈 안에 있는 원리들을 사용하여 성취하시는 것에 초점을 둠으로써 메시지가 인간 영웅 숭배로 전락하지 않게 한다. 성경 본문의 진정한 영웅은 하나님이시다. 이것은 성경의 인물들이 우리가 본받아야 할 모범적 성품을 가지고 있지 않다는 의미가 아니다(예를 들어 롬 15:4; 빌 3:17). 다만 이러한 모범적인 성품이 드러나는 원인이 은혜라는 것을 인식해야 한다(롬 11:36).

---

11) Greidanus, *Sola Scriptura*, 145.

성경의 인물을 경시하는 태도는 결코 정당화될 수 없다.…성경의 인물들과 관련하여 주목해야 할 점은 그들이 자신 때문이 아니라 하나님이 그들을 통해서, 그들 안에서, 그리고 그들을 위해서 행하고 계시는 것을 보여 주기 위해서 성경에 삽입되었다는 것이다. 즉 하나님이 인간들의 노력을 통해서, 그리고 때로는 그들의 방해에도 불구하고 어떻게 자신의 나라를 발전시켜 나가셨는지 보여 주기 때문이다.[12]

구속을 예비하시는 하나님의 본성, 또는 구속을 필요로 하는 인간의 본성에 대해 하나님이 계시하시는 것의 맥락 안에 본문을 둘 때 설교자의 독단적인 해석이 사라질 것이다.

하나님 중심의 설교는 필연적으로 그리스도 중심의 설교가 된다. 이는 설교 중에 예수님의 이름을 인용하거나 그분의 공생애 사건을 상기시키기 때문이 아니라 하나님의 해법이 필요한 인간 곤경의 실체를 증명하고 그 해법을 밝혀주기 때문이다.[13] 하나님 중심의 설교는 그리스도 중심의 설교이다. 왜냐하면 하나님이 스스로 계시하신 대로의 하나님을 선포하는 것은 그리스도 안에 영원히 나타난 바 예비해주시는 본성과 성품을 알리는 것이기 때문이다(히 13:8). 하나님의 구속적 활동에 초점을 두는 것은 그리스도의 사역을 위한 무대를 설치하고, 그 사역의 필요성을 사람들에게 알리며, 구원자로서의 신적 성품을 드러내는 것이다. 우리가 활동하시는 하나님을 볼 때 필연적으로 그리스도의 사역을 발견하게 된다(요 1:1-3; 14:7-10; 골 1:15-20; 히 1:1-3).[14]

설교가 진정한 강해설교, 그리고 그리스도 중심의 메시지가 될 수 있는 것은

---

12) Sidney Greidanus, "Redemptive History and Preaching," *Pro Rege* 19, no. 2 (December 1990): 14.
13) 앞의 책, 12-13; Greidanus, *Sola Scriptura*, 143-44.
14) John Calvin, *Institutes of the Christian Religion*, 2.6.4.

설교가 골고다로 이동했기 때문이 아니라 본문의 의도를 하나님의 구속사역의 범위 안에 두기 때문이다(그림 11.2를 보라). 따라서 설교의 목적은 하나님의 백성들로 하여금 하나님의 구속적 활동—구속을 예고하고 그 본성을 이해할 수 있도록 예비하고, 그 필요성을 반영하고, 우리 삶에서 그리스도의 사역의 결과를 구체적으로 명시하는 것—을 이해할 수 있게 해주려는 본문의 원래 목적에 충실하는 데 있다.15)

그림 11.2 그리스도 중심의 강해

하나님의 구속적 계획이라는 관점에서 볼 때(그리고 그 계획을 성경에서 점진적으로 계시하고 있다는 관점에서 볼 때), 충실한 강해에서는 성경에 기록된 인물이나 교훈, 사건이 각기 알맞은 역할을 취한다.16) 설교자는 종종 모범적이니 못한 행동을 한 족장들을 청중이 본받아야 할 모델로 제시하지 않을 것이다.

---

15) 이에 대한 구체적인 논의로 본서 제10장의 성경 본문의 네 가지 용도를 참고하라.
16) 조나단 에드워즈는 "뉴저지 대학의 이사들에게 보낸 편지"에서 이같은 성경 해석 방법을 제시하였다.

오히려 옛 성인들을 하나님이 의도하신 대로 하나님의 자비와 구원의 산물로서 믿음과 은총을 소유한 타락한 피조물로 제시할 것이다.[17]

율법에 관한 설교는 단순히 도덕적인 교훈만을 제시하는 것이 아니라 현대를 살고 있는 하나님의 백성들이 알아야 할 것, 즉 거룩한 행위뿐만 아니라 하나님을 의존하는 일이 필요하다는 점을 보여줄 것이다(갈 3:24).[18] 설교자는 율법이 가리키는 것이 인간의 업적이 아닌 보다 큰 의의 섭리의 필요성임을 증명하면서 하나님이 우리를 받아주시는 것이 우리의 의에 달려있다고 가르치지 않을 것이다.

사사 시대나 열왕 시대에 관한 메시지도 그 베일을 벗어버릴 것이다. 전에 우리는 이들 신앙의 용사들이 호평을 받게 하려고 그들의 명성에 흠이 되는 결점을 숨겼지만 이제는 거리낌없이 성경의 지도자들이 갖고 있는 오점들을 적나라하게 알릴 것이다. 왜냐하면 그들의 약점을 통해서 진정한 의는 오직 하나님으로부터 나온다는 사실을 설명할 수 있기 때문이다.

심지어 결혼, 교회 직무, 교회 안에서의 관계, 예배 관습 등에 관한 신약의 교훈도 구약 율법을 설명할 때처럼 하나님의 백성들을 하나님께 인정받을 수 있게 해주는 수단으로 설명하지 않을 것이다. 모든 성경적 기준들(성문화된 교훈의 형식으로 제시되었든지 인간적인 예를 통해서 제시되었든지)이 하나님이 의도하신 대로 작용하여 하나님이 자기 백성들을 위하여 행하셨으며 하나님만이 행하실 수 있는 것에 대해 감사함의 발로로서 그의 영광을 반영하고 그들의 선을 촉진하여 그들의 영혼을 만족하게 해주는 길로 인도할 것이다.

① 막다른 길과 다리

---

[17] Edmund Clowney, *Preaching and Biblical Theology* (Grand Rapids: Eerdmans, 1961), 80. Idem, "Preaching Christ from All the Scriptures" in *The Preacher and Preaching*, ed. Samuel T. Logan (Phillipsburg, N. J.: Presbyterian and Reformed, 1986), 163-91.

[18] Calvin, *Institutes of the Christian Religion*, 2.7; 10.3-5.

앞의 예들은 성경의 각기 다른 부분과 특징들이 하나님의 전반적인 구속 계획을 드러내는 데 있어서 어떻게 기능하는지 증명해준다. 하나님의 구속의 역사가 전개됨에 따라 하나님께서 자기 백성들이 그리스도를 완전히 믿기 위해서 이해해야 할 구원의 다양한 측면을 가르치고 계심이 분명해진다. 언약의 백성들이 자신의 의에 희망을 두지 않도록 하기 위해서 하나님은 율법을 마련해 주셨는데, 그것은 복임에도 불구하고 인간의 약함과 유한성을 극적으로 드러내주었다. 하나님은 언약의 백성들이 자기 보기에 옳은 것을 행하면 성공할 것이라고 믿지 않게 하기 위해서 고통스러운 사사시대를 경험하게 하셨다. 안전과 평화를 위해 인간의 권위를 의존하는 것이 어리석은 짓임을 알게 하기 위해서 왕권시대의 실망을 경험하게 하셨다. 이러한 역사 시대들 및 그 특징들, 그리고 특별한 사건들 및 개입된 사람들이 구원에 이르는 인간의 길은 막다른 길임을 증명한다.

율법 앞에서 범하는 우리의 실수들은 우리를 대신하여 율법을 완벽하게 성취해줄 분이 필요하다는 것을 지적해준다. 우리 삶을 자율적으로 판단하려는 데서 비롯되는 고통과 난잡한 상태는 보다 완벽한 재판관이 필요하다는 것을 드러내준다. 가장 훌륭한 왕의 한계와 실수들은 더 위대하신 왕의 필요성을 보여준다. 하나님은 구속사의 계시를 통해 이러한 인간적인 길에 대한 희망의 끝에 우리를 데려가시고 그리스도에게로 인도해주는 보다 좋은 길로 이끄신다. 구속적 계시의 목적에 충실한 설교는 신자들을 길이요 진리요 생명이신 분에게 인도하기 위해서 막다른 길의 본질을 상세히 제시한다.

어떤 성경 구절들은 막다른 길에서 다리를 마련해줌으로써 구속적 목적을 성취한다. 율법 외에도 구약의 성례전과 성전은 그리스도 안에서 완전해지고 이용할 수 있게 되는 은혜의 측면들을 예시해주었다. 이스라엘의 사사시대와 왕조시대의 좌절 및 실망, 그리고 예언자들의 사역이 오실 구속자에 대한 소망을 예비해주었다. 강해설교자는 구약성경과 신약성경의 구절에 등장하는 인물이나 특징이 그리스도가 행하신 일 및 궁극적으로 행하실 일에 대한 우리의 이해를 어떻게 진작시키는지 설명함으로써 그 구절들을 해석한다.

② 거시적 메시지와 미시적 메시지

성경 역사 전체에 분명히 드러난 구속적 진리를 해석하는 과정은 구속적-역사적 방법이라고 알려져 있다. 이것은 강해자가 본문을 그 완전한 문맥 안에서 정확하고 은혜롭게 해석하는 데 필요한 중요한 기본 도구이다. 그러나 수천 년 동안 발생한 사건들을 고려해야 하는 거시적 관점은 좋지 않은 설교 효과를 초래할 수 있다. 일부 설교자들은 설교할 때마다 창세기부터 계시록까지 다루어야 한다고 생각하기 때문에 일반 예배에 어울리지 않게 지나치게 학구적이고 복잡하고 길게 설교한다. 또 어떤 설교자들은 성경 역사의 범위 안에 있는 구절의 기능을 식별하지 못할까 염려하여 본문의 구속적 목적을 식별하려는 시도를 생략한다.

이 두 가지를 최소화할 수 있으며, 구속적-역사적 방법이 드러내주는 거시적 메시지와 미시적 메시지를 식별하는 법을 배움으로써 매우 유익한 설교를 할 수 있다. 현존하는 은혜를 식별하기 위해서 본문 강해를 성경의 지평선 끝으로 밀어낼 필요는 없다. 실제로 이 지평선이 그리스도 중심의 설교를 위한 언급의 일반적인 틀을 제공해주며, 각각의 설교는 본문의 문맥 안에 분명히 나타나 있는 구속의 진리를 반영할 수 있다. 이러한 진리들은 본문 안에 있는 교리적 진술이나 본문 안에서 이루어지는 하나님과 사람들의 관계적 상호작용, 또는 하나님의 구속적 성품을 나타내려는 의도로 본문 안에 등장하는 사람들 사이의 상호작용 등을 통해 분명히 드러날 수 있다.

"아브람이 여호와를 믿으니 여호와께서 이를 그의 의로 여기시고" 라는 교리적 진술은 구속사를 위한 폭넓은 신학적 의미를 함축하고 있다. 그러나 구원하는 믿음의 본질에 대한 이 분명한 구약성경의 설명 역시 창세기 15장의 문맥 안에서 유익하게 설명될 수 있는 중요한 신학적 의미를 함축한다. 설교자들은 그 구절의 범위 안에서 이 진술이 의미하는 것을 설명함으로써 믿음으로 말미암아 주어지는 하나님의 은혜의 본질을 보여줄 수 있다. 그 구절 안에서 은혜의 차원이 드러나고 설명될 수 있다. 설교자가 그 성경 기록의 보다 넓은 문맥을 설명하는 것이 금지되지 않지만 그것이 요구되지도 않는다. 설교자가 찾아내려 한다면 근접한 구절 안에서 그리스도 중심의 메시지로 만들어주는 구속적 주제들(즉 하나님께서 우리의 능력과 상관없이 우리를 위해 공급해주시는 것에 초점을 두는 것)을 분명히 찾아낼 수 있다.

마찬가지로 다윗 왕이 무서운 죄를 지었음에도 불구하고 하나님이 다윗에게 하신 약속을 유지하셨다는 사실은 엄청난 역사적 의미를 지닌다. 그러나 설교자가 성경의 지평선에서 먼곳으로 가지 않고 그 이야기의 문맥 안에 있는 하나님과 다윗 사이의 상호작용 안에서 은혜를 찾아내려 할 수 있다. 하나님이 다윗을 용서하셨다. 미시적 차원에서 이 은혜는 거시적 차원에서 다윗의 혈통을 보존한 것이 어떻게 메시아 탄생이라는 결과를 낳았는지 증명하는 것으로서 의미 있음이 증명된다. 두 차원의 설명 모두 적절하며, 구속적-역사적 해석의 거시적 측면과 미시적 측면이 반드시 상호 배타적인 것은 아니다. 종종 그것들은 서로 강화해준다. 그럼에도 불구하고 구속적 진리가 설교되고 있는 구절과 인접한 문맥에서 발견될 수 있다는 인식이 설교자에게 위로가 된다. 하나님이 자기 백성과 관계하시는 방법(또는 하나님을 대변하는 사람들과 다른 사람들의 관계)를 통해서, 하나님의 성품과 사역의 본질이 우리가 자신을 신뢰하는 데서 하나님의 섭리에 대한 믿음으로 전환하기 위해 알아야 하는 은혜를 반영한다. 결과적으로 설교자가 하나님께서 예수님을 보내신 일을 명시적으로 언급하지 않는 본문을 가지고 설교할 때에도 설교는 끊임없이 하나님의 자비를 가지고 사람들에게 동기를 부여한다.

2. 구속적인 강해의 척도

1) 구속적 강해의 과정

주님이 광범위한 성경 기록 안에 은혜를 계시하고 계심을 아는 설교자에게는 특정 구절의 구속적 진리를 정확하고 충실하게 추출해낼 도구가 필요하다. 아래에 기술한 삼 단계의 강해 과정도 그런 도구 중의 하나이다.[19] 이 과정은 성경 본문들을 관통하여 흐르는 구속적 진리들이 설교에 어떻게 나타나야 하는지를 추적하는 수단이 될 뿐만 아니라 설교자가 본문의 궁극적인 목적들을 드러낼 것이라는 확신의 척도를 제공해준다.

(1) 그리스도 중심 강해의 과정

1. 본문에 나타난 구속의 원리들을 확인한다.
   ① 구속을 제공하는 하나님의 본성의 측면들을 드러낸다.
   ② 구속을 필요로 하는 인간의 본성의 측면들을 드러낸다.
2. 본문을 읽은 원래의 독자들의 삶에서 이 구속의 원리들이 어떻게 적용되었는지를 결정한다.
3. 현대 신자들과 원 독자들의 공통된 인간적 특성이나 상태에 비추어 구속의 원리들을 현대인의 삶에 적용한다.

---

19) Cf. Kenneth J. Howell, "How to Preach Christ from the Old Testament," *Presbyterian Journal*, 16 January 1985, 10. 이 단계가 구속적-역사적인 방법을 뛰어넘어 구속적-교리적인 방법으로 나아가고 있음에 주목하라. 즉 구속적인 상황뿐만 아니라 구속적인 진리라는 관점에서 해석한다.

이 과정은 설교자가 메시지의 FCF를 결정하는 과정과 동일하지만 두 가지 실질적인 차이점이 있다. 첫째, 이 과정은 청중이 메시지를 들어야 하는 이유를 결정하는 것만을 지향하는 것이 아니라, 하나님이 이러한 필요성을 처리해주신 결과로 청중에게 바라는 행동이나 믿음이 무엇인지, 또는 무엇을 받아들이기를 기대하시는지를 결정하는 것을 메시지의 목적으로 삼는다. 둘째 차이점은 첫째 차이점의 산물이다. 즉 메시지가 구속적인 진리에 초점을 맞추기 때문에 메시지의 목적이나 강조점이 인간 중심에서 벗어나서 하나님이 행하신 일이나 행하고 계신 일, 혹은 앞으로 행하실 일에 초점을 맞추게 된다.[20]

FCF가 사람들이 메시지를 들어야 하는 이유 및 하나님이 행동하시는 이유를 설명해 주지만, 구속적인 강해는 인간의 추정을 배제하고 하나님의 해결책을 제시한다. 이런 강해는 설교를 본래의 변화시키는 기능으로 복귀시킨다. 신자들에게는 헌신의 소명이 있다. 하지만 설교자들은 하나님의 활동에 기초를 두고 그분의 능력에 의해서 이 소명을 제시한다. 설교자는 결코 하나님의 진리 없이 해답을 찾거나 하나님의 능력 없이 명령을 행하거나 하나님만이 예비해주시는 용납이 없이 그분의 복을 받으라고 가르치지 않는다. 충실한 설교는 신자들로 하여금 하나님이 요구하시는 것과 중생한 심령들이 바라는 것을 행할 수 있도록 하기 위해서 자신이 아닌 하나님의 섭리를 바라보도록 지적해주는 것이다. 구속적 강해가 하나님 찬양에 초점을 두기 때문에 이 과정이 손상되지 않고 유지된다.

2) 구속적인 강해의 예

---

20) Jay Adams, *Preaching with Purpose: A Comprehensive Textbook on Biblical Preaching* (Grand Rapids: Baker, 1982), 152. Cf. John Piper, *The Supremacy of God in Preaching* (Grand Rapids: Baker, 1990), 17-46.

구속적인 강해는 어떤 모양을 갖추어야 하는가? 이런 원리들이 실제로 어떻게 강해설교의 메시지를 구성하는가? 형식적인 기준에 맞추기보다는 때에 따라 적절하게 대처할 때 그리스도 중심의 설교를 구성할 수 있다. 때때로 설교자는 본문의 가르침의 기조를 이루는 구속적 진리를 강조하면서 메시지를 시작한다. 어떤 경우에 설교자는 교훈을 밝히거나 모든 가르침을 제공하면서 구속적인 사례를 제시한 후에 설교의 경고 부분에서 그 교훈을 실천할 수 있게 해주거나 충실한 봉사의 동기가 되는 구속의 진리를 지적하기도 한다. 이 마지막 방법을 조심해야 한다. 왜냐하면 이 방법은 마지막 부분에서 그리스도를 잠깐 언급할 뿐 전체적으로는 인간 중심의 메시지가 될 가능성이 있기 때문이다. 그러나 설교자가 이 방법을 너무 자주 사용하지 않는다면 메시지 안에서의 역설적인 전환이 하나님 중심의 요소를 강력하게 만들 수도 있다.

(1) 비구속적인 예

1. 자신에게서 불의를 완전히 제거하라.

2. 새로워진 의 안에서 하나님을 따르라.

3. 사람들을 의로 인도하라.

("거룩하라"는 이 설교의 구조와 표현은 신자들의 적절한 행동을 구속의 유일한 도구로 만든다.)

(2) 구속적인 기초의 예

1. 하나님이 우리의 의를 공급해 주신다.

2. 하나님이 주시는 의에 대한 권리를 요구하라.

3. 하나님이 주시는 의를 표현하라.

(이 메시지는 하나님의 섭리를 하나님이 요구하시고 증식시켜주시는 의의 기초로 삼는다. 이 메시지는 신자들의 의의 근원이 하나님이라고 제시한 후에 순종을 요

구한다.)

(3) 구속적 전개의 예

1. 하나님이 당신에게 부족한 의를 요구하신다고 고백하라.

2. 하나님이 당신에게 부족한 의를 공급해 주신다고 인정하라.

3. 하나님이 당신에게 부족한 의를 공급해 주시는지 질문하라.

> (하나님이 본문의 주인공이시다. 하나님은 자기 백성의 유익을 위해 요구조건들을 제시하시고, 자신이 요구하시는 것의 성취를 위해 공급해 주시며, 그것의 성취를 가능하게 해주신다.)

(4) 구속적 반전의 예

1. 당신에게서 불의함을 완전히 제거하라.

2. 사람들을 불의에서 이끌어내라.

3. 의의 성취를 위해 하나님을 의지하라.

> (이것은 순종의 의무와 복을 분명히 한다. 그러나 하나님의 구원하시고 거룩하게 하시고 능력 주시는 사역이 없으면 그러한 교훈을 따르는 것이 무력하다고 밝힌다.)

구속적인 설교라고 해서 메시지 안의 정해진 위치에서 그리스도를 언급해야 하는 것은 아니다. 만약 설교자가 그리스도를 언급해야 할 장소와 빈도와 관련하여 자의적인 표준을 가지고 메시지를 해석한다면, 그는 강해의 필연적인 결과로서 그리스도를 언급하기보다는 설교자의 인위적인 상상력을 통해서 그리스도를 언급하는 실수를 범하거나, 관련이 없는 갈보리를 언급하는 실수를 범하게 된다. 구속적 진리에 기초한 강해설교는 "세 가지 대지에 십자가를 덧붙이는" 설교가 아니다. 이런 설교는 메시아에게로의 도약, 병행어를 사용한 재담, 비슷한 사건이나 인물 비교 등으로 이어질 것이다(그림 11.3을 보라).

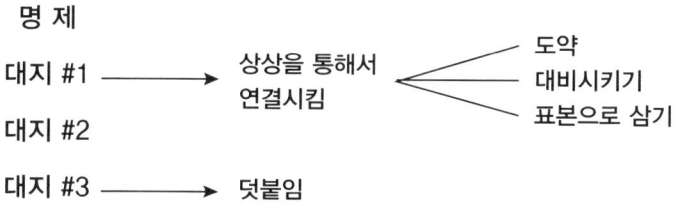

그림 11.3 "세 가지 대지 뒤에 십자가를 덧붙이는" 설교의 문제점

그리스도 중심의 메시지는 설교자가 제멋대로 "십자가"를 언급한다고 해서 생겨나는 것이 아니다

그리스도 중심의 강해 설교라고 해서 반드시 십자가를 언급해야 하는 것은 아니다. 청중으로 하여금 하나님의 구속 사역이 개인적으로 어떤 의미를 갖는지 분명하게 인식하게 만드는 것이 그리스도 중심의 설교이다(그림 11.4를 보라). 청중이 교회를 나설 때 그들 자신에게 초점을 맞추는가, 아니면 자신을 구원해 주신 구세주에게 초점을 맞추는가? 그들 자신의 행위에 소망을 두는가, 아니면 자신을 위해서 행하신 하나님의 사역에 소망을 두는가? 메시지 전체를 통해서 신자들이 자신의 칭의를 위한 유일한 소망이며 순종의 주된 동기로서 하나님의 은혜를 더 완전하게 이해하게 되었는가? 정해진 설교의 틀 속에서 메시지를 작성하는 것보다는 이런 질문들에 대답함으로써 하나님의 역사적, 신학적, 개인적인 목적에 비추어 하나님의 말씀을 해석했는지의 여부를 결정할 수 있을 것이다. 구속의 주제는 첫째 대지, 둘째 대지, 결론 부분, 도입부 등 어디에서든 전개할 수 있다. 왜냐하면 설교의 그리스도 중심성은 은혜라는 특성의 배치를 위한 인위적인 표준에 의해 결정되는 것이 아니라 본문의 전개 과정과 메시지의 목적에 의해서 결정되기 때문이다. 인위적인 기준이 아니라 성경 기록의 범위 안에서, 그리고 특수한 성경적 상황 안에서 하나님과 백성들의 상호

작용에 따라서 본문의 의미를 강해하는 것이 진정한 강해이다.

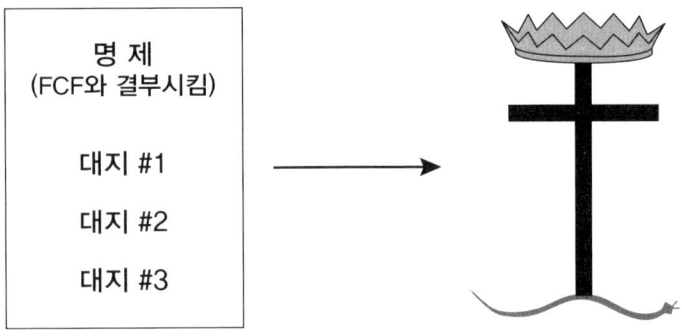

그림 11.4 은혜 지향의 설교

청중으로 하여금 하나님의 구속적 계획 안에서 본문의 역할과 위치를
이해하게 해주는 설교

3) 구속적인 강해의 메시지

설교자가 이런 노력을 통해서 본문의 내용뿐만 아니라 기능까지, 다시 말해서 본문의 목적까지 설명할 수 있게 된다면, 자연히 자신의 메시지가 성경의 의도를 반영하고 있는지 확인하려 할 것이다. 확실히 성경 안에 있는 하나님의 구속 사역을 드러내주는 강해 방법은 강해에서 드러내는 은혜에 의해서 결정되는 특성을 지닐 것이다. 그러한 설교는 인간의 행위를 과대평가하거나 은혜를 경시하는 율법주의를 대적할 것이다. 다시 말해서 그리스도 중심의 설교는 단순한 해석 방법이 아니다. 그것은 설교자가 전하는 구원과 성화의 메시지에 필요한 함축된 의미를 동반하는 주석적 의무이다.

설교자가 그리스도 중심 설교의 특징을 나타내는 메시지 유형들을 확인할 때 성경의 구속적 특징에 충실한 강해의 특징이 드러난다. 그리스도 중심의 설교자들은 성경 전체에 분명히 나타나 있는 은혜를 선포하기 때문에, 그들이 신앙과 삶의 문제들과 관련하여 전하는 메시지는 그리스도의 사랑과 희생과 승리 안에 계시된 하나님의 영광의 주제들을 강조한다. 이러한 주제들, 설교자가 작성하는 메시지, 그리고 그가 다루는 문제 등은 다음의 네 가지 범주로 분류할 수 있다.

(1) 우리의 죄에도 불구하고 주시는 은혜

종종 설교자가 언약의 백성들의 방종이나 연약함을 묘사하는 본문을 다룰 때 인간이 신실하지 못함에도 불구하고 하나님은 신실하시다는 주제가 등장한다. 이 경우 메시지는 인간의 배반과 약함에도 불구하고 하나님이 우리를 자녀로 삼으신 것 및 이 관계가 가져다주는 확신에 초점을 둔다.[21] 이러한 메시지에서 설교자가 고려하는 주제에는 하나님의 사랑 안에 있는 신자들이 누리는 특권(성경의 안식 원리)과 하나님의 사랑에 대한 확신(그리스도와의 연합으로 말미암는 양자됨의 영광)이 포함된다.

(2) 죄의식을 없애 주는 은혜

칭의와 용서에 관한 메시지는 죄를 깨끗이 씻어주는 은혜를 주제로 삼는다. 이런 주제의 메시지는 죄고백과 회개, 그리고 그리스도의 희생이 우리의 죄를 씻기에 충분하다는 확신의 필요성으로 이어진다.

---

21) Robert A. Peterson, *Adopted by God From Wayward Sinners to Cherished Children* (Phillipsburg, N.J.: Presbyterian & Reformed, 2001), 131-44.

(3) 죄의 세력을 물리치는 은혜

부활하시고 영원히 현존하시는 그리스도의 영적 능력을 선포하는 성경 본문에서 성화와 영적 능력 부여에 관한 메시지가 나온다. 설교자는 이런 압도적인 은혜를 전함으로써 성령의 능력과 말씀의 진리 안에서 승리할 수 있다는 점을 강조하며, 신자들로 하여금 세상과 육과 마귀와 싸울 준비를 갖추게 해준다.

(4) 거룩으로 이끄는 은혜

하나님의 계시인 성경이 은혜를 설명하는 무대라는 사실을 신자들이 깨달을 때 그들의 마음속에 경외와 기쁨과 겸손이 생겨난다. 이런 태도는 하나님을 예배하고 그에게 복종하라고 권고하는 메시지의 기초요 적절한 동기 유발이 된다. 또 신자들이 성경 진리를 삶에 적용하고 실천할 때 그 결과가 감사와 찬양, 그리고 예배로 나타난다. 그리스도 중심의 설교는 기독교인들이 지켜야 할 행동의 규범적 표준을 폐지하는 것이 아니라 그 근원을 은혜의 강력한 능력에 둔다. 그리스도 중심의 설교에서 순종의 규칙들이 변하지 않지만 그 이유는 변한다. 신자들은 하나님의 조건적인 은총에 대한 보답이 아니라 그의 자비하심에 대한 응답으로 하나님을 섬기라는 권면을 받는다.

3. 구속적인 강해의 특징

설교자가 신자들에게 거룩하라고 말하면서 동기를 부여하는 방법은 그리스도 중심 설교의 숨길 수 없는 표식이 되기도 한다. 역사적으로 은혜 중심의 설교에서는 순종의 필요성을 강조하는 것을 많이 비판해왔다. 왜냐하면 기독교인들이 지켜야 할 명령으로서 행위에 관한 성경적 표준을 제거하지 않은 채 하나님 사랑을 얻기 위한 조건인 순종을 제거하기 어렵기 때문이다. 끈질기게 거룩함의 필요성과 적절한 동기부여를 설교하는 것은 어느 세대에나 설교자들에게 감당하기 어려운 직무들 중 하나이다.[22] 성공적인(즉 성경적인) 그리스도 중심 설교는 은혜가 동기가 되는 순종의 표식들을 지닌다. 즉 기독교적 행위의 근원을 하나님의 영광과 섭리를 이해하는 데 두면서 성경의 명령을 현대적으로 적용할 것을 주장한다.

1) 은혜의 영향 이해하기

(1) 역사적인 이해

역사학자들은 존 번연의 삶에서 가장 놀라운 일은 그가 감옥에 갇혀서도 사역을 중단하지 않은 것이라고 말한다. 『천로역정』*Pilgrim's Progress*의 저자 번연은 감옥에 있는 동안 영향력 있는 글을 많이 썼다. 감옥이라는 환경이 그의 사상을 더욱 힘있고 생동감 있게 해주었다. 그가 어려움 속에서 경건한 동료 죄수들과 함께 하나님 사랑에 대한 확신이 거룩함을 증진시키는지 방탕함을 증진시키는지에 대해 토론하면서 그의 신학이 확실한 형태를 갖추게 되었다. 동료 죄수들은 "당신은 사람들에게 하나님의 은혜를 보장해서는 안 됩니다. 왜냐하면 그들은 자기가 원하는 대로 행할 것이기 때문입니다"라고 말하면서 번연의 견해에 반대했다. 이에 대해 번연은 "그렇지 않습니다. 만일 당신이 하나님의 백성들에게 계속 하나님의 은혜를 보장해준다면, 그들은 하나님이 원하시는 대로 행할 것입니다"라고 대답했다. 번연은 자신의 경험을 통해서 위해에 대한 두려움이나 거부의 위협보다 사랑이 훨씬 강력한 동기부여자임을 깨달았다.[23] 그는

---

22) 롬 6:1; 갈 3:21-22; 5:13-26 참조.

23) Cf. Jerry Bridges, *The Joy of Fearing God* (Colorado Springs: Waterbrook, 1997), 97-113. Westminster Shorter Catechism, question 1; Heidelberg Catechism, question 1; cf. WCF, 20. 1,6,7.

핍박을 받으면서도 확신을 버리지 않고 증언했는데, 이는 하나님의 응징을 두려워해서가 아니라 자신의 구주를 많이 사랑했기 때문이었다. 만약 위협이 그의 신앙에 동기를 부여한 유일한 요인이었다면, 번연은 나중에 하나님을 달래겠다는 의도를 가지고 박해자들의 위협에 굴복했을 것이나. 그러나 그는 구세주에 대한 사랑 때문에 고통스런 순례자의 삶에 충실했다.

번연의 깨달음은 그리스도 중심의 설교에서 적용의 특징이 되는 이해를 반영하고 있다. 성경의 모든 교훈은 하나님의 섭리의 틀과 구속사역에 대한 설명 안에서 기능을 발휘하므로, 은혜가 설교에서 설명된 것을 시행하도록 촉구하기 위한 수단이 되어야 한다. 은혜는 의로운 행동을 도와줄 뿐만 아니라 결코 감소되지 않고 중단되지도 않는 하나님의 사랑이 인간을 의롭게 만들 수 있다는 것을 이해하도록 도와준다. 만일 순종이 신자들이 하나님의 진노를 피하거나 하나님의 환심을 사기 위해 취하는 방어 자세에 불과하다면, 인간의 거룩함은 이기심의 완곡한 표현에 불과할 것이다. 자기 방어와 자기 판촉이 기독교의 순종이나 설교의 주된 동기가 된다면, 우리는 무의식중에 자기만족을 신앙의 주로 삼은 것이다.[24]

하나님이 복을 주시겠다는 약속과 상을 구하는 것은 성경적 동기부여에 어긋나는 것이 아니지만 그것들이 우선적인 것이 되어서는 안 된다. 우리가 행하는 최선의 행위도 우리의 공덕이 되지 못한다는 것을 깨닫지 못한다면 거룩함을 추구하는 것은 무익한 일이 된다. 앞에서 언급했듯이 그리스도의 피로 성화되지 않는다면 우리가 행하는 선한 행위가 더러운 옷이요 헛된 예배에 불과하다. 우리의 선행이 부적절하다는 것을 알면서도 그러한 행위를 하나님께 드리는 것은 하나님을 설득하여 우리를 사랑하게 만들기 위해서가 아니라 우리가 하나님

---

24) 롬 15:1-3 참조.

을 사랑하기 때문이다.

하이델베르크 요리문답은 순종의 본질에 대한 신학적 담화에서 가장 정직한 질문을 제기한다: "우리의 공로가 조금도 없이 그리스도로 말미암아 오직 은혜로 우리의 죄와 비참함으로부터 구원을 받았는데, 우리는 왜 또한 선행을 해야 합니까?" 이 질문에 대한 답은 다음과 같다: "그리스도께서 그의 보혈로 우리를 구속하셨을 뿐 아니라 그의 성령으로 우리를 새롭게 하여 그의 형상을 닮게 하시기 때문입니다. 이것은 우리가 모든 삶으로써 하나님의 은덕에 감사하고 하나님께서 우리를 통해 찬양받으시기 위함이며, 또한 우리 각 사람이 그 열매로써 자신의 믿음에 확신을 얻고, 경건한 삶으로써 다른 사람을 그리스도에게 인도하기 위함입니다."[25)]

우리가 하나님을 예배하는 것은 하나님의 사랑을 얻기 위해서가 아니라 하나님의 사랑에 감사하기 때문이다. 우리가 순종한 데 대해서 하나님이 주시는 상이 하나님의 자비에 대한 응답으로 하나님을 기쁘시게 하려는 우리의 바람을 취소하지 않는다. 신자들이 주로 즐거움을 얻기 위해 추구하는 복 안에는 실질적으로 참된 만족이 없을 것이다. 성령은 우리가 사랑하는 주님이 기뻐하시는 것을 우리의 가장 큰 즐거움으로 만드시며, 하나님의 영광과 존귀를 우선적인 것으로 삼지 않는 것 안에서는 깊은 기쁨을 발견할 수 없다(시 1:2; 37:4; 43:4; 119:35). 하나님의 자비에 대한 응답으로 그리스도 안에서 사랑으로 드리는 예배는 하나님을 기쁘시게 할 뿐만 아니라 신자의 마음속 가장 깊은 갈망과 지극한 염원을 충족시켜 준다(마 25:21-23; 히 13:21).

이 감사의 표현은 영원한 죄의 빚을 인간의 유한한 손으로 드리는 더러운 옷으로 갚으려고 노력한다는 비뚤어진 의지가 아니라 우리의 사랑과 감사, 그리

---

25) 하이델베르크 요리문답 제86문

고 값없이 주시는 것으로서 오직 믿음에 의해서 받을 수 있는 은혜에 대한 고마움을 증명하려는 성실한 바람이다(고전 6:19; 골 3:15; 히 12:28).[26] 패커J. I. Packer는 이 성경적 동기의 필요성과 힘을 다음과 같이 정확히 표현한다:

> 세속 세상은 기독교적 동기를 이해하지 못한다. 불신자들은 기독교인들을 행동하게 만드는 것에 대한 질문에 접하면 기독교인들이 자기 잇속만 차리려는 목적에서 기독교 신앙을 실천한다고 주장한다. 그들은 기독교인들이 기독교인답지 못한 것(화재보험으로서의 종교), 자기들의 목표를 성취하기 위해 도움과 지원이 필요하다는 느낌(교회로서의 종교), 또는 사회적 정체성을 유지하고픈 바람(품위의 상징으로서의 종교) 등의 결과를 두려워한다고 여긴다. 물론 교인들 가운데서 이러한 동기들을 발견할 수 있다: 저것을 반박하는 것은 헛수고일 것이다. 그러나 교회 안에 도입된 자기 본위의 이기적인 동기가 기독교적인 동기가 되지 않으며, 그것이 동기가 되어 일상적으로 행하는 종교적인 일들을 거룩이라고 칭하지 못할 것이다. 나는 구원 계획으로부터 진정한 기독교적 삶 안에 있는 참된 추진력은 이익을 얻으려는 소망이 아니라 감사의 마음임을 배웠다.[27]

하나님의 사랑과 구속의 계시가 우리로 하여금 "하나님을 영화롭게 하며 영원토록 그를 즐거워"[28]할 수 있게 해준다는 것을 인정할 때 자기 판촉self-promotion, 자기 방어, 노예적 두려움, 비열한 공포 등이 사라진다.

만일 논리적으로나 성경적으로 이기적인 두려움과 이득이라는 동기들이 거

---

26) Cf. John Piper, *Future Grace* (Sisters: Ore.: Multnomah, 1995), 41-49.
27) J. I. Packer, *Rediscovering Holiness* (Ann Arbor, Mich.: Servant Press, 1992), 75.
28) 웨스트민스터 소요리문답 제1문; 웨스트민스터 대요리문답 제32문, 97문, 168문, 174문, 178문; 하이델베르크 요리문답 제1문, 2문, 32문, 86문; 참조: 웨스트민스터 신앙고백 16.2; 19.6; 20.1; 22.6.

룩을 위협한다면,[29] 하나님이 죄를 응징하신다는 위협이나 은혜의 약속이 신자들을 거룩하게 만들 수 있는지 논쟁할 필요가 없을 것이다. 간단히 대답하자면 설교자들은 교정책이 필요하다고 느낀다. 그렇다면 설교자가 응징을 받거나 거부될 것이라고 위협하지 않으면서 어떻게 자신이나 다른 사람들에게 의로운 행동을 하도록 권면할 수 있는가? 설교자들은 이 방법들 모두가 설득력이 있다고 인정하며, 마음속으로 "만일 우리가 신자들에게 하나님의 사랑을 보장한다면 그들이 어떤 이유에서 하나님께 복종할 것인가"라고 질문한다.

(2) 개인적인 이해

궁극적으로 모든 설교자들이 직면하는 문제는 신자들의 행위와 하나님의 용납의 관계를 어떻게 이해해야 하는가이다. 하나님에게 용납되기 위해서 우리가 거룩해져야 하는가, 아니면 하나님께서 용납하셨기 때문에 우리가 의로운 것인가? 나는 이런 질문이 중요하다는 사실을 몇 년 동안 목회 생활을 한 후에야 깨달았다. 나는 의욕적으로 목회했지만, 많은 교인들이 주님으로부터 멀어져 있는 것처럼 보였다. 교회가 2백 년의 역사를 가지고 있었기 때문에 교인들의 영적 공허함이 나를 더욱 낙심하게 만들었다. 몇 세대에 걸쳐 교회에 출석하는 가정들이 많았다. 나보다 성경을 더 많이 알고 있는 교인들도 있었고, 거의 모든 교인들이 기독교인이 어떻게 행동해야 하는지 정확히 알고 있었다. 그들은 공동체의 행동강령을 양심적으로 준수했다. 그들은 결혼생활에 충실했고, 옷차림을 점잖게 했고, 좋은 직업에 종사하고 있었고, 과음하지 않았고, 상스러운 말을 하지 않았다. 외적으로 볼 때 그들의 행동은 기독교적이었다.

그러나 그들의 태도는 그리 모범적이지 않았다. 나는 하나님에 대해서 잘 알

---

[29] 다음을 참조하라: 롬 8:15; 고후 5:14; 요일 4:18.

고 있는 사람들이 어떻게 그렇게 냉혹하고, 죄의식에 시달리고, 자주 활기를 잃고, 서로에게 냉담하며, 초신자들의 실수에 대해서 너그럽지 못한지 이해할 수 없었다. 겉으로 보이는 그들의 말과 행동은 그리스도에게 신실한 것처럼 보였지만, 그들에게는 사랑과 기쁨, 평화, 인내, 오래 참음 등이 결여되어 있었다. 나는 하나님의 말씀을 사랑한다고 말하면서도 그 말씀에 마음으로 응답하지 않는 사람들에게 화를 내곤 했다. 그때 나는 문제가 그들에게 있는 것이 아니라 나를 비롯한 여러 사람들의 설교에 있음을 깨닫기 시작했다.

나는 신자들로 하여금 하나님께 순종하게 하기 위한 동기로서 수치심과 두려움을 사용했다. 종종 나의 이런 메시지 때문에 신자들의 행동이 변화되기도 했지만, 그들이 영적으로는 거의 성숙하지 않는 것처럼 보였다. 예를 들어 나는 이혼을 생각하고 있는 부부에게 그들의 문제가 서로의 관계를 통해서 하나님을 영화롭게 하지 못하는 데 있다고 말해 주었다. 나는 그들에게 "만약 이제까지의 행동을 바꾸면 하나님이 복을 주시겠다지만 계속 불순종하면 하나님의 사랑을 기대할 수 없다"라고 말했다. 그 결과 그들의 행동은 변화되었지만 영적으로 성숙했다는 증거는 전혀 찾아볼 수 없었다. 오히려 일이 년이 지난 후 이 부부는 우울증에 빠졌고, 중독 행위를 추구하거나 영적으로 무관심해졌다.

마침내 주님은 나로 하여금 잘못을 깨닫게 해주셨다. 나는 신자들에게 하나님 앞에서 죄의식을 제거하고 하나님의 사랑을 얻으려면 행동이 변화되어야 한다고 가르쳐 왔다는 것을 깨달았다. 이것은 무엇을 의미하는가? 만약 신자들이 행동의 변화를 통해서 죄의식을 없앨 수 있다고 기대한다면, 그들은 자신의 죄의식을 없애기 위해서 누구를 의지하겠는가? 그들 자신이다.

나는 신자들에게 "내가 어떤 행동을 해야 하나님 앞에서 의로워질 수 있을까?"라고 생각하게 만들고 있었던 것이다. 그들의 신앙이 성숙하지 않은 것은 당연한 일이었다. 나는 그들에게 하나님과의 관계를 확립하기 위해서 자신이 행할 수 있는 것을 의지하도록 가르쳐 왔다. 나에게 상담을 받은 사람들 중 많은 이들이 우울증에 빠지고 영적으로 마비되고 무관심하게 된 것이 당연했다. 나는 신자들로 하여금 죄의식으로부터 해방되고 사랑의 확신을 갖기 위해서 십자가를 의지하기보다 자기 자신을 의지하게 만들면서 그들에게서 소망을 빼앗고 있었다. 나는 의도적인 것은 아니었지만 나의 설교를 듣는 사람들과 하나님 사이에 인간의 행위라는 쐐기를 박아 넣고 있었다. 나의 설교를 들은 교인들은 나에게 인정받고 하나님의 사랑을 받기 위해서 행동의 변화를 보이기도 했지만, 실제로 그들은 내가 처음 사역을 시작했을 때보다 더욱더 하나님을 이해하지 못하고 있었다.

나도 모르는 사이에 나의 사역 안에 행위 의가 들어와 있었다. 나는 직접적으로 언급한 것은 아니었지만 암암리에 우리가 선한 사람이 되면 하나님이 받아들여 주신다고 은근히 가르치고 있었다. 신자들이 까다롭고 강퍅하며 냉담한 것이 당연했다. 나는 그들이 하나님께 더러운 옷을 많이 바칠수록 하나님이 그들을 그만큼 더 보살펴주실 것이라고 가르치고 있었다.

내가 그들에게 가르친 하나님은 얼마나 잔인한 분이었던가! 나는 그들에게 하나님의 사랑이 그들이 행하는 선에 달려 있다고 가르쳤다. 나는 신자들로 하여금 자기보다 덜 성숙한 신자나 예배에 참석한 불신자를 너그럽게 대하지 못하게 만들었다. 그들이 자신의 행위에 따라서 자신이 거룩한지 아닌지를 판단하게 된 것은 나의 설교 때문이었다. 이런 사람들은 교회 안팎에서 사람들의 큰 잘못을 찾아냄으로써 자기들의 의를 확인했다. 나를 화나게 만든 교인들의 좋지 않은 태도와 영적인 완악함의 원인을 제공한 책임은 나에게 있었다.

(3) 정형화된 이해

만약 인간의 행동이 하나님의 거룩한 요구를 충족시킬 수 있고, 그럼으로써 죄악을 없애거나 그 결과에서 벗어날 수 있다면, 바리새파의 주장이 옳다. 다시 말해서 하나님은 의인을 사랑하시고 은총을 베푸신다. 신앙에 대한 이러한 이해를 다음과 같은 간단한 공식으로 나타낼 수 있다:

죄악 $\neq$ > 죄의식을 느낌으로써 무효화됨+행동의 변화 =하나님의 용납

복음주의 설교자들은 자신의 메시지가 이런 공식으로 나타나기를 원하지 않는다. 그러나 하나님의 돌보심의 유일한 원인이 그리스도시며 그분을 향한 사랑이 인간의 의의 최고의 자극제가 되어야 한다는 확신을 주지 않는 메시지는 이러한 공식을 벗어나지 못한다. 하나님의 아들의 사역의 결과로서 하나님이 신자들과 그 행위를 받아들여 주신다는 의식을 가지고 행동할 때에 그들의 의가 하나님을 영화롭게 하는 잠재력을 갖게 된다. 만일 인간의 행위나 감정이 하나님의 신실하심의 기초가 된다면, 순종은 인색하신 하나님에게서 복을 구입하는 수단이 될 것이요 우리가 행하는 의의 목표는 이기적인 것, 즉 자기 보호나 자기 판촉의 형태가 될 것이다. 그러나 하나님이 신실하신 원인은 오로지 은혜이므로, 신자들은 하나님의 영원하시고 무조건적인 사랑을 확신하면서 하나님께 응답할 수 있다. 우리 마음에 영원히 선하시고 자비하시고 사랑이 많으신 하나님을 영화롭게 하려는 갈망이 가득한 결과 사랑으로 하나님을 예배하게 된다. 우리는 역겨운 의무들을 행하고 그 대가로 복을 받으려고 노력하기 보다 하나님이 우위에 두신 것들이 우리의 가장 큰 기쁨임을 발견한다. 우리가 마음으로 세상이 우위에 두는 것들을 거부하고 자신의 악함을 인정하고 슬퍼하며 성령이 주시는 은사를 가지고 구주를 영화롭게 하는 일을 즐거워할 때 오는 결과가 참 회개이다.

은혜가 하나님이 우리를 받아주시는 수단이라고 인식될 때, 은혜는 순종의

동기가 된다. 그 때 순종하는 삶의 동력의 특징은 다음과 같이 표현될 수 있다:

죄의식 ≠ > 은혜에 의해 무효화됨 = 하나님의 용납 → 회개 + 사랑의 섬김

죄의식은 우리를 십자가로 몰아가지만, 하나님의 은혜의 열매인 바 하나님 사랑은 우리를 십자가로부터 몰아가야 한다. 따라서 하나님의 뜻을 따른다는 것은 그분에게 뇌물을 준다는 의미가 아니라 그분을 향한 찬양의 형태가 될 것이다. 이기적인 행동이나 비굴하게 은총을 구하는 청원은 하나님의 품에서 모두 사라져 버린다. 그 대신 하나님의 사랑에 대한 확신을 갖게 되고, 하나님의 길로 돌아가려는 갈망을 품게 되며, 기뻐하면서 희생적으로 하나님의 목적을 추구할 능력을 소유하게 된다. 자신의 죄에 대해 하나님께 보상해야 한다는 비굴한 의무를 사용하려는 욕구를 버릴 때 회개가 하나님을 향한 깊은 사랑의 표현이 될 수 있다. 그 때 자연히 신실하신 하나님께 대한 사랑의 섬김이 우리의 즐거움이 됨에 따라 하나님께 순종하게 된다. 이와 같이 우리의 신실함의 근원에 대한 바른 이해가 설교자로 하여금 자신의 가르침을 구속의 진리와 연결하지 않는 설교의 위험을 인식하게 해준다. 하나님의 완전한 섭리와 다함없는 사랑에 대한 설명에 교정된 행위와 바른 행동을 위한 권면이 동반되지 않을 때 영적 손상이 발생한다.

2) 은혜의 방편 활용하기

신자들에게 바른 행동을 촉구하면서 그 이유나 방법을 설명해 주지 않으면 그들을 해칠 수 있다. 왜냐하면 그들은 자신의 행위와 능력이 하나님이 자기들을 용납하시고 사랑하시는 원인이라고 생각하게 되기 때문이다. 그 결과 교인들을 도우려는 의도를 가진 가르침이 그들에게 해를 끼치게 된다. 만일 신자들에게 그들이 행해야 할 의무만 말해준다면, 그들은 낙심하거나 독선적인 사람

이 될 것이다. 영혼 치유는 그리스도 안에 나타난 하나님의 자비에 대한 이해에서 비롯되는 사랑과 감사에서 드리는 우리의 행위를 하나님이 은혜로 받아주신다는 메시지와 더불어 시작된다. 하나님이 우리를 받아주시는 것과 우리의 지속적인 성화는 오로지 은혜의 결과이다.[30] 은혜가 이미 수어졌고 사랑을 보장했기 때문에 기독교인들이 스스로 노력하여 하나님의 사랑을 얻거나 획득할 수 없다. 우리가 순종함으로써 하나님의 복을 더 많이 경험할 수도 있고 그분과의 교제를 더 많이 느낄 수 있겠지만, 우리가 충분히 거룩하게 성장하지 못했다고 해서 하나님이 우리를 거절하시지는 않는다.

우리의 행위 때문에 하나님이 우리를 사랑하시는 것이 아니며, 우리의 결점 때문에 우리를 향한 하나님의 사랑이 흔들리는 것이 아니다. 이것은 죄가 신자들의 삶에서 전혀 영향을 미치지 않는다는 의미가 아니다. 우리는 죄의 결과로 하나님께 연단을 받을 수 있고, 하나님이 우리를 위해서 정해 주신 규범을 무시함으로써 고통스러운 결과에 직면할 수도 있다. 비록 가혹한 것이라 해도 이러한 형태의 부성애적 연단은 아들을 향한 사랑 및 그의 행복을 위한 관심의 표현이다(히 12:5-11). 부모가 자신을 무조건적으로 사랑한다는 사실을 확신할 때 자녀가 정서적으로 더 건강하듯이, 하나님의 자녀들도 하늘 아버지의 사랑이 무조건적이라는 가르침을 받을 때 영적으로 더욱 건강해질 수 있다.

우리는 오로지 은혜로 구원받는다.
우리는 오로지 은혜로 성화된다.
우리는 오로지 은혜로 보호받는다.

---

30) Charles Hodge, *Systematic Theology*, vol. 3 (New York: Scribner, Armstrong, 1875), 231-32; Louis Berkhof, *Systematic Theology*, rev. ed. (Grand Rapids: Eerdmans, 1953), 532, 535; cf. Anthony Hoekema, *Christain Spirituality: Five Views on Sanctification*, ed. Donald Alexander (Downers Grove, Ill.: InterVarsity, 1988).

위에서 제시한 성경적 진리에 충실한 설교는 신자들에게 하나님이 벌 주실 것이라고 위협하면서 거룩함을 강요하지 않을 것이다. 왜냐하면 그렇게 하는 것은 하나님과 우리의 관계의 토대를 하나님의 은혜가 아닌 우리의 행위에 둘 것이기 때문이다. 우리가 과거에 지은 죄와 현재 짓는 죄와 미래에 지은 죄로 인한 죄책감이 모두 십자가에서 영원한 희생제물이 되신 그리스도에게 놓아졌다(고후 5:21; 히 10:10-12; 벧전 3:18). 우리가 지은 죄를 후회할 수 있겠지만, 우리가 느끼며 성령을 근심하게 하는 이 주관적인 죄책감이 그리스도의 완성된 사역을 무효화하지 않는데, 이는 그리스도의 사역이 우리에게서 모든 객관적인 죄책감을 제거하기 때문이다. 주관적인 죄책감은 성령의 사역에 의해 우리 마음에 새겨진 느낌인데, 그것이 우리를 죄에서 돌이켜 그 결과를 경험하지 못하게 해줄 것이다(요 16:8-16; 엡 4:30).[31] 그러나 객관적인 죄책감과 우리 죄에 대한 영원한 정죄의 기초인 하나님의 공의가 그리스도의 대속에 의해 영원히 충족되었다(롬 8:1). 이 구속 사역이 완전하고 영구적이지만, 설교자는 연단을 피하고 참 신앙을 증언해주는 데 필요한 변화를 도구로 삼아 회개하지 않는 사람들에게 도전해야 할 권리와 책임이 있다. 그러나 설교자들은 하나님의 사랑이 끊어질 수도 있다는 말로 하나님의 백성을 위협해서는 안 된다. 이런 위협을 통해서는 진정한 거룩함을 이끌어낼 수 없다.

(1) 변화의 동기

설교자가 성경의 진리를 일상생활에 적용할 때 그리스도 중심의 강해설교가 가장 효과적으로 나타난다.[32] 자기 보호나 자기 홍보보다 은혜를 우위에 두는

---

31) 주관적 죄책감은 신자들의 평안, 확신, 힘 등을 해치기 위해 사탄이 연약하거나 무지하거나 지나치게 민감한 양심을 공격하는 도구이다(롬 8:15; 계 12:10 참조).
32) 강해설교의 적용이 다음의 네 가지 질문에 대답할 수 있어야 한다는 사실을 상기하

순종을 유발하는 동기에는 다음과 같은 것들이 있다:

① 그리스도가 보여주신 사랑에 대한 응답

우리에게 아낌없이 주시는 하나님 사랑에 초점을 둘 때 우리의 의는 죄를 대속해주신 섭리에 대한 사랑의 헌신으로 하나님께 드리는 선물이 된다(롬 12:1; 히 13:15). 이런 감사의 마음이 없으면 우리는 하나님의 찬양하려는 의도로 순종하지 못할 것이며, 우리가 죄의 결과로서 느끼는 죄책감도 해결할 수 없을 것이다.

사랑이 동기가 되어 순종할 때 우리가 영적으로 실패했을 때 느끼는 주관적인 죄책감은 우리를 위해 아들을 희생시키시기까지 우리를 사랑하신 분을 배반한 데 대한 후회에서 생겨난다. 이 "선한 죄책감"은 하나님에게서 거절당했다는 수치심이 아니며, 과장된 회개라는 자기 지향적 보상도 아니다. 그것은 하나님 앞에서 우리의 가치와 위치의 재확인으로서 잘못된 것에 대한 회개를 만들어내고 하나님의 뜻을 위한 열심을 새롭게 해주고, 하나님의 은혜의 척도를 보다 깊이 감지하게 해준다. 필립 얀시는 다음과 같이 말한다:

> 참 성도들은 자신의 잘못 때문에 낙심하지 않는다. 이는 죄의식을 전혀 느끼지 않는 사람은 치유를 발견할 수 없다는 것을 알기 때문이다. 역설적으로 죄의식에 빠져 있는 사람도 치유될 수 없다. 죄의식은 우리로 하여금 용서와 회복을 약속하시는 하나님을 향하게 만들 때 본래의 목적에 기여하게 된다.
>
> 언젠가 나는 태평한 불신자들과는 달리 기독교인들은 죄의식이라는 짐을 지고 인생을 살아간다고 생각했었다. 지금은 기독교인들만이 죄의식을 느끼며 살아갈 필요가 없는 사람들이라고 생각한다. 죄의식은 우리를 치료될

라: 무엇을, 어디에서, 왜, 어떻게(본서 제8장을 참고하라).

수 있도록 몰아가는 유일한 증세이므로, 우리는 그것에 주목해야 한다.[33]

이런 진술들은 정죄하는 권위를 가지고 설교하지 않으려는 태도를 지지하지 않으며, 두려움이나 증오심이나 자아가 아닌 사랑이 삶의 강력한 충동이라는 확신에서 나오는 것이다. 충실한 설교는 신자들을 참 회개로 몰아가기 위해 죄 의식을 표면화한다. 그러나 그 회개가 진정하고 결실을 맺는 것이 되기 위해서는 하나님의 풍성하신 인자하심의 능력을 갈망하고 확신해야 한다(롬 2:4). 이런 까닭에 그리스도의 사랑이 자신으로 하여금 사역하게 만든 가장 큰 동기라고 밝힌(고후 5:14) 바울은 우리 자신을 산 제물로 드리라고 하나님의 모든 자비하심으로 권한다(롬 12:1).

세상에 따라 정의되는 은혜—죄를 짓거나 하나님의 법을 무시할 수 있게 해주는 허가—는 은혜가 하나님이 원하시는 것을 원하게 행하게 하는 성령에 의해 새로워진 마음을 강요한다는 성경의 관점을 무시한다. 오직 은혜만이 우리로 하여금 자신을 부인하며 하나님을 위해 살 수 있게 해주는 동기이다(딛 2:11-12). 이는 존재의 근본적인 차원에서 우리는 자신이 가장 행하고 싶은 것만 끈질기게 행할 수 있기 때문이다. 따라서 신자들의 마음이 하나님과 하나님의 길을 간절히 원하도록 하기 위해 그들의 사랑을 새롭게 하려는 것이 하나님의 목표이다. 예수 그리스도 안에 있는 새로운 피조물들의 갈망은 은혜의 진리에 의해서만 바르게 육성될 수 있다. 설교자가 하나님을 향한 사랑을 가지고 이러한 사랑을 육성해줄 때 새로운 사랑이 세상에 속한 갈망들을 몰아내고 하나님을 바르게 잘 섬기려는 의지를 강화해준다.[34] 게다가 그리스도의 사랑에 대한 풍부한 이해가 우리로 하여금 하나님의 뜻을 이루는 것을 가장 큰 기쁨으로 삼게 만들

---

33) Philip Yancey, "Guilt Good and Bad," *Christianity Today* (November 18, 2002): 112.
34) Thomas Chalmers, "The Expulsive Power of a New Affection," in *Sermons and Discourses*, vol. 2 (New York: Carter, 1846), 271.

때 하나님의 영광이 우리의 가장 큰 즐거움과 충동이 된다.

직관에 어긋나는 것처럼 보이지만 은혜에 의해 형성되는 거룩에 관한 이러한 진리들은 그리스도 안에 나타난 하나님의 자비를 꾸준히 찬양할 때 거룩한 삶이 가장 강력하게 형성된다고 가르친다. 자비는 하나님을 향한 더 큰 사랑을 유도하며 그럼으로써 하나님의 목적을 성취하려는 더 큰 갈망을 이끌어내 하나님의 영광의 충만을 감지하는 렌즈 역할을 한다.[35] 이런 종류의 설교는 하나님의 백성들로 하여금 하나님의 뜻대로 행할 수 있게 해줄 뿐만 아니라, 말씀을 선포하는 자가 누려야 할 기쁨과 영광을 뒷받침해준다. 주님의 기쁨은 하나님의 진리를 전하는 사람과 받는 사람 모두에게 힘이 된다(느 8:10). 하나님이 성경 안에서 공급해주시는 소망을 증명해주는 그리스도 중심의 설교는 설교자로 하여금 강해설교를 강하게 해주는 기쁨을 유지할 수 있게 한다.

많은 사람들이 순종을 하늘나라 백성의 자격을 유지해주는 회비로 여기기 때문에 기독교인의 행동과 섬김의 동기로서 은혜를 설교하는 일이 위기에 처한다. 많은 교인들이 죄의식을 가지는 것을 자신의 의무라고 믿으며, 많은 설교자들은 교인들을 죄의식으로 죽도록 때리는 것을 훌륭한 설교의 목표라고 생각한다. 양측 모두 습관적으로 자신이 은혜를 얻기 위해서 충분히 오랫동안 후회한 후에만 안심한다. 이런 사람들은 죄책감과 시간과 노력을 요하는 힘든 순종이라는 속죄의 고행을 부인하려 하지 않는다. 만일 그들이 하나님의 참된 거룩과 죄의 가증함을 조금이라도 이해한다면, 그러한 행위가 무익하다고 확신하여 그것들을 냉담하게 대하거나 파괴할 것이다. 죄의 악함을 마음 깊이 의식하는 데서, 그리고 은혜만이 그것을 치료할 수 있다는 심오한 이해에서 참 거룩이 흘러

---

35) Cf. Bryan Chapell, *Holiness by Grace: Delighting in the Joy That Is Our Strength* (Wheaton: Crossway, 2001); Walter Marshall, *The Gospel Mystery of Sanctification* (Grand Rapids: Reformation Heritage, 1999); Rose Marie Miller, *From Fear to Freedom:Living as Sons and Daughters of God* (Wheaton: Harold Shaw, 1994).

나온다.[36]

② 하나님이 사랑하시는 이웃을 향한 사랑

우리의 죄에도 불구하고 우리를 사랑하시는 하나님의 사랑에 감사하는 마음이 동기가 되어 하나님께 순종할 때 다른 사람들과 비교함으로써 자신의 의로운 지위를 확립하려는 욕구가 사라진다. 하나님을 향한 사랑이 흘러넘쳐 하나님이 사랑하시는 사람들을 돌봄으로써 하나님을 기쁘시게 하려는 갈망이 된다. 교만과 자기중심적 태도가 사라진다. 궁핍한 사람들을 돕고 그들과 교제할 수 있다고 은혜가 보장하기 때문에, 기독교인들은 그렇게 행한다. 그리스도 중심의 설교만이 그처럼 유익한 확신을 만들어낸다.

개인적으로 하나님의 뜻을 따르는 신자들은 개인적인 이익에 대한 관심에서 벗어난다. 사랑하는 하나님의 뜻을 성취하려는 소원을 가진 사람들에게 있어서 피조물을 구속하시고 온세상에 하나님의 영광을 반향하고 모든 민족들을 향한 그분의 사랑을 표현하며 그분의 통치를 온 세상에 확장하려는 하나님의 목표가 그들의 맥박이 된다. 이것은 의도한 것이 아니지만, 예수님과의 개인적인 관계를 지나치게 강조한 데 따른 결과가 될 수 있는 개인주의적이고 자기 중심적인

---

36) Cf. Richard Lovelace, *Dynamics of Spiritual Life* (Downers Grove, Ill.: InterVarsity, 1979): "신앙을 고백한 기독교인들 중에서 그리스도의 칭의의 은혜를 확실하게 소유하고 있는 사람은 극소수에 불과하다. 많은 기독교인들이 거룩하신 하나님에 비해서 자신의 죄가 흉악하고 심각하다는 사실을 너무 가볍게 생각하고 있다. 그들의 생활 속으로 깊이 들어가보면 불안과 죄의식에 힘들어 하고 있으면서도 의식적으로는 칭의의 필요성을 거의 느끼지 못하고 살고 있다. 또 다른 기독교인들은 이 교리를 이론적으로만 받아들인다. 즉 그들의 실제 생활은 자신의 성화에 의존해서 살고 있다. 그들은 자신이 하나님께 신실하고 과거에 회개를 경험했고 요즘 신앙생활을 그런 대로 잘 하고 있고 남들에 비해서 하나님의 뜻을 거스르는 일이 별로 없다는 사실을 근거로 하나님의 칭의를 확신한다. 결국 다음과 같은 마틴 루터의 입장에서 하루를 시작하는 사람은 거의 없는 것 같다: 여러분들은 이미 하나님께 용납되었다. 이제 신앙으로 세상을 바라보고, 하나님께 용납되기 위해서 자신의 의가 아닌 그리스도의 의를 요구하며 믿음 안에서 안도하라. 이런 믿음 안에서 사랑과 감사함으로 행동할 때 여러분은 점점 더 성화될 수 있다"(101).

신앙이 그리스도 중심의 설교에 의해 약화될 수 있다는 의미이다. 설교자가 주님이 우리를 위해 행하신 것 및 사람들에게 원하신 행동들을 적절히 강조할 때 신자들은 자신을 초월하여 혜택을 받지 못하고 보호받지 못하고 회개하지 않은 사람들을 배려하며 그들을 사랑하게 된다.

③ 그리스도 안에서 적절한 자기 사랑

성경은 순종의 복을 경험하거나 사랑의 하나님에 의해 드러난 죄의 결과를 피하려는 신자들의 갈망을 통해서 꾸준히 여러 가지 방식으로 그들에게 동기를 부여한다. 설교자는 성경에서 약속한 순종의 복 또는 하나님의 사랑이 조건적인 것이거나 하나님을 향한 사랑이 우리에게 가장 큰 동기가 된다는 것을 보여주는 표식이라고 계시되는 죄의 결과를 해석해서는 안 된다. 하나님은 우리의 약함에 마음을 기울이시며, 순종에 대해 주어질 다양한 혜택을 제공하심으로써 우리의 기쁨을 증진시키신다. 그리하여 하나님을 향한 우리의 사랑이 흔들릴 때 우리의 유익을 구하는 사랑과 죄의 결과에 대한 두려움이 우리를 바로 서게 하는 자극제가 된다. 적절한 자아 사랑은 하나님에게 소중한 것이요 성령에 의해 주입된 자아 사랑은 성경적인 것이기 때문에 자아 사랑이 항상 그른 것은 아니다. 그러나 그리스도의 자비의 사역을 설교자의 주된 메시지와 동기로 삼게 하는 영원한 교제와 신실한 생활로 인도해주는 가장 강력하고 고귀한 동기는 하나님을 향한 사랑이다.

이것은 설교자가 은혜 때문에 성경에서 말하는 죄의 결과를 언급하지 말아야 한다는 의미가 아니다. 설교자는 성경에서 확인해주는 죄의 결과들을 우리가 하나님을 배반한 결과를 경험하기를 원하지 않으시며, 또 우리로 하여금 더 심각한 해를 당하지 않게 하고 징벌을 받지 않게 하시려는 하나님의 은혜로운 계시라고 제시해야 한다. 만일 하나님이 우리를 사랑하지 않으신다면, 우리에게 경고하지 않으실 것이다. 하나님의 사랑 안에서 잘못을 바로잡기 위해 이루어지는 징벌에 관해 설교할 때에는 자기 백성을 향한 하나님의 진노가 징벌적 손해배상의 특성을 지닌 것으로 묘사하지 말아야 하며, 듣는 사람들로 하여금 이따금 하나님의 엄격한 자비가 필요하다는 것을 이해할 수 있게 해야 한다.

병든 아들을 의사에게 데려간 어머니에 대한 이야기가 있다. 의사는 아이에게 주사를 놓아야 한다고 말했다. 어머니는 두려워하는 아들을 진정시키려고 "얘야, 걱정하지 말아라. 조금도 아프지 않을 거야"라고 말했다. 의사는 이 말에 동의할 수 없었기에 "얘야, 내가 너를 아프게 할 수도 있겠지만, 너를 아프게 하지 않을게"라고 말했다. 하나님도 우리에게 비슷한 말씀을 하신다. 죄에 따른 결과가 있다거나 하나님이 상처를 아프게 하신다고 설교하는 것이 틀린 것이 아니다(히 12:11). 실제로 이렇게 설교하지 않고 성경에 사랑으로 제공되어 있는 경고를 제공하지 않는 것은 무례한 행동이다. 하나님의 징계가 보복이나 복수, 또는 우리가 하나님을 거슬렀기 때문에 우리를 해치려는 마음에서 나온 것이라고 설교하는 것은 무자비하고 무례한 짓이다. 하나님은 우리가 자신의 죄에 대한 죄책감을 느끼지 않도록 하기 위해서 우리가 받아야 할 벌을 아들에게 지우셨다. 비록 아픈 것이라도 하나님의 징계는 우리를 해치려는 것이 아니라 더 큰 고통을 초래할 수 있는 결과를 지닌 죄로부터 돌이키게 함으로써 우리를 돕기 위한 것이다.

(2) 변화의 수단

설교자가 하나님이 예비해주시는 능력에 접속하는 방법을 설명하지 않는 한 성경적 진리의 적용은 완벽하지 못하다.[37] 그리스도 중심의 설교는 사람들이 자신의 병든 영혼을 직접 치유할 수 없다고 가르치기 때문에 설교자는 하나님

---

37) Ian Pitt-Watson, *A Primer for Preachers* (Grand Rapids: Baker, 1986), 18-19.

께 순종하는 방법을 설명해 주어야 한다. 기독교인들이 행해야 할 의무가 올바른 동기에서 실천되지 않으면 사람들을 나쁜 길로 인도할 수 있다. 또 순종의 동기가 옳아도 그 방법이 옳지 않으면 아무런 이익을 얻을 수 없다.[38]

① 은혜의 수단에 의해서

신자들로 하여금 하나님이 요구하시는 것을 깨닫거나 행하게 해주는 은혜의 다양한 연단에 대해 말하는 성경 구절들이 많다. 이런 구절들은 은혜로 인도해 주는 수단이 아니라 은혜의 수단이다. 앞에서 말했듯이 그러한 연단은 우리의 자격으로 하나님의 은혜를 획득하거나 제조하는 방법이 아니다. 많은 기독교인들이 연단을 하나님에게 감명을 주거나 은총을 강요하기 위한 협상 카드라고 여기는 듯하지만, 신자들이 행하는 훈련은 하나님의 사랑이나 상을 얻어내는 방법이 아니다.

기도, 성경 읽기, 예배 참석 등은 하나님의 복을 경험하는 데 영향을 미치며, 하나님을 향한 우리의 사랑을 육성하며, 하나님의 은혜를 우리의 삶에 이끌어 오는 데 사용되는 도구이다.[39] 따라서 이러한 훈련의 실천은 중요하고 복된 것이다. 그러나 이러한 훈련을 아무리 바르고 오랫동안 꾸준히 실천한다 해도 완전한 순종을 요구하시는 하나님에게 의무를 지우고 강요할 수는 없다. 설교자는 은혜의 훈련 실천을 설교함으로써 신자들로 하여금 우리가 행하는 훈련 때문이 아니라 그의 자비하심 때문에 값없이 이용할 수 있게 된 선을 경험하게 해 주어야 한다.[40]

---

38) C. John Miller, *Outgrowing the Ingrown Church* (Grand Rapids: Zondervan, 1986), 90.

39) John Murray, *The Collected Writings of John Murray*, vol. 4, ed. Iain H. Murray (Carlisle, Pa.: Banner of Truth, 1982), 233. Cf. Thomas Manton, *A Treatise of the Life of Faith* (Ross-shire, U.K.: Christain Focus, 1997), 65; C. S. Lewis, *Mere Christianity* (New York: Macmillan, 1952), 59-61.

40) Jerry Bridges, *The Disciplines of Grace: God's Role and Our Role in the Pursuit of Holiness* (Cololado Springs: Nav Press, 1994), 13-19, 78-70.

사람들이 행해야 하는 것을 지적해주는 많은 본문들이 은혜의 훈련이나 하나님이 명하시는 것을 행하는 수단들을 전혀 언급하지 않는다고 반박하는 설교자도 있을 것이다. 예를 들면 십계명은 단순히 하나님의 명령을 열거하는 듯하다. 그러한 성경 구절에서 그리스도 중심 강해의 기본적인 지시문들이 하나님의 백성들을 소망이 없는 율법주의나 순수히 인간적인 수단에 의해 거룩해지려는 시도에서 구해준다. 성경의 모든 본문들은 구속 사건의 기록에 포함되기 때문에 하나님의 능력과 인간의 무능함을 알려주는 메시지에 포함될 수 있다.[41] 따라서 메시지가 신자들이 하나님의 능력 주심을 구하는 데 사용되는 전형적인 은혜의 수단을 직접 언급하지 않는다 해도(예를 들면 하나님의 역사를 구하는 기도, 하나님의 섭리를 믿는 것, 하나님의 말씀을 묵상하는 것, 성례전에 참여하는 것, 하나님의 진리에 따라 행동하는 것, 다른 신자들의 충고를 구하는 것), 본문의 어느 측면이나 문맥은 우리에게 자신의 해결책에서 벗어나 하나님의 섭리를 구하라고 지시해준다.

② **믿음에 의해서**

성경이 인간의 무능함과 하나님의 섭리를 드러내는 보편적인 방식은 하나님이 우리로 하여금 특별히 부지런하게 하나님의 은혜의 능력에 참여할 수 있게 해주는 훈련을 행하기를 기대하시지 않음을 가리켜준다(고후 12:9). 구속적 설교는 신자들로 하여금 자신에게 하나님이 요구하시는 존재가 되거나 그것을 행할 능력이 부족하다는 것을 이해하게 해주므로, 설교자는 청중을 이끌어 자신에게 하나님이 필요하다고 고백하게 해야 한다. 신자들이 하나님의 능력을 받으려면 이 기본적이면서도 겸손한 자세가 필요하다.[42] 우리는 겸손하게 자신의 행위 능력을 신뢰하지 않고 하나님이 약속하신 진리를 의지한다. 하나님의 말씀은

---

41) Ian Pitt-Watson, *Primer for Preachers*, 22.
42) John Colquhoun, *Repentance* (Carlisle, Pa.: Banner of Truth, 1965), 17.

우리가 하나님이 요구하시는 것을 이해할 수 있으며(고전 2:12), 우리의 행위와 상관없이 하나님의 사랑을 받는다는 것(롬 5:10), 그리고 하나님을 섬길 수 있는 능력을 받았다는 것(빌 4:13)을 이해할 수 있다고 말한다.

우리가 예수 그리스도 안에서 새로운 피조물이라는 믿음은 하나님이 요구하시는 것을 행할 수 있다는 확신을 주며, 따라서 우리는 성령이 이미 우리 안에 주입해주신 능력을 사용한다(고후 5:17; 갈 6:15). 믿음이 없이는 하나님을 기쁘시게 할 수 없다(히 11:6). 그러나 우리 안에 계시는 성령이 이 세상 세력보다 크시다는 믿음이 있으면(요일 4:4), 성령이 우리 안에서 새롭게 해주신 뜻에 따라 행동할 수 있게 된다(롬 8:4; 골 3:10). 기독교인이 되기 전에 우리는 죄를 짓지 않을 수 없었지만, 이제 성령에 의해 하나님의 자녀가 되고 그리스도와 연합되었기 때문에 예수를 죽은 자들 가운데서 살리신 것과 동일한 능력을 내면에 소유하며 성령이 우리 마음에 계시해주시는 죄를 극복할 수 있다(cf. 롬 8:7-9; 고전 2:14).[43] 이러한 영적 변화가 참된 것이며 어제의 실수를 내일 되풀이하지 않게 된다는 믿음이 신자들의 능력이다. 우리는 그리스도와의 연합을 완성할 수 있다는 믿음이 있기 때문에 신실하게 행한다. 사탄은 우리가 그러한 힘을 믿는 것을 원하지 않는다. 사탄은 우리가 죄에 대해 무력하다는 것, 그리고 사탄의 계략을 대적하여 싸울 수 없다는 것을 믿게 하려 한다. 따라서 사탄이 패배했고 우리가 그리스도의 사역에 의해 하나님의 사랑 안에 안전하게 거한다는 믿음이 곧 하나님이 기독교인들의 삶을 위해 공급해주시는 능력이다.[44]

이 믿음을 세워주고 단단히 해주는 기독교적 삶의 훈련들이 하나님이 우리의 삶에 능력과 복을 주시는 데 사용하시는 수단이다. 그러나 믿음을 돕는 훈련보다 믿음 자체가 하나님의 은혜의 복이요 능력의 행동이다. 이것은 더 큰 믿음을

---

43) John Murray, *Principle of Conduct* (Grand Rapids: Eerdmans, 1957), 216-21.
44) Chapell, *Holiness by Grace*, 141-56.

발휘하려는 더 큰 노력이 하나님의 사랑과 복의 기초라는 의미가 아니다. 믿음 자체가 하나님의 선물이며, 그리스도 중심의 설교는 이 선물 및 그 열매의 기초를 강화해준다(엡 2:8-10). 그리스도의 사역에 대한 믿음이란 순종이 은혜가 보장해주는 바 그리스도와의 관계의 결과라는 것을 의미한다. 신학적으로 이것은 성경의 모든 명령이 하나님과 우리의 관계를 나타내는 것에 기초하며 그 순서를 뒤집을 수 없다는 것을 의미한다(행 16:14-16; 골 3:1-5; 요일 5:1-5).[45]

우리는 하나님의 백성이기 때문에 하나님이 요구하시는 것(명령)을 행한다. 우리가 하나님의 명령에 복종함으로써 그의 백성이 되는 것이 아니다. 우리를 위한 대속의 사랑에 대한 믿음으로 말미암아 우리는 자신을 하나님의 사랑을 받는 아름답고 귀한 존재로 여긴다. 따라서 하나님의 백성들로 하여금 자신과 하나님의 관계가 하나님이 섭리에 의해 보장된다고 확신하게 해주는 설교는 참된 거룩을 일으키고 믿음을 육성해준다. 하나님의 백성들은 하나님을 향한 사랑에서 우러나 하나님의 섭리에 대한 확신을 가지고 하나님을 섬긴다. 만일 설교자가 의도적으로든지 무의식적으로든지 하나님과의 관계가 행위에 의존한다고 가르친다면, 은혜와 행위라는 성경적 순서를 뒤집는 것이요 그럼으로써 순종의 힘을 공급해주는 믿음의 기초를 손상시키게 된다.

우리가 하나님을 섬기는 이유가 곧 하나님을 섬기는 방법이다. 충분하고 효과적이고 장대한 하나님 은혜에 대한 이해에 기초한 압도적인 사랑이 우리로 하여금 기꺼이 하나님께 순종할 수 있게 해준다. 주님의 기쁨이 우리의 힘이 되기 때문에 우리의 뜻이 하나님의 뜻에 일치할 때 우리는 자신의 힘과 성령의 능력이 제휴되었음을 발견한다. 하나님을 향한 사랑으로 말미암아 우리의 뜻이 하나님의 뜻에 일치하게 된다. 따라서 그리스도 안에 나타난 하나님의 자비를

---

45) H. Ridderbos, *Paul: An Outline of His Theology* (Grand Rapids: Eerdmans, 1975), 253.

끊임없이 찬양하는 것이 설교자가 하나님 및 하나님의 길을 향한 열심을 자아내기 위해 사용하는 주 도구이다. 변화의 동기와 수단이 만난다.

하나님을 한층 더 사랑하도록 자극하는 설교는 신자들의 마음에서 세상에 대한 사랑을 몰아내고 하나님의 목적을 한층 더 갈망하게 만든다. 이것이 성경이 항상 순종을 유발하고 가능하게 해온 방식이다. 모세는 십계명을 제시하기 전에 하나님의 구원에 대해 이야기해 주었는데, 이는 이스라엘 백성들로 하여금 자기들이 스스로 구원한 것이라고 여기지 못하게 하며 그들의 마음이 하나님을 향하게 하기 위해서였다.[46] 영적인 궁핍함에 직면해 있을 때 하나님의 구속의 섭리가 주어진다는 것이 성경의 일관적인 메시지이며, 하나님의 명령에 복종하게 해주는 능력이 되는 바 하나님을 향한 사랑이 사람들의 마음에 넘쳐 흐르게 하는 데 사용되는 주된 수단이다. 하나님의 선하심을 선포하는 것의 힘을 의식하는 것은 설교의 우선순위를 정하는 데 도움이 될 뿐만 아니라 설교에 기쁨을 가져다 주는데, 이것이 설교를 사역을 지탱하게 해주는 특권으로 만들어 줄 것이다.

성경의 진리 적용과 관련하여 그리스도 중심의 관점을 유지하는 방법을 가르쳐주는 공식이 있을 수 없다.[47] 그러나 하나님을 섬기게 해주는 동기와 능력이 은혜에서 나온다고 이해하게 될 때 하찮은 인간의 노력과 무모한 자기 자랑이 사라질 것이다. 결국 설교자들은 하나님의 구속 사역을 강해설교의 내용과 동기, 그리고 설교의 배후에 있는 능력으로 삼아야 한다. 그리스도 중심 설교의 목표는 설교자가 새로운 해석학을 전개하거나 논할 수 있는 자격을 갖추는 데 있는 것이 아니라, 설교자로 하여금 하나님께서 자기 백성들이 영원히 하나님

---

46) Howell, "How to Preach Christ from the Old Testament," 9.

47) Daniel M. Doriani, *Putting the Truth to Work: The Theory and Practice of Biblical Application* (Phillipsburg, N.J.: Presbyterian & Reformed, 2001), 264-67, 294-304.

을 찬양하고 영광을 돌리게 하기 위해 그들과 맺으시고 성경 안에 계시하신 관계를 깨닫고 선포하도록 격려하는 데 있다. 신자들이 자아를 초월하여 영적 건강을 찾기 시작할 때, 그들은 하나님이 요구하시는 일을 행할 수 있는 능력이 어디에서 오는지, 그리고 그들의 유일한 소망이 무엇인지 알 수 있을 것이다. 성경 전체에 내포되어 있는 하나님의 구원의 메시지를 전하는 설교는 하나님의 백성들을 자아에서 돌이켜 현재의 치유와 영원한 소망을 공급해주시는 하나님을 향하게 한다. 이것이 그리스도 중심 설교의 핵심이다. 설교가 끝났을 때 신자들이 자신의 안전을 위해 자신을 바라보는가, 하나님을 바라보는가? 설교가 유익하고 성경적이었다면, 그들은 자신이 하나님을 바라보아야 한다는 것을 알게 될 것이다.

프랜시스 쉐퍼Francis Schaeffer는 구원을 얻으려면 빈 손으로 하나님께 나아가야 한다고 가르쳤다. 또 그는 우리가 성화되려면 두 번 고개를 숙여야 한다고 가르쳤다.[48] 우리는 오로지 하나님의 능력에 의해 성취된 구속 사역 앞에서 고개 숙여야 하고, 그의 말씀 안에 나타난 도덕적인 의무 앞에 고개 숙여야 한다. 그러나 우리가 하나님의 구속 사역에 앞서 도덕적 의무에 고개를 숙인다면, 우리의 행동은 적절하지 못하고 그릇된 행동이라고 쉐퍼는 말했다.[49] 그리스도 중심의 설교에서는 이런 순종의 행동들이 정리된다. 그리스도 중심으로 하나님의 말씀을 선포할 때 하나님의 구속의 진리에 대한 경의가 섬김보다 선행하며 또 능력을 부여해준다. 회심 전후의 신자들은 자아를 비워야 하며, 하나님의 백성들은 은혜의 충만함과 선함과 능력을 경험할 자격을 갖춘다.

---

[48] Francis Schaeffer, "True Spirituality" in *The Complete Works of Francis Schaeffer*, vol. 3 (Wheaton, Crossway, 1982); idem, *The God Who Is There* (Downers Grove: InterVarsity, 1968), 134.

[49] Ibid.

: 복습과 토론을 위한 질문 :

1. 창세기 3장 15절은 성경이 지닌 그리스도 중심성과 어떤 관련이 있는가?
2. 신약성경의 그리스도를 무조건 상기시키는 것과 진정한 구속적 강해의 차이점은 무엇인가?
3. 예수님을 구체적으로 언급하지 않은 채 그리스도 중심의 메시지를 전할 수 있는 하나님 중심의 방법은 무엇인가?
4. 강해설교에서 그리스도에 초점을 맞출 수 있는 알맞은 위치는 어디인가?
5. 그리스도 중심의 설교를 대표하는 전형적인 주제는 무엇인가?
6. 그리스도 중심의 설교는 설교의 적용에 어떤 영향을 미치는가?

: 연습 문제 :

1. 기독교인들의 행위가 진실로 거룩한 것이 되기 위해서는 하나님을 향한 사랑이 순종의 배후에 놓인 동기가 되어야 하는 이유를 설명하라. 그밖에 어떤 타당한 성경적 동기가 있는지 말해보라.
2. 기독교인들이 지닌 능력의 핵심이 겸손에 있는 이유를 설명하라.
3. 그리스도 중심의 설교가 성경이나 삶 전체에서 하나님을 찬양하는 데 초점을 두는 이유를 설명하라.

참고문헌

Adams, Jay E. *Preaching with Puopose: A Comprehensive Textbook on Biblical Preaching*. Grand Rapids: Baker, 1982.

―――. *Truth Applied: A Application in Preaching*. Grand Rapids: Zondervan, 1990.

Allen, Ronald J. *Interpreting the Gospel: An Introduction to Preaching*. Grand Rapids: Zondervan, 1990.

―――, and Thomas J. Herrin. "Moving from the Story to Our Story." In *Preacning the Story*, edited by E. Steimle, M. Niedenthahl, and C. Rice. Philadelphia: Fortress, 1980.

Barber, Cyril J. *Best Books for Your Bible Study Library*. Neptune, N.J.: Loizeaux, 2000.

―――. *The Minister's Library*. 2 vols. Neptune, N.J.: Loizeaux, 1974-89.

―――, and Robert M. Krauss Jr. *An Introduction to Theological Research*. Lanham, Md.: University Press of America, 2000.

Bartow, Charles L. *Effective Speech Communication in Leading Worship*. Nashville: Abingdon, 1988.

Bauman, J. Daniel. *An Introduction to Conmtemporary Preaching*. Grand Rapids: Baker, 1972.

Beale, G. K., ed. *The Right Doctrine from the Wrong Text? Essays on the Use of the Old Testament in the New*. Grand Rapids: Baker, 1994.

Berkhof, Louis. *Systematic Theology*. Rev. ed. Grand Rapids, Eerdmans, 1953.

Bettler, John F. "Application." in *The Preacher and Preaching*. edited by Samuel T. Logan. Phillipsburg, N.J.: Presbyterian anad Reformed, 1986.

Blackwood, Andrew. *Expository Preaching for Today*. Nashbille: Abingdon, 1953.

―――. *The Fine Art of Preaching*. 1937. New York: Macmillan, 1943

Blomberg, Craig. *Interpreting the Parables*. Downers Grove, Ill.: Inter Vasity, 1990.

Bridges, Jerry. *The Discipline of Grace: God's Role and Our Role in the Persuit of Holiness*. Colorado Springs: Nav Press, 1994.

―――. *The Joy of Fearing God*. Colorado Springs: Waterbrook, 1997.

Broadus, John A. *On the Preparation and Delivery of Sermons*. Edited by J. B. Weatherspoon. New York: Harper and Row, 1944.

Bryan, Dawson C. *The Art of Illustrating Sermons*. Nashbille: Cokesbury, 1938.

Buttrick, David. *Homiletic: Move and Structures*. Philadelphia: Fortress, 1987.

Carrick, John. *The Imparative of Preaching: A Theology of Sacred Rhetoric*. Carlisle, Pa.: Banner of Truth, 2002.

Chapell, Bryan. "Alternative Models: Old Friends in New Clothes." In *A Handbook of Contemporary Preaching*, edited by Michael Duduit. Nashville:

Broadman, 1992.

_____. *Holiness by Grace: Delighting in the Joy That Is Our Strength*. Wheaton: Crossway, 2001.

_____. *In the Grip oof Grace*. Grand Rapids:Wheaton: Baker, 1992.

_____. *Using Illustrations to Preach with Power*. Rev. ed. Wheaton: Crossway, 2001.

_____. The Wonder of it All: Rediscovering the Treasures of Your Faith. Wheaton: Crossway, 1999.

Claypool, John R. *The Preaching Event*. Sanfrancisco: Harper & Row, 1989.

Clowney, Edmund, *Preaching and Biblical Theology*. Grand Rapids: Eerdmans, 1961.

_____. "Preaching Christ from All the Scriptures." In *The Preacher and Preaching*, edited by Samuel T. Rogan. Phillipsburg. N.J.: Presbyterian & Reformed, 1986.

_____. *Preaching Christ from All of Scripture*. Wheaton: Crossway, 2003.

_____. *The Unfolding Mystery: Discovering Christ in the Old Testament*. Phillipsburg, N.J.: Presbyterian and Reformed, 1988.

"The Controlling Image: One Key to Sermon Unity." Academy Accents 7, no. 3(Winter 1991): 1-2.

Cotterell, Peter, and Max Turner. *Linguistics and Biblical Interpretation*. Downers Grove, Ill.: InterVarsity, 1989.

Craddock, Fred B. *As One without Quthority*. 3rd. ed. Nashville: Abingdon, 1979.

_____. *Preaching*. Nashville: Abingdon, 1985.

Dabney, Robert :. Lectures on Sacred Rhetoric. Carlisle, Pa.: Banner of Truth, 1979.

Davis, Henry Grady. *Desigh for Preaching*. Philadelphia: Fortress, 1958.

De Jong, James A. "Principled Paraenesis: Reading and Preaching the Ethical Materials of New Testament Letters." *Pro Rege* 10, 4 (June 1982): 26-34.

De Jong, James A. "Principled Paraenesis: Reading and Preaching the Ethical Material of New Testament Letters." *Pro Rege* 10, no 4(June 1982): 26-34.

Demaray, Donald E. An In troduction to Homiletics. Grand Rapids: Baker, 1978.

Dillard, Raymond B. *Faith in the Face of Apostasy*. Phillipsburg, N.J.: Presbyterian & Reformed, 1999.

Doriani, Daniel M. *Getting the Message: A Plan for Interpreting and Applying the Bible*. Phillipsburg, N.J.: Presbyterian & Reformed, 1996.

_____. *Putting the Truth to Work: The Theory and Practice of Biblical Application*. Phillipsburg, N.J.: Presbyterian & Reformed, 2001.

Duduit, Michael, ed. *Handbook of Contemporary Preaching*. Nashville: Broadman, 1992.

Duguit, Iain M. *Hero of Heroes: Seeing Christ in the Beatitudes*. Phillipsburg, N.J.: Presbyterian & Reformed, 2001.

_____. Living in the Gap between Promise and Reality: The Gospel according to Abraham. Phillipsburg, N.J.: Presbyterian & Reformed, 1999.

Eggold, Henry J. *Preaching Is Dialogue: A Concise Introduction to Homiletics*. Grand Rapids: Baker, 1990.

Eslinger, Richard L. *Narrative Imagination: Preaching the Words That Shaped Us*. Mineapolis: Fortress, 1995.

_____. *A New Hearing: Living Options in Homiletic Method*. Nashville: Abingdon, 1987.

Fabarez, Michael. *Preaching That Changes Lives*. Nashiville: Thomas Nelson, 2002.

Farmer, herbert H. *The Servant of the Word*. New York: Scribner's, 1942.

Fee, Gordon D. *New Testament Exegesis: A Handbook for Students and Pastors*. Philadelphia: Westminster, 1983.

_____, and Douglas Smart. *How to Read the Bible for All Its Worth*. Grand Rapids: Zondervan, 1982.

Fisher, Walter R. "Narration as Human Communication Paradigm: The Case of Public Moral Argument." *Communication Monographs* 51(1984): 1-22.

_____. "The Narrative Paradigm: An Elaboration." *Communication Monographs* 52(1985): 347-67.

Flynn, Leslie B. *Come Alive with Illustrations: How to Find, Use, and File Good Stories for Sermons and Speeches*. Grand Rapids: Baker, 1987.

Ford, D. W. Cleverley. *The Ministry of the Word*. Grand Rapids: Eerdmans, 1979.

Frame John. *Doctrine of the Knowledge of God*. Phillipsburg, N.J.: Presbyterain and Reformed, 1987.

Gali, Mark, and Craig Brian Larson. *Preaching That Connects: Using the Techniques of Journalists to Add Impact to Your Sermons*. Grand Rapids: Zondervan, 1994.

Garrison Webb B. *Creative Imagination in Preaching*. Nashville: Abingdon, 1960.

Giorgi, Amadeo. "The Body: Focal Point of Twentieth-Century Cultural Contradictions." *South Africa Journal of Psychology* 13, 2(1983): 129-69.

Golden, James L., Goodwin F. Berquist and William Coleman. *The Rhetoric of Western Thought*. 3rd ed. Dubuque: Kendall-Hunt, 1978.

Goldsworthy, Graeme. *Gospel and Kingdom: A Christian Interpretation of the Old Testament*. Carlist\le, U.K.:Paternoster, 1994.

_____. *Preaching the Whole Bible as Chriatian Scripture*. Grand Rapids: Eerdmans, 2000.

Grant, Reg, and John Reed. *The Power Sermon: Countdown to Quality Messages for Maximum Impact*. Grand Rapids: Baker 1993.

Green, Christopher, and David Jackman, eds. *When God's Voice Is heard: Essays on Preaching Presented to Dick Lucas*. Leicester: Inter-Varsity, 1995.

Greidanus, Sidney. *The Modern Preacher and the Ancient Text: Interpreting and Preaching Biblical Literature*. Grand Rapids: Eerdmans, 1988.

_____. *Preaching Christ from the Old Testament*. Grand Rapids: Eerdmans, 1999.

_____. "Redemptive History and Preaching." *Pro Rege* 19, 2(December 1990): 9-18.

_____. *Sola Scriptura: Problems and Principles in Preaching Historical Texts*. Toronto: Wedge, 1970.

Halvorson, Arndt. *Authentic Preaching*. Minneapolis: Augsburg, 1982.

Hauerwas, Stanley, and L. Gregory Jones, eds. *Why Narrative? Readings in Narrative Theology*. Grand Rapids: Eerdmans, 1989.

Hodge, Charles. *Systematic Theology*. 3 vols. New York: Scribner, Armstrong, 1875.

Hoekema, Anthony. *Christian Spirituality: Five Views on Sancrification*. Edited by Donald Alexander. Downers Grove, Ill.: InterVarsity, 1988.

Hogan, Willian L. "It Is My Pleasure to Introduce…" *Expositor* I, 3(August 1987).

_____. "Sermons Have Structures." *Expositor* 2, 1(April, 1988).

Hostetler, Michael J. *Illustrating the Sermon*. The Craft of Preaching Series. Grand Rapids: Zondervan, 1989.

_____. *Introducing the Sermon: The Art of Compelling Beginnings*. The Craft of Preaching Series. Grand Rapids: Zondervan, 1986.

Howard, J. Grant. Creativity in Preaching. The Craft of Preaching Series. Grand Rapids: Zondervan, 1987.

Howell, Kenneth J. "How to Preach Christ from the Old Testamnet." *Presbytrrian Juounal*(16 January 1986), 8-10.

Hunter, Babara, and Brenda Buckley Hunter. *Introductory Speech Communacation: Overcoming Obstacles, Reaching Goals*. Dubuque: Kendall-Hunt, 1988.

Jensen, Richard A. *Thinking in Story: Preaching in a Post-literate Age*. Lima, Ohio: CSS, 1995.

Johnson, Byron Val. "A Media Selection Model for Use With a Homiletical Taxonomy." Ph. D. diss., Southern Illinois Univeresity at Carbondale, 1982.

Johnson, Dennis E. *The Message of Acts in the History of Redemption*. Phillisburg, N.J.: Presbyterian & Reformed, 1997.

Jones, Ilion T. *Principles and Practice of Preaching*. Nashville: Abingdon, 1956.

Jones, Thomas F. "Preaching the Cross of Christ." Essay presented at the homiletics lectures, Covenant Theological Seminary, 1976-77.

_____. "Truth Haas Consequences: Or Balancing the Proposition." In *The Preparation and Delivery of Sermons*, edited by Bryan Chapel. 1976. St. Louis: Multi-media Publications, 1992.

Kaisser, Walter C., Jr. *The Messiah in the Old Testament*. Grand Rapids: Zondervan, 1995.

_____. *Toward an Exegetical Theology: Biblical Exegesis for Preaching and Teaching*. Grand Rapids : Baker, 1981.

Kemper, Deane a. *Effective Preaching*. Philadelphia: Westerminster, 1985.

Killinger, John. *Fundamentals of Preaching*. Philadelphia: Fortress, 1985.

Kinlaw, Dennis F. *Preaching in the Spirit*. Grand Rapids: Fransis Asbury, 1985.

Knox, John. *The Integrity of Preaching*. New York: Abingdon, 1957.

Koller, Charles W. *Expository Preaching without Notes*. Grand Rapids: Baker, 1961.

Kooienga, William H. *Elements of Style for Preaching*. The Craft of Preaching Series. Grand Rapids: Zondervan, 1989.

Kraft, Charles H. *Communicating the Gospel God's Way*. Pasadena: William Carey Library, 1979.

Kroll, Woodrow Michael. *Prescription for Preaching*. Grand Rapids: Baker, 1980.

Lane, Beldon C. "Rabbinical Stories: A Primer on Theological Method." *Christian Century* 98(December 1981): 1306-10.

Larkin, William J. *Culture and Biblical Hermeneutics: Interpreting and Applying the Authoritative World in a Relativistic Age*. Grand Rapids: Baker, 1988.

Larsen, David L. *The Anatomy of Preaching: Identifying the Issues in Preaching Today*. Grand Rapids: Baker, 1989.

Larson, Craig Brian. *Preaching That Connects: Using the Techniques of Journalist to Add Impact to Your Sermons*(Grand Rapids: Zondervam, 1994).

Lawson, Steven J. *Famine in the Land: A Passionate Call for Expository Preaching*. Chicago: Moody, 2003.

Lehman, Louis Paul. *Put a Door on It*. Grand Rapids: Kregel, 1975.

Lenski, R. C. H. *The Sermon: Its Homiletical Construction*. Grand Rapids: Baker, 1968.

Lewis, Ralph. *Speech for Persuasive Preaching*. Wilmore, Ky.: Asbury Theological Seminary, 1968.

_____. "The Triple Brain Test of a Sermon." *Preaching* 1. no.2(1985).

Lewis, Ralph L., with Gregg Lewis. *Inductive Preaching:Helping People Listen*. Westchester, Ill.: Crossway, 1983.

Liefeld, Walter L. *New Testament Exposition: From Text to Sermon*. Grand Rapids: Zondervan, 1984.

Liske, Thomas V. *Effective Preaching*. 2nd ed. New York: Macmillan, 1984.

Lloyd-Jones, D. Martin, *Darkness and Light; An Exposition of Ephesians 4:17-5:17*. Grand Rapids: Baker, 1982.

_____. *Preacing and Preachers*. Grand Rapids: Baker, 1971.

Longman, Tremper, Ill. *Literary Approaches to Biblical Interpretation*. Vol 3. Foundations of Contemporary Interpretation. Grand Rapids: Zondervan, 1987.

_____. *Old Testament Commentary Survey*. 3rd ed. Grand Rapids: Baker, 2003.

Loscalzo, Craig A. *Preaching Sermons That Connect: Effective Communication through Identification*. Downers Grove, III: InterVasity, 1992.

Lovelace, Ri hard. *Dynamics of Spiritual Life*. Downers Grove, Ill.: InterVarsity, 1979.

Lowry, Eugene L. *Doing Time in the Pulpit: The Relationship Between Narrative and Preaching*. Nashville: Abingdon, 1985.

_____. *The Homiletical Plot: The Sermon as Narrative Art Form*. Atlanta: John Knox, 1980.

_____. *How to Preach a Parable*. Nashville: Abingdon, 1989.

_____. *The Sermon: Dansing the Edge of Mystery*. Nashville: Abingdon, 1997.

MacArthur, John Jr., et al. *Reciscovering Expository Preaching*. Dallas: Word, 1992.

MacPherson, Ian. *The Art of Illustrating Sermons*. Nashville: abingdon, 1964.

Markquart, Edward F. *Quest for Better Preaching*. Minneapolis: Augsburg, 1985.

Marshall, Walter, *The Gospel Mystery of Santification*. Grand Rapids:

Reformation Heritage, 1999.

Massey, James Earl. *The Burdensome Joy of Preaching*. Nashville: Abingdon, 1998.

_____. *Designing rhe Sermon: Order and Movement in Preaching*, Edited by William Thompson. Nashville: Abingdon, 1980.

Mawhinney, Bruce. *Preaching with Freshness*. Eugene, Ore.: Harvest House, 1991.

McCartney, Dan, and Charles Clayton. *Let the Reader Understand: A Guide to Interpreting and Applying the Bible*. Wheaton: Victor, 1994.

McComisky, Thomas Edward. *Reading Scripture in Public: A Guide for Preachers and Lay Readers*. Grand Rapids: Baker, 1991.

McGrath, Alister E. "The Biography of God." *Christianity Today* 35(22 July 1991): 23-24.

McQuilkin, J. Robertson. *Understanding and Applying the Bible*. Chicago: Moody, 1983.

Meek, Esther Lightcap. *Longing to Know: The Philosophy of Knowledge for Ordinary People*. Grand Rapids: Brazos, 2003.

Merleau-Ponty, Maurice. *The Phenomenology of Perception*. Translated by Colin Smith with revisions by Forrest Wiliams. Atlantic Highlands, N.J.: Humanitas, 1981.

Miller, C. John. Outgrowing the Ingrown Church. Grand Rapids: Zondervan, 1986.

Miller, Calvin. *Marketplace Preaching: How to Return the Sermon to Where It Belongs*.Grand Rapids: Baker, 1995.

_____. *Spirit, Word, and Story: a Philosophy of Preaching*. Dallas: Word, 1989.

Miller, Rose Marie. *From Fear to Freedom: Living as Sons and Daughters of God*. Wheaton: Harold Shaw, 1994

Mitchell, Henry H. *Celebration and Experience in Preaching*. Nashville: Abingdon, 1990.

Mohler, R. Albert, Jr., et al. *Feed My Sheep: A Pasionate Plea for Preaching*. Edited by John Kistler, Morgan, Pa.: Soli Deo Gloria, 2002.

Morgan, G. Campbell. *Preaching*. 1937. Reprint. Grand Rapids: Baker, 1974.

Murphy, James J. *Medieval Rhetoric: A Select Bibliography*. Toronto: University of Toronto Press, 1971.

_____. *Rhetoric in the Middle Ages: A Shitory of Rhetorical Theory from Saint Augustine to the Renaissance*. Berkeley: University of California Press, 1974.

Old, Hughes Oliphant. *The Reading and Preaching of the Scriptures in the Worship of the Christian Church*, Vol.1. *The Biblical Period*. Grand Rapids: Eerdmans, 1998.

Osborn, Ronald E. *Folly of God: The Rise of Christian Preaching*. St. Louis: Chalice, 1999.

Packer, J. I. *God Speaks to Man: Revelation and the Bible*. Philadelphia: Westminster, 1965.

_____. *Rediscovering Holiness*. Ann Arbor, Mich.: Servant Press, 1992.

Perry, Lloyd M. *Biblical Seremon Guide*. Grand RApids: Baker, 1970.

_____. *A Manual for Biblical Preaching*. Grand Rapids; Baker, 1983.

_____, and Charles M. Sell. *Speaking to Life's Problems*. Chicago: Moody, 1983.

Peterson, Eugene, et al. *Wedding, Funerals, and Special Events*. Vol. 10 in the Leadership Library. Waco: Word, 1987.

Peterson, Robert A. *Adopted by God: From Wayward Sinners to Cherished Children*. Phillipsburg, N.J.: Presbyterian & Reformed, 2001.

Piper, John. *Future Grace*. Sister, Ore.: Multnomah, 1995.

_____. *The Supremacy of God in Preaching*. Grand Rapids: Baker, 1990.

Pitt-Watson, Ian. *A Primer for Preachers*. Grand Rapids: Baker, 1986.

Postman, Neil. *Amusing Ourselves to Death: Public Discourse in the Age of Show Business*. New York: Viking, 1985.

Poythress, Vern S. *God-Centered Biblical Interpretation*. Phillipsburg, N.J.: Presbyterian & Reformed, 1999.

_____. *The Shadow of Christ in the Law of Moses*. Phillipsburg, N.J.: Presbyterian & Reformed, 1991.

Pratt, Richard L., Jr. *He Gave Us Stories: The Bible Student's Guide to Interpreting Old Testament Narratives*. Phillipsburg, N.J.: Presbyterian & Reformed, 1970.

Ramm, Bernard. *Protestant Biblical Interpretation*. 3d rev. ed. Grand Rapids: Baker, 1970.

Ramsey, Arthur Michael, and Leon-Joseph Suenens. *The Future of the Christian Church*. SCM: London, 1971.

Richard, Ramesh. *Preparing Expository Sermons*. Grand Rapids: Baker, 2001.

Robinson, Haddon. *Biblical Preaching: The Development and Delivery of Expository Messages*. 2nd ed. Grand Rapids: Baker, 2001.

_____, and Torrey Robinson. *It's All How You Tell It: Preaching First-Person Expository Messages*. Grand Rapids: Baker, 2003.

Robinson, Wayne Bredley, ed. *Journey Toward Narrative Preaching*. New York: Pilgrim, 1990.

Rogness, Michael. "The Eyes and Ears of the Congregation." *Academy Accents* 8, 1(Spring 1992): 1-2.

Rose, Lucy A. *Speak, Lord. I'm Listening*. Richmond: Printing Services, 1999.

Runia, Klass. "Experience in the Reformed Tradition." *Theological Forum of the Reformed Ecumenical Synod* 15, 2 & 3(April 1987): 7-13.

Ryken, Leland. *The Word of God in English: Criteria for Excellence in Bible Translation*. Wheaton: CrossWay, 2002.

_____. *Words of Delight: A Literary Introduction to the Bible*. Grand Rapids: Baker, 1987.

_____. *Words of Life: A Literary Introduction to the New Testament*. Grand Rapids: Baker, 1987.

Ryle, J. C. "Simplicity in Preaching." in *The Upper Room*. London: Banner of Truth, 1979.

Salmon, Bruce C. *Storytelling in Preaching*. Nashville: Broadman, 1988.

Sangster, W. E. *The Craft of Sermon Construction*. Grand Rapids: Baker, 1972.

_____. *The Craft of Sermon Illustration*. London: Epworth, 1948.

Schaeffer, Francis. *The God Who Is There*.

Downers Grove, Ill.: InterVarsity, 1968.

_____. "True Spirituality." In *The Complete Works of Francis Schaeffer*, vol. 3 Wheaston, Ill.: Crossway, 1982.

Schuringa, H. David. "Hearing the Word in a Visual Age: A Practical Theological Consideration of Preaching within the Contemporary Urge to Visualization." Ph.D. diss., Theologische Universiteit te Kampen, 1995.

Schutz, Alfred. *The Phenomenology of the Social World*. Translated by George Walsh and Frederick Lehnert. Northwestern University Studies in Phenomenology and Existential Philosophy. Evanston, Ill.: Northwestern University Press, 1967.

Shaddix, Jim. *The Passion-Driven Sermon*. Nashville: Broadman & Holman, 2003.

Shaw, John. "The Character of a Pastor according to God's Heart." Ligonier, Pa.: Soli Deo Gloria Publications, 1992.

Silva, Moisés. *Has the Church Misread the Bible? The History of Interpretation in the Light of Current Issues*. Vol.1. Foundations of Contemporary Interpretation. Grand Rapids: Zondervan, 1987.

Smedes, Louis B. "Preaching to Ordinary People." *Leadership* 4, 4(Fall 1983): 116.

Spurgeon, Charles Haddon. *All Round Ministry: Adresses to Minister and Students*. Carlisle, Pa.: Banner of Truth, 1960.

_____. *The Art of Illustration*. Lectures to My Students. London: Marshall Brothers, 1922.

_____. "Christ Precious to Believers." In *The New Park Street Pulpit*. Vol. 5. London: Passmore and Alabaster, 1860.

_____. *Lectures to My Students*. Grand Rapids: Zondervan, 1980.

Steimle, Edmund A., Morris J. Niedenthal, and Charles Rice, eds. *Preaching the Story*. Philadelphia: Fortress, 1980.

Stendahl, Krister. "Preaching from the Paulin Epistles." In *Biblical Preaching: An Expositor's Treasury*. edited by James W. Cox. Philadelphia: Westminster, 1983.

Stevenson, Dwight E., and Charles F. Diehl. *Reaching People from the Pulpit: A Guide to Effective Sermon Delivery*. New York: Harper & Row, 1958.

Stott, John R. W. Between Two Worlds: The Art of Preaching in Twentieth Century, 1982. Reprint. Grand Rapids: Eerdmans, 1988.

_____. *The Preacher's Portrait : Some New Testament Word Studies*. Grand Rapids: Eerdmans, 1961.

Stuart, Douglas. *A Guide to Selecting and Using Bible Commentaries*. 5th ed. Dallas: Word, 1990.

_____. *Old Testament Exegesis: A Primer for Students and Pastors*. 2d ed. Philadelphia: Westminster, 1984.

Sweazey, George E. *Preaching the Good News*. Eaglewood Cliffs, N.J.: Prentice-Hall, 1976.

Thielicke, Helmut. *Encounter with Spurgeon*. Grand Rapids: Baker, 1977.

Thulin, Richard L. *The "I" of Sermon*. Minneapolis: Fortress, 1989.

Trimp, C. *Preaching and the History of Salvation: Continuing an Unfinished Discussion*. Translated by Nelson D. Kloosterman. Scarsdale, N.Y.:

Westminster Discount Book Service, 1996.

_____. "The Relevance of Preaching." *Westminster Theological Journal* 36(1973): 1-30.

Van Der Geest, Hans. *Presence in the Pulpit: The Impact of Personality in Preaching.* Translated by Douglas W. Stott. Atlanta: John Knox, 1981.

Van Groningen, Gerard. *Messianic Revelation in the Old Testament.* Grand Rapids: Baker, 1990.

Van Harn, Roger E. *Pew Rights for People Who Listen to Sermons.* Grand Rapids: Eerdmans, 1992.

Veerman, David. "Sermons: Apply Witnin." *Leadership*(Spring 1990): 120-25.

Vines, Jerry, *A Practical Guide to Sermon Preparation.* Chicago: Moody, 1985.

von Eckartsberg, Rolf. "The Eco-Psychology of Personal Culture Building: An Existential Hermeneutic Approach." In *Duquesne Studies in Phenomenological Psychology.* edited by Amadeo Giorgi, Richard Knowles, David L. Smith, Ill. Atlantic Highlands, N.J.: Humanitas/Duquesne University Press, 1979.

Vos, Geerhardus. *Biblical Theology.* Grand Rapids: Eerdmans, 1975.

_____. "The Idea of Biblical Theology." Inaugural Adrress upon Assuming the New Chair of Biblical Theology at Princeton Seminary. N.d.(1895 probable).

White, Hayden. *Tropics of Discourse: Essays in Cultural Criticism.* Baltimore: John Hopkins University Press, 1978.

White, R. E. O. *A Guide to Preachers.* Grand Rapids: Eerdmans, 1973.

Whitesell, Farris D. *Power in Expository Preaching.* Old Tappan, N.J.: Revell, 1963.

Wiersbe, Warren W. *Preaching and Teaching with Imagination: The Quest for Biblical Ministry.* Wheaton: Victor, 1994.

Willhite, Keith, and Scott M. Gibson. eds. *The Big Idea of Biblical Preaching: Connecting the Bible to People.* Grand Rapids: Baker, 1998.

Williams, Michael J. *The Prophet and His Message: Reading Old Testament Prophesy Today.* Phillipsburg, N.J.: Presbyterian & Reformed, 2003.

Willimon, William H. *Peculiar Speech: Preaching to the Baptized.* Grand Rapids: Eerdmans, 1992.

Wilson, Joseph Ruggles. "In What Sense Are Preachers to Preach Themselves?" *Southern Presbyterian Review* 25(1874).

Wilson, Paul Scott. *The Four Pages of The Sermon: A Guide to Biblical Preaching.* Nashville: Abingdon, 1999.

_____. *The Practice of Preaching.* Nashville: Abingdon, 1995.

Yohn, David Waite. *The Contemporary Preacher and His Task.* Grand Rapids: Eerdmans, 1969.

York, Hershael W., and Bert Decker. *Preaching with Bold Assurance: A Solid and Enduring Approach to Engaging Exposition.* Nashville: Broadman & Holman, 2003.

색 인

ㄱ

강해 77-78, 81, 84, 89, 109, 111-112, 114, 116, 118-122, 124, 128, 133, 135, 140, 146, 149, 152-153, 159, 164, 175, 179, 182-184, 193, 214, 216-217, 220-221, 228, 247, 249, 253, 255, 264, 267, 288, 290-291, 296, 302-306, 312, 315, 319-321, 322, 326, 335, 340, 358-359, 363, 367, 369, 395, 400, 402, 407-412, 414-415, 435, 438, 440, 443-444, 446, 449, 451-458, 477, 482

강해 단위 152-153

강해설교 12-13, 16-17, 19, 31-34, 49, 55, 70, 75-78, 81, 87, 101, 104, 108, 111-115, 117-120, 122, 125, 127, 131, 135, 139, 140, 142, 145, 147-148, 150, 158-162, 165, 167, 171, 176, 181-184, 199-200, 202, 208, 211, 216, 219-221, 225, 229-231, 234, 237, 239, 240 -243, 245, 247, 249, 252, 254, 256, 267, 292, 300, 302, 303, 305, 307, 312-314, 316, 318-319, 326, 338, 340, 391-392, 395-396, 399, 407, 409, 417, 431, 435, 437, 439, 444-445, 449, 453-454, 469, 472, 480, 482

성령의 사역인 강해설교 34-35

강해설교를 위한 성경적 초점 403

강해설교를 위한 성경신학 399-400

강해설교의 내용 76, 182, 480

강해설교의 목표 119, 312, 396

강해설교의 구속적 초점 407-409, 411-412

구속적 목적 10, 397, 443, 448-449

설교의 길이 78-80, 195

강해 우선의 메시지 114

강해의 특성 135

개념적 도해 152-153

개입 217, 227, 239, 250, 263- 266, 281, 318, 325, 344, 354, 382, 448

게할더스 보스 400-401

공존의 실수 196

관련짓기 156

관심사 60, 81

회중의 관심 81, 157

개인적 관심 158, 337

교훈적 구절 242

구속 23, 345

구속적 강해 435, 451-452, 456, 458, 482

구속적 강해의 메시지 456

구속적 강해의 과정 451
권면 40, 42, 65, 68-69, 104, 113-114, 116-119, 126, 133, 147, 163, 181, 208- 209, 217, 244, 309, 313, 317, 333, 367-369, 371-372, 396, 399, 413, 427, 431, 437, 439, 458, 467
귀납적 성경공부 86
균형 잡힌 강해의 이중 나선 123
그리스도 중심 46
그림 그리기 384

논거 173

닻절 211-215, 218, 247
대구법 190, 191, 192, 215, 287
대면 31, 38, 121, 139, 166, 206, 223, 224, 240, 310, 311, 323, 353
대조 45, 170, 193, 239, 245, 285, 345, 417
대지 59, 74, 121, 135, 165, 180, 181, 182, 183, 188, 189, 190, 191, 192, 195, 196, 197, 198, 199, 200, 201, 204, 211-247
대지의 길이 195, 214
대화체 질문 382
대니얼 바우만 327
데이비드 L. 라센 270, 127, 271, 377
데이비드 비어만 300
도널드 그레이 베른하우스 287

도슨 C. 브라이언 276, 277, 279
두운 193
딘 A. 쳄퍼 330

라이오넬 플레쳐 281
랠프 루이스 268, 271
R. C. H. 렌스키 280
로고스 27, 38, 39, 49, 443
로버트 G. 레이번 24, 171, 173, 196
로버트 L. 대브니 364
로버트슨 A. T. 271
루이스 폴 레만 282, 286
리빙 바이블 97

마틴 로이드 존스 86
마틴 루터 34, 134, 292, 473
마틴 루터 킹 261
본문의 목적 61, 70, 161, 438, 456
문법적 도해 151, 152
문자적 해석 102

바깥 접장 376
바울 23, 26, 28, 33, 35, 37, 38, 39, 48, 54, 61, 62, 66, 68, 92, 104, 107, 117, 143, 166, 271, 305, 337, 359, 382, 393, 404, 405, 413, 415, 431, 471

반-절정 386
배분 125
번호 붙이기 383
변화의 수단 475
변화의 동기 469, 480
복잡성 334
분석적 도구 95
분석적 질문 215
분할 182, 192, 221
불릿 진술 227
빌 호건 343, 358
빌리 그래엄 267

사상의 말뚝 221
상대주의 33
상상력을 사용한 도약 442
상식적인 제안 331
새벽 3시 테스트 97, 190
생스터 W. E. 371
"선한 사람이 되라"는 메시지 424
설교 준비 파일 82, 296
설교를 위한 성경신학 399
설교의 메시지 34, 52, 192, 242, 249, 375, 409, 453
설화(이야기) 160, 168, 271
성경의 능력 25, 56, 333
성경사전 97
백과사전 97
성경 구절의 의미 300
새미국표준성경(NASB) 97
성경(NIV) 96, 97

성구집 83, 84
세 개의 요지와 한편의 시 220
소지 165, 181, 182, 183, 188, 189, 190, 192, 196, 197, 199, 213, 221, 222, 223, 224, 225, 226, 227, 228, 241, 283, 284, 289, 308, 320, 321, 380, 383, 384, 385
스티브 브라운 263, 267
스프라울 R. C. 267
시드니 그레이다누스 306, 405, 440, 443

ㅇ

아리스토텔레스 37, 38
아이언 맥퍼슨 270
알레고리 267, 275
앨리스터 E. 맥그래스 268
에토스 38, 39, 40, 42, 45, 49, 244
역사서(구약) 269
연속 설교 84, 85, 86, 87, 92, 109
연역적 설교 228
"영성훈련을 하라"는 메시지 427
예언서 76, 165, 269, 270, 412
예표론 410, 411
용어색인 96, 149
우화 106. 160, 168, 197, 251, 270, 275, 357
원칙 일관의 도해 211, 212, 216
웨인 오츠 265
윌리엄 제닝스 브라이언 261, 374
유비 251, 408
믿음의 유비 104
성경의 유비 104

윤곽 그리기 177
의문문 226
이중 나선형 예화 380

자석절 213-218
자조(自助) 복음 317
점증 221
정보-우선의 메시지 113
제리 바인즈 119, 156, 248
제이 아담스 263, 268, 276, 345, 355, 358, 398
제이 케슬러 318
제임스 케네디 267
조나단 에드워즈 260, 446
조셉 러글즈 윌슨 46, 99
조지 E. 스위지 230
존 낙스 406
존 맥아더 267
존 번연 459, 460
존 샌더슨 44
존 쇼 36
존 스토트 79, 146, 163, 267, 349
존 웨슬리 42, 92
존 칼빈 47, 134, 172, 195, 254, 299, 300, 305
좌익-규칙 304
주관주의 32
주석 성경 94, 95
주석서 83, 98, 99, 149, 155, 174, 252
중심 사상(big idea) 52, 59, 76, 151, 163, 182, 186, 191, 201, 368

지혜서(구약) 269

찰스 스탠리 267
찰스 스펄전 89, 92, 99, 145, 261, 282, 283, 293, 408, 420
"...처럼 되라"는 메시지 422
척 스윈돌 267
척 콜슨 267

ㅋ

켐벨 G. 모건 368
클라이드 라이드 256
클로비스 채펠 261

ㅌ

타락상태에 초점 맞추기(FCF) 59, 62, 63, 64, 65, 66, 67, 69, 71, 74, 88, 119, 121, 142, 142, 162, 163, 189, 231, 239, 303, 304, 310, 320, 335, 346, 347, 348, 349, 351, 352, 353, 355, 388, 391, 392, 393, 394, 395, 403, 432, 438, 452, 456
토머스 F. 존스 203, 404

ㅍ

파토스 38, 39, 49
프랜시스 쉐퍼 481

피터 마샬 261
필립스 브룩스 39, 170, 374

ㅎ

하가다 268
학습 피라미드 263
할라카 268
해돈 로빈슨 43, 55, 62, 160, 247, 347, 356
해리 에머슨 포스딕 261
허버트 파머 132
A. M. 헌터 270
헨리 조웨트 200
화이트 R. E. O 378
흠정역 성경 61, 93